言語存在論

野間秀樹 著

東京大学出版会

KOREA FOUNDATION
한국국제교류재단

The Korea Foundation has provided financial assistance
for the undertaking of this publication project.

Ontology of Language

Hideki NOMA

University of Tokyo Press, 2018
ISBN 978-4-13-086054-3

はじめに

言語はいかに在《あ》るのか？——これが『言語存在論』と名づけたこの書物の問いである。

言語学は、言語がどのような構造を有するのか、あるいは言語がどこで話され、いかに用いられるかといった点には、大きな関心を払ってきた。これこれの言語が消滅するといったことにも、関心は抱いてきた。いつしか生まれ、やがて話し手が消えゆくものとして、言語が語られることはあった。失われた言語、失われゆく言語、あるいは今日読むことのできない、古代の文字群と言語の関わり、そういった形での言語の歴史、言語の盛衰は論じられてきた。個々の言語についての構造や生態や変容、それらの系譜的な関わりについての、こうした問いに答えるのは、記述言語学や歴史言語学と呼ばれる分野の、最大の任務である。さらに言語とは何かといった問いも、言語学ではしばしば論じられてきた。かかる問いは、一般言語学などと呼ばれる分野で扱われた。

しかしながら、言語と呼ばれているものが、〈いかに存在するか〉といった問いには、言語学書を繙《ひもと》いても、ほとんど出会うことがない。一つ確認しておくなら、「何々は存在するか、しないか」という形の問いは、真の存在論的な問いではない。そうした形の問いが向かう先は、概ね空虚なことばが飛び交う、遊戯空間である。およそ〈存在する〉などと語り得るものは、単に存在するのではない。常に自らの存在の仕方を開示しながら、存在する。存在するものは、存在のありようを何らかの形で常に自らが示している。ゆえに問いは〈いかに存在するか〉という形で問われねばならない。言語だの、ことばだのと言うけれど、それはいったい、どこに、どんなふうに、どんな仕方で〈在《あ》る〉のか？　換言すれば、言語はいったいどのように実現するのか？　ことばはいったいどんなふうに〈かたち〉となるのか？　誰かが話して、誰かが聞き、誰かが書いて、また誰かが読む。これまでも、今も、そしてきっと人の世の終わりまでは、これからも。そうしたありようの中で、言語はいったい、いかに〈在る〉と語れるのか？

本書が考えているような意味での、〈言語がいかに在るか〉という問いは、管見では、これまで言語学において問いとしてほとんど立てられていなかった。立てられかけはしても、ぎりぎりと問いきられることはなかった。このことは、言語というものが〈在る〉という形で――存在論的な視座から――見据《みす》えられることがなかったことを物語っている。ことは主立《おもだ》った哲学書でもそう変わらない。私たちが日々話し、聞き、書いては読む言語、そうした言語を見るとき、言語とは、〈在るかどうか〉が問われたり、〈いかに在るか〉が問われたりするものではなかった。言語には、ちょうどまるで空気のように、あるいは〈かたち〉のない記号とでもいったもののごとくに、接するのが常であった。在るとか、ないとか、そして決定的に重要なことに、在るのなら、いかに在るのかといった、根本的な問いからはかけ離れた、ほとんど超越的なア・プリオリとして、言語は扱われるのであった。しかし言語は超越的なものではない。

人の声として放たれた音《オト》の粗密は、音の世界に〈形《フォルム》〉をなし、言語音《げんごおん》という〈かたち《ゲシュタルト》〉として知覚される。音《オト》の世界にはこうして〈話されたことば〉が息づく。音《オト》の姿を得た〈話されたことば〉の時代は、人類史の大部分を占めている。人類史のうちで遥かに遅れて出現した〈文字〉は、音《オト》の世界の存在であったことばを、光《ヒカリ》の世界に解き放った。光の粗密は光の世界に〈形《フォルム》〉をなし、文字という〈かたち《ゲシュタルト》〉として知覚される。光の世界には〈書かれたことば〉が翼を得て、〈いま・ここ〉のものという〈話されたことば〉の縛りを解き、時をも超える。今日、音《オト》の世界には〈話されたことば〉が、光の世界には〈書かれたことば〉が、それぞれに満ち溢れ、あるいは浸透し合いながら、驚くべき量と速度で蠢《うごめ》いている。

この〈書かれたことば〉は今日のほとんどの言語学が言うような、〈話されたことば〉の単純な映像などでもなければ、二次的、副次的な産物なのでもない。時には互いが互いの身体に喰い入って、互いを造り替える装置でもあり得る。言語学や言語哲学は、〈話されたことば〉と〈書かれたことば〉の、こうしたありようの違いを正視しきっているとは、とうてい言えない。それらのありようを見据えるのに、必要なのは、やはり、存在論的な視座である——言語はいかに在るのか。

本書は、言うところの、哲学的な思弁にいきなり入り込むといったことはしない。本書が出発するのは言語学の——正確には、あるべき言語学の——立場からである。では言語学の立場とは。この点は鮮明である。言語学は、どこまでも言語に即した思考でなければならない。〈現実の言語から離れない〉というこうした禁欲的な態度が、私たちの思考の行く先々を、現実的なところから遊離しないよう、守ってくれるであろう。
とは言うものの、今日の言語学と呼ばれる言説も、なかなかに傍若無人なところがあって——「構造」や「機能」を見ようとはしても、〈人〉など目に入らぬという意味でだが——多様である。本書で後に明らかになるであろうが、言語から遊離した言語学もまた、幾たびも現れては、忘れられている。

言語学は西欧の学問であった。西欧の言語の思考を基礎に語られた学問であった。そうした西欧の言語の思考という縛りを超えて、本書にあっては、日本語や朝鮮語＝韓国語の研究で得られた知見が、大いに生かされる。日本語や朝鮮語＝韓国語の研究の今日的な地平は、伝統的な西欧の言語の思考にもしばしば再考を迫るのである。

本書において言語表現など言語の内部に分け入るにあたっては、徹底して実際の言語事実に立脚する。言語事実に立脚することは、言語学であれば当然のことと思われるかもしれない。だが世の言語学や世の言語哲学などが必ずしもそうでないこと、言語事実からしばしば甚だしく遊離してしまっていることも、本書の中で改めて明らかになるであろう。

念のために付け加えるが、「映像言語」「映画言語」「音楽言語」「美術という言語」のような比喩的な術語使用も、本書では行わない。映像、映画、音楽、美術などといったものが、私たちが考えようとしている言語と、全く同じように扱える保証など、未だどこにもないからである。概念のアナロジカルな飛び石伝いは、慎んでおこう。「動物の言語」「植物の言語」「謎の生物〈使徒〉の言語」「ガニメア星に棲むガニメアンの言語」といったものも、もちろん扱わない。人の営みの謂わば一切合切に「テクスト」や「ディスクール」などを「発見」してきた二〇世紀的な段階も、画期的な知の地平ではあったけれども、もうほとんど終わりを迎えている。そろそろ次へ歩み出そう。これまで「言語」はあまりにも無限定で無防備な比喩圏に生息していた。存在論的な視座から見据えることによって、あるいは疑似言語（quasi-language）と呼んでもよいような対象を、ここで言う〈言語〉から切り分けることは、芸術学や美学やメディア論といった分野にも却って精緻な問いの光を発するだろう。何よりもそれぞれの疑似言語が言語と、いったい何が同じで、いかに異なって〈在る〉か、それぞれのありようをぎりぎりと見極めることになるからである。

さて世の言語学の実態がどうであれ、人の言語に即した思考であるという点では、本書は最後まで一貫している。〈言語がいかに在るか〉という問いを問うことは、実は〈言語に即して思考せよ〉という要求でもあるからである。これまでの言語学の輝かしき成果に学びつつも、本書の言う言語学は、既存の多くの言語学と深いところで異なっている。また、多くの言語哲学や、言語をめぐる多くの言説とも異なっている。最も深い前提、出発すべき根拠といったところで異なるのである。

それは、言語についてのあらゆる思考の現実的な根拠を、〈言語場《げんごば》〉に、即ち〈言語が生きて行われる場《ば》〉に、置いていることにある。人が出会って言語が行われる場、これを凝視し、言語がいかに在るか、言語がいかに実現するかを見据える。

そのことによって、〈意味〉をいかに位置づけるかといったことも、既存の多くの言語学とは異なってくる。既存の言語学にあっては、そして人文思想を始め、言語をめぐる多くの言説にあっては、ことばは意味を〈持つ〉ものであった。そしてそうした〈意味を持つことば〉を人はやりとりする、あるいは、エンコードされた記号をデコードする、多くそういう図式で言語は語られてきたのであった。本書にあっては、こうした図式は根底から否定される。本書は言う――ことばは意味を持たない、それは意味と〈なる〉のである。そしてしばしば意味となり損なう。

言語に即した思考という意味で、言語学的な立場を貫きつつも、本書が照らす先は、談話論やテクスト論、文字論などと呼ばれる、既存の言語学の内部はもちろん、そうした言語学の境界をしばしば踏み越えて、言語をめぐる様々な思考、言説、いくつかの学問分野、そして〈知〉といったものに及ぶことになるであろう。あるいは言語人文学とでも呼び得る分野の、基礎と看做《みな》せるかもしれない。そうした意味で、本書は、既存の言語学の成果を踏まえつつ、日本語や朝鮮語＝韓国語における思考をも生かした言語学の立場から、言語をめぐる〈知〉を照らす、言語についての原理論だと言うことができる。

面白いことに、〈言語はいかに在るのか〉という存在論的な視座から問いを問うことは、私たちが言語を考えるための決定的な水路となる。何よりも、〈それはことばに現れているのか〉という基本的な問い、つまり〈それはことばとして存在しているのか〉という問いが、〈文脈〉や〈省略〉などといった問題を精緻に解く、重要な水路となる。さらに〈意味〉の問題は、本書の思考の核心となっており、言語をめぐる様々な問題を、常に深いところから照らすことになる。言語の〈機能〉を〈意味〉と取り違えて来た言語論の長い歴史も、書き直されねばならない。〈差異〉とか、〈二項対立〉といった術語で人文思想の広きに渉って語られている様々なことがらも、あるいは検証され、場合によってはそうした術語の無効が宣言されることにもなろう。電脳空間、インターネット空間に象徴される、言語場のありかたの根底的な変容にも目を遣《や》らねばならない。こうして言語をめぐる様々なことどもが、これまでとは違った形で見えて来るに違いない。

〈言語はいかに在るか〉という問いを問うことから見えて来る、言語内部のシステムの問題も、本書ではいくつかの形で扱っている。言語内の問題については、言語学や言語哲学で用いられる、発話、文といった、基本的な概念を検証する仕事が、まず行われる。言語場から切り離され、標本のように扱われてきた「文」や「意味」の虚構は、否《いや》が応《おう》でも炙《あぶ》り出されるであろう。〈言語化される〉とはどのようなことかを見据えながら、主語＝述語論や省略論が論じられる。そこでは既存の文法論や言語哲学の重要な前提を問い直すことになろう。言語外現実と言語内の装置の関わりを見ると、命名論を考える手がかりにも触れざるを得ず、言語によって構築される対象的な世界といったものにも、思いを致すことになる。最後に、〈教え＝学ぶもの〉という光を、言語に投げかける中で、人《ひと》という個にあって、あるいは人《ヒト》という類にあって、言語とはいかに在るかという動態としての像が、いささかなりと、立ち現れて来ることになろう。

存在論的な視座から〈言語はいかに在るか〉という問いが拓かれた先には、果たして何が見えるのか？　ことばを心的な何ものかの代理、代補と捉えたり、実際に実現した言語と「内的言語」や「心的言語」を無前提に同一視したり、意味を持つ物質のごとくにことばを見做《みな》したり、言語場と切り離してことばを標本のごとくに扱ったり、「文」によって言語が語りきれると信じたり、言語を「意識」の中にのみ閉じ込めたり、〈書かれたことば〉を〈話されたことば〉の写しに過ぎぬものと位置づけたり、〈話されたことば〉と〈書かれたことば〉の位相的な違いを見極められなかったり、言語の存在様式と表現様式を混同したり、言語外のことがらと言語内のことがらとを、そして言語によって形作られる対象世界とを混同したりという、一連の思考、一言で言うと——言語の形而上学——、その崩落を見ることになる。

言語がいかに在るかという問いをめぐる思考を、〈言語存在論〉と呼ぶことにする。本書は、言語が真に息づく〈言語場〉に立って、永きに亘《わた》って鞏固《きょうこ》に閉じられてきた、言語の形而上学なる古城の門を、言語存在論という曠野《こうや》へ向かって押し開かんとする、ささやかな試みである。

野間秀樹

目次

第4章 〈話されたことば〉と〈書かれたことば〉

第5章 発話論・文論——言語場から

凡　例

＊　日本語以外の文献からの引用は、日本語訳のあるものは、可能な限りそれを引いた。ただし重要な術語については（　）を用いて、原語の術語を付すことも行った。その際は付したことを明示してある。訳書を示していない日本語訳は、引用者つまり本書の著者による訳である。

＊　本文、引用文を問わず、術語に日本語以外の術語を併記する際、仏はフランス語、独はドイツ語、露はロシア語、羅はラテン語、伊はイタリア語の謂いである。ギリシア文字は古典ギリシア語、ハングルで表記されたものは朝鮮語＝韓国語、表示のない欧文表記は英語である。「〈話されたことば〉（spoken language/ 仏 langage parlé/ 独 gesprochene Sprache/ 말해진《マレジン》 언어《オノ》）」

＊　参考文献は、「著者名（発行年：頁）」の形式で示す。「河野六郎（1994: 53）」とあれば、河野六郎著の一九九四年の著作の五三頁を見よ、ということ。

＊　著作の書誌事項は巻末の参考文献一覧を参照。

＊　人の生没年は、「人名（生年―没年）」の形式で示す。「周時経（1896-1914）」のごとく。参考文献の指示の形式と区別されたい。

＊　朝鮮語圏＝韓国語圏の人名の仮名表記は野間秀樹編著『韓国語教育論講座 第四巻』（2008, くろしお出版、xi 頁）の方式による。

＊　非母語話者や若き読者への便も図って、やや煩瑣かもしれぬほどに、初出の漢字人名や漢字への読み仮名を丁寧に付した。非日本語圏の人名の欧文表記を付したことも、同様の配慮による。

＊　一部を除き、図版は基本的に全て著者が直接作成したものである。

第1章 言語存在論とは何か――言語場へ

1 言語存在論と言語の学

(1) 言語存在論とは

言語がいかに在るかという問いをめぐる思考を、言語存在論（ontology of language; linguistic ontology/ 独 Sprachontologie/ 언어존재론《オノジョンジェロン》）と呼ぶ：

言語存在論とは、〈言語がいかに在るか〉を問う思考である

存在論（ontology）と呼ぶのは、〈言語の存在〉を問うことが、核になることによる。同時に、言語をあらしめる〈人の存在〉も、重要な意味を帯びてくることにもよる。この〈人の存在〉という契機は、本書の最後に至るまでその重要性を失わない。一方で、そうした存在を問う理路に立てば、言語存在論が認識論（epistemology）としての性格

を有することも、言うまでもない。

なお、ここで言う言語の存在論《オントロジー》は、情報工学で用いられるオントロジ（ontology）や言語オントロジ（language ontology）の概念と、類推《アナロジカル》的な参照は可能であっても、術語上の直接の関わりはない。存在論と呼びはするけれども、哲学的な議論、哲学的な思弁というよりは、ここではどこまでも言語学に即した、言語学の立場からの（linguistics-based）思考であらんとする。「はじめに」で述べたように、現実の言語から出発して、現実の言語から離れない。現実の言語に即した思考を、歩むのである。ゆえに哲学で言う「存在論」とは、また別の視座からの〈存在論〉となるであろう。

拠って立つところが言語学的な立場ではあるものの、問い自体が照らし出すものは、言語学の境界を遥かに踏み超えている。それゆえ、言語学の伝統的な記述のありかたや、とりわけ言語学の本流とされるような考え方からは、しばしば大いに逸脱することになる。

(2) 言語学的立場は〈言語はいかに実現するか〉を問う

現実の言語に即して言語学的な立場から言語がいかに在るかを問うとは、〈言語がいかに実現するか〉を見据えるということに他ならない。どこまでも言語が言語として実現するありようを照らすことになる：

言語学的立場は〈言語がいかに実現するか〉を見据える

言語学の立場からは、ア・プリオリに言語が世界に遍在するかのような議論は、しない。まず踏まえるべきは、ことばとして発せられたものを、発せられていないものから区別し、ことばとして発せられたものが、いかに実現するかを見据えるという点である。言い換えれば、ことばとして発せられたものと、未だ発せられていないものを、無批判に同一視しないということ——。

ことばとして発せられていないものは、いかに言語的な働きと関わりがあろうとも、未だ言語として実現していない以上、〈言語以前〉のもの、言語としては〈未生以前《みしょういぜん》〉(in utero)のものであって、言語学の第一の対象とはしない。言語は話されたり、書かれたりして初めて言語となる。それを私たちは〈ことば〉(words/말《マル》)と呼んでいる。言語学はまずこれを扱う‥

> 言語は話されたり書かれたりすることによって、ことばとして実現する
> 未だ言語として実現していない事象は、言語学の最初の対象ではない

言語学の最初の対象ではないと言ったのは、もしや研究が進みゆけば、あるいは言語学も言語未生以前の対象を探るのに、寄与することがあるやもしれぬ、いや、おそらく少なからず寄与するところがあろう、そういう意味においてである。

いずれにせよ言語学は——実は、あるべき言語学は、と言う方が正確である——少なくとも、実際に話されたり書かれたりした言語と、未生の対象をア・プリオリに同じものとして扱うようなことはしないのである。ゆえに述べた。存在論的な問いは、ただ「在るか、ないか」ではなく、〈いかに在るか〉を問わねばならぬと‥

> 言語として実現したものと、言語として実現する以前のものを、無限定に等しい「言語」であると扱うことはできない

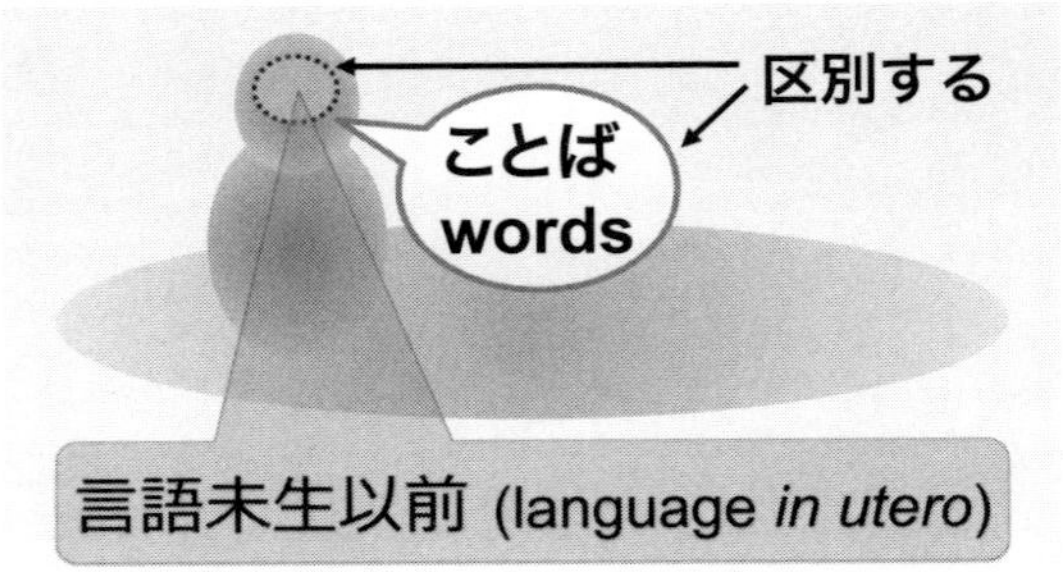

図1　ことばとして形になったものと，言語未生以前のものとは，区別せねばならない

⑶　言語未生以前論

言語未生以前の対象が、言語として実現した対象と同じものであるかどうかは、魅力的な問いではある。そうした問いへと進みゆくためにも、言語として実現したものと、言語未生以前のものとは、それぞれを区別して解きほぐしてゆかねばなるまい。〈言語未生以前〉をめぐる議論、〈言語未生以前論〉は、そうした区別と照らし合わせる作業が、必須のものであろうし、そうした丁寧な作業があってこそ、結果として何かが明らかになるかもしれないといった性質のものである。

要するに形になっているものと、なっていないものを、予め等しく「言語」として乱暴に括《くく》るわけにはゆかないのである。この点は決定的に重要である。

そもそも未生以前の対象についての理論的機制に、実現した音や文字という対象についてのそれを、単純に当て嵌《は》めることはできない。既に音《おん》や文字として実体的に実現した対象と、未だ実現していない対象、それら二つは少なくとも実体的な対象への直接の接近が可能かどうかという、最初の出発点においてさえ、異なっているからである。音や文字には直接接近できるけれども、人の頭の中の対象には直接の接近が叶わない。言語未生以前のものを、「言語とは」などと大上段に振りかざして、いかにも既知のものであるかのごとく扱ったり、形として現れていることばについての考究を、言語未生以前のものを語ることにすり替えてしまうのは、言語の形而上学へと迷い込む道である。

この〈形になっていないもの〉は、一九世紀以来、しばしば〈心的なもの〉と呼ばれたのであった。それは「内言」「内的言語」のように「言語」に近そうなものから、「心的実在」とか、あるいは「思考」や「思惟」、はたまた「意識」などと呼ばれるものと、重ね合わされることもしばしばであった。言語に関する言説は、形となって現れたことばを、しばしば言語未生以前のものによって説明しようとしたり、甚だしくは、言語未生以前のものを語ることで、言語を語ったつもりになっていたのである。

ここで〈心的言語〉（mentalese: mental language）などとまだ安易に呼ばない方がよい。物理的に実現している言語と、こうした心的な対象とを無前提に同一の対象として論じるのは、涙と悲しみを混同するようなものである。言語とは涙であって、悲しみではない。私たちは涙に悲しみを読むのであり、また歓びも読み、時には涙から何ものをも読むことができないことを、知る。

(4) 内言あるいは内的言語

ある言語の話し手の存在そのものは言語の存在ではない。話し手そのものの中に、例えば話し手の脳に分け入って「言語」に関わる様々なことがらを見ようとするのは、解剖学や大脳生理学、心理学の分野において、あるいは哲学や、また思惟学《しゆいがく》や思考学とでも名づけると良さそうな、思考の回路や機能を考えようとする他の営み、他の学問が行うべきことであろう。言語学はどこまでも言語として実現するありようを見据えるのである。ことばとして形に現れるありようを見据えることから始まる——言語学はそういう意味において、思惟の学の外にあって、思惟の学の一つの前提となり得る学問である。逆に言うと、言語学はそうした禁欲的な立場を貫くことでこそ、思惟の学への貢献を可能にし得るであろう。

この点でいわゆる内言（inner speech）や内的言語（inner language; mentalese）といったものは、ここで言う言語（language）、実現した言語（outer language）とは厳然と区別される(1)。

内言は本書の主題ではない。内言についての既存の考究の手掛かりは、レフ・S・ヴィゴツキー（Лев Семенович Выготский/L. S. Vygotsky, 1896–1934）の論考やフンボルト（1948; 1998: 126–）、フンボルト（1984: 138–）の「内的言語形式」[2]（独 innere Sprachform）、またメルロ＝ポンティ（1993: 91–94）を参照されたい。互いに異なった問題意識から内言について接近しようとしているであろう。またジェリー・A・フォーダー（Jerry A. Fodor, 1935–）にはその名も『思考の言語』（The Language of Thought）と題されたFodor（1975）がある[3]。

内的言語といったものを考える思想は、西欧に特有のものというわけではない。例えば、井筒俊彦（1991b; 2005: 121–125）は、イスラーム神学の言語論において、「実際の単語や身振りや文字等によって外化される一歩手前の心裡のもの」である「内部言語」を認める正統の学派と、認めない学派の存在について述べている。

ところで、ここで〈内言〉などと十把一絡げにするのも、これまた危ないことだけは、言っておこう。〈内言〉と言っても、芝居の台詞の稽古を黙して行う場合や、頭の中でことばを反芻したり記憶しようとしたりする場合、夢の中で語り合う場合のように、外的に対象化された言語に、非常に近い性格を有すると思われるものもあり、無言のうちに営まれる呪文といったものもあり、いわゆる日常的な思考、いわゆる「考える」営みのように、それらに比べると、また違った性格を有するように見えるものもある。さらには非言語的な「認識」や「知覚」との境界さえ不分明なものもあろう。夢の中の言語はどうなるのかといった問いも立つであろう。そうした〈内的言語〉——術語を仮に借りるとするなら——の様々なありようも、大雑把に〈内言〉として括ることはできようが、本来なら、〈内的言語〉に実はどういったありようを認め得るのかといったことからまず、精緻な考察が必要であろう。そこでもまず、「在る」とするなら、〈いかに在るか〉という問いを欠かすわけにはいかない。

なお、〈内的言語〉と呼ぶ際には、もちろん「心的な像」とか「頭に浮かべるイメージ」などとは区別されねばならない。もちろん本能的な感情などと混同していては、ついぞ〈内的言語〉には辿り着けまい。〈内的言語〉もまた言語に沿った対象に考察を限らねばならない。

精緻な考察を経れば、〈内的言語〉と〈外的言語〉がその境界においては実は連なっているというようなことさえ、もしやあるかもしれない。例えば、書物を読む際の、〈黙読〉と〈呟き読み〉の間は、何らかの仕方で、連なっているかもしれない。

Jesper Svenbro（1995; 2001: 83-84）、ジェスペル・スヴェンブロ（2000: 45, 72-73）は、アルカイック期と古典期のギリシアにおける〈読むこと〉について、そもそも「黙読」（仏 lecture silencieuse）にはそれを表す特別な用語が造られず、「黙読はギリシャ世界では終始傍系的現象に留まった」と総括し、「ギリシャ人から見れば、書かれた物はそれだけでは不完全な存在である」、「文字の存在意義は音声を表すためではなく、何よりも先ず音声を発生させるためであった」と述べている。現代の黙読とは違って、ヨーロッパに限らず、日本でも中世などの読書が音読主体であったであろうことは、今日様々な著作が指摘するところである。そうした脈絡の中で、Marshall McLuhan（1962; 2011: 102）が引くドム・ジャン・ルクレール（Dom Jean Leclercq）の、中世における口唇と耳で読む acoustical reading（聴覚的読書）についてのテクストを見ると、そこでラテン語の動詞 legere とは同時に「聴く」audire をも意味していたと述べ、ごく低い発声による tacite legere（黙読）あるいは legere sibi（呟き読み）にも言及している。術語の日本語訳はM・マクルーハン（1986:140）に拠る。同テクストでは〈詠唱のように声を出す読み〉と、〈黙読あるいは呟き読み〉という対比を論じているのであるが、言語存在論的な視座からは、〈全くの黙読〉と〈呟き読み〉の際《きわ》こそが面白い。たとえばこうした黙読と呟き読みの間に、何らかの連なりが万が一にも予想されるとするならなおさら、〈内的言語〉と〈外的言語〉はア・プリオリに同一視してはならない。もしや連なっているとしたら、境界のありよう、連なりのありようこそが、考察にとって極めて大切なものになるからである。

対象の性質を丁寧に見据えることのできないがさつな議論では、見えるものも、見えてこない。〈内的言語〉を外的に対象化された言語と区別せずに、同一のものとして扱ってかかるのは、言語学にとっては出過ぎた営みであり、危険でさえある。

実際に形となったもののみをまず〈ことば〉として位置づけ、形となっていないものと、厳密に区別するこうした存在論的な視座は、言語について語られてきた多くの言説を、逐一照らし直すこととなる。例えば二〇世紀を代表する哲学者の一人、マルティン・ハイデガー（Martin Heidegger, 1889-1976）に"Die Sprache"（ことば）という小品（1950年）がある。こう始まっている。"Der Mensch spricht. Wir sprechen im Wachen und im Traum."[4]「人間は話す。我々は現《うつつ》に話し、夢に話す。」なるほど私たちは覚めて語り、夢にあって語る——而して存在論的な視座は、こうした言説を無条件に受け入れることはしない。夢に語られる「ことば」は〈ことば〉として形になってはいないからである。文学を語る姿を借りた創作テクストに、自らの居を定めるのならともかく、少なくとも学術的な姿勢をもって言語を対象に見据えんとするのなら、現《うつつ》にあって語られることばと、夢にあって語られる「ことば」は、区別せねばならない。夢にいくら愛を囁《ささや》こうが、夢にいくら無実を叫ぼうが、恋人も判事も、それらを〈ことば〉としては決して受け入れないであろう。夢に語る「ことば」を、〈ことば〉として言語学がまず扱い得るのは、例えば添い寝に聞く寝言のように、言語音という形で実現したものだけである。ハイデガーは同稿で詩を論ずるだけでなく、言語を論じている。それを人は哲学と呼ぶかもしれない。そこに危険が潜むのである。人は、例えば散文詩のような受容範囲の広いテクストを、厳密を是とする哲学テクストとしては、読めないであろう。言語存在論的な視座から照らすなら、この小品は既に右の条《くだり》だけで、現代の哲学的な論考たり得ていない。散文詩の如き文芸テクストに属するものである。ハイデガーはこうも言っている。「人間は言葉に応答するときにのみ語る。／言葉が語るのである。／言葉が我々に向かって語るのは〔詩という純粋に〕語られたものにおいてなのである」[5]。言語存在論的な視座から照らすとき、もちろん「言葉」は「語る」ことなどしない。語るのは最初から最後まで人だからである。人の存在を抜きに、まるでことばそれ自体の中に「意味作用」のごときものがあると錯覚してきた歴史は、ことのほか古く、頑迷である。私たちがテクストの美を楽しみ、修辞を慈しむのはよい。しかし言語を照らさんとするなら、ことばの美に幻惑され、修辞に籠絡されてはならない。こうしたロマン主義的、象徴主義的なアナロジーで理路を横滑りするさまは、冷徹に見極めねばならない。これを無粋と退ける必要はない。ことばの美に酔い、修辞を愛で、アナロジーの滑りゆくさまを楽しむのは、言語学にもまた修辞学という部門が控えているのだから。今一度確認しよう。語るのは人で、ことばは語られる。

(5) 言語と思考――ことばを伴わない思考、思考を伴わないことば

言語のリアリティを見ず、ことばとして形になることの重要性を見ず、聞き手の存在ということを見ない言語観では、しばしば言語と思考が一体のものであるかのごとく語られる。これもまた言語未生以前と、形となったことばとの無批判な同一視、混同の結果である。

例えばメルロ＝ポンティ（Maurice Merleau-Ponty, 1908–1961）が「人と人とのコミュニケーション」といったことに注目しつつ、「言語《ラング》を語る主体から切り離して扱うことは絶対にできません。言葉をともなわない思考というのは、「風」のようなものです。逆に、思考をともなわない言葉は音声記号のカオスにすぎません。」「思考と言語は同じ一つの実在の二つの契機にすぎません。」「言語は思考の身体なのです。[6]」というとき、ある聞き手にとっては「カオス」、混沌《こんとん》に過ぎないことばが、また別の聞き手にとっては「思考」として成り立つことがあり得ることを見ていないのは、明らかである。同一の言語場で発せられたことばが、聞き手によってはカオスであり、混沌でもあり得ること、これが全てに先立つ前提である。

ことばは、単純に見ても「言い間違い」といった、話し手の「思考」とは「異なった」実現をし得るのであり、ま

た、話し手の意図に即していようと即していまいと、言語場においては、誤解、不可解、矛盾といったことまでをも、聞き手の中で「思考」として成立させ得る機能を本質的に有している。言語は、話し手の「意図」の如何に関わらず、それがことばとして実現するなら、聞き手はそのことばに何かしらの「思考」を見出すことがあり得る。話し手が何らの「意図」的なものなしに発したことばであっても、ことばは聞き手のうちで何らかの「意図」を読み取り得るのである。さらに言えば、言語は語る主体にとっての「思考」の実現とは限らないし、ましてや「意図」の実現とは限らない。ことばを「意図」の実現と見る目的論的言語観の危うさについては、後に第6章第4節で触れる。メルロ＝ポンティ流に言うなら、なるほど言語は思考の身体であるかもしれないが、面白いことに、その身体は思考から遊離し得るのである。

(6) 頭脳の言語、言語学の頭脳

学問は問いがその進むべき道を決定づける。〈学び問う〉ものであると同時に、〈問いを学ぶ〉ものでもある。言語学もまた同様である。言語学の問いは、〈言語がどのような構造を有するのか〉、〈言語がどこで話されているのか〉、〈言語がいかに用いられるか〉そして〈言語とは何か〉といったものであった。現代の言語学は〈言語はいかに在るか〉といった問いは立ててこなかった。先に述べたとおりである。

そうした中で、米国でも活躍した中国語学者、趙元任《チャオ・ユアンレン》（Chao Yuen Ren/Zhào Yuánrèn, 1892-1982）の言は注目される。優れた洞察を見せる言語学書と言える Yuen Ren Chao（1968: 7-8）、その日本語訳であるユアン・レン・チャオ（1980: 10-11）において、「言語はどこに、いつ、どう存在するか」という問いを立てている。貴重である。ユアン・レン・チャオの問いが貴重と言えるほどに、言語学はこうした問いを立ててこなかった。

この問いを立てた後、「ある言語が存在しているというからには、その言語の話し手というものがいなければなら

ない。」という重要な指摘へと進む。そう、言語が〈在る〉ためには〈話し手〉が存在せねばならない。ここまでは良いだろう。まずいかなる言語学者も否定しまい。

しかし結論はいとも簡単にこう導かれてしまう。「言語は、何よりもまず、その話し手の頭脳のなかに、習慣や性癖のセットとして存在しているのである。」驚くべき結論である。言語は話し手の頭脳の中に存在する。繰り返すが、驚くべき、話の飛躍、理路の飛躍である。

実はこの考え方はユアン・レン・チャオ（1980）のみならず、現代の多くの言語学者の暗黙の共通了解とも言える。一種、自明なこととされているのである。この考え方を定式化した頭脳は、現代言語学の祖、フェルディナン・ド・ソシュール（Ferdinand de Saussure, 1857–1913）だと言ってよい。より正確にはソシュールその人と言うより、Saussure (1916)『一般言語学講義』という書物のソシュールである。『一般言語学講義』は一九一六年、つまりソシュールの没後に、ソシュールの高弟、シャルル・バイイ（Charles Bally, 1865–1947）とアルベール・セシュエ（Albert Sechehaye, 1870–1946）によって編まれた書物であった。〈言語は話し手の頭脳の中に〉というこの問題とソシュールについては、また後にも触れることになろう。

(7) 言語とはまず音《おん》である

〈言語はいかに在るか〉を問う私たちは、「頭脳の中に」とする、こうした言説に潜む矛盾に目を背けるわけにはいかない。話し手の頭脳の中に言語が存在すると言い放つ、その同じ言語学が、一方で言うのである。言語とは音である。言語とは言語音によって実現するものである。自ら吐露しているではないか。そもそも言語の〈話し手〉がいなければならないと。いかにも話す人が存在せねばならない。話さないと、〈話し手〉かどうかさえわからない。話されないと、それは言語であるかどうかさえ、わからないのである。

Saussure（1916; 1972: 20）、その独訳 Saussure（1931; 2001^{3}: 7）、ソシュール（1940; 1972: 16）も言う、「言語学の資料をなすものは、まず人類言語のすべての現れである。」何よりもまず人類言語の「すべての現れ」（仏 toutes les manifestations/ 独訳 Sprachvermögen: 言語資産）を見よと述べている。言うまでもなく、ソシュール言語学が言うその「現れ」とは言語音による実現に他ならない。

私たちは一足飛びに唯脳論へと飛び越えるわけにはゆかない。少なくとも、外的に実現されている言語が持っているような音が、頭脳の中にも同じように存在すると、無批判に想定することはできない。頭脳の中では、少なくとも私たちが耳にするような物理的な言語音の形では実現していない。でも私たちの頭脳の中で言語音は鳴っているではないか？　そう、ことばを頭の中で意識的に組み立てようとするときなどはとりわけ、頭脳の中で言語音は鳴っているかもしれない。たとえそうであったとしても、少なくともそれは私たちの耳に聞こえる言語音、空気の揺らぎたる言語音とは、ありようが激しく異なるものである。感覚的にも、そしておそらく物理的にも、頭脳の中で「鳴る」音は、実際に発せられ、私たちの耳に聞こえる、空気の振動が支えている言語音とは、異なるものである。そして言語存在論にとっては、この直接的な異なりようは、絶対に看過できない。一九世紀言語学が〈内言〉と呼んだ対象の一つは、例えば頭脳の中で鳴っている、こうした頭脳の中の「言語」であった。

(8) 音素と音声——それは鳴っているのか？

言語学は言うかもしれない。空気の振動が支えている言語音から、私たちは〈音素〉（phoneme）を聞くのであって、〈音声〉（sound）そのものを聞くのではない。まさに頭脳の中ではそうした〈音素〉が鳴っているのだと。未だ早い。そうした飛び越えもまだまだ早い。

確認しておこう。音素とは、ある言語において、ことばの意味を区別し得る、音の最小の単位を言う。日本語東京方言では、[kore]（これ）の[k]を[s]に取り替えると、[sore]（それ）になる。ここでは[k]と[s]の違い、対立が、「これ」と「それ」というこの二つのことばの意味の実現を区別している。[k]を[s]はそれぞれことばの意味を区別し得ることがわかる。そしてこの[k]と[s]はさらに小さい単位には分割できない。こうした場合に、/k/と/s/はそれぞれ日本語東京方言における〈音素〉として同定する。ここで用いた/kore/と/sore/のような単語の対を、最小対《さいしょうつい》（minimal pair）と呼ぶ。音素は/　/に入れて表す約束である。日本語母語話者が発する言語音[k]は発するたびに僅かずつ異なるのであって、厳密には同じ音とは言えない。それを母語話者は皆一つの同じ音素/k/と聞くのである。ここまでは良い。これは言語学のほぼ定説である。

他方、ことばの意味を区別し得るのは、そうした分節し得る音素、分節音素（segmental phoneme）だけではない。日本語東京方言であれば、/amega/はそれぞれの音節の音の相対的な高さが高低低と発音されるか、低高高と発音されるかによって、意味が異なってくる。前者は「雨が」であり、後者は「飴が」である。いわゆる高低アクセントである。言語学では高低アクセントや中国語の声調、英語の強弱アクセント、文の意味を左右するイントネーションなど、こうした要素を〈超分節音素〉（suprasegmental phoneme）や〈かぶせ音素〉と言ったり、プロソディ（prosody）と言ったりしている。[7] プロソディの規定には若干の異見も見るが、このあたりも概ね定説と言える。なお、「超分節音素」は主として米国の音韻論、「プロソディ」はロンドン学派の術語で、ほぼ同じものを指すことが多い。

では頭脳の中ではそうした高低も鳴っているのか？　文字を介在させると、ことはさらに複雑になる。「雨」という漢字を見ると、頭脳の中ではそうした音の高低が響いているのか？　「アメガフル」という文字列を見ると、音の高低も鳴っているのか？　「アメガタベタイ」はどうだ？　鳴っている？　では「アメガイヤダ」は？　「アメガ」だけならどうなのか？　未だ早いと言ったのは、たったこれだけでもわかるように、ことは決して単純ではないからである。〈内的言語は常に言語音が鳴っているのか〉と問いを立てただけで、ことは簡単でないことがわかる。正答の鐘はそう簡単に鳴り響かない。

要するに〈音素〉とて、音素を在らしめる〈外的言語〉としてそれが実現するときは、物理的な実体としての音に支えられている。音素は物理的な音声から抽象された対象であるけれども、常に音声という支えを有するのである。少なくともそうした物理的な音のありかたに照らす限り、脳の外と中では、つまり〈外的言語〉と〈内的言語〉とは、あるいは〈実現した言語〉と〈心的言語〉と言ってもよい、それらは安易に同一視できないし、脳における知覚のレベルであっても、やはり簡単に同一視できないわけである。そして繰り返すが、こうした違いは、言語を存在論的な視座から照らす言語存在論では、看過できない。〈外的言語〉と〈内的言語〉をア・プリオリに同じものとして括ることはできない。

今一つだけ言っておこう。〈外的言語〉と〈内的言語〉との本質的な違いは、それが脳の外にあるのか、内にあるのかという違い、空気の振動そのもので支えられているのか、そうではないのかという違いだけではない。〈内的言語〉はたった一人の個のうちで自己完結し得る在り方をしているのに対し、〈外的言語〉は、まさに他者と自らを繋ぐような在り方をしている。この観点から眺めても、この二つ——とりあえず二つとしておくしかないのだが——の違いも看過できない。

〈内的言語〉はそれ自体の実現に特段、他者を必要としないばかりでなく、主体自身の内で自己完結し得る在り方をしている。それは主体の外に出ることはできない。それは〈内的言語〉として在ったそのままの在り方で主体の外に出ることはできず、もしやそれが外に出ることが可能なのだとしても、〈外的言語〉の形を取らざるをえないのである。そしてまた、その〈外的言語〉として「外に出た」ものが、〈内的言語〉と同じものであるという保証は、ここでもない。やはりア・プリオリな同一視は危ない。

〈外的言語〉は、いつも他者を前提に存在しているかのごとくである。さらに進んで、〈内的言語〉とは違って、

〈外的言語〉は、もしや他者と自らを繋ぐために在るものと考えたくなるかもしれない。「言語はコミュニケーションの手段である」と、よく言われるのも、そのことの一つの側面を表すものかもしれない。しかしもちろんそんなことは即断できない。何度も言うが、そんな観念的な即断は言語学ではない。他者は言うだろう。思ってるだけじゃ、ことばにしてくれないと、わからないよ。

外的言語はいつも他者を前提に存在しているかのごとくだと言ったが、内的言語も、話し手がいかにしてそれを用い得るに至ったか、という点においては、他者を前提としている。もしそれも〈言語〉であるのなら、人はたった一人では、絶対に内的言語も獲得できないのである。このことは〈教え＝学ぶものとしての言語〉さらに〈言語の本質的な共生性〉といった主題へと私たちを導く。第8章第5節で触れる。こうした問題への接近もまた、外的言語と内的言語の無前提的な同一視を避けることによって、さらに精緻に遂行し得るであろう。

本書はソシュールから趙元任《チャオ・ユアンレン》、そして今日まで多くの言語学者たちを貫く、言語学の〈言語は話し手の頭脳の中に〉という考え方とは全く異なった歩みを、踏み出すことになる。

(9) 活動としての言語

もとより、ことばが発せられるありようは、人間の活動として、即ち一連の過程として捉えることができる。言語をそれが実現されるまでの一連の活動において捉えることそれ自体は、大切なことであるし、大いに議論されてよいことである。

全七巻に及ぶ世界最大の英文法研究書を著した、近代英語学史における大御所中の大御所、デンマークの英語学者、オットー・イェスペルセン（Otto Jespersen, 1860-1943）が、Jespersen（1924: 1968: 17）で言うように、言語の本質を人間の活動（human activitiy）とするのもそうした考えである。

日本の国語学者、時枝誠記《ときえだもとき》（1900–1967）の〈言語過程説〉などはさらに明確に一連の活動として言語を見ることを打ち出すもので、内容の是非は別にしても、日本語圏から現れた一般言語学的原理論の重要な試みである。言語過程説の考え方は時枝誠記（1941; 1979）に詳しい。

二〇世紀言語学を席巻した生成文法の祖、ノーム・チョムスキー（Noam Chomsky, 1928–）は、具体的な諸状況における実際の言語使用（the actual use of language in concrete situations）である運用（performance）と、自分の言語についての話し手＝聞き手の知識（the speaker-hearer's knowledge of his language）である能力（competence）を区別し、文法論は後者を研究するとした[8]。言語を生成する過程へ注目し、言語を一連の活動と見てはいるのだが、しかしその実現たる言語運用は文法論の責務ではなく、精神の活動たる言語能力を研究するという考え方だと言ってよい。「言語理論は実際の行動の根底にある心的実在（mental reality）を明らかにすることを問題にしようとしているからである」といった言にも、心的なものへと言語研究の重心を置いていることが、ありありと見て取れる[9]。

言語を一連の活動として見ること自体は重要なのであるが、こうした議論を行う際に、決定的に重要なことは、再三述べてきたように、実際にことばとして実現した対象と、未だ実現していないものを、ア・プリオリに同一視してはならないという点である。フンボルト（1984: 73）の「言語とは、分節音声を思考の表現たり得るものとするための、永劫に反復される精神の働きなのである」といった言などは、そうした牧歌的な同一視の最たるものである[10]。言語の実現のありかたを切り捨て、心的なものに本質を求めようとする態度の、一つの源泉だとも言える。原著者、ヴィルヘルム・フォン・フンボルト（Wilhelm von Humboldt, 1767–1835）はドイツ語圏、プロイセンの言語学者であり、フンボルト大学＝ベルリン大学の創設者としても知られる。そして近現代の言語に関わる思考にあって、一気に精神の働き、心的なものに何かを求めようとする形而上学的態度は、一九世紀のみならず、二一世紀にまで貫徹するのである。一見正論に見えるチョムスキーの言語運用と言語能力の区別にあっても、実際の言語運用、言語が実際に実現する

ありようは、多くの研究においては事実上端《はな》から切り捨てられることとなる。精神の活動たる言語能力を研究する文法論の議論を、いざ具体的に進める段になると、演繹的な叙述に、どうしても実現した言語から、つまり研究の目的ではないとされる言語運用の方から、単語だの文法形式だのというアイテムを借りてきて、言語能力の議論に持ち込み、操作せざるを得ない。それでいて実現した言語の支えを欠くという、観念的な記号操作に陥ることも少なくなかった。とりわけ朝鮮語文法論における生成文法などにあっては、言語の現実性を欠いた記号的な操作に、ややもすると流れがちであった。そうしたことへの批判も手伝って、言語研究にあっては、「完全に均一的な言語社会における」(in a completely homgeneous speech-community)「一人の理想的な話し手＝聞き手」[11](an ideal speaker-listener)とされる、いかにも現実離れした研究者が、あれこれ文を生成する手続きを考えるよりも、既に生成されてしまっている実際の膨大な量の言語材を、広く収集して検討しようという方向へと、研究は動く。その典型がコーパス言語学[12](corpus linguistics/말뭉치《マルムンチ》 언어학《オノハク》)である。ＩＴ革命からも技術的な基礎が提供され、コーパス言語学を一つの基軸として、実証主義的な研究が活性化した。圧倒的な量の言語事実をして語らしめる手法を前に、「理論」主体の生成文法は今日、昔日のような大きな力は失っており、とりわけ日本語研究などでは控えめに見ても、傍流としか言えないほどである。[13]しかしながら生成文法が言語研究にもたらした刺激と知見は、決して小さくない。ここではそうした大まかな位置づけだけに留めよう。

　言語研究にあっては、客観的に見ることができる対象それ自体を、深く見据えることが、何よりも徹底されねばならない。見えないものを見ることは、何よりもまず、見えるものを虚心坦懐に見ることから始まる。見えないものについての思考は、これと区別した上で、注意深く道を進むべきであろう。まさにこの意味において、言語学は心理学ではない。

　ことばとして形になったものを、何よりもあるがままに見ることをせず、一気に例えば「心的なもの」だの「心理」だの「精神」だのという、見えないものについての言説で片付けようとする形而上学には、身構えねばならない。ことばを産出する活動と、産出されたことばそのものとは、区別せねばならない。どこまでも比喩に過ぎないが、料理を作る活動が、それによってできあがった料理そのものではないのと同じである。料理を作る活動は――食することができない。

⑽ 言語学と言語をめぐる学

文学研究や言語行動を調査する社会学などを例に出すまでもなく、言語をめぐる学問、言語に関わる学問は実に多様な形で存在し得る。そもそも学問だの知だのといったものは、言語なしではあり得ない。ここでも、ある学問が、言語をめぐる学なのか、言語そのものについての学であるかどうかは、互いの重なりを認めても、やはり区別しておかねばならない。言語をめぐるそうした多様な考察ではなく、まさに言語そのものについての考察であれば、言語学がこれを引き受ける。言語をめぐる学と、言語そのものについての学――即ち言語学――とは異なるのである。

2 言語場論

⑴ 言語場とは何か

河野六郎《こうのろくろう》（1912-1998）は日本を代表する言語学者であった。朝鮮語学、中国語学、文字論、一般言語学など幅広い著作は、『河野六郎著作集』全三巻、『文字論』などにまとめられている。[14] ギリシア、ラテンを始め多くの言語に通暁し、哲学書の翻訳や、刊行はされなかったが、仏和辞典の編纂にも手を染めた。世界最大の言語学辞典たる『言語学大辞典』[15] の編者としても知られるところである。言語や文字を見据えるその思考は、深い。本書も多くを学んでいる。

河野六郎（1977: 6, 1994: 6）は「対話の場面は話手と聴手の二人の人間を包む言語的場を構成する」と述べている。「二人の人間を包む言語的場」、簡潔にして重要な指摘である。

この指摘にあるその重要な機制は、発展させるに値する。本書においては、狭い意味での「対話の場面」のみならず、言語が実現する広義の場、それが話されたものであれ、書かれたものであれ、言語が実現するあらゆる場について〈言語場〉を考えることにする[16]：

> 言語が実際に行われる場を、〈言語場《げんごば》〉（linguistic field/언어장《オノジャン》/말글터《マルグルト》）と呼ぶ[17]

即ち、言語場とは、ことばの発し手＝発話者（addresser/발화자《バルファジャ》）や受け手＝受話者（addressee/수화자《スファジャ》）によって言語が実践され、言語が実現する場である。言語が実際に行われる時空間（space-time）と言ってもよい。

このとき、発話者や受話者という言語主体は、場を客体的な対象として位置づけているのではない。発話者は場に対して競技場のごとくに相対しているのではない。あるいはまた、チェスの盤の上に発話者や受話者といった言語主体という駒が乗っているようなものでもない。そのように言語主体と、場を客体として切り離して考えるのは、形而上学的な主客二元論的思考であって、言語主体の絶対化、果ては主観の絶対化にも陥ってしまいかねない思考である。厳に戒めねばならない。実は言語主体もまた場を構成する不可欠の要素であり、場は必ず言語主体を内に擁している。そして言語主体は世界の内に存在し、それぞれの個人史を背負う、具体的な生身の人間である。

場が既にあって、その場に言語主体がやって来たり、そこで言語主体が活動するのでは、決してない。少なくともことばの実現のありように照らすならば、発話者という言語主体がことばを発することによって、あるいは受話者という言語主体がことばをことばとして認めることによって、言語主体を内に含む場が、初めて場として立ち現れるのだと、言わねばならない。

発話者も受話者もいない時空間は、言語場ではない。例えば録音機だけが語り続けている、人気《ひとけ》のない空間や、文字がびっしり書き込まれた掲示物が張ってある、人のいない空間は、言語場とは言えない。物理的な言語音《げんごおん》らしきものや文字が存在しても、人のいない空間は、未だ言語場ではない。人がいなければ、それはその空間に響く何らかの音《オト》ではあっても、言語音とは認められず、「ゆ」というような形を有する視覚的な濃淡が存在していても、それは未だ文字としては認められない、即ち、その場において全《まった》き文字としては成立していない。そこに人が現れ、言語音や文字を人が認めて初めて、言語場が言語場として活《い》きて立ち現れるのである。発話者や受話者は言語場を言語場たらしめる、不可欠の原動体である。

(2) 言語場の仕組み

ここでは、言語存在論を考える導入として、言語場に関わる大筋をいま少し見ておくことにしよう。言語場のありようの細部が秘めている面白さは、また後に詳述するであろう。野間秀樹（2008a: 324-326）で言語場について述べたことを、敷衍しながら述べることにする。

前述のごとく、言語が実現する際には、必ず、発話者もしくは受話者を内に擁する場において実現する。これが言語場である。

音声によって実現する〈話されたことば〉においては、通常は話し手と聞き手が同じ場を共有する。私的な場であれ、公的な場であれ、ことは同じである。

ただし、同じ場における対話であっても、〈話す〉場と〈聞く〉場は、時間的にも場所的にも、それが二人以上の対話である限り、原理的に極めて微細なずれが存在する。微視的に見るときに立ち現れる、時間上、空間上のこうしたずれ、距離の存在は、実は言語の実現にあっては本質的な機制に属する。話し手と聞き手は言語場を共にしながら、常に微細に異なった位置にいる。そして聞く時間は常に〈話す〉時間の後である。面白いことに、録画などではこのずれが明示的に拡大される。録画などでは話し手自らが、一度外化された自らのことばを——正確には、自らのことばと酷似したことばを——、聞くことになる。時間的、空間的なずれは録画によって創り出されたのではなく、もともと原理的にずれが存在していたのである。いずれにせよ、こうした微細なずれを本質的に内在させながら、話すにも聞くにも、人は言語場を造り上げる。

一方、文字によって〈書かれたことば〉においては、多く、話し手と聞き手が異なった言語場にいる。書簡しかり、書物しかり。電子的な媒体またしかり。〈書く〉場にあっては、書き手は常にまず書き手自身が書きながら読む。〈書かれたことば〉を読む他者は、また異なった場で読むことができる。たとえ書くところを、同じ場で他者が覗き込んでいる場合であっても、〈書く〉場と〈読む〉場は、それぞれの主体が異なることによって、原理的にはその位置が極めて微細にずれている。書き手が入力している横で、ディスプレイを覗き込む他者を考えれば、書き手と、そこに同席する他者との位置は、常にずれていることが、容易にわかるだろう。位置を云々できることでもわかるように、場の在り方は様々でも、〈書き手や読み手を内に含む場〉というものが在る、という点では変わらない。

辞書の見出し語のような〈書かれたことば〉も同じである。それが〈書かれたことば〉として立ち現れるためには、〈読み手が辞書を読む言語場〉が必要である。"*The Sun Also Rises*"「日はまた昇る」といった、小説の題名なども同様である。〈読み手が題名を読む言語場〉がなければならない。

〈書かれたことば〉にあっては、読む場はどこであっても構わない。また書き手自身が読み手であっても一向に構わない。ここで重要なことは、書くにも読むにも、必ず場が存在しているということである。そして書き手や読み手もその場の内にある、場の活性体である。

このように、あらゆる言語が実際に存在し、機能するのは、なべて言語場の中においてである。言語場が必要だというのは、言語が実現するには、どうしてもその発し手＝発話者と受け手＝受話者が存在しなければならないことの、別な表現である。それら発話者と受話者は、必ず何らかの具体的な時空間に位置を占めている。主体たる人が、客体としての場に立つのではなく、主体たる人が、ことばを活性化することによって、主体を内に擁する言語場を創る。そこなる発話者も受話者も、それぞれが個人史を背負っていて、それぞれの生きている文化圏といったものに、どっぷりと漬かった存在である。それも発話者と受話者は抽象的なありようで場の上に乗っているのではなく、まさに時空間内の存在として位置を占めている。その時空間が言語場である。

全く同一の言語場は、原理的に二つと存在し得ない。

別の視角からこうしたことを照らすと、言語は常に発し手＝発話者から受け手＝受話者に向かって、誰かが誰かに向かってある場において発せられるものだ、ということができる。発話者と受話者は同一の言語場内で相対していることもあり、異なった場で発話者と受話者の関係を取り結ぶこともある。もちろん発話者も受話者も一人とは限らない。合唱などを典型とする、複数の発話者が現れる言語場や、教室や講演会場のように複数の受話者が現れる言語場も、いくらでもある。

言語を見ようとするなら、〈誰が誰に向かって、いかなる場で語るのか〉という、こうした〈言語場〉への慮《おもんぱか》りを、欠かすことはできない。もちろん、言語場は文体、語彙や文法の選択をはじめ、何をことばで表現し、何をことばで語らないかといったことに至るまで、言語表現のあらゆるところに関わっている。

(3) 言語場——誰が誰に向かっていかなる場で語るのか、誰が聞くのか、誰が読むのか

今一度確認しよう。〈言語場〉論の核心は、言語が生きた人間から離れて抽象的に存在しているのではなく、常に

次のような契機を内に含むものだと考えることにある：

誰が誰に向かって、いかなる場で語るのか
それは誰が聞くのか、誰が読むのか

言語をめぐるあらゆる思考は、その関与の濃淡はあれ、常にこうした契機を内に宿していることで、その現実性を失わないであろう。言語場の典型的な構造を図2に図式化しておこう。同じことばに対して、発話者が造形する意味1と、受話者が造形する意味2は、常にずれている。言語場における意味をめぐる問題は、第3章で扱う。ここでは図式だけを念頭に置いていただければよい。

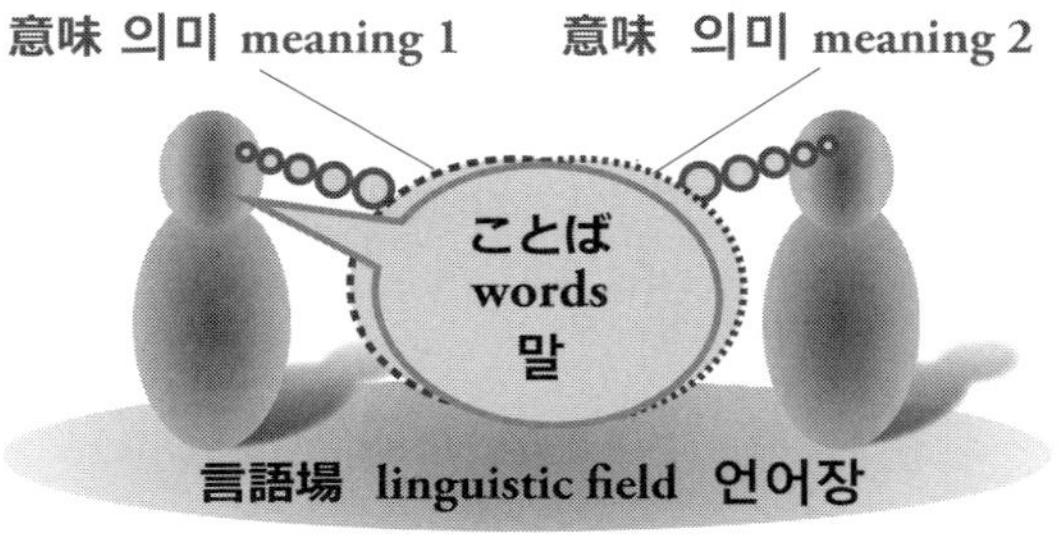

図2　言語場：誰が誰に向かっていかなる場で語るのか，誰が聞くのか，誰が読むのか

念のために付け加えるが、ここで言う〈語る〉とは、話すことだけではなく、書くことも指している。〈発する〉と言ってもよい。

言語場の「場」について、例えば時枝誠記の言語過程説における「場面」などを想起する向きもあろう。言語場の原理的な構造を考える助けになるであろうから、簡単に触れておこう。端的に言って、言語過程説は人間の営みとしての言語活動への注目には非常に鋭いものを擁しており、他方で圧倒的に弱い。

時枝誠記（1941: 1979: 40）は「言語の存在条件」を言い、「一主体（話手）、二場面（聴手及びその他を含めて）、三素材」の三つを挙げている。「言語は、誰（主体）かが、誰（場面）かに、何物（素材）かについて語ることによって成立するものである」とする。「素材」は「一般に意義或は意味の名に於いて」呼ばれるところのものである（p. 50）。

時枝誠記のこの「場面」論と根本的に異なる、ここで言う言語場論の重要な柱を、謂わば目次的に、二つだけ挙げる。第一に、〈話されたことば〉と〈書かれたことば〉という、位相の異なる二つの言語の実現形態を、言語場に位置づけること、第二に、〈発話者〉のみならず、〈聞き手〉や〈読み手〉即ち〈受話者〉もまた、言語の意味を担う決定的にして最終的な、言語的主体、人間的主体として言語場の内に位置づけること。

第一の点については、本書第2章から第4章にかけて述べる。第二の点に照らすと、時枝誠記にあっては、「話手」即ち〈発話者〉は、基本的には〈話されたことば〉の主体として、それも「場面」を客体とする主体として、想定されていると見てよい。時枝誠記にあっては、話し手は言語場における特権的な主体として位置づけられており、「場面（聴手及びその他を含めて）」ということばにはっきり現れているように、「話手」対「聴手を含む場面」という一種の主客二元論となっていることに、注目せねばならない。そうした主客二元論にあっては、そこでの言語活動は、ことばを発することで、終わってしまう。つまりことばが「話手」から発せられ、物理的に形になった段階で、言語活動が事実上終わってしまうことになる。時枝誠記（1941: 1979: 47–48）で「受容者としての聴手は、話手と同様に言語の主体に外ならない」と、非常に鋭い切り口を見せはするのであるが、「場面（聴手及びその他を含めて）」という設定はせっかくのそうした発想を崩してしまう。言語過程説においては、ことばが形になって考察が終わるべく、設《しつら》えられているのである。時枝誠記の言う「話手と同様に言語の主体に外ならない」ところの「聴手」とは、ことばをめぐってせめぎ合う発話者と受話者というより、謂わば発話は一度終わって、その発話に今一度新たに主体として対峙するものとして設定されている。このように時枝誠記の言語過程説にあっては、実は受話者は主客二元論における客体たる「場面」に含まれる「聴手」と、「言語経験の主体」（p. 48）としての「聴手」とに二重化されてしまっているのである。前者は場面としての、客体としての受話者であり、後者は実は受話者ではなく、時枝誠記が「主体」の名で呼ぶ、発話者の変形物に過ぎない。時枝誠記は〈特権的な発話者〉を据えるが故に、ことばを共にすべき受話者が客体として一度は場面に溶解されてしまっている。そして決定的なことに、ことばは「何物（素材）かについて」語られるものとして、既にしっかり意味を縛り付けてある。そこではことばが「何物（素材）かについて」語られるものとして、即ち、ことばは意味を持っているものとして、全く疑われていない。後述のように、実はことばに固定された意味などないのであるが。受話者にも主体的に造られる意味を認めたい時枝誠記としては――このこと自体は圧倒的に正しい――、理論上、どうしても受話者を人として生かす必要がある。ゆえに発話者とあたかも同じ資格を持っているかのごとくに、再度「話手と同様に言語の主体に外ならない」ところの「聴手」を導入せざるを得ないのである。

言語場においてかくのごとく〈特権的な発話者〉を設えようとする思考は、言語が行われる現実のありようから言語観が遠ざかってしまう結果をもたらす。言語は決して言い放って終わりはしない、これが言語場の現実である。このことは意味をめぐって、更に深刻なものとなる。時枝誠記と違って、言語存在論に基礎を置く言語場論においては、ことばが意味の実現に至るか否かまでを凝視する。この全過程が言語活動である。言語場論において言語の実現の過程が一旦終わると言えるのは、聞き手や読み手、即ち受話者においてである。他ならぬ〈意味〉は、〈発話者〉においても実現するし、まさにそこなる〈受話者〉においても実現するからである。そして受話者にあっては何と〈意味〉が実現しないことがあり得る。全く同じことばが、ある受話者には意味となり、ある受話者には意味とならないことがある。ことばがあるいは意味となり、あるいは意味とならないという、こうした驚くべき現実《リアリティ》への注目こそ、既存の意味論の非現実的な形而上学的空理性を克服する決定的な水路である。ことばが意味とならないことを見据えることができなければ、その言語論はもうその時点で空想の主観主義的なオプティミズムに遊ぶことになる。このことは第3章で見る。

さらに言っておくなら、発話者のみならず、受話者もまた、意味のうちに〈言語的な対象世界〉（objective world through language）とでも言うべきものを、実践的に形造る。言語場において実践的に産出される言語的対象世界は、言語外現実とは厳密に区別せねばならない。これは第7章で詳述する。受話者によって〈意味〉が異なって実現するなど、ことばに係わる〈意味〉が、いかに立ち現れるかも、こうした言語場の構造に規定される。「場面」などを重要視する諸説と、言語場論が根底的に異なることは、おいおいさらに明確になるであろう。

(4) 言語場論の萌芽

さて言語を考えるにあたって、言語場ないしは誰が誰に向かって語ることばかといったことについて重きを置くのは、例えばロシアのミハイル・バフチン（Михаил Михайлович Бахтин, 1895–1975）や、談話研究や語用論、現在の社会言語学の一部などに見えるものの、ソシュールを祖とする現代の言語学のメインストリームではむしろ少数派である。

バフチン（1980: 188–189）では、「発話とは、実際、**二つの面をもった行為**です。それは、**誰の発話**であるかという面と、**誰に向けられた**発話であるかという面と、この二つの面から規定されているのです。発話は、それ自体が話し手と聞き手との相互関係から生まれた所産なのです。」（ゴシック体も原著）と述べ、さらに「状況が発話を規定する」ことを強調している。なお、原著は著者名ヴォロシノフ（В.Н.Волошинов）の名で一九二九年に出版されたもので、こうした観点への注目としてはなかなかに先駆的なものである。

3　日本語は在るのか？――「何々語」の内実と輪郭

言語場論にあって、言語は常に具体的である。一足飛びの抽象化や一般化は常にこの視座から牽制されている。言語は常に具体的に実現するという、こうした考え方に立てば、「日本語」や「朝鮮語」「英語」などといった「言語」を頭の中で抽象的に構想しつつ語ることは、実はしばしば、危険な問題を孕むことがわかる。生身の話し手が行う言語は、常に次の二つの理由によって、「日本語」や「朝鮮語」「英語」などといった等質的な概念に収斂しきれなくなる性質を見せるからである。これら二つの理由は、本質的には言語が発話者と受話者によって言語場のうちに実現するという、一つのことに帰着する。

第一に「何々語」の具体的な内部は常に、〈均一ではない〉こと。まず何よりも言語にはしばしば〈方言〉と呼ばれなどする、〈言語のヴァリアント〉がある。津軽方言を話す老人と鹿児島方言を話す老人が、それぞれの方言で語り合って、どれだけわかり合えるのか？　今語られているその「日本語」は、こうした言語を考えに入れているのか？　実のところ、人々にあって〈話されたことば〉とは、基本的にはそれぞれが用いている〈方言〉なのである。「日本語」がまずあっって、それぞれの方言という偏差があるのではなく、それぞれの方言こそがまさに話される実体的中核である。「日本語」という「言語」があり、その下位区分として諸方言を位置づけるのは、どこまでも言語学上の理論的な便宜から、あるいはまた政治的な思惑から、そうなされているに過ぎない。

方言だけではない。インターネット上のソーシャル・ネットワークを飛び交う中学生たちの日本語、それは今問題にしている「日本語」に含まれているのか、いないのか？　いや中学生や高校生はまだ成人でもなし、言語形成が充分にできていない云々をするなら、「敬語もろくに使えないのか」と叱られている、あの会社員の言語はどうなのだ？

「大人の言語」、「成人の言語」？　それは実のところ、どこからどこまでなのか？

言語形成地、性別や年齢、社会的な階層、受けた教育などによって、「何々語」と呼ばれる言語の話し手は実に多様であり、そこで語られる「何々語」もまたいよいよ多様である。今言う「何々語」は、それらを全て包含して語られているのか？　それとも「特殊な場合」だの「極端な場合」などと除外しているのか？　言語を語るのに、いかなる根拠においてそんな除外が許されるのか？　ならば「特殊でない日本語」「極端ではない日本語」とは、誰がどこで話す日本語のことなのか？　そしてそんな日本語は本当に存在するのか？

こうして考えただけでも、母語話者が生得的にその母語を丸ごと獲得するかのごとき言説も、幻想ではないかと疑い得るであろう。使用語彙の量も理解語彙の量も、そして時には文法形式の量さえも、母語話者ごとに差があって、さらに同じ母語話者の内部でも、それらの量も質も常に動いている。言語にとってはこれも決定的な事実である。「何々語」の具体的な内部は常に、〈均一ではない〉のである。

チョムスキー（1970: 3-4）は、「言語理論は、主として、まったく等質的な言語社会における理想上の話者・聴者（ideal speaker-listener）［つまり言語使用者：原著の訳注］を対象として扱うものである」と言い、この「理想上の話者・聴者」を前提とするのは、「近代の一般言語学の創始者たちがとっていた立場であった」、そして「これを修正すべき強力な理由は、まだ、提出されていない」とする。こうした考え方をチョムスキーは生成文法の方法論的な基礎としているが、実は同時に、理念的な出発点ともなっていた。しかしながら既に見たように、〈言語はいかに在るか〉という存在論的な視座から言語を照らしてみると、「まったく等質的な言語社会における理想上の話者・聴者」など、どこにも存在していないことが解る。それは形而上学的な空想の産物でしかない。もちろん、そうした仮定を想定してみること自体が、必ずしも全的に無効なわけではない。そうした仮定から出発すること、そうした仮定を考察の方法の絶対的な基礎に据えることが、問題なのである。現実の言語のありようは、「近代の一般言語学の創始者たちがとっていた立場」を修正すべき、圧倒的な理由に満ちあふれている。

言語が「何々語」などといった等質的な概念では収斂しきれなくなる第二の理由。「何々語」の外部との境界が常に〈ゆるやかな境界〉となっていること。

「何々語」は、いつからいつまでの言語のことなのか？　人が「日本語」と言う。石炭をばはや積み果てつ――鷗外の『舞姫』、これもその「日本語」なのか？　今「日本語」と言った、そのときに明治期の「日本語」は念頭に置かれているのか？　江戸期の日本語はどうなのか、古典中国語たる漢文で書かれた『日本紀』、日本語的な変容を被っているであろうその漢文は、「日本語」なのか？　その「日本語」はいつの言語のことなのか？

ソシュール言語学は通時言語学から共時言語学を取り出した。それはいいだろう。だがその対象たる共時態（仏 synchronie/synchrony）とは、通時態（仏 diachronie/diachrony）から理念的に切り取られた断面に過ぎない。そしてその断面は、常に時間的な厚みを有する断面なのである。それも常に揺れ動く断面である。自ずと断面の厚みの境界は、実は〈ゆるやかな境界〉であるしかない。

「何々語」の境界は、話す主体の点からも常に揺れている。非母語話者が話す「何々語」はそこに入るのか？　日本語を学習し始めた留学生が、スーパーのレジの人に尋ねている、あのたどたどしい日本語、あれは「日本語」なのか？　もしそれは日本語のうちに入らないと言うのなら、日本語母語話者の話す英語は「英語」なのか？　学校で学んでいるのは「英語」ではなかったのか？

そもそも二つの言語があるとき、それらの二つは「異なった言語」なのか、「異なった方言」なのか、区別がつくのか？　それは言語学が決めるのか、それとも国家権力が決めるのか？　琉球王朝の言語は琉球語で、今は日本語沖縄方言と言うのか？　「日本語」は日本で話される言語のことなのか？　ではまさかアイヌ語も「日本語」なのか？　では「国語」はどうなのだ？

日本語や朝鮮語について言語学者や国語学者が書いた書物で、こうした問題に関心が払われなかったわけでは決してない。それが基本的な書物であれば、謂わば当然のごとく触れられるのである。日本の学校文法の基礎となった橋本進吉の文法論においても、「日本語の概念」の内実について、日本語内の言語の一様でないことを述べている。しかしながら、結論は一気にこう導かれてしまう：

要するに、日本語は、日本民族が自己の言語として昔から用ゐ来つた一切の言語をさしていふのである。——橋本進吉（1946: 13）

国語学者・橋本進吉の右の言と、〈「こくご」とはいかなることばなりや〉という問いを立てた、国語学者・亀井孝の次の言を比べてみよう：

万葉集の ことばと 二十世紀の 日本の 言語とが その 実質において いかに ことなったものであっても、なおかつ これらを われわれが ともに 〝ひとつ 日本語の すがた〟として うけとるように みちびかれて きているとすれば、このばあい それは すくなくとも 直接には 純粋な 意味での 言語学の 影響に よる ものでは なく、ある 固定した 観念の 独断で ある。そういう 独断は 歴史を 超越する 形而上学的な 絶対の 存在を 暗黙のうちに—— いわば 神話として——仮定する そういう 思想からの ひとつの 派生で ある。——亀井孝（1971: 232）。引用文の分かち書きも亀井孝の原文のまま

何という違いであろう。続けて亀井孝はこう断ずるのである：

観念としての〝ひとつ日本語〟はもと 明治以来の 国語政策が 教育の 実践を 媒介として 定着せしめた 虚構に ほかならない。

驚愕に値する「日本語」テーゼである。『万葉集』の言語、おそらく少なからぬ人々が疑いもなしに、自らの言語の遠き故郷のごとく心に描くであろう、あの『万葉集』の言語と、二〇世紀の言語を、「ひとつ日本語」などとするのは、「形而上学」だと宣言するのである。一九七一年刊行の著作集からの言であるが、当時の伝統的な国語学の思考からは禁断の領域に踏み入っている。〈言語はいかに在るか〉という視座から〈日本語とは〉と問いを立てたとき、「日本民族」などと、おそらく言語以上に模糊とした概念を持ち出し、根拠とする橋本進吉の言と、亀井孝の言、いずれに耳を傾けねばならぬかは、言を俟《ま》たない。

言語は常に話し手の存在と共にあり、言語は言語場の中で具体的な実現を見るものであることを見据えるならば、私たちが「何々語」と口にした瞬間に、こうした様々な問題群を背負いきるかどうかが、一気に問われることになる。それは誰の言語なのか？　誰がいついかなる場で語る言語なのか？　どこまでを問題にし、どこからを切り捨てているのか？

「日本語は」などと大上段に語られる言説は、「日本語はいかに在るか」という存在論的な視座から照らすだけで、その内部からも、外部からも、しばしばいとも簡単に崩壊する。——実はどこからが内部で、どこからが外部であるかさえ、朧なのである。

「国語」の概念に至っては、さらに国家やイデオロギーに直結した問題が噴出する。これらについては、右の亀井孝（1971）、またイ・ヨンスク（1996; 2012）、野間秀樹（2007a）なども参照されたい。

4　言語場と〈文脈〉論

言語が実際に実現した言語場に立って、存在論的な視座から言語を見るという視点は、今一つ重要な概念を切り分ける。それがいわゆる〈文脈《ぶんみゃく》〉（context/ 独 Kontext）という概念である。〈脈絡〉（独 Zusammenhang ＜ zusammen 集めて、一緒に + hang ぶら下がり）と言われることもある。言語学の内部でも、「それは文脈に依存する」「文脈依存性が強い」などと、はなはだ曖昧に用いられてきた。他方、言語哲学においても、ゴットロープ・フレーゲ（Friedrich Ludwig Gottlob Frege, 1848–1925）の「語の意味（Bedeutung; meaning）は文という脈絡において問われなければならず、孤立して問われてはならない」「ひとは常に全文を視野の内に捉えていなければならない。文の中においてのみ、語は元来一つの意味をもつのである」とする「文脈原理」（context principle/ 独 Kontextprinzip）が、重要な概念装置とされている。[18] ルートヴィヒ・ヴィトゲンシュタイン（Ludwig Wittgenstein, 1889–1951）の『論理哲学論考』（原著一九二一年）「三・三 命題だけが意義をもつ。命題との連関においてのみ、名は意味をもつ。」の言をここに加えれば、哲学における文脈論＝脈絡論の重要性を認めるに、充分であろう。[19] Wittgenstein（1922; 1981: 50–51）。あるいは広く人文思想などでは、文化や社会などといった大きな対象にも文脈の術語が用いられている。本書は文脈の術語を次のように用いることにする：

〈文脈〉という術語は、言語の形をとって実際に現れたものについてのみ言う

要するに〈言語的な文脈〉のみを〈文脈〉とする。〈書かれたことば〉たるテクスト（text）であれば、テクストと

共にある（con-）もののみが、〈文脈〉（context）である。〈話されたことば〉たる談話についても同様である。ことばとして形にされているものに根拠を置く、脈絡、係わり、条件、背景といったもののみを〈文脈〉とする。従って、「文化的な文脈《コンテクスト》」のような使い方は、厳密を期すために避け、言語として実現していないもの、例えば風習、慣習、考え方、互いの了解など、言語場における様々な言語外的な状況といったものは、ここでは文脈と呼ばない。やはりここでも重要なことは、言語として実現しているものと、そうでないものを区別するという点である。

〈文脈〉という術語のこうした切り分けは、私たちが言語を考えるに当たって、どこからどこまでが言語に係わっているのか、言語が〈形〉にすることによって、どこからどこまでを支えきっているのかを、より鮮明にする。〈文脈〉を言語的な実現に限って用いるというこの区別は、言語の機能や言語表現を考える様々なところに関わってくる。例えば、言語場における言語外現実によって話し手と聞き手の双方に明示的にわかることを、言語がわざわざ言語化しないようなときがある。「行く?」とか、「これ、おまえが?」などのように。言語場から推し量ってわかる、そうした場合に、乱暴に「文脈」でわかるとはしないのである。

次のような例を考えると、言語的な実現として〈文脈〉を限ることの決定的な重要性が、鮮明に見えて来る：

（a）　今どこ?　――学校。

（a）の文字列を読むと、即ち（a）のテクストを読むと、私たちは例えば二人の話し手による携帯電話での会話ではないか、などと想像する。あるいはまた、こんな言語場を想起するかもしれない。二人の話し手がどこかにやって来た。そのうちの一人が見知らぬ場所なので今一人に問うた。「今どこ?」一人がもう一人を案内しているのかもしれない、などと。会話ではないかと想像するのは、まさにテクストが会話文の文体で与えられているからに他ならない。会話であろうと想起することは、謂わば「今どこ？　――学校。」という、言語化された文体が、つまり形〈かたち〉となっていることばが、もたらすところの〈文脈〉である。

ただしそれがいかなる言語場における会話であるかについては、読み手である私たちが想像するばかりである。携帯電話という言語場、見知らぬ土地への迷い込みという言語場、他にもいろいろな想像が可能であろう。やるべき仕事があれこれあって、どこを今やっているのか、隣の人に尋ね、今「学校」に関わるところを処理していると答えている、などという言語場もあり得るだろう。

言語的なテクストに現れてはいないこうした様々な状況は、〈文脈〉とは呼ばない。それらは、どこまでも私たちが現実に（a）のテクストを読む言語場において想起したものである。従ってそうした言語場を問題にする際に、「（a）はどういう文脈の会話だろう」などとは言わないのである。「（a）はどういう言語場の会話だろう」と言っておけば、とりあえずはよい。

今一つ、次の（b）を見よう：

（b）（携帯電話で）今どこ？　――学校。

（b）の文字列を読むと、即ち（b）のテクストを読むと、「（携帯電話で）」という条件が言語の上で明示されている。つまりことばとして〈かたち〉にされている。こうしたものは私たちが〈文脈〉と呼んでよいものである。

ここで私たちは言語場論と文脈論の係わりに近づく、重要な手がかりを得ていることに、気づくだろう。（a）と（b）のテクストは、似ているように見えて、そこに与えられる言語場の構造が、全く異なるのである。言語を存在論的な視座から見ると、見えるものが、全く異なってくることが解るであろう。

（a）を読む私たちにとっては、「今どこ？　――学校。」というテクストを私たちが読むという言語場が実現しているだけである。私たちが「今どこ？　――学校。」を読むというリアルな言語場が在るだけである。携帯電話の会話かな、どこかに迷い込んだ二人の会話かななどというのは、読み手である私たちが想起した言語場に他ならない。「今どこ？　――学校。」というテクストから想起させられる、想像上の言語場である。想像上の言語場は、言語によって〈かたち〉にされていないがゆえに、即ち〈文脈〉として明示されていないがゆえに、いかにも自由で、多様であり得る。

この際に、言語場は二重の構造を呈する。（a）を私たちがテクストを読む言語場と、そこからテクスト（a）の内容に分け入って、「今どこ？　――学校。」という会話が行われる／行われたであろうと、私たちが想像する言語場、という二重の構造である。後者、読み手が想像する方の言語場、私たちが想像する言語的対象世界おける言語場には、〈文脈〉として明確な限定が与えられていない。

一方、（b）を読む私たちにあっては、私たちが「（携帯電話で）今どこ？　――学校。」というテクストを読む言語場が実現している点では、（a）と同じなのだが、括弧つきの「（携帯電話で）」という文字列があることによって、テクストから想起させられる言語場に、強い限定が加えられている。それは携帯電話による会話なのだと。言語によって「（携帯電話で）」という言語上の〈かたち〉にすることで示されるもの、これが〈文脈〉と呼び得るものである。ことばによって造られる〈文脈〉である。

（a）と（b）双方のテクストの内容からは「今どこ？　――学校。」というテクストから得られる〈文脈〉がある、という点のみが共通しており、（b）にはそれに加えて、「（携帯電話で）」というテクストから得られる〈文脈〉が別個に言語として〈かたち〉にされているわけである。

このように〈文脈〉の術語を、音であれ、文字であれ、言語的な実現によるものに限定することによって、言語場のありようをより明晰に解いていくことが、可能になる。言語場には、実はテクストを読む言語場の他に、読む主体が想起する様々な言語場を考えることができることも、解るであろう。そして読み手が読む言語場と、読み手が想起する言語場は、全く質の異なったものであることも、解るであろう。存在論的な視座から析出されるこの区別は、言語を考える上で、不可欠であり、種々雑多な諸条件からことばに即した〈文脈〉を切り分けることなき一切の「文脈」論は、少なくとも言語に関わる問題を論じようとする限り、事実上、無効である。世界の前で理路の武装解除をし、ことばの意味も働きも忘れた、擬似的な全体論《ホーリズム》に陥って終わる。

このように、本書が述べる言語場や文脈の概念は、言語哲学や人文学はもちろん、言語学における語用論や意味論で言われる、漠然とした文脈、状況などといったものとは、本質的に異なっている。

〈文脈〉の概念を言語的な実現に限ること。言語として対象化されたものと、そうでないものは、ここでも徹底して区別される。言語外のものと、言語内のものとの区別である。このことは次のような問いの形に言い換えて考えてもよい：

その概念は言語内のものか？　言語外のものか？

こうした峻別は、ソシュール言語学の術語で言うところの、〈意味されるもの〉signifié《シニフィエ》と〈意味するもの〉signifiant《シニフィアン》との区別の延長にあると考えておいても、さしあたりの手掛かりとしては、よい。厳密な検討は第3章で行う。言語外のものと言語内のものとの区別を徹底しようとする態度は、文法論など、言語の記述においても、曖昧さを排除し、精緻な記述を貫くための、豊かな視座を提供してくれる。言語外のものと、言語内のものとを混同した言語学的な議論は、昔も今も、少なくない。

なお、伝統的な議論の延長にあって、どうしても「文脈」という術語を用いたければ、せめて〈言語内文脈〉と〈言語外文脈〉などのように区別して呼ぶことを、強く推奨する。

言語内的な文脈のみを文脈と呼び、雑多な「文脈」から切り分ける文脈論は、文《センテンス》を単独で標本のごとく扱う、既存のあらゆる言説にも、根底的な疑義を提起し得るものである――その文を語る際に、文脈は捏造されていないか？ 言語場の条件を与えずに、その文の「意味」だの「真偽値」などが語り得るのか？ 条件は何か、文脈なのか、そうではないのか？ こうした問題については第5章から第7章に亘《わた》って議論されるであろう。

〈文脈〉論と関連する、今ひとつの重要な問題に〈省略〉をめぐる問題群がある。日常的に目にする、「文脈でわかるので、これこれは省略される」とか、「主語が省略された文」などという言説が胚胎する根底的な問題を始め、〈省略〉論については、第6章において集中して論ずる。

第2章 言語の存在様式と表現様式

1 音《オト》と光《ヒカリ》——言語の存在様式としての〈話されたことば〉と〈書かれたことば〉

(1) 〈話されたことば〉と〈書かれたことば〉という言語の二つの実現形態

日本語や朝鮮語＝韓国語のように、文字を有する言語は、少なくとも〈話されたことば〉(spoken language/ 仏 langue parlée/ 独 gesprochene Sprache/ 말해진《マレジン》 언어《オノ》)と〈書かれたことば〉(written language/ 仏 langue écrite/ 独 geschriebene Sprache/ 쓰여진《スヨジン》 언어《オノ》)という二つの実現形態を持つ。この二つの実現形態を区別し、それぞれを鮮明に位置づけることは、言語を考えるにあたって極めて重要であり、さらに単に重要であることを超えて、本質的なことがらである：

文字を有する言語は、〈話されたことば〉と〈書かれたことば〉という二つの実現形態＝存在様式がある

〈話されたことば〉とは、音声(sound)によって対象化され(objectified/ 独 vergegenständlicht)、形象化された(embodied/ 独 verkörpert）ことばであり、〈書かれたことば〉とは、文字（writing system）によって対象化、形象化されたことばである。また、〈話されることば〉ではなく、〈話されたことば〉であり、〈書かれることば〉ではなく、〈書かれたことば〉というのは、まさに対象化された実現形態をこそ、問題にするからに他ならない。なお、Vachek（1973: 9-17）が指摘するように、ソシュールに始まる現代言語学の本流では〈書かれたことば〉（written language）という術語自体が認められていなかった。後に詳述するごとく、〈書かれたことば〉は〈話されたことば〉の写しに過ぎないとされてきたからに他ならない。

何よりもこの二つは、音《オト》の世界に実現する音声と、光《ヒカリ》の世界に実現する文字という、その媒体（medium）が異なる現象形態（form of appearance/ 独 Erscheinungsform）を有する。

文字でも書かれる言語にとっての二つの実現形態を、今一度整理する：

〈話されたことば〉は聴覚的な媒体である音声によって対象化される
〈話されたことば〉は音《オト》の世界に存在する

〈書かれたことば〉は視覚的な媒体である文字によって対象化される
〈書かれたことば〉は光《ヒカリ》の世界に存在する

音《オト》のないところに、〈話されたことば〉はなく、光のないところに、〈書かれたことば〉はない。文字はことばを、音《オト》の世界から光の世界に解き放った。そして世界が異なり、媒体が異なるこの二つの実現形態こそ、言語の二つの主要な存在の在り方、存在様式（mode of existence）である。音《オト》の世界と光の世界をことばとして結ぶのは、言うまでもなく、人の存在である。

　右のような把握は、言語学の共通理解では決してない。もちろん、研究以前の共通理解だと、簡単にやり過ごせるようなことでもない。言語学の基礎を語る書物であれば、〈話されたことば〉の方は、概ね音《オト》一般の平面から言語音の平面へと順序立てて、語られているであろう。音一般と言語音との違いこそ、言語のありようの根幹に係わることがらであるから。動物の発する音声と人の言語音との違いなどにも触れられているかもしれない。〈言語がいかに在るか〉という視座から見れば、それらは音をめぐる謂わば現象学的な問いかけがなされる領野である。では〈書かれたことば〉についての問いかけはどうだろう。〈書かれたことば〉を例えば「文字言語」「書記言語」などと名づけて位置づけようとしている学説でも――位置づけようとしていることは大切なことである――、その出発点は、ほとんど全ての教科書で、皆、最初から〈文字〉に置かれていることであろう。言語存在論的な視座から見ると、この点でもう決定的に危うい。扱いようによっては、文字はそれ自体で直ちに記号論的な平面で論じてしまえる対象であるから。もし本当に〈言語はいかに在るか〉という根源の問いから出発するなら、記号論的な平面以前に、実は〈書かれたことば〉を物理的に支えている存在のありよう、物理的な〈光〉という平面への慮りが不可欠である。光の中で実現する文字には、どれもそれぞれの形があり――漢字の書体の変遷を想起しよう、楷書だけが漢字ではない、楷書の「書」も草書の極北たる王羲之《おうぎし》のも、孫過庭《そんかてい》のも、ある人にとっては同じ文字とされ、ある人にとっては異なった文字とされるかもしれない。仮名の変遷を想起しよう、変体仮名は忘れられていないだろうか？　現代の日本古典の出版物のほとんど全てにおいて変体仮名の「悲《ひ》と」も「日登《ひと》」も「飛《ひ》と」も、そして「ひと」も皆「人《ひと》」に濾過されている――、色つやがあり――文字は浮き彫りになっているかもしれない――、場合によってはテクスチュア＝触感さえある――風雨に晒されたその刻みは、いったい文字なのか？　石碑の解読にはいつもつきまとう問題である。最古のハングル＝訓民正音《くんみんせいおん》は、一四四六年の『訓民正音』という書物に遺され、書物の存在だけは知られており、二〇世紀になって一九四〇年に謂わば再発見された。袋綴じ、木版のその書物の幾つかの丁の裏には、何と手書きのハングルで『十九史略諺解』が書かれていた[20]。そのテクストは紙の表から透けて見えている。つまり文字たちが裏にまた文字たちを背負っている姿が見えるのである。裏からの透けた文字が綺麗に消された写真からは、こんな事件は見えてこない。書物の上の文字でさえ、濾過された記号論的な平面だけ見ても、一筋縄ではいかないような、こうした文字の存在論的な身体のありようがしばしば浮かび上がる。

書物などに書かれた文字があっても、光なき暗黒の中では、既に文字としての働きは失われる。このことで解るように、布に染められていようと、紙に刷られようと、ディスプレイの点滅であろうと、文字とは原理的には光のうちに形造られた〈かたち〉である。文字そのものの物理的な素材を問わず、謂わば光の粗密を人が文字の形として認識するわけである。

なお、媒体という観点だけから見ると、音声という聴覚的な媒体、文字という視覚的な媒体の他に、さらに点字のように触覚的な媒体も存在する。言語は媒体を知覚する様式からは、①聴覚言語、②視覚言語、③触覚言語という三種ほどが存在することになる。

ただし点字はどこまでも視覚化し得る形を、触覚によって知覚する仕組みとなっているものである。この意味で点字もまた、〈書かれたことば〉の一種と見ることができる。

一方、手話もまた、視覚的な媒体ということになるが、その媒体は、身体、即ち語る主体の一部である。言語音は語る主体を離れて対象化される媒体であって、身体そのものとは明らかに異なっている。手話は、媒体が語る主体の一部をなしているという点で、他の媒体にない、新たな問いを誘発する。身体は常に主体の一部でもありながら、脳から見て、対象的な客体としての性質も有し、この点でいつも主体論の重要な論点となり得るものである[21]。

一般の音声言語、文字言語との違いを考えると、点字や手話はそれ自体で取り出し、その現実の実現のありかたに照らしながら、考究を尽くさねばならないものだと思われる。そうした考究を形にすると、ゆうに一冊の書物を超えるであろう。本書の容量を超えているので、ここでは問いの大きさと深さの指摘に留めるしかなく、具体的には扱えない。

(2) 〈談話〉と〈テクスト〉

言語の存在様式の違いによって、〈談話〉と〈テクスト〉という術語も区別する[22]：

談話（discourse）＝〈話されたことば〉の実現体
テクスト（text）＝〈書かれたことば〉の実現体

音《おん》として実現しているひとまとまりは談話と呼び、文字として実現しているひとまとまりはテクストと呼んで、このように厳密に区別する。

談話という術語は、主に談話分析と呼ばれる分野を中心に、言語研究で広く用いられてきたものである。外来語を用いて、ディスコースと呼ぶ研究者もある。

談話と呼ぶ論者は〈書かれたことば〉についても談話と呼び、テクスト論者は〈話されたことば〉についてもテクストと呼ぶことが多く、談話とテクストを区別しない論考が氾濫している。本書ではこれを厳格に区別する[23]。談話とテクストを区別した瞬間、例えば既存の多くの「テクスト論」がそうであったような、談話とテクストを区別せず、乱暴に記号論的な平面で扱う「テクスト論」は、ことごとく捉え返し、照らし直すことが、要求されることになる。

ここでは〈話されたことば〉と〈書かれたことば〉を並列しているけれども、後述するように、この並列自体も、実は厳しくそして精緻に見直さねばならないものである。そのことはまさに〈言語がいかに在るか〉を考えることでもある。決して等価のものでもなければ、片方が他方の写しといった単純なものでもない。

(3)〈談話＝ディスコース〉と〈言説＝ディスクール〉そして〈語り＝ナラティヴ〉

人文思想などでしばしば〈言説〉と訳される仏語“discours”〈ディスクール〉は、ここで言う言語学上の術語である〈談話〉（discourse）とは、異なる概念である。「言説」にあたるものは、朝鮮語でも「담화《タマア》」〔談話〕と区別して、「담론《タムノン》」〔談論〕と訳されている。

談話＝ディスコースが言語の実現体についての名づけであるのに対し、言説＝ディスクールの方は、「語り」「述べたこと」「論考」「思想」「考え」「言語で表された知」といった、遥かに広い意を帯びることが、しばしばである。この点の区別も押さえておく。

また、文芸理論や歴史学などでも用いられる〈ナラティヴ〉〈語り〉（narrative）や〈物語〉の術語にも、配慮が必要である。内容（story）と語り方（narrating）の双方を凝視し、当該の論で〈ナラティヴ〉や〈物語〉として論じられているものが、そもそも談話とテクストの双方に共通していることなのか、区別が必要なのか、あるいは記号論的な平面でのみ可能で、談話とテクストという存在様式上の区別を考慮すると、有効性を失うことなのか、などといったことへの、精緻な考察が必要となる。〈話されたことば〉と〈書かれたことば〉を厳然と区別する存在論的な地平に、これらの区別なき、混濁した「ディスクール」「テクスト」「物語」「語り」「伝承」「歴史」といった類の概念が入り込む座は、一切ない。

〈話されたことば〉と〈書かれたことば〉を峻別しようとする貴重な論考、Walter J. Ong（1982; 2012: 10-15）、オング（1991: 30-40）は、literature「文学」という術語にも注意を喚起している。文字で書かれた言語表現には、アルファベット文字 litera に由来する文学（literature）という術語があるのに、口頭での言語表現には術語が欠けている、代わりに「口承文学」（oral literature）という奇妙な術語が使われているのだ、そして文字と口頭の双方を含む包括的な術語も実は存在しないのだと、嘆いている。

2 言語の存在様式と表現様式

さて、〈話されたことば〉も〈書かれたことば〉も、その言語存在論的なありように規定されながら、それぞれの言語的な表現のありよう、表現の形を形造ることになる。これが〈表現様式〉（mode of expression）である。ことばは一たびそれが形として実現するや、何らかの表現の様式を実現する。

そして〈話されたことば〉にせよ、〈書かれたことば〉にせよ、言語存在論的なありように規定され、それぞれが一定の傾向を見せる。一定の傾向を有するそうした表現は、〈話されたことば〉にせよ、〈書かれたことば〉にせよ、常に何かしら相対的に他と区別される表現上の傾向＝様式を示す。個の様式は、同じ個によって、あるいは複数の個によって繰り返され、表現の一定の様式、文体＝スタイル（style）となる。ことばは繰り返されることによって、一定の様式、文体（style）となるのである。表現における単語の選択という語彙的な方法、文法形式の選択という文法的な方法、そして聴覚的、視覚的な方法まで含めて、言語を実現するあらゆる方法が、表現様式、そして文体を形造る要素となり得る。

ことばだけでなく、絵画であれ、音楽であれ、個のあらゆる表現は繰り返されることによって、個の〈様式〉を離れ、時代性や社会性を帯びた〈様式〉として成立する。数ある表現のうち、〈話されたことば〉の繰り返しによって

形成された文体（style）を、〈話しことば〉（spoken style/입말체《イムマルチェ》）と呼ぶ。つまり、本書で言う〈話しことば〉とは、〈話されたことば〉の絶えざる反復によって生まれる、表現様式のことに他ならない。〈私〉が繰り返せば〈私の文体〉となり、同じ集団が繰り返せば、その〈集団の文体〉が生まれる。もちろん個による文体の使い分けといったことも可能となる。言語はもとより社会的な存在の仕方を見せるものであるが、なかでも言語の表現様式、文体などといったものは、いかにも社会的な存在である(24)。

〈話されたことば〉とは、言語の存在様式そのものについての名称であり、〈話しことば〉とは、〈話されたことば〉の表現に多く実現する文体、表現様式についての名称である。この二つは互いに異なった平面におけるものとして、区別せねばならない：

〈話されたことば〉　音《オト》の世界に言語音として実現することば——言語の物理的な存在様式を言う
　　　　　　　　　　言語の存在様式論における術語

〈話しことば〉　　　〈話されたことば〉に多く実現する文体——言語の内的な表現様式を言う
　　　　　　　　　　言語の表現様式論における術語

〈話されたことば〉は音《オト》の世界に実現したことばであるが、〈話しことば〉は必ずしも音《オト》の世界にのみ実現するわけではなく、光の世界にも実現する。

同様に、文字として実現することばは、全て〈書かれたことば〉である。その物理的な存在様式という点で、書かれたものだからである。〈書かれたことば〉においてもまた、文字に書かれるという、言語存在論的なありようにまず規定されて、〈書かれたことば〉に特化した言語場が形成され、表現の上での一定の様式が作られてゆく。〈書かれ

たことば〉に多く実現することで形成された文体、表現様式が〈書きことば〉（written style/글말체《クルマルチェ》）である：

〈書かれたことば〉　光の世界に文字として実現することば――言語の物理的な存在様式を言う
言語の存在様式論における術語

〈書きことば〉　〈書かれたことば〉に多く実現する文体――言語の内的な表現様式を言う
言語の表現様式論における術語

日常の〈話されたことば〉の文体は〈話しことば〉である。「ああ、我、これを如何《いかん》せん。」などと、いかにかたい〈書きことば〉的な表現であっても、それが口頭で話され、音という形で実現するならば、それは〈話されたことば〉である。憲法の条文を読み上げようと、小説を読み上げようと、詩を吟じようと、それは文体が〈書きことば〉だというだけであって、言語の存在様式という観点からは、〈話されたことば〉として実現するものである。

これに対して、シナリオ（scenario）などで、どんなに〈話しことば〉的な文体が濃厚な表現であろうとも、それがシナリオとして書かれているものである限り、それはどこまでも〈書かれたことば〉である。「ってゆうかさあ、あれあるじゃん」などと、いかに〈話しことば〉的な表現であっても、それが書かれているものであれば〈書かれたことば〉である。当該の時代にあって、〈話されたことば〉に現れる主要な文体が〈話しことば〉であり、〈書かれたことば〉に現れる主要な文体が〈書きことば〉である。

言語研究においては、物理的な存在様式としての〈話されたことば〉や〈書かれたことば〉と、表現様式即ち表現のありかたや文体としての〈話しことば〉や〈書きことば〉とを、しばしば混同してきた。〈話しことば〉という文体を指しながら、〈話されたことば〉という言語の物理的な実現を指してしまっているという錯覚も、同時にまたし

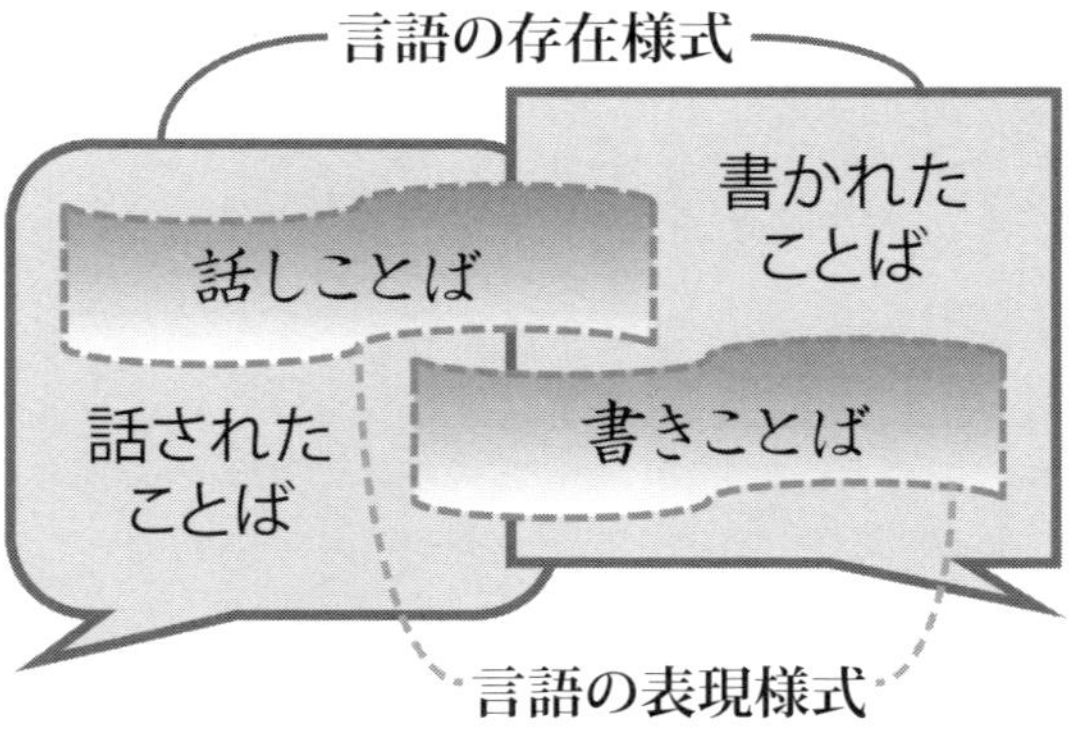

図3　言語の存在様式と表現様式を区別する

ばしば見られるのである。ことばを語って、今、その存在様式を問題にしているのか、表現様式を問題にしているのかを見極めるのは、易しい。問題にしている〈そのことばは、音なのか、光なのか〉が関与しているなら、それは存在様式についての問いであり、関与していないなら、それは表現様式についての問いである。

〈話されたことば〉と〈書かれたことば〉という存在様式の区別は、術語はいろいろであり得るが、多くの言語学書で概論的な部分では論じられる。ただしその双方を位置づけきっている書物は、管見では未だ見あたらない。多くは、議論の中心が片方に偏ってしまったり、事実上、言及されないで終わってしまう。一方で、語彙や文法、表現といった問題を扱う論考になると、〈話されたことば〉と〈書かれたことば〉というこれら二つの存在様式がいつしか混同され、しばしばそれに加えて、存在様式と表現様式との混濁が入り込むのである。

「口語」「文語」の術語にも配慮が必要である。〈話されたことば〉と〈書かれたことば〉を指して、「口語」「文語」と呼ぶのは避けねばならない。日本語の「文語」という術語は、「文語文法」などと言う際には、例えば平安時代のいわゆる「古語」、「古典」の言語を指しているからである。同時に「口語」や「口語文法」もはなはだ曖昧である。[25]

言語存在論の核となる言語の存在様式をめぐる問いと、どのような単語を用い、どのような文法によって、どのような音で、どのような文字で、いかに表現するかといった、表現の仕方、表現のありかたをめぐる問い、即ち言語表現論の問いは、術語の違いと、それらを用いる平面の違いを、鮮明に区別せねばならない‥

〈話されたことば〉と〈書かれたことば〉　言語の物理的な存在様式

〈話しことば〉と〈書きことば〉　言語の表現様式

図3のように、〈話されたことば〉と〈書かれたことば〉という言語の二つの存在様式に〈話しことば〉や〈書きことば〉という表現様式が跨《また》いで現れ得るわけである。

言語の存在様式と文体の区別については金珍娥《キム・ジナ》（2013: 9–39）を、また〈話されたことば〉と〈書かれたことば〉という二つのありかた、二つの存在様式をはじめ、言語存在論に関わる原理論的な問題については、野間秀樹（2008ab）、노마히데키［野間秀樹］（1997: 17–18, 2002: 73–74）を、言語存在論的な観点から朝鮮語学＝韓国語学を照らす実践論としては野間秀樹（2009b, 2012a）も参照されたい。[26]〈話されたことば〉と〈話しことば〉、〈書かれたことば〉と〈書きことば〉を区別することは、場合によっては言語研究のありようを根底から書き換えることともなる。朝鮮語と日本語の研究にあって、金珍娥（2013）は意識的にこれらを区別することにより、とりわけ〈話されたことば〉を対象にした日韓対照言語学の実践論として、重要な成果を言語研究にもたらしている。

3　〈話されたことば〉から〈書かれたことば〉へ

(1) まず〈話されたことば〉がある

言語のこれら二つの実現形態を見るとき、基本的にはまず〈話されたことば〉が存在し、そののちに文字によって〈書かれたことば〉が成立するという順序を踏むことがわかる。そもそも文字のない言語は数多《あまた》あるが、音のない言語は、それが生きている言語（living language）である限り、存在しないことを見ても、この順序の原則性が解る——言語は音として生まれ、光のうちに文字として形象化されるのは、その後のことである。

ソシュール言語学は何よりも音を軸とする心的過程、生理的過程、物理的過程として言語活動を位置づけた。そうした言語活動の中から、そこに内含される本質的な一部として意味と聴覚映像との合一たる言語を取り出したのであった[27]。言語を考える際に、何よりも音を軸として見るという、この姿勢は、ヨーロッパを中心とした、広い意味でのテクスト論の隆盛以後、とりわけ見失われ易くなっている。〈話されたことば〉を語りながら、いつしか〈書かれたことば〉へと滑り込み、あるいは逆に〈書かれたことば〉を論じているはずが、〈話されたことば〉について語っている、という具合にである。言語学のみならず、人文思想などの言説においては、本書で問題にしている〈話されたことば〉〈書かれたことば〉という〈言語〉の問題に、例えば「記憶」といった前述の内言や内的言語などと係わる問題、言語的なコンテクストと非言語的なコンテクストを混同する文脈論などが絡み合って、〈話されたことば〉と〈書かれたことば〉の混濁は、あちらこちらに噴出する。

一方、〈書かれたことば〉を〈話されたことば〉の単なる写し、視覚映像、代理、代補などと見るのは、両者の違い、独自の存在のありように照らすとき、これまた決定的な錯誤である。先に〈話されたことば〉が在る、在ったということは、〈書かれたことば〉がその単なる代理物であるということを決して意味するものではない。

ソシュール（1940; 1972: 40, 46-47）は〈書かれたことば〉をめぐって、こう述べている：

言語（langue）と書（écriture）とは二つの分明な記号体系である：後者の唯一の存在理由は、前者を表記する（représenter）ことだ：言語学の対象は、書かれた語と話された語との結合である、とは定義されない：後者のみでその対象をなすのである。しかし書かれた語は、それを映像とする話された語と、はなはだしくまじり合うけっか、主役を奪ってしまう：そのあげく、ひとは声音記号の表記にたいし、この記号そのものと同程度の、さらにより以上の重要性を与えるようになる。いってみれば、人を識るには、相手の顔をみるより写真をみたほうがよいと思うようなものである。

書は言語をみる眼をおおうのだ：それは衣装（vêtement）ではなくて、仮装（travestissement）である。

——ソシュール（1940; 1972: 40, 46-47）。括弧内は Saussure（1916; 1972: 45, 51-52）より引用者が付す。Saussure（1931; 2001³: 28, 35）、Saussure（1959; 1966: 23-24, 30）も参照。（かな表記はママ）

右は言語研究におけるエクリチュールの「威光」（仏 prestige）がもたらす弊害に、警鐘を鳴らしつつ、語ったソシュールの言である。エクリチュールが言語を見る眼を曇らせるのだと。「書法と発音との食い違い」などを例に挙げて説いている。ソシュールが言うように、もちろん「話された語」だけで言語学の十全たる対象をなす。そのこと自体はソシュール言語学の言うとおりである。〈書かれたことば〉を持たない多くの言語が、言語学のまさに中心的な対象となるように。また「書」即ち〈書かれたことば〉を見て〈話されたことば〉を見たと思ってしまっては、いけない。これもソシュール言語学が警鐘を鳴らすとおりである。〈書かれたことば〉は〈話されたことば〉ではないからである。

ところでソシュール言語学は「書かれた語」（仏 mot écrit）を「話された語」（仏 mot parlé）の「映像」（仏 image）と見た。「書かれた語」はどこまでも「話された語」を知るための「写真」（仏 photographie）に過ぎないものと、位置づけられてしまうのである。「写真」のこの比喩はソシュール言語学における〈書かれたことば〉の位置づけを端的に示している。「書法」（仏 graphie）と「発音」（仏 prononciation）を論じても、その本質的な違いへと喰い入るのではなく、専ら「食い違い」（仏 désaccord）といった観点でしか語られない。「書の不条理」（仏 les inconséquence de l'écriture）などといったことばが現れるのも、〈書かれたことば〉を〈話されたことば〉の「写真」と見ていることに起因する。ソシュール（1940; 1972: 40-45）、Saussure（1916; 1972: 45-50）。そして〈話されたことば〉と〈書かれたことば〉をめぐるソシュールのこの図式は、その後の言語学を大きく規定することになる。アメリカ構造言語学の象徴的な学者であるエドワード・サピア（Edward Sapir, 1884-1939）の、美しくさえある記念碑的な著書 Sapir（1921; 1970: 20）、サピア（1957: 17）にして「書かれた言語（written forms）は、このようにして、その相対物である話された言語と、数学上の用語を借りるならば、点一点、同価のものである。書かれた語形は話された語形の二次的記号——記号の記号——である」と書かしむることになる。「記号の記号」（symbols of symbols）——なるほど、構造主義、ポスト構造主義を貫く、その概念規定の記号論への親和性にも注目しておこう。

しかしながら「書かれた語」は単に「話された語」が表記されたものに留まらない。そもそも「書かれた語」では「話された語」の、音の高低や強弱などプロソディは大きく脱落する。その存在のありようが、音ではないからである。逆に、「書かれた語」では「話された語」にはなかったものが、現れる。第4章以降で扱うように、〈時を遡る〉などといった、言語場における時のありようは、その典型である。これら二つは、実は全く位相が異なった鏡像関係にあるのであり、「書かれた語」が存在するなら、それもまた、言語学の対象とされねばならないし、「話された語」と「書かれた語」の係わりもまた、不可欠の対象とされねばならない(28)。

〈書かれたことば〉は〈話されたことば〉にはない、ことばとしての独自のありようを身につけている。そうしたありようはまさに言語学が対象として正面から扱わねばならぬものである。〈書かれたことば〉は「仮装」でもなく、「衣装」ですらない。紛れもなく、〈話されたことば〉とは異なったありようで屹立する、言語の今一つの身体、裸身なのである。

（2）所有される文字、所有される〈書かれたことば〉

ソシュールがエクリチュールの「威光」に警鐘を鳴らさねばならなかったことを見ても解るように、文字を有する言語の世界において、日常的に読み、書きを行う人々、〈文字使い〉とでも呼べる人々にあっては、〈話されたことば〉との区別が忘れられるほど、〈書かれたことば〉、テクストは自然に近い。この点は幾重にも注意を喚起しておかねばならない。〈文字使い〉と言ったが、文字を有する言語圏にあっても、文字を所有しない人々は必ず存在する。文字は所有するものであり、ある人々にとっては所有し得ないものである。平安朝、美しき〈かな〉で認《したた》められた光源氏をめぐる物語は、羅生門にうずくまる人々にとっては、地獄よりも遠い距離にあった。文字よりも地獄の方が近くにあった。文字とは権力の意匠であり、権力の支えである。

〈文字の私的所有〉をめぐる物語はいつも私たちの周りに語られている。『スイング』（Swing）というフランス語の映画がある。フランス、ロマ（Roma）双方の血を引くアルジェリア出身、トニー・ガトリフ（Tony Gatlif, 1948–）監督になる作である。その前作『ラッチョ・ドローム』（Latcho Drom）はロマあるいはジプシーと呼ばれる人々を音楽と共に描いた映画であった。『スイング』ではさらにジプシー・ジャズ（gypsy jazz）＝ジャズ・マヌーシュ（仏 jazz manouche）に分け入ってゆく。

少年が、カフェでジプシー・ジャズ・ギタリストの演奏を聴く。チャヴォロ・シュミット（Tchavolo Schmitt）、前作同様、本物のジプシー・ジャズ・ギタリストが演じている。音楽家たちは、キャラバンを組んでヨーロッパの大地を巡り歩きながら、ジプシー・ジャズを演奏して回るロマの人々である。少年はキャラバンの車、即ちロマたちの住み処に通い、チャヴォロにギターを習う。そしてロマの少女・スイングとの日々。少年だとばかり思っていたスイングは、少女であった。黒き瞳の少女、スイング。各地から集ったジプシー・ミュージシャンたちが演奏する Les yeux《黒き瞳》

noirs ＝Очи《オーチ》 чёрные《チョールヌイエ》。ヴィオロン、コントラバス、アコルディオン。少年は日記のごとく、克明に日々を記録する。音楽《スイング》と少女《スイング》との日々。季節が過ぎ去ろうとしている。少年と少女に別れがやって来る。別れ。別れはスイングたちが旅立つのではなく、迎えに来た母に、少年が連れられて去ることでもたらされる。この別れも象徴的である。そして少年は自らが書きためたその克明な分厚い記録を、少女《スイング》に贈る。その記録は少年の〈ことば〉そのものである。スイングに渡った日記は、ぱらぱらとめくられただけで、少年の去りしのち、こともなげにうち捨てられる。——わたしは、かかれたことばをしらない。

文字とは、音楽《スイング》を奏でるバイオリンでもなければ、ギターでもない。人々の交わる場にあって、それが息づくとき、誰もが耳を傾け、心をそわつかせるような、そうした存在ではない。〈書かれたことば〉は絶対に音楽ではない。少女にとって〈書かれたことば〉は、〈ことば〉ではなかった。文字とは、ここからあちら側の人々の人生が、排他的に所有しているもののことである。音楽があるいは超え得る深き淵を、言語は超えない。

(3) 〈知〉の起源と〈話されたことば〉〈書かれたことば〉

文字使いは、なかんずく〈知〉と呼ばれる世界を渉る人々は、〈書かれたことば〉が〈話されたことば〉と同じくらい古いものであるかのような幻想に、いつしか捕らわれてゆく。〈書かれたことば〉に〈話されたことば〉が忍び入る。とりわけ〈知〉の世界でそうした幻想が絶え間なく忍び寄るのには、理由がある。今日〈知〉と呼んでいるようなものの起源が、まさに〈書かれたことば〉の起源にあるからに他ならない。

西欧の知の起源は、やはりギリシア語の世界であり、ラテン語の世界であった。少なくとも多くそう信じられている。ヘブライ語やその他の言語をこれに加えてもよい。重要なことは、それらが〈書かれたことば〉としてのギリシア語であり、〈書かれたことば〉としてのラテン語等々であったということである。ソクラテスは語ったか？　否。

ソクラテスは書かれた。書かれないソクラテス、それはソクラテスでさえない。それらは書かれることによって、書かれたものが、所有され、書かれたものは、継承され、書かれたものは、繰り返し人々の目にされ、幸運の星の下であれば、果てしなく読み返されてゆく。ここにあって〈知〉とは所有され、継承されるもののことである。継承されないものは、十全たる〈知〉としての扱いを受けにくい。ギリシア文字、ラテン文字の祖たるフェニキア文字を考えればよい。文字の存在それ自体は広く語られても、その文字が表す知的世界が、今日広く継承されているとは、到底言えない。読まれないものは、事実上、知として扱われないのである。

〈口承〉だの〈口伝〉だの〈不立文字〉だの〈暗黙知〉(tacit knowing)[29]などといったものを〈知〉として扱い得るのも、ただただ〈書かれたことば〉の中にそれらが持ち込まれることによってであった。〈話されたことば〉は、およそ今日的な意味において〈知〉を構成し得ない言語であった。〈話されたことば〉は、いつも〈書かれたことば〉と別々に存在して、消えていったのである。私たちは〈知〉をめぐる〈話されたことば〉と〈書かれたことば〉の相克をしばしば忘れてしまう。

4 〈書かれたことば〉はいかに生まれるのか──正音エクリチュール革命

〈話されたことば〉は〈書かれたことば〉よりも古い、それも恐ろしく古い。まさにこのことによって、私たちは〈話されたことばの起源〉を知ることはできない。では〈書かれたことばの起源〉は知ることができるのか？　ヒッタイト文字、甲骨文字などといった、古代の残された文字から、私たちは〈文字〉の誕生へと思いを馳せることはできる。しかしながら、〈話されたことば〉が存在する中で、〈書かれたことば〉が生まれ育っていく、その具体的なありようは、ついぞ知り得ぬ果てにあると言ってよい。古代より文字とは常に既にそこに在るものだったからである。

その文字は誰が創ったのかということさえ、ほとんどの文字にあっては歴史ではなく、神話か伝承の中に霞んでいる。文字が残されたからといって、文字の誕生をめぐることどもがまさにその文字によって書かれるとは限らない。文字が残っていることと、〈話されたことば〉と〈書かれたことば〉の関わりを知ることとは、果てしなき隔たりがある。

では私たちは〈書かれたことば〉がいかに生まれるか、〈書かれたことば〉が生まれると、そこにはいかなる事態が起こるのか、そこで知はいかなる変容を見せるのか、人々は文字をめぐっていかに生きるのか、そうしたことを、〈書かれたことば〉の原初に立ち返って見ることは、できないのか？　一つその手がかりがある。それも決定的な、貴い経験が。文字の創製とその後に起き得る事態を、文字によって知る手がかりが、稀な人類史の中にあって、一連の貴い経験が、ユーラシアの東方の極に見出せるのである。一五世紀朝鮮王朝の時代、〈訓民正音《くんみんせいおん》〉(훈민정음《フンミンジョンウム》)、今日〈ハングル〉(한글《ハングル》)と呼ばれる文字体系の創製と、現代に至るハングルの発展のありようがそれである。訓民正音＝ハングルは〈書かれたことば〉の起源、〈書くこと〉の精密なる起源へと私たちが肉迫し得る、稀有なる文字体系である。

ハングルの前史、そして誕生と発展は、〈話されたことば〉から〈書かれたことば〉が生まれゆくさまを鮮明に、そして劇的な形で見せてくれる。言語と文字にとっての稀有なる歴史である。のみならず、〈話されたことば〉の時空間に〈書かれたことば〉が息づくという動《ダイナミック》的な時空間にあって、〈知〉がいったいいかなる存在としてあり得るのかも、教えてくれる。それは単なる一事例に留まらず、言語と文字、そして知にとっての普遍的なものを私たちに教えてくれる。ハングルの経験からは、日本語圏における漢字と漢文の経験に照らし合わせて見るとき、さらに深いものが浮かび上がってくる。私たちはこの稀有なる経験を、しばし共にしてみよう。そのことによって〈話されたことば〉と〈書かれたことば〉の本質的なありように分け入りつつ、とても深いところで、〈ことばはいかに在るか〉という問いへと、大きく近づくことができるであろう。これは神話でもなければ、伝説でもない。言語や文字について語られる観念の形而上学ではなく、膨大な史料それ自体が語る、圧倒的な現実である。その圧倒的現実を〈正音エクリチュール革命〉と呼ぶことができる。[30]

(1)〈話されたことば〉と〈書かれたことば〉の二重言語状態

一五世紀、朝鮮王朝の時代、人々によって〈話されたことば〉は全て朝鮮語であった。朝鮮語の〈書かれたことば〉はおよそ人々が目にし得ぬものであった。漢字で書かれた人名や地名などを除いて、書かれた朝鮮語は誰も見たことがなかった。

漢文で書かれた司馬遷《しばせん》(145/135?–86? BC.)の『太史公書』即ち『史記』には、「朝鮮列伝」があり、「朝鮮」など地名や人名を漢字で表記している例が見える。さらに班固《はんこ》(32–92)の『漢書』、陳寿《ちんじゅ》(233–297)の『三国志』、范曄《はんよう》(398–445)の『後漢書』など中国の史書などには、漢字で表記された朝鮮の固有名詞が、古くから現れている。

朝鮮半島にあっても、『三国史記』(1145)といった高麗時代の史書などで、漢字を借りて、朝鮮語の地名を表しはした。漢字で朝鮮語の歌を記した、郷歌《きょうか》(향가《ヒャンガ》)と呼ばれる短詩型文芸も、僅かに二十数首残存している。これらは漢字を借りて朝鮮語を表記することから、今日〈借字《しゃくじ》表記法〉と呼ばれる。日本の万葉仮名も謂わばこうした借字表記法の一種である。

この借字表記法によって固有名詞のみならず広く朝鮮語を表してゆくという、貴重な伝承は、朝鮮半島にあっては残念ながら、失われていた。誰もが朝鮮語を話すのに、人名や地名、官職名などごく一部の名詞以外、朝鮮語は書かれはしなかったのである。一五世紀、母語である朝鮮語は基本的に〈書かれたことば〉としては存在していなかった。

では〈書かれたことば〉は存在しなかったのか? 存在した。それも万巻の書物の形で存在した。史書は言うにおよばず、仏教の書、儒学の書。高麗王朝、一一世紀に彫板が始まる『高麗大蔵経』などは、朝鮮王朝に至るまで、日

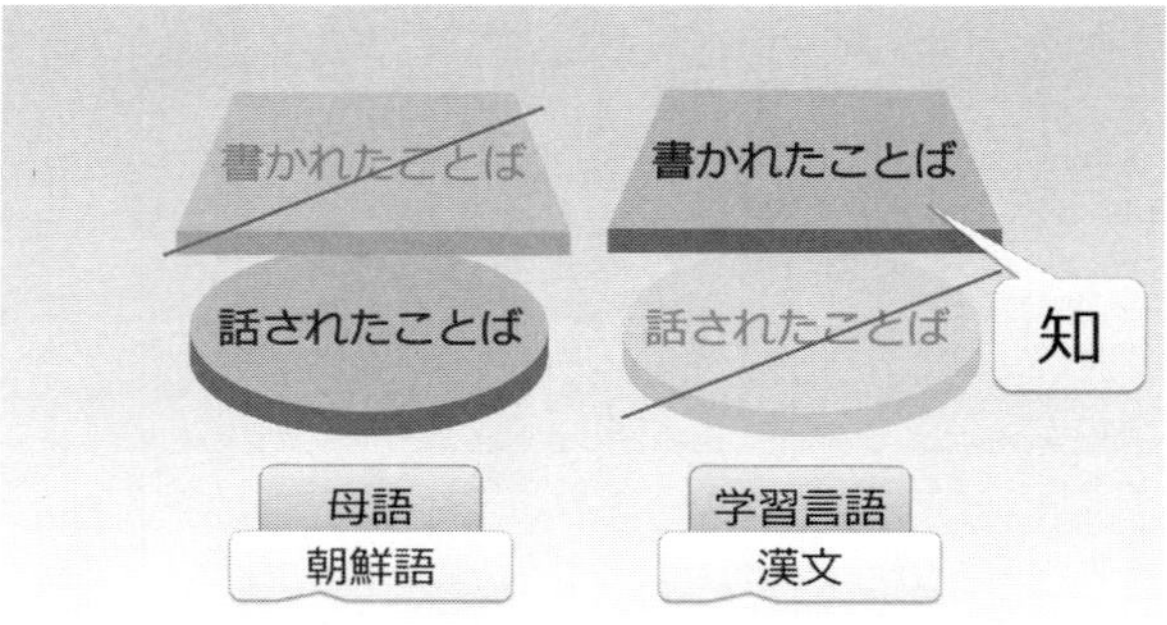

図4　15世紀朝鮮語圏における非対称的な二重言語状態
母語である朝鮮語には事実上〈話されたことば〉のみが存在し、学習して獲得する言語である漢文には、事実上〈書かれたことば〉のみが存在する。知は事実上〈書かれたことば〉においてのみ共有化された

本からそれを求めに来る使者も、絶えなかった。そして何とそれらは全て漢字を用いた漢文で書かれていた。漢文はもちろん朝鮮語ではない。基本的に、古典中国語である。漢字が朝鮮半島にもたらされて以来、朝鮮半島におけるあらゆる〈書かれたことば〉は、異国の言語たる漢文だったのである。それも同時代の中国の〈話されたことば〉でさえない。中国語圏においてさえ、既に古語となっている〈書かれたことば〉であった。こうして朝鮮語圏におけるおよそ知のあらゆる形は、母語ではないところの、漢字漢文による〈書かれたことば〉として実現する。

一五世紀、朝鮮語の世界は、母語である朝鮮語が〈話されたことば〉としてのみ存在し、目的意識的な学習によって獲得する古典中国語＝漢文だけが〈書かれたことば〉として存在するという、非対称的な二重言語状態にあった。これが新たなる〈書かれたことば〉がまさに誕生せんとする時点の、言語のありようの根本的な配置である（図4参照）。この配置は、諸民族語が未だ書かれることのなかった、ヨーロッパにおけるラテン語の位置づけと、ある点ではとてもよく似ていて、後述のように、また大きく異なる点も見出せる。

確認するが、〈書かれたことば〉である漢文が音読される際には、つまり〈書かれたことば〉が辛うじて音による〈話されたことば〉として実現する場合には、古典中国語の音でもなく、同時代の中国語の音でもなく、基本的に朝鮮漢字音、即ち朝鮮語式の音読みで読まれた。

漢文の単語のうち、既に朝鮮語として定着している単語も、朝鮮漢字音で発音され、朝鮮語の語彙として用いられていた。日本語でも漢字が流入して以来、「修行」（シュギャウ：呉音による）、「言行《げんこう》」（ゲンカウ：漢音による）、「行脚」（アンギャ：唐宋音による）などといった、日本漢字音による多くの漢語＝字音語が用いられているのと、同様である。朝鮮言語学では漢語に相当するこうした単語を、〈漢字語〉（Sino-Korean words）と呼んでいる。また朝鮮語内部でも漢字語が作られ、用いられた。この点も日本語と同様である。これに対し、現代日本語における和語＝やまとことばに相当する、古くから朝鮮語にあったと考えられている単語は、〈固有語〉（indigenous words）と呼ぶ。これに主としてヨーロッパ語からの〈外来語〉（foreign loan words）を加え、現代朝鮮語の語彙は、固有語、漢字語、外来語という三つの層から成り立っていると、言語学では考えている。図5に見るように、語彙のこうした三層構造は、現代日本語の語彙が、和語＝固有語、漢語＝漢字語、外来語という三層から成り立っているのと、とてもよく似ている。

淵源による語彙のこうした分類を〈語種〉と呼ぶ。語種はつまり、知を構成する言語の、謂わば細胞レベルにおいて、それぞれの細胞の由来を見ているようなものである。日本語や朝鮮語にとって、漢語＝漢字語は、音の平面上で単に外から新たに語彙の一群がやって来たということを意味しない。音は文字と共にやって来た。音の平面のみならず、文字の平面においても新たに漢字という文字がやって来たのであって、重要なことは、第4章第3節で後述するごとく、漢字が〈形音義トライアングル・システム〉という、語彙生産装置と共にやって来たということにある。そのことによって、音の平面、文字の平面、つまり〈話されたことば〉と〈書かれたことば〉のいずれにおいても、日本語や朝鮮語の言語音や語彙のありようはドラスティックに変革されるのである。文字は言語音の単なる写

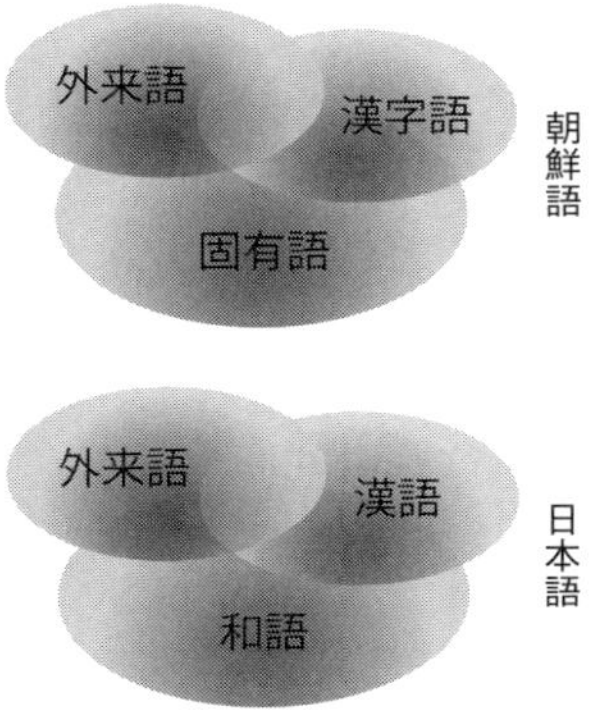

図5　現代朝鮮語と現代日本語の語彙の三層構造

しではない。文字は言語音も、そして語彙さえも変革し得るのである。文字が言語音の単なる写しであれば、こんなことは起こり得ない。こうした変革の様子は、ヨーロッパにおける諸民族語とラテン語との関係だけからは見えないものを、私たちに教えてくれる。

(2) 生まれ、生きて、死んで後も——漢字漢文の磁場

一五世紀、文字を知る人々、支配階級たる士大夫にとって、こうして〈文字〉とは即ち〈漢字〉のことであった。〈文〉とは〈漢文〉のことであった。士大夫の子は生まれるや、名を漢字で与えられた。あらゆる学習は漢字漢文で営まれた。落書きから書簡に至るまで、ありとあらゆる〈書かれたことば〉は漢字漢文であった。友との交わりも漢字漢文に依った。士大夫の〈書かれたことば〉は、科挙のためのエクリチュールでもあった。士大夫が官位を得る門は、科挙という名の官吏登用システム、漢字漢文の門であったからである。士大夫の理念の頂点にある〈書かれたことば〉は、儒学のエクリチュールであった。士大夫の芸術の頂点にあるのは、〈漢詩〉という〈書かれたことば〉であり、中国六朝の文人、王羲之（307?-365?）を神格化するような、〈書〉という〈書かれたことば〉であった。

士大夫は王より死を賜るのも、死してのち赦されるのも、そして死んでのちに称えられるのも、漢字漢文によってであった。文字を知る階級は、生まれ、生きて、死してのちなお、漢字漢文の磁場から逃れることはなかった。一方で民は文字を知らない。

母語である朝鮮語は書かれない。日本語で言えば、和語に相当する、朝鮮語固有の単語、固有語は書かれない。書かれないことばとは、事実上、知を構成することができないものであった。ありとあらゆる〈知〉は漢字漢文による。知の最小単位は漢字であった。現代哲学であれば存在論の基礎をなすであろう、「ある」に相当する固有語も知を構成し得なかったのである。「在」だの「有」だのという、漢字で表され、漢字音で読まれるもののみが、知を構成し

得た。認識論の根幹をなすであろう「しる」などという単語も同様に、知ではなかった。母語は〈知〉ではなかった。かくして漢字漢文の磁場は朝鮮半島の一〇〇〇年を貫く。

(3) 漢文と日本語、漢文と朝鮮語——漢文訓読システム

確認しておく。文法論のうち、主として単語の内部の構造を扱う分野を、形態論(morphology)、単語の外部の構造、つまり単語と単語との関わりや文の構造を扱う分野を、統辞論(syntax)と呼ぶ。伝統的な文法論にあって、形態論と統辞論は文法論の二大分野である。古典中国語と朝鮮語は、音韻体系が異なるばかりではなく、単語の内部の作りや変化の仕方といった形態論、単語の外部のありようや文の構造といった統辞論、そのいずれにおいても、決定的に異なっている。一方、日本語と朝鮮語の文法的な構造はよく似ている(梅田博之(1989)、Noma(2005b))。

古典中国語と、朝鮮語との隔たりは、ちょうど古典中国語と日本語との隔たりのようなものだと思えばよい。私たちはこれを視覚的に知り得る、有り難い標本をたくさん知っている。訓点を施した漢文がそれである。漢文のテクストでは、漢字だけの原文を白文と言い、それに付した送り仮名や返り点などの記号類を総称し、訓点と呼ぶ。

漢文の「我未見好仁者悪不仁者」の一〇文字を日本語で訓読する。『論語』「里仁」に見える、「私はまだ仁を好む人にも、不仁を悪《にく》む人にも、お目にかかったことがない」ほどの意の文である。この一〇文字の文字列は、漢文では基本的に一〇単語からなる文だと言える。例えば次のように読まれている:

我①未②⑪レ見⑩下好④レ仁③者⑤、悪⑧二不⑥仁⑦一者⑨上。

我《われ》未《いま》だ仁を好む者、不仁を悪《にく》む者を見ず。

まず統辞論の観点から訓読を見る。訓読では、施された、かりがね点「レ」、一二点「一、二」、上下点「上、下」によって、①から⑪までの順に行きつ戻りつを行う。漢文と日本語ではいわゆる語順がこれだけ異なっているわけである。おまけに「未だ…ず」などと、二度読むものまである。二度、異なった仕方で読まれるこうした文字は、一つ二つではないので、〈再読文字〉などとわざわざ術語が用意されている。再読。〈書かれたことば〉にあっては、〈話されたことば〉に見られた、時間に沿った線条性（linearity）など、ものの見事に崩されていることがわかる。〈書かれたことば〉にあっては、〈時を返って読む〉ことができる。これはもう、統辞論《シンタクス》を超えて、超統辞論《ハイパー・シンタクス》（hyper syntax）とでも呼ぶべき事態である。漢文訓読における返り点とは、〈時を返って読む〉ことの視覚的な形象化に他ならない。線条性については第4章、第2節⑸でまた触れる。

次に形態論の観点から訓読を見る。漢文では動詞類の変化である活用（conjugation）や、名詞類の変化である曲用（declension）といったものはない。要するに単語の形は変化しない。ここで単語の形というのは、音の形である。音の形が変わらないので、漢文においてもそのことを反映して、漢字は形が変わるように造られていない。

これと対照的に、日本語や朝鮮語の動詞類＝用言は活用を見せ、形を変化させる。学校文法では「書かない」「書きます」「書くとき」……などと教えられた。名詞類＝体言は名詞類の文法的な変化、働きを表すために、助詞というデバイスを用いて、形に加えてゆく。「夢」「夢は」「夢は」「夢に」「夢を」……。つまり名詞類＝体言も形を変える。

漢文に日本語の音を重ねて読もうとすると、「書か」「書き」の「か」「き」や、「夢は」「夢を」の「は」「を」のように、どうしても形が余って飛び出してしまう。漢文に日本語を重ねると、形態論的には謂わばここに送り仮名や助詞で表されたような、余分な形が析出されるわけである。漢文訓読における〈送り仮名〉や〈助詞〉は、漢文と日本語との形態論的な差分の、日本語の側からの、文字の平面における形象化に他ならない。漢文に重ねて日本語や朝鮮語に析出される差分は、主として自立語的ではなく、付属語的であり、実詞的ではなく、虚詞的であり、語幹的ではなく、接辞的な性質の濃いものである。

面白いことに、形態論的、統辞論的な違いを乗り越えようとするこうした漢文訓読システムは、日本語に先だって、朝鮮語にも存在したのであった。今日、日本と韓国の学者が共にしている、朝鮮語圏における漢文訓読についての研究は、藤本幸夫編（2014）など成果も大きい。朝鮮語圏において仏典の訓読などに用いられた訓点の一部は、日本語圏の片仮名の起源も彷彿とさせる。

このように見てくると、要するに漢文訓読システムとは、漢文の白文という〈書かれたことば〉の上に、日本語や朝鮮語の層《レイヤー》を重ね、言語間に透かし出される様々な差異を、そのレイヤー上に訓点として形象化し、そこに形造られた〈書かれたことば〉を、〈話されたことば〉として音読するシステムだ、と言うことができる（図6）。もちろん、こうしたレイヤーが物理的に存在する必要もないし、訓点とて実際に書かれずともよい。仕組みとしては同じである。

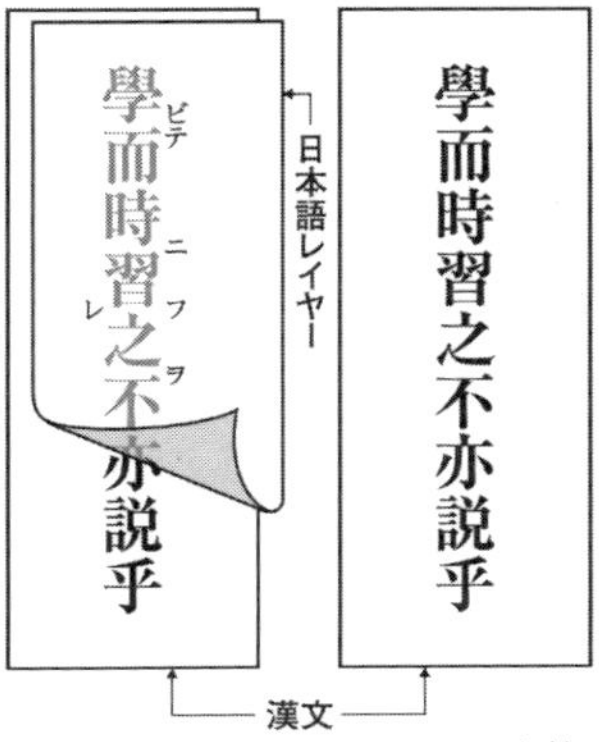

図6 漢文に日本語という層《レイヤー》を重ねる
野間秀樹（2010: 72）より

さて形態論や統辞論といった文法的な観点からも、そして音韻論的な観点からも、古典中国語と朝鮮語は言語の平面においてこれほどまでに異なっていた。文字の平面においては、朝鮮語圏は文字がなかった。そこへこうした古典中国語が文字と共にやって来た。古く文字を持たなかったヨーロッパの諸民族語と、ラテン語との関係、さらに下って英独仏西葡伊蘭など、今日のヨーロッパの大言語とラテン語の関係と比べると、古典中国語と朝鮮語との関係は、いかにも異なっていることが解ろう。英語に大量のフランス語の語彙をもたらした、英語史における一一世紀のノルマン・コンクエスト（The Norman conquest of England）のようなありようとも違う。謂わば何から何まで異なっている言語が、見たこともない文字と共に、朝鮮語圏へやって来て、支配階級の〈書かれたことば〉となる。バスク語など一部の民族語を除いて、ヨーロッパの大きな民族語とラテン語とは、構造的に遥かに近しいのであって、ここまで異なってはいない。朝鮮語圏や日本語圏の漢文訓読システムを見ると、かくも異なる言語間にエクリチュールがもたらされる中で、人はいったい何を行うかが、実によく見えてくる。人は他者の〈書かれたことば〉の平面に自らの〈話されたことば〉を重ね、必要とあらば、超統辞論《ハイパー・シンタクス》的な操作も培《つちか》いながら、新たなる自らの〈書かれたことば〉を創出し、それを〈話されたことば〉として音読するのである。極東の漢文訓読システムはそうしたことを教えてくれる[31]。

(4) 自らの〈書かれたことば〉をいかなる文字によって創るのか

こうして他者の〈書かれたことば〉は読める。ではもし自らの〈書かれたことば〉を創出するとしたら？　換言すれば、自らの〈話されたことば〉を基礎にした〈書かれたことば〉を創出するとしたら？　文字が要る。では漢字を借りる？　いや、借字表記法は既に朝鮮語圏に絶えて久しい。では新たに創る？

もし朝鮮語を表記する文字を新たに創るとする。その際に漢字と一対一的に対応する文字を創ったとて、あまりにも異なる統辞論的な差も、形態論的な差も、とうてい解決できないことが解ろう。既に述べたように、漢字は形を変化させていくようには、造られていない。日本語でも朝鮮語でも、ことは同様である。

ちなみに日本語と朝鮮語の違いはないのか？　これもここで見ておいた方がよい。〈書かれたことば〉を創出することに関わる最も大きな違いは、この二つの言語の音節構造にある。日本語の音節構造は次の単純な構造に帰着する。

（ ）内はオプションであり、母音だけが必須の要素となる：

（子音）＋（半母音）＋母音＋（撥音N／促音）

現代日本語を構成する音節は、/a/だの/ka/だの/kya/だのといった、開音節と呼ばれる、母音終わりの音節がほとんどである。閉音節と称される、子音で終わる音節は、僅かに撥音「ん」や促音「っ」ぐらいで、右のスキーマでまずこと足りてしまう。開音節言語と言ってよい日本語のこうした音節構造に支えられて、五十音図を見てもわかるように、仮名は五十文字ほどで間に合っている。

これに対して朝鮮語の音節構造を定式化すると、次のごとくである：

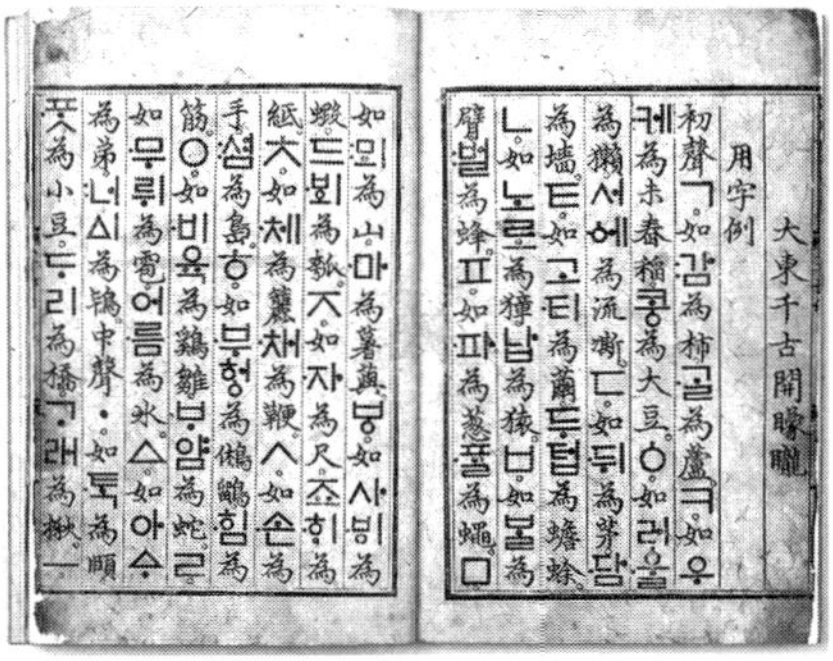

図7 『訓民正音』解例本（1446）ソウル，澗松《カンソン》文庫所蔵

（子音）＋（半母音）＋母音＋（子音七種）

現代の朝鮮語＝韓国語では音節末に七種の子音が立ち得るが、一五世紀朝鮮語では音節末に/p, t, k, s, m, n, ŋ, l/八種の子音が立ち得た。子音終わりの音節が頻出する、閉音節言語としての性格が、日本語に比べ、朝鮮語は遥かに濃厚である。こうして日本語よりも音節構造が複雑な分だけ、現れる音節の種類も、ずっと多くなる。音節を単位にして、仮名のような文字で表そうとすると、現代朝鮮語でさえ、よく現れる音節だけとっても、表記法にもよるが、最低、二千数百種から三千種近い文字が必要な勘定で

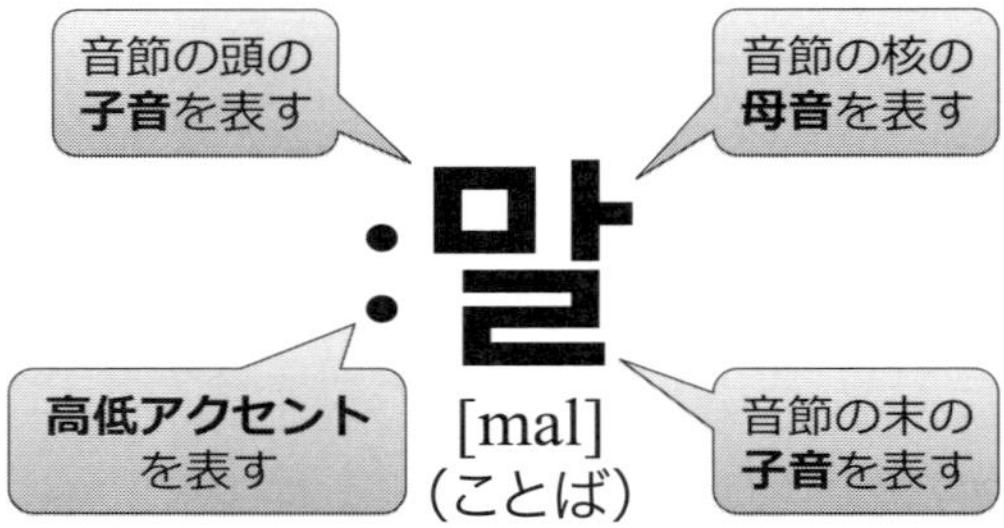

図8　訓民正音は音節の〈子音＋母音＋子音＋高低アクセントという〉四つの要素にそれぞれ形を与え，文字の平面で組み合わせ，一文字とする

ある。音節ごとに仮名を創るとすると、これでは漢字をもう一セット創るようなもので、朝鮮語においては、仮名のようなシステムでは役に立たないことがわかる。当時の〈書かれたことば〉の唯一の担い手たる漢字を以てしては、朝鮮語は〈書かれたことば〉たり得ないし、仮名のような文字を以てしても、実用に供せるような朝鮮語の〈書かれたことば〉は、実現できないのである。ではどうする?

(5)〈訓民正音〉のシステム——音はいかに文字となるか

①『訓民正音』

朝鮮王朝第四代の王、世宗（세종《セジョン》）（1397-1450，在位1418-1450）は、こともあろうに、文字を新たに創製することによって、朝鮮語を書くということを企てた。誰も見たことがない朝鮮語の〈書かれたことば〉を創出してゆくのである。ではいかにして? 文字を創製し、文を作り、テクストを組み上げることによって。漢字の字書＝韻書を編むことも、忘れなかった。文字は〈訓民正音〉と名づけられ、一四四六年、『訓民正音』解例本《かいれいぼん》と呼ばれる、漢文で書かれた書物によって公にされた（図7）。文字は略して〈正音〉とも呼ぶ。

②〈訓民正音〉のシステム——音が文字となるとき

仮名のように音節を単位とする文字で、朝鮮語を書くことが難しいのであれば、残るは単音を単位とする単音文字＝アルファベットのシステムしかない。ところが正音は単純なアルファベットのシステムではなかった。

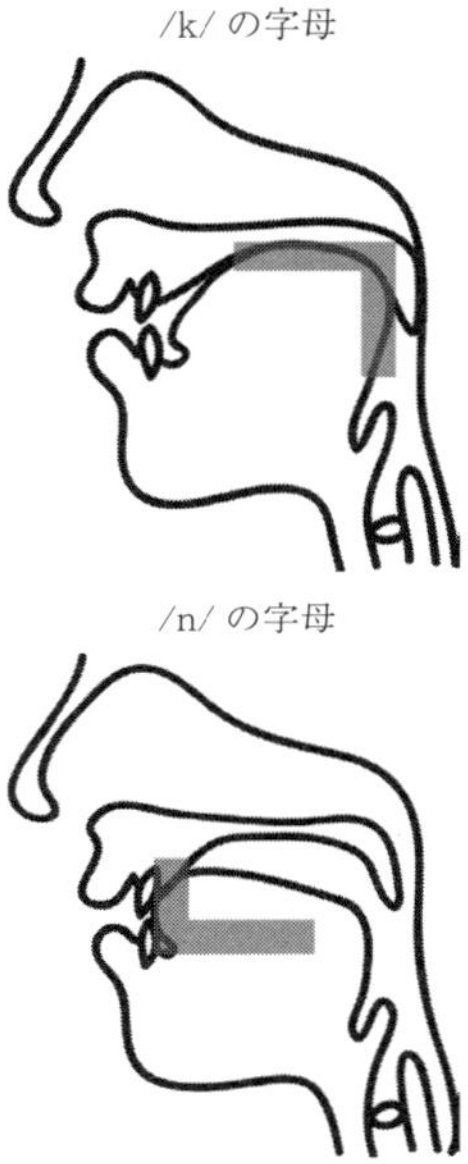

図9　正音の子音字母は発音器官の形を象形した

正音は音節を、音の平面において〈子音＋母音＋子音＋高低アクセント〉という四つの要素に解析し、文字の平面においてそれぞれに明確な〈かたち〉を与え、それらの〈かたち〉を文字の平面において総合するという仕組みを採った。

まず字母のかたちの根源的なエレメントとなる子音字母五つ、母音字母三つを定めた。次にそれら五つと三つからかたちを派生させたり、組み合わせて二八字母を得る。さらにそれらを音節ごとに文字の平面で組み上げる。例えば「ことば」の意を表す、/mal/という音節であれば、/m/、/a/、/l/を表すそれぞれの字母**ㅁ**、**ㅏ**、**ㄹ**を組み上げて、**말**という形に合わせた。さらにその左には当該の音節の高低アクセントを、〈傍点《ぼうてん》〉（방 점《パンチョム》）と呼ばれる点によって形にし、それを加えて**:말**のごとく一文字に組み上げた。この一文字が、音の平面では一音節をなす（図8）。音節の頭の子音には初声《しょせい》、核をなす母音には中声《ちゅうせい》、音節末の子音には終声《しゅうせい》という術語も作っている。

では単音を表す字母の形は、どうやって造ったのであろう。これも『訓民正音』に記されている。曰く――/k/を表す字母の形は、/k/を発音する発音器官の形**ㄱ**である。/n/を表す字母の形もまた/n/を発音する発音器官の形**ㄴ**である（図9）。かくのごとく子音を表す字母は、その子音を発音する音声器官のかたちを象った。我ら人《ヒト》にあって言語音が生まれ来る、まさにその原初のかたちを形象化し、これを字母のかたちとする。

さらにこうして造られた五つの子音字母から、その他の子音字母は派生させて創られる。その派生の原理は基本的に言語音が生まれるありように基づいている。/k/の有気音/k^h/を表す字母は、/k/の字母**ㄱ**に画を加える、即ち〈加《か》画《かく》〉の原理によりこれを表す。無気音＝平音**ㄱ**/k/が、有気音＝激音**ㅋ**/k^h/となる。/n/と調音点を同じくする音

/t/ は、/n/ の字母に加画することによって創る。ㄴ/n/ がㄷ/t/ となる。これも小さな驚きである。ㄴ/n/ とㄷ/t/ が発音器官のほぼ同じ場所＝調音点で作られる音であることが、文字の形の上に反映されている。ラテン文字を見ても、ギリシア文字を見ても、もちろん「た」「な」など仮名を見ても、音が作られるありようなど、文字の上には片鱗も見えない。言語は異なるが、例えば英語の button /bʌtn/（ボタン）の発音を例にとっても、/t/ から舌を動かさず、口蓋垂《こうがいすい》つまりのどひこを下げて、/n/ で鼻に息を抜くだけで済む。なるほどㄴ/n/ とㄷ/t/ の舌の位置と形は同じである。さらに /t/ の有気音＝激音 /tʰ/ を表す字母は、/t/ の字母ㄷに画を加え、ㅌ/tʰ/ となる、等々。

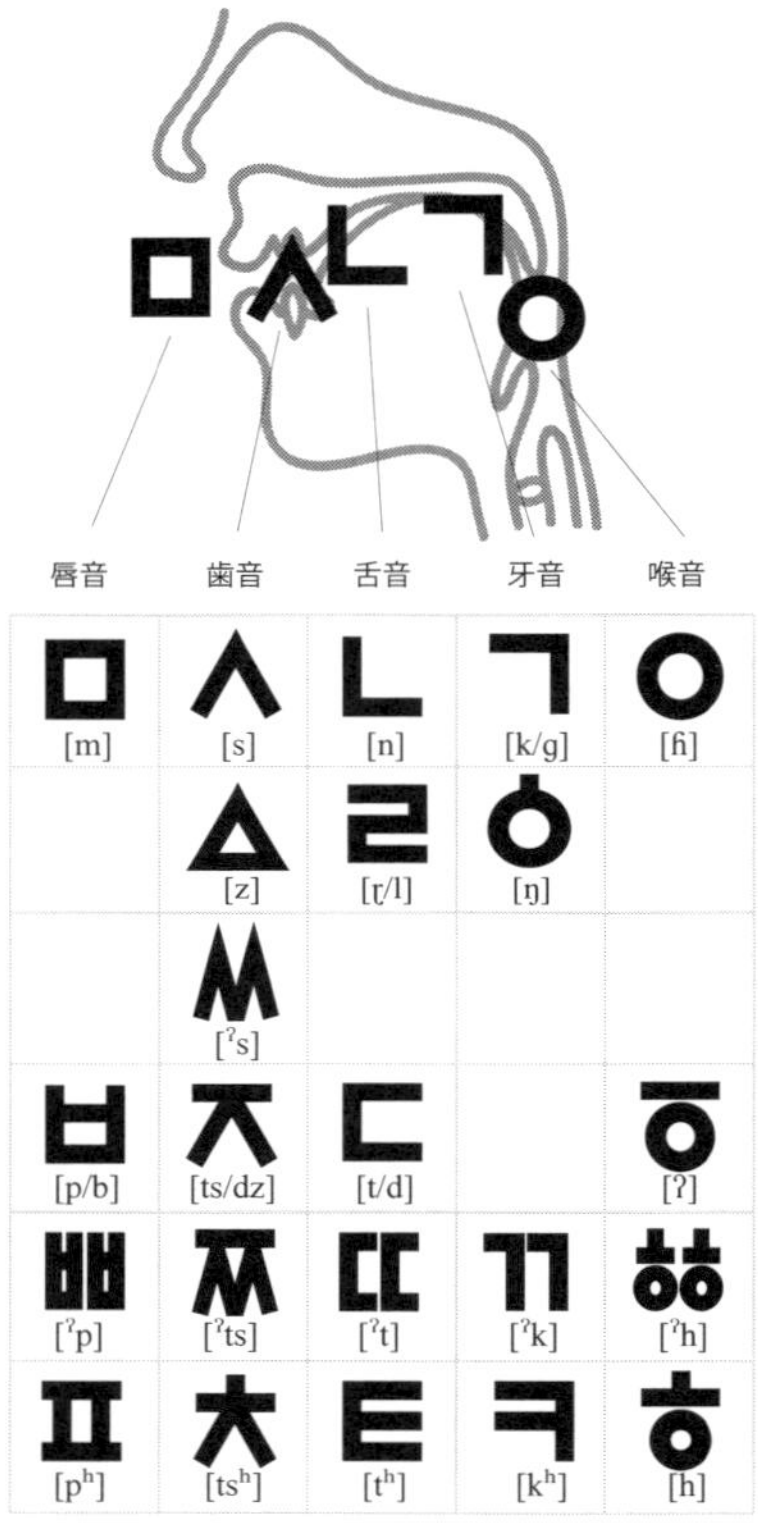

図 10　訓民正音＝ハングルの子音字母の〈かたち〉の派生体系

正音はこれでは満足しなかった。さらに、音の高低までをも形にしたのである。これが高く発音する音節であれば〈傍点〉一点を左に付し、〈·밤〉のごとく表した。無点であれば低い、一点は高い、二点は低から高。何故にこの〈傍点〉と呼ばれる表記装置を用いて、音の高低についてまで表記するシステムを造り上げたのか。「箸《はし》が」（高低低）、「橋《はし》が」（低高低）、「端《はし》が」（低高高）のごとく、現代の日本語東京方言が音の高低によって単語の意味を区別しているように、一五世紀朝鮮語も音の高低によって単語の意味を区別していたからに他ならない。こうしたシステムを〈高低アクセント〉（pitch accent）と言う。およそ〈話されたことば〉であれば、自ずから音の高低のパターンは特定の傾向

を見せるわけだが、そのうち、そうした高低《ピッチ》のパターンが単語の意味を区別するシステムとなっている言語を、高低アクセントを有する言語と呼ぶ。高低が変わって発音されても、不自然に聞こえるだけで、単語の意味そのものが変わらないのであれば、それは高低アクセントを持たない言語である。一五世紀朝鮮語は高低アクセント言語であった。〈子音、母音、子音、音の高低アクセント〉、これら四つの要素を表す形の組み合わせで初めて一文字である。正音は音の平面において音節をこうした四つの要素に解析し、文字の平面においてそれぞれに形を与え、総合する〈四分法システム〉（tetrachotomy system）として完成した。

文字の平面で一文字であれば、音の平面では一音節を表す。つまり字母が子音、母音を表すといった点では、単音文字＝アルファベットであり、それらを総合した一文字が一音節を表すという点では、音節文字であった。〈訓民正音〉はこうして、単音文字にして、音節文字であるという、二重の性格を有する文字、〈単音と音節を同時に表す文字〉として、さらに厳密に言うなら、〈音節の内部構造と音節の外部境界を同時に表す文字〉として誕生したのである。

文字をめぐる言説にあって、しばしば同じく「音節文字」と括られてしまう、仮名と〈訓民正音〉の決定的な違いにも触れておこう。この点も重要である。仮名は一文字が一音節を表すが、その音節の内部構造は見えない。「か」のどこからどこまでが/k/で、どこからが/a/などといったことは、「か」という仮名からは見えないのである。ただ、音節の外部境界は見える。「かな」とあれば、かたちの上で「か」がひとまとまりとしての〈かたち〉、つまり、一つのゲシュタルト（独 Gestalt）、「な」がひとまとまり＝一つのゲシュタルトとなっている。[32] ゆえに、「か」と「な」の間が音節の境界であることが判る。読み手に音節境界が見えることによって初めて、「かな」と書かれた文字列が、/kan-a/「カンア」などと発音されるのではなく、/ka-na/「カナ」と発音されることが判る。文字の平面において音節境界が見えるかどうかは、音の平面においてこうした重要な差をもたらすのである。

〈訓民正音〉は音節の外部境界が見えるのはもちろん、音節の内部構造も透けて見える。「밤」とあれば、この音節は /p+a+m/ という構造をしていることが、かたちの上から見える。こうした意味で、正音を仮名と同じ音節文字にカテゴライズするのでは、その本質を見誤ってしまう。仮名を〈音節文字〉とするなら、正音は〈音節構造文字〉ないしは〈音節構造化文字〉とでも呼ぶべきものである。

今日多くの言語で広く用いられる、ラテン文字による正書法では、音節の外部境界は、当該の言語の音節構造と綴りとの関係に親しんでいる限りにおいて、綴りから判断をすることはできる。しかしながら、文字の平面においては、普通、音節がどこで切れるかを形によって知ることができない。例えば Birmingham, strengthen。音節境界を知るためには、例えば親切な英語の辞書の見出し語で "syl-la-bus" などと示しているように、ハイフン「-」や空白など、何らかのデリミタ（delimiter）＝切断子で示される必要がある。ちなみに辞書の表記は普通、文字の平面における分綴の位置を示すので、ここでも解るように、音の平面における音節境界とは限らない。かくしてラテン文字の多くの表記システムでは、外部境界が判らず、外部境界が判らない以上、内部構造も知り得ない。どこからが内部か、形の上で判らないからである。

漢字はというと、中国語圏では基本的に一文字が一音節である。文字論でも漢字を「表意文字」などと大雑把に括ってしまうので、解りにくくなるけれども、実は音の平面における重要な要素を、漢字は表していた。それが音節の外部境界である。漢字が一文字が一音節であるということは、実は漢字が音節の外部境界という音の要素を視覚的に示している、ということに他ならない。中国語圏にあって漢字は単なる「表意文字」なのではない。音節の外部境界という、中国語にとって音の決定的な要素を文字の平面で表しているのである。とりわけ西欧の文字論はこの点への留意が弱い。単音節語が非常に多い中国語にとって、音節の外部境界を文字が示すということは、同時に、単語の境界をも表すという、重要な働きを担うことになる。今日の英語の分かち書き表記が、単語と単語の間にスペースを置くことで表すのを、単語を一文字のかたちにまとめることによって解決せんとしていたわけである。一つの単語を一文字の漢字で表すことこそ、まさに漢字の発生論的な成り立ちであった。ところが漢字が日本語圏にやって来ると、そこで行われる訓読みを見ればわかるように、音節の外部境界は見えなくなる。日本語の /yume/ を「夢」と書くとき、漢字の「夢」に、音節の境界 /yu-me/ は形に顕れていない。日本語圏においては漢字は音節の外部境界が見えない文字となってしまう。一方、仮名の方はどうかというと、音節文字と言うくらいで、撥音を表す「ん」や、促音や拗音を表すのに用いる、捨文字《すてもじ》と呼ばれる「っ」「ゃ」などを除けば、前述のごとく音節の外部境界は基本的に見えている。しかし音節の内部構造は見えないわけである。

図 11　その文字は音節の外部境界と内部構造が見えるのか
＊漢字は音節の外部境界が中国語圏と朝鮮語圏では見えるが、日本語圏では見えなくなる

　正音は外部境界と内部構造の双方が形に透けて見えている（図11）。

　ここで確認しておくべき重要なことは、〈その文字は音節の外部境界と内部構造が見えるのか〉といった問いは、まさにそれらが見える、ハングルのような文字の存在が可能ならしめるという点である。ラテン文字と漢字と仮名だけを見ていても、こうした問いは立ちようがない。そしてこうした問いの深さにも気づけない。

　念のために、こうしたことを文字体系の優劣などと直結させるのは、大変危険である。文字体系はそこに生きる個の、歴史的、社会的、文化的、教育的、経済的、習慣的といった様々な諸条件によって、評価もおのずから変わってくるのであって、文字の原理的な仕組みだけで価値付与をしたり、優劣などを語るのは、意味がない。そもそもいかなる文字であれ、その文字に生きる人にとっては、最も貴い文字であり得るであろう。

さて、ここまでのところは正音を一文字ずつ見た仕掛けであった。朝鮮語は、実は音の変容が激しい言語である。밤/pam/（夜）+이/i/（…が）が/pam-i/［パム・イ］ではなく、必ず/pa-mi/［パ・ミ］と発音されるなど、音節構造の変容も頻繁である。この「夜が」の例では音節末の子音、即ち終声が、次の音節の頭の子音、即ち初声となっている。これを〈終声の初声化〉（initialization of finals）と呼ぶ。il /il/［イル］（彼）+ a /a/［ア］（持つ）をil /i-la/［イ・ラ］（彼は持っている）と発音するなどの、フランス語のアンシェヌマン（仏 enchaînement）と呼ばれる現象が、単語間のみならず単語内部でも徹底して起こるわけである。形態論的には、名詞/pam/（夜）の語幹が、後続の助詞ないしは体言語尾と位置づけ得る/i/（…が）と、融合してしまっている。そこでこの〈終声の初声化〉という音節構造の変容を、文字の平面においていかに表すかという問いが立つ。正音では、/pam/+/i/が/pam-i/［パム・イ］ではなく、必ず〈終声の初声化〉を起こし、/pa-mi/［パ・ミ］となるこの現象は、次の三つの表記が可能である：

（a）ㅂㅏㅁㅣのごとく字母を単に並べて表記する。音論の観点からは音韻論の単位つまり音素を単に並べて表記する方法。音韻論的表記と呼び得る。

（b）바미のごとく変容した音節の結果を反映させて、表記する。音論の観点からは、音節構造論の単位つまり音節ごとにまとめて表記する方法。音節構造論的表記と呼び得る。

（c）밤이のごとく、一つの意味の単位となっている/pam/（夜）や/i/（…が）という音のまとまりを文字にも生かして、表記する。これは音節の頭に子音が立たないとき、それをゼロ字母ㅇで表すことを利用した表記である。音の平面における語幹の形/pam/が文字の平面でも「밤」のようにそのまま維持されている。形態音韻論的表記と呼び得る（図12）。

詳細は野間秀樹（2010: 161-182）に譲るが、〈音節構造の動的な変容をいかに表すか〉という問いは、実はアルファベットや音節文字にとって、形態音韻論と呼ばれる分野(33)や文字の表語機能の問題とも絡まって、極めて重要な問いである。こうした問題の重要さと文字化にあたっての複雑さは、前述のフランス語の il a /i-la/（彼は持っている：発音が［イル・ア］ではなく［イラ］となる）などに見えるアンシェヌマン（仏 enchaînement）や、les amis /le-za-mi/（友人たち：発音が［レ・アミ］ではなく［レザミ］となる）に見えるリエゾン（仏 liaison）と呼ばれる現象など、他の言語の類似の現象とその文字表記に照らしてみると、よく見えて来る(34)。

〈訓民正音〉創製にあたって抽出された単音、即ち子音と母音といった単位は、そのほとんどが、二〇世紀に至って、ソシュールや、ロシア構造主義の先駆、ポーランドのボードアン・ド・クルトネ（Baudouin de Courtenay, 1845-1929）らの言語学が初めて到達した単位〈音素〉（phoneme）であった。西欧にあっても子音、母音といった概念も未だおぼろげな時代の出来事である。抽出した要素を形にする仕方が、現代言語学と若干異なるのは、/y/ や /w/ といった半母音の扱いだけであった。さらに言えば、無気音を示す字母から、加画という方法を用いて、有気音を表す字母を派生させる仕組みなどは、現代言語学で、distinctive feature（弁別的特徴、弁別的素性、示唆的特徴）と呼ばれるところの、音素を互いに区別する、さらに小さな単位まで、精緻に掬い取り、それを文字の平面において形に造っていたことになる（図12）。

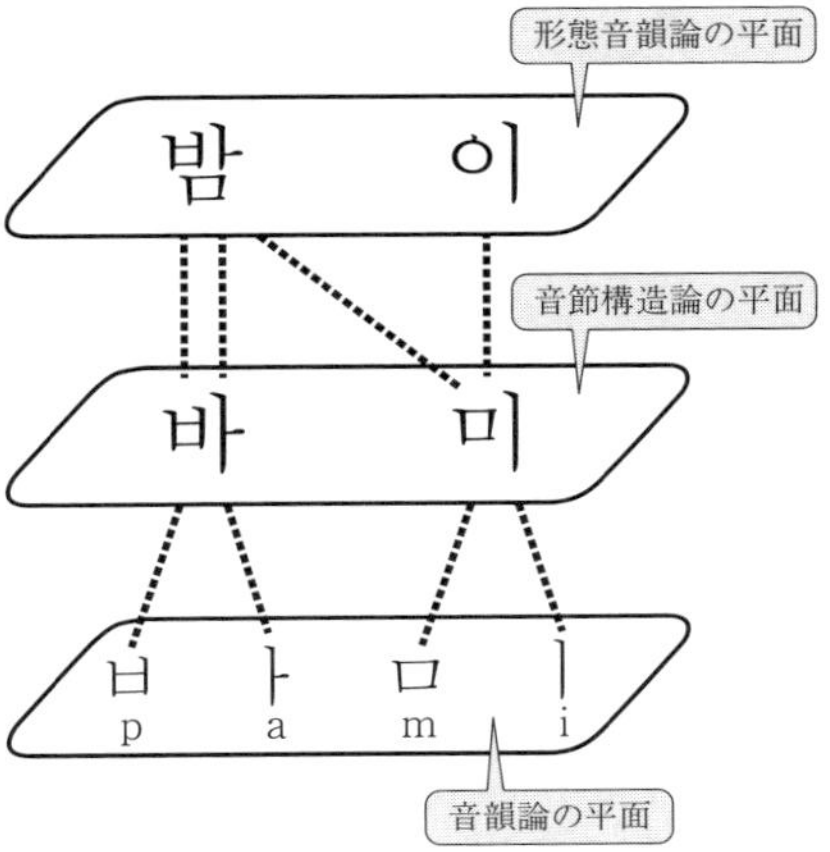

図 12　正音は音韻論，音節構造論，形態音韻論の三層の表記が可能である

野間秀樹（2010: 171）より

③ 音の高低を〈かたち〉にせよ——プロソディ（prosody）という身体

第1章第1節(8)で述べたように、音素とは、単語の意味を区別し得る最小の言語音の単位である。正音にあっては、意味を区別するものは、悉く〈かたち〉にする。そして〈音の高低〉といったものも、それがもし単語の意味を区別しているのであれば、それは必ず〈かたち〉にされねばならない。〈傍点〉という装置がそれであった。

今日残念なことに、ほとんど全ての〈訓民正音〉論は、正音が〈子音＋母音＋子音＋アクセント〉の四分法（tetrachotomy）であることを忘れ、〈子音＋母音＋子音〉の三分法（trichotomy）システムであるかのごとく述べている。音の高低で単語の意味を区別するというプロソディックな高低アクセントシステムは、朝鮮語の音の世界にあっては一六世紀以降失われた。(35) ゆえに今日、文字の世界では傍点が書かれなくなった。高低アクセントの崩壊という言語史上のこうした言語事実への軽視が、言語学において、正音の本質に対する矮小化された位置づけへの導火線となったであろう。一五世紀朝鮮語の〈話されたことば〉を〈書かれたことば〉に創った正音は、紛れもなく四分法システムだったのである。

朝鮮語圏や日本語圏、そして欧米まで含めた言語学が、訓民正音の四分法システムを三分法と見誤ってきたという事実は、朝鮮言語学の内部での出来事であるばかりでなく、今日の言語学や言語をめぐる様々な言説の、ある意味では朝鮮言語学における顕れだとも言える。そして実は、朝鮮言語学だけでなく、言語学にとって、そして言語をめぐる様々な言説にとって、プロソディはアキレス腱なのである。言語の身体たる音は、プロソディというアキレス腱の断裂によって走れない。アルファベットで書かれるヨーロッパの大言語において、やはりプロソディは概ね可視化されていない。音の高低は、強弱は？　例えば英語は高低アクセントではなく、強弱アクセント（stress accent）のシステムを有する言語である。名詞 próduce と動詞 prodúce。強勢の位置で単語の意味が区別される。表記はいずれも

produceであって、強弱アクセントは可視化されていない。もちろん単語レベルではなく、文に被さるイントネーションは洋の東西を問わず、どの〈書かれたことば〉でも可視化されていない。

ヨーロッパの多くの言説があるいはアルファベットを語り、あるいは音声至上主義（仏 phonocentrisme）を問う。そこで念頭に置かれるのは、基本的にはラテン文字に象徴されるアルファベットである。ではそこにプロソディは意識化されているのか？ アルファベットが音を表す、音素を表す、さらに言えば、アルファベットは〈話されたことば〉を〈書かれたことば〉として表しきっているという、一種の幻想に陥る瞬間はないのか？ アルファベットを全能の装置として神格化してはいないか？：

単音文字＝アルファベットは、意味の区別に必要な言語音を表す文字として成立したけれども、意味の区別に必要な音の全てを、表しているわけではない

ヨーロッパの哲学や言語学を語ってきた、ラテン文字を初めとするアルファベットは、概ねプロソディという身体を失っている。アルファベットの原野のあちらこちらに、プロソディという陥穽が仕掛けられていることも、まさに訓民正音の歴史が教えてくれるのである。

確認するが、私たちは今、〈話されたことば〉から〈書かれたことば〉が生まれる、まさにその機制を見ている。音から文字を創る。意味を区別し得るもの、それを悉く〈かたち〉にする――これが正音の思想である。高低アクセントを示す傍点は、理解を助けるための補助線でもないし、剰余的な装飾なのではさらさらない。あればあったで便利だというような、おまけではない。正音にとっては本質をなす装置である。

朝鮮語に限らず、広く言語をめぐる今日の言説においても、まさに物理的な実体として存在している、こうしたプ

ロソディックな要素は、しばしば忘れられてしまう。〈ことばはいかに在るか〉を見据えず、実体を離れた記号論的な平面で、ことばが語られるからである。存在論的視座が失われるとき、見えて来るはずの、多くのものもまた、失われる。音の高低は忘れられ、音の長短は忘れられ、音の強弱は忘れられる、その言語にあってそれらがことばの意味を区別するという、決定的な働きを担っていても。意味の造形を司る身体が、言説のうちで忘れられるのである。

言語はいかに在るかを問い、〈話されたことば〉と〈書かれたことば〉がいかに在るかを、存在論的な視座から問う領野では、常にこうしたプロソディへの照準は大切に確保されることになる。言語学でも、言語哲学でもよい、例えばこう問うてみればいい。「言語」と言うが、その議論、音の高低はどこへ行ったの？　音の強弱は、音の長短は、そしてイントネーションはどこに行ったの？　どこで切り捨てられたの？　どこかで忘れられてはいないの？　そういったことがらは本当に問題にならないの？

言語は、およそそれが〈話されたことば〉である限り、プロソディは必須のものである。単音の実現に付随する要素ではなく、音の実現そのものである。言語の実現のありかたとして存在するものである。換言すれば、プロソディとは言語の存在論的な身体そのものである。場合によっては意味をも直接左右する、決定的な身体である。実はそれを欠かすことができない議論であるはずなのに、そうした身体が欠けていたとしたら？　その文は本当に身体なしで議論できることなのか？　ラテン文字で書かれた「文」を見て、〈話されたことば〉を論じたりしていないだろうか？　もしや、その「文」は〈書かれたことば〉なのではないか？　本当に〈話されたことば〉としてその議論が成立するのか？　お弁当は、あのハ・シ・デ食べて。高低低「箸で」、低高低「端で」、低高高「端で」。——その言説は、音の高低という身体なしで議論できるのか？

逆の観点から見てもよい。そこで議論されている「文」、その〈書かれたことば〉に意味を与えているのは、実は私たち読み手が事後的に付与している「プロソディ」なのではないか？　「文の意味」を云々している言説があったら、私たちはそうした問いを常に発し続けねばならない。

言語をめぐる今日のありとあらゆる言説は、〈話されたことば〉の存在論的身体たるプロソディを考えに入れているのか、プロソディ抜きでも成立する言説なのかどうか、どこかで〈書かれたことば〉とすり替わっていないか？――こうした言語存在論的な検証が求められる。おそらく、この視座からの検証に耐え得る言説は、そう多くない。

なお、ここで述べた〈訓民正音〉のシステムは、ほんの出発点的な仕組みを見たに過ぎない。音と音が出会った際に起こる、朝鮮語の激しい音の変容、とりわけ形態音韻論的な変容の様相をいかに表すかという、表記のありかたは、およそ言語と文字を語るのであれば、これは注目に値する。これこれの単音をこれこれの形で表す、というのは、文字にあってはどこまでもまだ第一の段階に過ぎないのであって、〈音の変容〉こそ、文字にとっての鬼門なのである。(36) 漢字や仮名、ラテン文字のエクリチュールとの違いなどについての詳細も併せ、野間秀樹（2010）、노마히데키《のまひでき》［野間秀樹］（2011）をご覧いただきたい。

④〈書かれたことば〉の創出へ

〈訓民正音〉の公布から、時置かずして、翌一四四七年には漢字の韻書『東国正韻』が編まれ、漢文で書かれた『訓民正音』解例本を朝鮮語に訳し、正音で表記し、註を付した『訓民正音』諺解本《げんかいぼん》がやがて作られる。

諺解本においては、解例本の「國之語音」（国の語音は）といった漢文を、正音で書く。音読みするのではなく、日本語で言えば「くにのことばが」のごとく、朝鮮語の固有語で書いている：

나·랏:말ᄊᆞ·미

na ras mar ssa mi

このように漢文を朝鮮語に翻訳し、正音で表すエクリチュールを、〈諺解《げんかい》〉（언해《オネ》）と呼ぶ。儒学の経書、仏典を始め、この後多くの漢文の文献の諺解が現れる。この〈諺〉は「ことわざ」の意ではなく、〈我等が内なることば〉、即ち、cosmopolitan たる世界＝中華帝国＝漢文に対する、local、vernacular、局地＝朝鮮国のことば、民族語の謂いである。『訓民正音』諺解本こそ、諺解という形式による正音エクリチュールの誕生であった。

正音の誕生によってありとあらゆる朝鮮語は書き得る基礎を得た。正音以前には母語は知ではなかった。正音の出現以後、「ある」も「しる」も、そしてありとあらゆる朝鮮語の単語、朝鮮語の固有語は、〈知〉を構成する単位として組み込まれていった。これまで漢字漢文のみが作り上げ、所有していた〈知〉に、母語たる朝鮮語も参画するという、〈知〉のありようの根底的な変革が始まったのであった。〈知〉の版図がドラスティックに変革される。巨大な〈正音エクリチュール革命〉の始まりである。文字が創出され、〈書かれたことば〉が生まれる中で、単に書かれなかったことばが、書かれるようになっただけではなく、知の総体が劇的に変革されてゆく。

正音が朝鮮語を書くありようを、正音エクリチュール革命のイデオローグの一人と言える鄭麟趾（정인지《チョンインジ》）（1396–1478）は、漢文で書かれた『訓民正音』解例本においてこう述べている。「風声鶴唳《ふうせいかくれい》、鶏鳴狗吠《けいめいくはい》と雖《いへど》も皆得て書くべし」、風の音も鶴の鳴き声も、鳥の声もそして犬の鳴き声さえ、正音が書けぬものはないと。これは漢文テクストの伝統における単なる修辞などではない。私たちがことばを見るのであれば、そのことばは常に〈誰が誰に向かっていかなる場で語るのか〉という、〈言語場〉を見据えねばならない。同じことばであっても、言語場にあっては、その意味はしばしば異なってくる。ましてやそのことばが語る思想においてをや。ここにおいて「風声鶴唳、鶏鳴狗吠」は既存の漢文テクストがそうするような、例えば単に拠り所を求める典故としてだけあったり、四六駢儷体の修辞的デバイスとしてあるのではない。実際に「風声鶴唳、鶏鳴狗吠」を書くこと、それを可能にした人々が、それらが書かれたものを見たことがない人々に向かって、書けるのだと、高らかに宣言しているのである。「風声鶴唳、鶏鳴狗

吠」といった既存のことばによって、鄭麟趾《チョン・インジ》は新たな言語場において、新たなる思想を語る。テクストを読むとは、言語場において読むことである。正音は朝鮮語のオノマトペさえ書ける。どうだ、これが漢文で書けるか——鄭麟趾の高らかなる正音エクリチュール革命宣言である。

後代、二二代の王・正祖（1752-1800）が臣下に与えた、漢字漢文で筆書された書簡には、漢文に混ざって、突然「뒤죽박죽《トゥィジュクパクチュク》」（ごちゃごちゃ、てんやわんわ）という、正音で書かれた擬態語が現れる[37]。漢字漢文では書けないオノマトペも、文字通り、正音は実際に書いたのである。かくして正音は朝鮮語のオノマトペさえ、〈知〉に組み込んでゆく。

⑤　世界語と民族語——ヨーロッパと朝鮮

正音の創製による朝鮮語の〈書かれたことば〉の創出は、ヨーロッパにおいて cosmopolitan たるラテン語に対し、それぞれの民族語である vernacular が書かれた変革と重要な点で異なっている。ラテン語の世界における諸民族語の〈書かれたことば〉は、基本的には新たな文字体系の創製に拠るのではなく、ラテン文字に依拠するのであった。国民国家の完成と相前後して成立する、仏独伊西葡蘭語などを始めとする諸民族語の〈書かれたことば〉は、ラテン文字を借り入れることによって創られた。ラテン文字でまかなえないものは、ç や ë や ï や ñ のごとく、それに記号を付したり、ß や œ のような、新たな字母を足すなどして補った。基本的なシステムはラテン文字のそれによっている。これはドイツ文字やキリル文字の世界においても、その文字の形が異なるだけであって、字母の多寡はあっても、システムそれ自体は、ラテン文字の世界で行われていたことの、踏襲ないしは改造である。

インド＝ヨーロッパ諸語などという大きすぎる枠を持ち出すまでもなく、仏西葡語などロマンス諸語とラテン語の現象的類似は言うに及ばず、英独蘭語などゲルマン諸語でさえ、ラテン語とそれほど異質の言語であったとは言えない。ヨーロッパにおけるそうした大言語とラテン語との間の形態論的、統辞論的な親和性は、古典中国語と朝鮮語の間の形態論的、統辞論的な大きな隔たりとは、比べものにならない。古典中国語と朝鮮語は、音韻体系が異なるばかりではなく、形態論、統辞論、そのいずれにおいても、決定的に異なる。つまり、古典中国語＝漢文の世界で行われていたシステムは、朝鮮語の世界では、踏襲できない。

ゆえに、朝鮮語と〈訓民正音〉の経験に照らすと、ヨーロッパの大言語だけ見ていても、見えなかったことが、顕《あらわ》になってくるのである。

⑥〈訓民正音〉の思想が書かれた『訓民正音』

正音の創出は、東アジア世界に君臨する漢字のシステムの中にあって、漢字ではない〈文字体系を創出する〉という目的意識的な営みによって、朝鮮語の〈書かれたことば〉を誕生させるという企てであった。言語存在論を考える中で、〈話されたことば〉からいかにして〈書かれたことば〉が創られるかを見る私たちにとって、さらに僥倖《ぎょうこう》とすべきは、〈訓民正音〉の思想が、まさに〈書かれたことば〉として書物の形で私たちの前に屹立しているということにある。

文字は古来、粘土板や石に刻まれたり、亀甲に刻まれたりして歴史に登場するものであった。一四四三年に創られた正音は、一四四六年、『訓民正音』解例本と呼ばれる書物によって公にされたのであった。訓民正音とは文字体系の名称でもあり、書物の名称でもあった。この書物『訓民正音』は版木に刻され、紙に刷られ、袋綴じに製本され、書物に編まれて、人類史の中に登場した。

そこには何が書かれていたのか？　御製即ち、王、二八字を制す。正音はかくなる目的で創られた。正音はかくなる文字、かくなるシステムである。正音はこのように書く。乞い願わくは、正音を学ぶ者をして、師なくして自ら悟らしめんことを、などと、正音で書かれた多くの用例と共に、漢文で書いてあった。かくして『訓民正音』は、正音はかくなる文字であるということを、正音自身が描き出す書物となった。『訓民正音』は〈文字自らが文字自らを語る書物〉として世に出現したのである。

〈書かれたことば〉を創り出すための文字創製の思想がこのように具現化されていることは、言語存在論的な視座から〈書かれたことば〉の原初を見る私たちには、この上ない贈り物と言うことができる。さらに驚くべきことに、目的意識的に創られたその文字をめぐっては、思想として私たちの前に屹立しているだけではなく、その思想が今も世界のあちらこちらで実践されているわけである。

⑦　なぜ〈訓民正音〉から学ぶのか

〈話されたことば〉と〈書かれたことば〉の相関を見据える私たちにとって、〈訓民正音〉は、プロソディックな視座まで据えながら、言語音から文字を創出する、ミクロな機制、共時的なメカニズムを教えてくれるだけではない。今一つ、〈書かれたことば〉の創出というマクロな成り立ち、通時的なダイナミズムを教えてくれる。

東アジアに君臨する大中華の漢字漢文と、母語たる朝鮮語という、他言語と自言語、〈外なるものと内なるもの〉を見るという構図に加えて、朝鮮語内部に宿る漢字漢文の糸、朝鮮語固有の糸という、自言語のうちの、謂わば二つのＤＮＡの二重螺旋構造を見るという構図が加わり、さらにそうした構図を、漢字と正音という二つの異なった文字体系《エクリチュール》が描き出す壮大な動画を見ることになる。そして近代に至っては、何と朝鮮を植民地支配する帝国の言語、日本語までがこれらに加わるのである。人はいかに生き、言語はいかに在ったのか？　学ぶべきものはあまりに多い。

西欧の歴史と異なる〈訓民正音〉の位置を確認しよう。言語音から文字を創る目的意識的な原初のありようと、『訓民正音』というそのテクスト化。大中華の冊封体制を敷く中国と朝鮮、全く異なった類型を有する中国語と朝鮮語。中国語は単語の形が基本的に変化しないのに対し、朝鮮語は日本語のように単語の語形が変化する。中国語と朝鮮語は語順も大きく異なる。形態論も統辞論も全く異なっている。母語である朝鮮語内部において既に一〇〇〇年を生きている漢字漢文の伝統と、母語朝鮮語の内に宿る漢字漢文の圧倒的な言語材、そしてそれらの〈書かれたことば〉。古からの日常を間違いなく支えていながら〈話されたことば〉としてのみ実現し、消えてゆく、知の素材、知の集積たり得ない母語＝朝鮮語。これに対し唯一、知を造形し、知を集積し、知を継承しえていた漢文。漢文漢語を担う形象化の身体たる漢字。而《しか》して母語である朝鮮語はもちろん、漢文漢語さえも共に担い得る、全く新たな形象化の身体としての正音。そして形象化された〈かたち〉は東アジアに君臨する書の美学へ、公然たる叛旗を掲げる。
——言語と文字をめぐるこうした輻輳した事態は、ラテン語から民族語へという西欧の事態からは、どうしても学びきれないものである。〈話されたことば〉と〈書かれたことば〉をめぐる、およそ起こり得るあらゆる事態の集約が、〈訓民正音〉の歴史である。人はいかに生き、言語はいかに在るのか？

⑧ 用いられ、伝えられるべき文字

文字を創った。音を投影するような形を創れば、それがただちに〈書かれたことば〉としてできあがるわけではない。機能するわけでもない。〈書かれたことば〉の何たるかを見ようとするなら、この点ははっきりと確認しておかねばならない。未だ一度も書かれたことのない言語にとって、その言語の音を表し得る文字を創ったからといって、その言語の〈書かれたことば〉ができあがるわけではない。文字の誕生とは、未だ〈書かれたことば〉の十全な誕生ではないのである。

当該の言語圏にあって、文字が〈書かれたことば〉として十全に機能していくためには、何よりも、その文字が用いられ、伝えられるという、膨大な言語場の経験値、言語外的な条件が必須である。タングート（Tangut 党項）族の

王朝・西夏《せいか》にあって一〇三六年に公布された西夏文字は、一二二七年、チンギス・ハンによって王朝が滅ぼされるに及んで、やがて失われた。六一三〇字の文字は用いられず、伝えられることができなかった。ニコライ・ネフスキー（Николай Невский, 英 Nikolai Nevsky, 1892–1937）や西田龍雄《にしだたつお》（1928–2012）ら研究者によって文字がおおよそ解読されるには、つまり研究という場でさえ、文字が再び意味として立ち現れるためには、二〇世紀まで数百年を待たねばならなかったのである。[38]

一二八〇年代に高麗の僧・一然（일연《イリョン》）が撰述した『三国遺事』などには、前述の〈郷歌《きょうか》〉（향가《ヒャンガ》）と呼ばれる韻文テクストが記されている。これを書き表しているのは、漢字を借りて朝鮮語を表記する借字表記法の一種〈郷札〉（향찰《ヒャンチャル》）である。郷歌は僅かに二六首が残存するだけであって、その表記法の全体像はもちろん、原理さえも正確に判っているとは言えない。

一方、奈良時代末期、八世紀後半ごろまでに成立したとされる、日本の歌集『万葉集』全二〇巻には四五〇〇首が伝わる。こちらもまた朝鮮語圏における借字表記法のように、漢字を借りて日本語を表す文字表記が用いられた。その表記は〈万葉仮名〉と呼ばれている。郷札と違って、万葉仮名の基本は概ね解読されていると言ってよい。

郷札と万葉仮名のこの解読様相の違いは、何よりもそれらの文字がどれだけ用いられ、後代にどれだけ残ったかによるものである。万葉仮名の膨大なテクストは、契沖《けいちゅう》（1640–1701）、賀茂真淵《かものまぶち》（1697–1769）、本居宣長《もとおりのりなが》（1730–1801）など、近世の日本の国学者たちによる万葉仮名研究をも可能にした。国学者たちの研究は、過去としての万葉仮名に留まらず、漢字音の仮名表記、字音仮名遣いを経て、同時代の日本語を表記する、仮名遣い全般に及ぶこととなるのであった。

要するに、文字は創られただけでは、未だ文字として十全たる機能を見せない。どうしても用いられねばならない。伝えられねばならない。そして文字が伝えられるかどうかは、伝えるための営みと、用いられた量と、時には残酷でさえある、歴史という濾過装置による。伝えるためには、石碑や写本や刊本といった、文字を支える身体が、決定的な役を果たす。破棄、破壊、副葬、戦乱、火災、風雨、洪水、そして紙魚《しみ》さえもが文字の身体を蝕《むしば》む。

前述のように、西夏（1038-1227）は、チンギス・ハンに滅ぼされた。伊藤悠《いとうゆう》の漫画『シュトヘル』は、滅びゆく西夏にあって、玉に西夏文字を刻した字書「玉音同」というイコンを、襲い来る大モンゴルのチンギス・ハンから守り、運びゆく者たちの物語である。西夏の大図書館も失われた。唯一残るものが字書・玉音同である。ハンは地上の全ての西夏文字を滅ぼさんとする。ハンの背には、幼き日に焼き入れられた「西夏の奴隷」という西夏文字が、うずきと共に背負われている。ゆえにハンは、たった一文字の西夏文字であっても、自らの帝国にその存在を許すことはできない。玉を身体とする〈書かれたことば〉は、民族の栄光を語り、帝王たる玉＝生身の人の背を身体とする〈書かれたことば〉は、個の屈辱を語る。〈書かれたことば〉を目にしたくなければ、文字を滅ぼせばよく、文字を滅ぼさんとするなら、文字を支える身体を滅ぼせばよい。それが自分自身の身体でない限り。

文字がその地で〈書かれたことば〉となるためには、用いられ、伝えられねばならない。〈教育〉、リテラシーという大きな課題が次に待っている。ヨーロッパにおける思想は、イヴァン・イリイチ（Ivan Illich, 1926-2002）のイリイチ（1991, 1995）、イリイチ他（1991; 2008）などを手がかりに見てゆかねばならない。書物史などから読書史といった視角も必要となってくる。ロジェ・シャルティエ、グリエルモ・カヴァッツロ編（2000）などが教えてくれる読書史とは、ものとしての書物の歴史ではなく、事件の歴史でもなく、まさに多様なる〈言語場の歴史〉でもある。リテラシーや読書史は日本語圏でも朝鮮語圏でも多くの研究が形になっている。この課題を追うと、本書の主題を離れ、さらに言語外的な事態を見てゆくことになる。言語外的な事態が主となるこうした課題は、ここまでに留めよう。

⑨ 一文字、単語から、文へ、テクストへ——何を書くのか

文字が〈書かれたことば〉として十全に機能していくための言語外的な条件は、かくのごときものであった。言語存在論的な関心からは、今一つ、言語内的な条件を見なければならない。

言語音を形象化した文字は、まず〈単語〉(word)を書くであろう。なぜなら、〈話されたことば〉においてそれが意味を実現し得る現実的な最小単位は、単語であるから。換言すれば、〈話されたことば〉が言語場において実現する現実的な最小単位が、単語だからである。『訓民正音』解例本に見える正音で書かれた用例は、ほとんどが「土」とか「蛍」とか「柿」、「服」などを表す単語、それもほとんどは名詞であった。「狐の皮」などの複合語や「我愛人」と「人愛我」の違いを表す「愛す」「愛される」という動詞、「孔子が魯の人」などという文が僅かに見える。正音が世に現れたとき、そのほとんどの用例は単語の形だったのである。地中海に現れた文字によって書かれたのも、最初は多く、単語であった。商用にも多用された〈書かれたことば〉にあっては、リストのような形式のものが少なくなかった。

〈書かれたことば〉が自由に実現するためには、文字は〈単語〉であることを超えて、〈文〉(sentence)へと成長せねばならず、さらに複数の文を有機的な全一体とする、大きな〈テクスト〉(text)へと飛躍せねばならない。そして決定的に重要なことは、単語を機械的に並べれば文ができあがるわけでもなく、文《センテンス》を並べれば大きな文章《テクスト》ができあがるわけでもない、ということにある。この点は、現代の言語学でさえ、ともすれば見誤りがちである。文とは、単語の単純な連結体なのではなく、単語の連結以上のものであり、テクストとはさらに文の単純な連結体以上のものである。単語と単語の連結体とは、単語と単語の和以上のものである。文には文法があり、文体があり、テクストにも文法があり、文体がある。——なお、文が文法の最大単位であると考える、既存の多くの文法論や言語哲学の限界については、第5章において述べる。ここでは、テクストは文の単なる結合体に留まらないというほどの、確認だけ

をしておこう。

そして〈訓民正音〉の誕生にあって、文や文章《テクスト》としての〈書かれたことば〉は、未だ嘗て誰も見たことがないものであった。それら全ては〈書かれたことば〉が実現する、言語場に置かれる。言語場における〈書かれたことば〉としての文法から文体に至る、ありとあらゆる細部に至るまで、一切を新たに創り出さねばならない。〈書かれたことば〉としての文を創出せねばならず、テクストを創出せねばならない。文字が単語であることを超えて、文やテクストへと飛躍するのは、商品が貨幣となるような、〈命がけの飛躍〉（伊 salto mortale／羅 saltus mortalis）である。

⑩〈言文一致〉――〈話されたことば〉を装う〈書かれたことば〉

日本語の〈書かれたことば〉の歴史にあって、長谷川二葉亭《はせがわふたばてい》（二葉亭四迷《しめい》, 1864–1909）らを先駆とする、明治期、一九世紀末のいわゆる〈言文一致〉という出来事に目をやって、一つ確認しておくのも良い。〈言文一致〉は文語体で書かれた既存の小説を、口語体で書くことだとされる。それは全く新たな文体の創出であった。言語存在論的な思考にとって、次のことは鮮明にしておかねばならない。

〈言文一致〉とは、〈話すように書く〉ことを意味しない。言語の表現様式において〈話しているかのような文体を装って書く〉ということに他ならない。そうしてできた〈書かれたことば〉の文体を「口語体」と呼んでいるのであって、それは〈話されたことば〉なのではない。〈話されたことば〉を単純に文字に置き換えて〈書かれたことば〉を創ったのではない。そんな生易しい営みではなかった。小説などの「口語体」とは、どこまでも〈書かれたことば〉における文体の一つのありかたである。言語の存在様式の決定的な違いに規定されて、人は絶対に話すようには書かないし、話すのと同じようには、書けない。〈書かれたことば〉における文体は〈書かれたことば〉の内部で言語の表現様式として新たに創り出さねばならないのである。それが〈言文一致〉の苦闘であった。

⑪〈諺解〉という〈翻訳〉の戦略

日本語圏におけるこうした〈言文一致〉という営みを文字との関わりにおいて見ると、文字はどこまでも所与であった。文字は既に日常の中に存在していた。日本語の〈書かれたことば〉は、文語体という文体ではあっても、どこまでも所与であった。日本語におけるそうした〈書かれたことば〉の経験は一〇〇〇年に及んでいた。文字はことばを知っていた。〈言文一致〉とは、そうした条件下における、〈書かれたことば〉内部の、文体の変革であった。

正音にあって事情は全く違う。文字は生まれたばかりであった。ことばを知らぬ乳飲み子であった。朝鮮語の〈書かれたことば〉は所与ではなかった。未だ嘗て誰も見たことがなかった。文字は未だことばを話せない。念のために言うが、これはもちろん比喩である。

『訓民正音』という書物によって誕生した文字〈訓民正音〉を用いて〈書かれたことば〉が、新たなるエクリチュールとして成立するためには、〈言文一致〉といった営みでは想像もつかない、巨大な課題が存在する——〈一切を始めから創り出す〉という課題である。

漢字漢文によるエクリチュールを、正音によるエクリチュールで表すこと、即ち膨大な〈諺解〉の創出は、世宗を領袖とする正音革命派の戦略として定められた。まず諺解という営みが戦略の基軸の一つに据えられたのであった。

漢文で書かれた『訓民正音』解例本を、〈訓民正音〉を用いて朝鮮語のエクリチュールに翻訳すること。前述のごとく、そうして創られた『訓民正音』諺解本こそ、単語のレベルではない、〈文《センテンス》〉や〈文章《テクスト》〉としての書かれた朝鮮語を形成してゆく〈諺解〉という様式の嚆矢《こうし》となる。

正音という文字システムによって〈およそ漢字漢文が書いているものは全て書く〉という実践は、文字システムとしての正音の実践的な検証となる。はたして正音は書けるのか？　漢字のような文字たり得るのか？　諺解という営みを積み重ねることは、漢文と朝鮮語との、謂わば一五世紀的な対照言語学的思考の中でこうした問いに実践的に答えきる営みとなる。漢字漢文が書けるのに、正音が書けなければ、それは文字システムとしては未熟、ないしは使い物にならないものだからである。

正音は書いた。単語を超え、文《センテンス》を超え、文章《テクスト》を書いた。あるいは儒学の書を試み、あるいは仏教書に分け入った。道教にも遊ぶ。辞書を編み、実用の書物も物《もの》し、文学も紡ぎ出した。その後も諺解は様々なテクストに及んでゆく。言語場の経験は蓄積されてゆく。

正音のこうした事情は、長谷川二葉亭らがロシア語など欧米の言語の翻訳の中から日本語の新たな文体を創出したことと、重ねて見るとよいだろう。エクリチュールのありかたの決定的な違いは、二葉亭らにとって、創出すべき文体を背負う文字が、既に与えられていたのに対し、世宗たちは創出すべき文体を背負う文字の使いようを、文体ごと新たに創り出したということにある。ラテン語からイタリア語やフランス語やドイツ語といった民族語のエクリチュールの創出にあっても、前述のごとく、文字はラテン文字として所与のものであった。

ユーラシアの西に民族語のエクリチュールと文字の創出を同時に見る例としては、例えばカフカス（コーカサス）のグルジア文字（グルジア語 kartuli anbani/ 露 грузинское письмо / the Georgian scripts）を挙げることができるであろう。カフカス山脈は五〇以上ともいう多くの言語が密集していることから、「言語の山」と呼ばれる。古代ギリシアの歴史家ヘロドトスや地理学者ストラボンをはじめ、中世アラビアやペルシャの地理学者たちもカフカスの言語の多さに驚嘆しているほどである（Климов《クリーモフ》（1965: 3-5））。グルジア文字はそうした多言語性のうちに現れた文字であった。現存最古のグルジア文字のエクリチュールは、五世紀と言われる、パレスチナの碑文である。グルジアでは四世紀初め頃にキリスト教が国教となっており、ギリシア語聖書の民族語への翻訳が、グルジア文字の誕生に関わっていたであろうことも、想像される。しかしこうした貴重なグルジア文字の誕生についても、他の多くの文字と同様、『訓民正音』に見えるような、文字誕生の精密なありようは、惜しいことに、書かれて残されていない(39)。この点でやはり正音は特異である。

翻訳という営みが〈書かれたことば〉を創り出す営みであったことは、日本語の世界にも、ラテン語の世界にも、そして様々な〈書かれたことば〉の誕生と生成の現場に見て取れる。世宗たちはそれを、自らが目的意識的に創り出した文字によって、形にしていった。

⑫ 漢字漢文を従属せしめる〈正音エクリチュール〉

正音は〈およそ漢字漢文が書いているものは全て書く〉ことから、さらに〈漢字漢文が書けないものも書く〉ことへと突き進む。こうした戦略が文字創製にあたって周到に準備されていたことが窺える。朝鮮王朝建国の頌歌《しょうか》である『龍《りゅう》飛《ひ》御《ぎょ》天《てん》歌《か》』(용비어천가《ヨンビオチョンガ》)(1447)にも、そうした戦略が見て取れる。それは『訓民正音』が公にされたすぐ翌年に、書物の形で刊行されたのであった。

諺解エクリチュールがどこまでも漢字漢文を主とし、それに朝鮮語の翻訳を正音で書いてゆく形式であったのに対し、『龍飛御天歌』においては朝鮮語が主となり、漢字漢文で訳注を付すという形式が採られた。大中華のエクリチュールを従え、朝鮮語の正音エクリチュールが主となって屹立する、朝鮮エクリチュール史上、驚愕の構図が実践されるのであった。言うまでもなく、朱子学を持ち出さずとも、そうした構図それ自体が、大中華にとっては不遜のエクリチュールである。

ところでエクリチュールを考えるには、第4節(1)で見た、固有語、漢字語、外来語という語種に注目しておくのがよい。いろいろ面白いことがわかる。例えば西欧諸語でも、単語の出自によって、綴りに一定の特徴が顕れることは、いくらでもある。英語で communication の -tion や union などの、-ion という接尾辞がラテン語起源であるとか、ドイツ語でThema（主題）やMethode（方法）のようにthの綴りがあれば、hは黙字（silent）で、ギリシア語起源の単語であるといった具合に。

一つの文字体系だけを使用するアルファベットのエクリチュールでは、大文字と小文字を利用し、例えば固有名詞を大文字で書き始めるといったことくらいは可能である。こうしたことに留まらず、日本語や朝鮮語のように〈平仮名+片仮名+漢字〉、〈ハングル+漢字〉のように複数の文字体系を使用するエクリチュールにあっては、単語の起源=語種を文字体系そのものによって書き分けるかどうかという、更なる選択肢が生まれる。

『龍飛御天歌』は、朝鮮語の固有語を正音で表記し、漢字語を漢字で表記する原則で書かれた。つまり正音と漢字で、固有語と漢字語という語種を書き分けているのである。そうした同書にあって、第二章には、漢字を一文字も含まない文が立ち現れる：

불휘기픈남ᄀᆞᆫ。ᄇᆞᄅᆞ매아니뮐ᄊᆡ。곶됴코。여름하ᄂᆞ니
ᄉᆡ미기픈므른。ᄀᆞᄆᆞ래아니그츨ᄊᆡ。내히이러。바ᄅᆞ래가ᄂᆞ니

ね ふかき きは、かぜに あゆく こと なく、はな うるはしく、み ゆたけし。
いづみ ふかき みづは、まひてりにも、たゆる こと なく、かはと なりて、うみへと そそぐ。

漢字を含まない文とは、当該のテクストを形造る全ての単語が、朝鮮語の固有語だけからなっていることを、文字という身体自身がありありと示すものであった。日本語で言えば、右の拙訳に試みたように、全てを仮名で書き、書かれたものは漢語を一切含まず、全ての単語が和語である、そういうありようである。『龍飛御天歌』によって、未だ嘗てこの地上で誰も見たことがない、語彙と文法の全てが母語たる朝鮮語であり、なおかつそれらの身体と意匠の全てが自らの正音であるエクリチュールが、ここに出現するのである。正音は子音、母音といった〈音素〉の連なりや構造を示すのみならず、傍点によってプロソディ＝音の高低までをも刻印する。傍点によって描き出される音の高低の連なりは、王朝の誕生を寿ぐ、謂わば頌歌の旋律である。かくして母語は〈知〉となり、書かれた〈歌〉となった。

漢字を借りた借字表記法では、漢字が朝鮮語を間違いなく指し示してくれるわけではない。いつもそこには多かれ少なかれ、〈解読〉といった営みがつきまとう。正音は違った。〈正音〉は母語の〈音〉そのものを〈正しく〉響かし得るシステム、まさに〈正しき音《おん》〉〈正《せい》なる音《おん》〉だったからである。こうして〈書かれたことばとしての朝鮮語の文体を創出する〉といった、全く新しい地平が切り拓かれてゆくのである。

時代が下れば、正音は時調（시조《シジョ》）と呼ばれる詩を書き、パンソリ（판소리《パンソリ》）と呼ばれる詠唱を書いた。正音による小説が書かれ、正音による書簡が交わされた。

⑬ 漢字漢文、そして中国語と、正音エクリチュール

では漢字にはいかに対するのか？ 世宗の戦略には一方で漢字の韻書を編むことが据えられていた。漢字音を正音で表した韻書『東国正韻《とうごくせいいん》』（동국정운《トングクチョンウン》）（1448）全六巻が、〈訓民正音〉の公にされた二年後には、刊行されている。まさに正音革命派自身の手によって編まれた書であった。このことを見てもわかるように、正音を創る思想は、単に文字を創ったのではない。文字の平面のみならず、言語の平面をも射程に入れ、なおかつ漢字と漢文というエクリチュールをも自らの思想のうちに取り込み、〈話されたことば〉と〈書かれたことば〉の総体を思想の領野に位置づけようとしているのである。

中国語圏において大きな韻書はしばしば編まれてきた。しかしながらそのいかなる韻書も、例えばローマ字を用いて漢字の音を示すような、漢字の音を直接示すデバイスを、中国近代を見るまで、ついぞ持ち得なかった。朝鮮に出現した『東国正韻』にあっては、漢字音は音の高低、声調に至るまで、正音によって一切の誤読を許さぬ形で、文字通り直接示されることとなったのである。この漢字の字音はこうであると、正音によって。

『訓民正音』諺解本では朝鮮語のみならず、歯頭音、正歯音と呼ばれる、朝鮮語にはない歯音の一種、反り舌音の一種である中国語音を表す字母までが、用意された。歯頭音を表す字母ᅎ、ᅔ、ᅏ、ᄼ、ᄽ、正歯音を表す字母ᅐ、ᅕ、ᅑ、ᄾ、ᄿがこれである。朝鮮語化された漢字音だけでなく、謂わば外国語としての中国語の音までをも表そうと、企てていたことがわかる。

ここまで見てきたように、諺解＝翻訳のエクリチュール、朝鮮語のエクリチュール、そして漢字音の韻書という相異なった営みが、正音をめぐる大きな総戦略の中に位置づけられていたことを、今一度確認しよう。人々が自然発生的に正音を用いるようになる前に、正音革命派はこれらの営みを明らかなる戦略として、極めて短い年月の間に、目的意識的に行っていた。つまりこの人々は、この地に新たなる〈書かれたことば〉が実現するためには、何をいかになさねばならないかを、ぎりぎりと考え抜いていたし、そして、答えを実践したのである。こうした知の戦略とそこから繰り広げられる事態、繰り返すが、これはヨーロッパの言語圏では見切ることができず、日本語圏からも見えない。

〈話されたことば〉から〈書かれたことば〉が生まれるその揺籃の時に、文字を創製した知は、既に内なる言語に血肉化しつつあった漢字漢文を見据え、そして同時代に外からやって来る言語である中国語にまで視線を投じながら、中原《ちゅうげん》に生まれたエクリチュールと対峙し、あるいはこれを取り込み、あるいはこれを参照しながら、目的意識的に〈正音エクリチュール言語場〉の経験値を蓄積してゆく。漢字漢文そして中国語は、正音にとっての重要な参照枠でもあったが、それは新たなエクリチュールへ飛翔するための、巨大な跳躍台でもあった。

⑭　革命は書かれねばならない

こうした経験値の蓄積こそ、朝鮮半島一〇〇〇年を貫く、漢字漢文エクリチュールに対する、正音エクリチュール革命の遂行そのものであった。エクリチュールは変革され、〈知〉のありようは革命的な変容を見せる。ありとあらゆる朝鮮語が、母語が〈知〉を作り上げることとなった。

エクリチュールの成立は文字の成立をもって完成するのではない。文字の成立をもって、まさに始まるのである。そしてエクリチュールの革命は、一文字一文字が〈書かれたことば〉として刻印されることで遂行されてゆく。革命は書かれなければならない。正音の誕生と発展は、〈知〉の意匠たる文字共々変革し、母語を〈知〉の中に組み込む、〈知の革命〉であった。

⑮　漢字漢文原理主義と正音エクリチュール革命——言語を超えて

〈話されたことば〉としての朝鮮語は、一五世紀朝鮮王朝の知を結集して、目的意識的に〈書かれたことば〉を作り上げてきた。そして私たちにとってのさらなる朗報は、そうした思想のみならず、その後の事態、その後の営みが文字通り克明に〈書かれたことば〉として記されていたということにある。

漢字漢文エクリチュールで書かれた王朝の正史、『朝鮮王朝実録』（조선왕조실록《チョソンワンジョシルロク》）は、正音の思想、そして正音に抗する思想をも、精細に記録している。例えば、崔萬理（최만리《チェ・マルリ》）ら士大夫＝知識人たちは正音の公布に命がけで抗った。漢字漢文の知を守らんとする〈漢字漢文原理主義〉とも言うべきその思想は、朝鮮半島一〇〇〇年の知を背負う、文字通り正統なる知の本流であった。世宗たち正音革命派こそ、永き知への反逆であり、異端であった。

崔萬理たちの思想は、漢字一一七五字からなる世宗への上疏文《じょうそぶん》に、漢文で鮮明に記されている。曰く、用音合字、尽反於古。音《おん》を用《もち》ゐて字を合《あ》はす——即ち、言語音を用いて、文字を組み上げるなど、尽《ことごと》く古《いにしへ》に反す、一切が古《いにしへ》の知にそぐわぬものであると。あり得ぬものであると。子音、母音、子音、高低アクセントという四分法の本質を〈用音合字〉という僅か四文字で見て取る、漢字漢文原理主義に立つ、崔萬理等の知の鑑識眼を私たちは知る。そして上疏文に対し、異端の帝王たる世宗その人が、真っ先に挙論したのも、まさにこの〈用音合字〉の思想についてであったことを、私たちは知る。

漢字漢文原理主義が〈事大慕華〉、大なるに事《つか》え、中華を慕うべき欣求《ごんぐ》の念、懇切であれば、正音革命派のイデオローグ、鄭麟趾（정인지《チョン・インジ》）は、天地自然之《の》声有れば、即ち必ず天地自然之《の》文有りと、天地自然を高らかに歌い理論武装していたことを、私たちは知る。鄭麟趾は言う、漢字を借りて用いても、あるときはことばに困り、あるときはことばに詰まる。言語の間に至りては、即ち其の万一に達する能はず——〈話されたことば〉を見よ、それらを漢字では万に一つも書き表せないのだと。思想闘争は、言語論から思想論、政治論、外交論、教育論に及ぶ。私たちは、文字の思想を知り、文字は権力を支える装置であり、権力の意匠であることも、知る。

王宮におけるこうした思想闘争によって、文字というものが人の世に生まれ来るときに、一体何が起こり得るのか、知にとって文字とは何か、〈話されたことば〉とは何であり、〈書かれたことば〉とは何であるのかを、私たちは知る。

正音の誕生と発展の歴史的な営みに分け入ることは、単に一つの言語圏における過去の出来事として観察し得るに留まらない。〈話されたことば〉と〈書かれたことば〉をめぐる言語存在論的な問いに向い合う、いま・ここの私たちに、一言語を超えた、リアルな豊穣を与えてくれるのである。朝鮮語のエクリチュールの歴史は、言語にとって、〈普遍〉への手がかりを照らし出してくれる、稀有なる歴史である。[40]

第3章 音が意味と〈なる〉とき、光が意味と〈なる〉とき

1 言語に係わる意味

本章では言語音と〈意味〉、文字と〈意味〉、そしてことばと〈意味〉といったことを考える。ここで扱う〈意味〉とは、どこまでもことばに即した意味、言語を直接的な媒介とした意味を言う。「ことばがなくても意味はわかる」とか、「チャイムが鳴ったら授業開始の意味だ」とか、「生きる意味」「芸術の意味」「存在の意味」「部族社会の構造の意味」とか、「その壁の崩壊はマルクス主義の終焉を意味する」とか、「世界は意味に満ちている」とか、「ファルスの意味作用」だとか、「スイングしなけりゃ意味はない」「意味がなければスイングはない」といったような、非言語的な意味は扱わない。謂わば〈言語と直接接している意味〉を扱うのである。ここでもまた、言語に即した〈意味〉と、そうでない「意味」をまずきちんと区別してかかるという、手続き上の厳密な態度が求められる。

なお、言語と直接接していない「意味」と言うが、それらも結局は全て言語で語られるのではないのか、という疑問が残るかもしれない。それもまた面白い疑問である。そこには、いわゆる言語外的な世界を言語によって〈命名す

る〉という問題が立ち現れる。そうした問題をめぐる〈命名論〉については後に、第7章で触れることにする。

2 〈書かれたことば〉が意味となるとき

(1) 死語はいかにして言語たり得るか

言語が音として生まれ、文字は後に生まれるという、こうした原則を考えるとき、話し手の消滅した死語（dead language）というものの存在が、言語存在論にとってなかなかに深い意味を有することがわかる。アナトリアのヒッタイト帝国、現在のトルコで話されていたと思われるヒッタイト（Hittite）語、イタリア半島で話されたエトルリア（Etruscan）語、現在の中華人民共和国新疆ウイグル自治区あたりにあったトカラ（Tocharian）語といった、様々な死語の存在を私たちは知っている。死に絶えた言語が、言語であることは、いかにして知り得るのか。

我々は文字によって死語の存在を知る。ヒッタイト楔形《くさびがた》文字（Hittite cuneiform）はヒッタイト語を書き、ラテン文字にも影響を与えたアルファベット、エトルリア文字がエトルリア語を書き、インド系の音節文字であるブラーフミー文字（Brāhmi script）が、トカラ語を書いた。死語が何らかの文字によって書かれているとき、それは解読者の前でのみ、言語として立ち現れる。要するに、文字は、それにことばを重ねることができたとき、〈書かれたことば〉となるのである。重ねられることばが、生きている言語ではないと判断されたとき、それは死語と呼ばれる。そうした判断も、〈話されたことば〉の失われた音を求めるのも、言語学者の仕事である。

(2) 文字として全うする文字

文字として書かれたものは、読まれなければ、それが言語の形象化されたものであるとは、ついぞ認識されない。

何かに刻まれた跡が、文字として立ち現れるためには、そこに読み手が存在していなければならない。粘土板《ねんどばん》に刻まれようが、石に彫られようが、それが文字として実現するためには、どうしても読み手という人間が存在しなければならない。このことは、次のように言い換えることもできる：

文字は読み手があって初めて、文字として全《まっと》うする

何かが刻された粘土板は、それを読む人間が存在しない限り、文字として実現しない。永遠に〈刻まれた跡〉でしかない。書物を始めとするあらゆるテクストも同様である。甲骨への印《しるし》付け、石の刻まれた窪み、墨の痕跡、印刷インクの染み、ディスプレイに現れる光、これらが文字として立ち現れる瞬間とは、人がその前でそれらを読む瞬間に他ならない。〈形〉が全《まった》き文字となるためには、人間の現前《げんぜん》（presence）が必要なのである。念のために言うが、ここで早々と、デリダの語る「エクリチュールの非‐現前性」などを持ち出さなくてもよい。文字が人を呼び止めるのではなく、人が文字を読むのだというほどに、素直に受け入れていただいて構わない。

(3) 文字が意味とならないとき

ここで、いま一つ面白いことがある。人が文字に出会うとき、それが文字であろうということは判るのに、いかなる意味かが、解らないときがある。ローマ字で書かれたスペイン語に遭遇した時、スペイン語を知らぬ人は、ローマ字という文字を知っていても、その意味は解らないだろう。もっと正確に言うと、そこに意味は実現しない。それが文字であろうことは判るのに、意味として実現しないのである。楔形《くさびがた》文字（cuneiform）を初めて見た人は、それが文字であろうと推測ができたとしても、やはりそこに意味は実現しない：

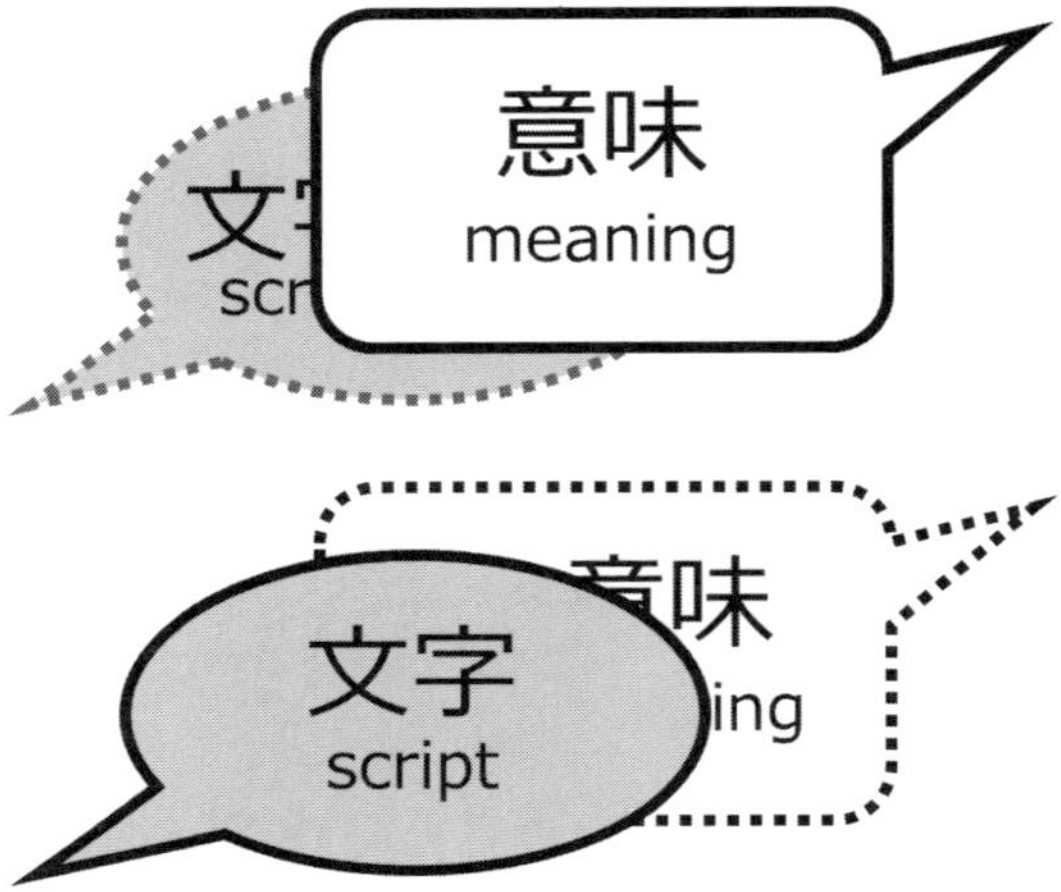

図13　意味が実現している間は、文字は後ろへと退き
意味が実現しなくなると、文字が前面へと立ち現れる

それが文字であろうことはわかっても、意味が実現しない
ことがある

こうした瞬間とは、実はそれは本来的な意味で、文字としては実現していない、文字であるのに、文字ではない瞬間である。そうした瞬間にあって、文字の前で当惑する人を、傍《かたわら》から客観的に見る観察者の目には、こう映《うつ》るであろう：

文字が意味として実現していないとき

さらにこうした面白いことに気づくだろう。意味が実現しないとき、人は文字というもの、文字そのものを見ることになる。

電車の中で夢中になって推理小説を読む。我々は文字を読んでいるのか？　確かに「読んで」いる。しかしそこで〈文字〉といったものは意識されない。我々は文字を読むというより、〈意味を読む〉のである。より正確に言うなら、そこに既に厳《げん》として存在する意味を〈読み取る〉のではなく、我々自らが意味を籥いでいる。繰り返すが、出来合いの意味を読み取るのではなく、我々自らが意味を籥いでいるのである――我々自らが意味を□いでいる？　そう、もちろんこれは意識的な誤字である。ちなみに白川静の『字通』によれば、「籥」の音は「やく」、笛の一種や習字用の手習い札の意という。まさに今体験したように、意味が実現している間は、文字は後ろへと退いている。そして意味が実現しなくなった途端、文字が前面に立ち現れる（図13）。「籥いでいる」は何と読むのだろう、この文字の音は何だろう、竹冠があるから、形からすると――このように、意味が実現しなくなるやいなや、人は文字そのものについての思考を巡らせ始めるのである。

(4) 我々が意味を紡ぐ

我々は文字を読まない、意味を読む。文字を手掛かりに、意味の方を読む。というより、〈意味を紡《つむ》ぐ〉、〈意味を造形する〉のである‥

文字に意味が存在しているのではなく、我々が意味を紡ぐ

読み手が意味を紡《つむ》いでいる。そのことは観察者から見れば、こう言うことができるであろう‥

文字は意味を持たない。意味となるのである[41]

文字に確固たる不変の意味が予め存在し、それを読み手が読むのではない。ここでは、文字が、あるいは文字列が意味を持っていて、それを読み手が読むといった構図は存在しない。「籥いでいる」を何と読んだか、いかなる意味を紡ぎ出したか、あるいは意味を紡ぎ出し得なかったか、それは読み手が決めるのであって、文字がではない。意味は読み手のうちで実現する。同じことを〈書かれたことば〉に注目し、こう言うことができる‥

〈書かれたことば〉は意味を持たない。意味となるのである

こんなあたりまえのことが、言語学では当然のこととされてはこなかった。そのことは数多ある言語学の教科書を見ればわかる。既存の言語学の多くの教科書にはことばは意味（meaning）を運ぶ（convey）ものであると、そう書いてあることだろう。そしてその前後にはおそらく「コミュニケーション」ということばが金科玉条のように据えてあることであろう。謂わばコミュニケーション主義言語論、伝達主義言語論、そして後に触れる、言語道具観の典型的なシェーマである。

ことばが、あるいはここでは文字が、意味を運ぶ、あるいは意味を伝えるという具合に、まるでキャッチボールのように受け取ったとしたら、それは大いなる誤解である。そこでやりとりされるものは、ボールのような、投げ手と受け手にとって同じ対象なのではない。やりとりされるのは、文字、より正確には、文字として実現し得るインクの濃淡や墨跡や光であって、意味ではない。幸運に恵まれれば、文字として実現し得る、そうしたゲシュタルト＝かたちである。文字は意味となるものであって、ついぞ意味を有しない。意味を有さないのに、意味を持っているように見える存在、それが文字である。意味を有さないのに、意味を実現し得るゲシュタルト、それが文字である：

文字とは、意味を有さず、言語的な意味を実現し得るゲシュタルト《かたち》である

先に述べたように、ここで言う〈意味〉とは、どこまでも言語に即した意味なのであった。確認されたい。

今一つ重要なことを確認しよう。文字は固定された意味を蔵《ぞう》するのではない。暗号のように、意味が文字にエンコード（encode）されて、それを読み手がデコード（decode）するわけではない。どこまでも文字を手掛かりに、読み手

が意味を紡ぎ出すのである。ヤコブソン（1984: 101-116）が語るような素朴な情報理論は、言語存在論の前では役に立たない。[42] このことは後にもさらに詳しく述べるであろう。

プラトンの『パイドロス』（Φαῖδρος / Phaedrus）に現れる、発明の神テウト（Theuth）が文字を発明した物語には、文字が意味を有するのではないということが、象徴的に描かれている。算術と計算、幾何学と天文学、さらに将棋と双六《すごろく》まで発明したテウトは、エジプトに君臨していた神々の王タムス（Thamus）のもとへ赴《おもむ》いて言った。「王様、この文字というものを学べば、エジプト人たちの知恵はたかまり、もの覚えはよくなるでしょう。私の発見したのは、記憶と知恵の秘訣なのですから。」しかし、タムスは言う。「あなたが発明したのは、記憶の秘訣ではなく、想起の秘訣なのだ。」[43] Derrida（1967: 38）、デリダ（1972: 56）は「忘却の力」でもあると言う。諸家に繰り返し言及されるこの逸話が、ここでの議論にとって重要なのは、文字に記憶や知恵が盛られているのではないという点である。文字は記憶の秘訣とはならない。文字は意味を持たない。文字が何ものかを語るのは、ただただ人が想起するときだけである。〈書かれたことば〉の身体たる文字は、意味を持たず、人にあって意味となる。そしてさらに重要なことに、実は〈話されたことば〉の身体たる言語音も、また同様なのである。

3 〈話されたことば〉が意味となるとき

(1) 聞き手が存在せねばならない

さて、今、〈書かれたことば〉について見た。〈話されたことば〉についても同じことが言える。〈話されたことば〉は言語音によって形象化される。それが意味となるためには、聞き手が存在しなければならない：

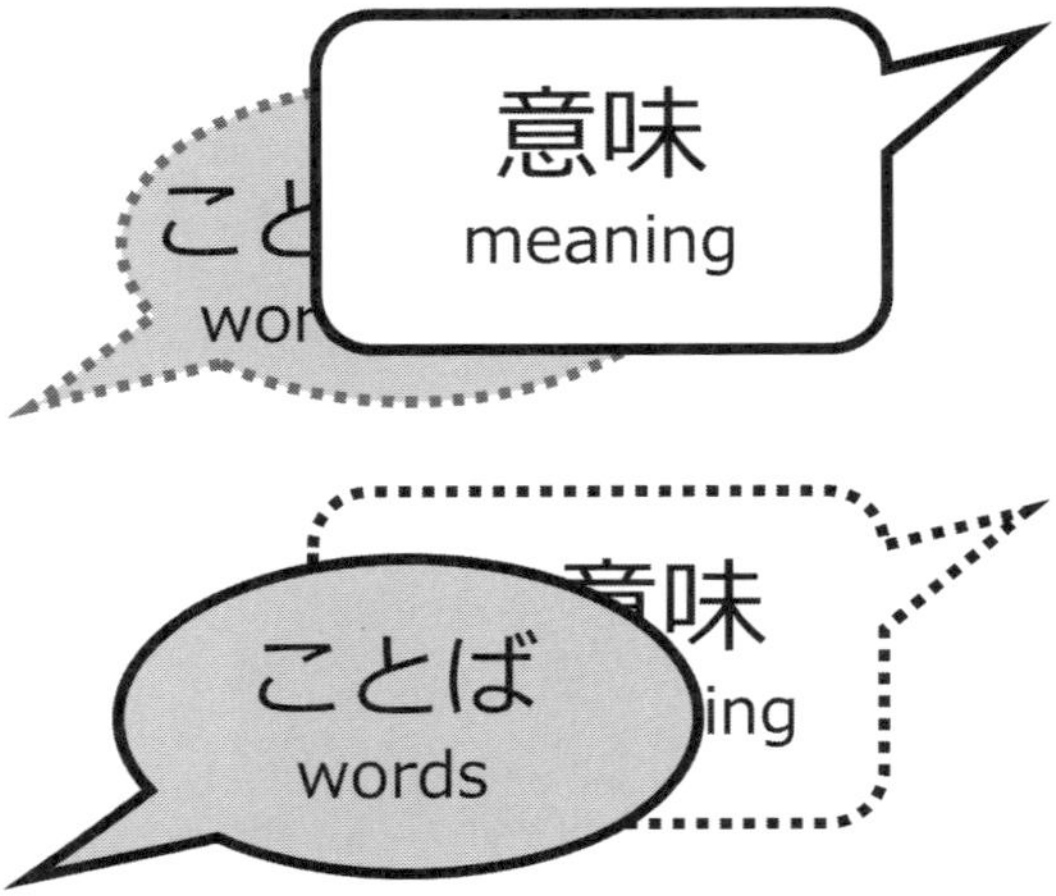

図14　意味が実現している間は，ことばは後ろへと退き　意味が実現しなくなると，ことばそのものが前面へと立ち現れる

〈話されたことば〉が意味となるためには、聞き手が存在しなければならない

少なからぬ言語論では、話し手がことばを放って終わってしまう。しかし音声として実現されたことばが、意味たり得るためには、聞き手が存在しなければならない。聞き手のないところでは、音声は永遠に音声のままである、いやその音声もすぐに失われてしまうであろう。意味は聞き手の中で実現するものだからである。

(2) 〈話されたことば〉が意味とならないとき

日本語母語話者同士が二人で話している。一方が他方に語っているのを、他方が時々頷きながら、興味深く聞いている。その話し手が突然、聞き手がこれまで聞いたことのない奇妙な言語音らしきもので語ったとしよう。このとき、聞き手にあっては、それまで実現していたようには、意味が実現しなくなる。こうした途端に聞き手は、あ、これは何ということばだろう、どこのことばだろう、そもそもことばなのか——意味が実現している間は、ことばは後ろへと退いていて、こうして意味が実現しなくなるや、人は音そのもの、ことばそのものを見る（図14）。

ことばと意味のこうした関係を今一度整理しよう。

第一に、意味が実現するためには、聞き手が存在しなければならないこと。
第二に、ことばは意味そのものではないということ。
第三に、意味が実現している間は、ことばは概ね意味の背後に隠れていること。
第四に、意味が実現しなくなると、ことばが前面に立ち現れること。

(3) ことばは意味そのものではない

第二の、〈ことばは意味そのものではない〉とは、換言すれば、聞き手にとって、少なくともことばとは意味と等価のものではないということである。ことばが意味そのものであれば、ことばが意味として実現しないことがあり得ること自体が、不自然である。ことばは意味そのものではないがゆえに、ことばを前にして人はしばしば意味の実現を見ずに、当惑するのである。

この点で、ことばが意味の乗り物のようなものだという考えは、魅力的に見えるかもしれない。別の言い方をすると、これは「ことばは意味を乗せている」「ことばは意味を持っている」という考えに他ならない。すると、なぜ乗り物だけが意味を乗せずに走り得るかの説明は、難しい。意味を乗せるのがことばであれば、意味を持っているのがことばであれば、意味は常に実現しなければならない。「ことばが意味を持つ」という考えでは、なぜ意味が実現するときに、乗り物が見えないのかを説明するのも、やはり難しい。ここでもやはり、次のような事態が起こっていると見ることができる：

ことばは意味を持たない。それは意味と〈なる〉のである

4　ことばは、意味となったり、ならなかったりする

(1)〈意味となる〉から、〈意味とならない〉まで

要するに、発せられたことばは、あるときは意味となったり、あるときは意味となり損ねたりするのである。このことは私たちが日常的に体験することでもある。私たちは、言語学や言語哲学が意味について語るとき、重要な前提となる事実をしばしば飛び越えていることに、思いを寄せねばならない。それも次のような決定的な前提をである：

> ことばは通じたり、通じなかったり、また曖昧に通じたり、通じているのかどうかさえ、当事者にもわからなかったりする

意味について語る言語学や言語哲学を繙《ひもと》いてみよう。言語学の教科書を見ればわかる。言語学の教科書には「言語は意味（meaning）を運ぶ（convey）ものである」と、書いてあることだろうことを、先に述べた。「言語が意味を運ぶ」と言えるとしても、それは少なくとも、意味が実現したときのことでしかない。ことばは発せられる。しかしあるときは意味となり、あるときは意味とならないのである。

少女が滴《しずく》に濡れた掌を差し出し、言う。「ピ。」それを見た少年が、え、雨なの、と空を仰ぐ保証など、言語にはどこにもない。少年が朝鮮語を知らなければ、え、何だって？　何て言ったの？　どういう意味なの？　と、いきなりことばそのものが前面に立ち現れる事態を、経験することになる。

ロサンゼルスでも、アルマアタでも、どこでもよい。英語とスペイン語でも、北京語と広東語でもよい。秋田空港

でタクシーに乗った高知からの客と運転士との会話でもよい。複数の言語が出会う言語場、複数の言語が用いられている場では、こうしたことは日常の出来事である。

(2) 曖昧に実現する意味——崩壊する二項対立

〈おそらくこういう意味だろう〉というような〈意味の曖昧な実現の仕方〉も、まさに日常の出来事である。ホテルのフロントで交わされる会話に、耳を傾けてみよう。そこがホテルのフロントであるという言語場の条件に支えられて、〈おそらくこういう意味だろう〉〈解ってくれたようだ〉といった仕方で、意味がかろうじて立ち現れている、そんなことは、今もおそらく二四時間、世界中あちこちのホテルのフロントで起こっている。あちこちの言語場で起こっている。ことばができあいの意味を有していて、それをキャッチボールのようにやりとりするといった図式は、ホテルのフロントでも、国境の検問所でも、やはり幻想に過ぎない。

さらにこの〈意味の曖昧な実現〉というありようを見てゆくと、〈意味の鮮明な実現〉と〈意味の曖昧な実現〉の境界もまた、しばしばゆるやかなものであることがわかるであろう。意味の実現を考えるにあたって、この点はまた重要である。

ここでは単に「ことばは常に多義的である」といった次元のことを述べているのではない。「ことばが常に多義的である」という指摘は、それ自体として大きく誤ってはいないものの、ことばが意味となる機制の結果を語っているに過ぎない。ことばは意味となったり、ならなかったりする、そしてそのなったり、ならなかったりという境界自体も、また原理的に画定し難いものだという、意味の実現の原理的なありようをここでは問題にしているのである。「多義性」(polysemy) とは、ことばが意味を持つものではなく、意味となるものであることの、結果についての辞書学的なアプローチによる名づけである。「両義性」(ambiguity) や「曖昧性」(vagueness) もまた、軌を一にする。ついでに言えば、「それはまあ、なんて言うか、ちょっとあれですが」とか「これこれっていった感じで……」などとことばにする方式、意識的に表現を不明瞭にする曖昧化（equivocation）といったことが、表現上の選択肢となり得ることも、この延長にある。

既存の意味論は、「ことばは意味を持つ」と考えた。このことは換言すると、ことばを「意味を持つ／持たない」という二項対立（binary opposition）の中に位置づけようとしていることに他ならない。実際の言語場において意味が立ち現れる、立ち現れないの際《きわ》にあることは、いくらでもある。そうした意味の濃淡を「持つ／持たない」の二分法（dichotomy）で切り分けようとすること自体が、空理の所行と言わねばならない。

また、ことばはそれが〈話されたことば〉であれ〈書かれたことば〉であれ、外形を有している。形が在る。形を有することばが、何らかの意味を持つと見たくなるのは、素朴な意味論のように見えるけれども、実はソシュール言語学を決定的な淵源とする現代言語学の、根源的な病である。

ことばが通じないのは、片や青森方言、片や鹿児島方言のごとく、そもそもコードが異なるからだとか、意味を持つことばを聞き手が知らないからだとか、あるいは「誤解」するからだと考えた。こうした考えは全て、「ことばは通じるものだ」という暗黙のテーゼを前提として出発している。そうした前提に立って、誤解とか誤訳とか伝達の失敗とか意思疎通がうまくゆかないといったことを、論じようとしてきた。あるいは「文字通りの意味」がまずあり、それが実際に用いられる段になると、「言外の意味」や「語用論的な意味」があると考えてきた。〈書かれたことば〉には「行間を読む」などという比喩もあった。「コミュニケーション」にあっては、ことばを「正しく」「正確に」用いることがしばしば語られた。さらにはことばが「文化」にまで拡大され、「異文化」というコードを知ること、「異文化理解」などといった考え方が喧伝されてきた。これら多くの考え方の中で、大前提となる、同一言語コードの上で、即ち正しいコードの共有の上で、ことばの十全たる受け渡し、即ちことばの正しいキャッチボールさえ実現できれば、「ことばは通じるものだ」という暗黙のテーゼ自体は揺るぎないものとして、保持され続けてきたのである。

ことばを「意味を持つ／持たない」という二項対立の中に措定しようとする限り、「ことばは通じるものだ」という暗黙のテーゼは動きようがない。ことばが意味を「持っている」なら、何かしらの外的な阻害条件が加わらない限り、ことばは投げ与えられたので、その意味は話し手から聞き手に「伝達」されることになってしまうからである。

(3) コード論——エンコード＝デコードの幻想

言語学的な立場から情報通信理論の図式を提出している典型として、R・ヤコブソン（1984: 101–116）を挙げることができる。「送り手」（addresser）が「受け手」（addressee）に対して「メッセージ」（message）を送る。この「メッセージ」ということばも、なかなかに危ないことばである。同書では「場面」（context）が強調されている。送り手と受け手に完全に、もしくは部分的に共通した「コード」（code）と、送り手と受け手の物理的経路と心理的なつながりである「接触」（contact）が欠かせないとして、ヤコブソンはこうした六つの因子を挙げる。場面を強調している点は首肯できるものの、送り手が受け手にメッセージをあるコードに従って送るといった考え方は、いかにも機械的、図式的で、素朴な発想である。こうした機械的、図式的という非現実性は、ヤコブソンの論の隅々に通底する二項対立論がもたらすものである。もっと言えば、ソシュール以来の言語学、記号学、構造主義が、共通して胚胎していた二項対立論の、謂わば負の表れである。負の表れと言ったのは、二項対立論は、二〇世紀思想とまではゆかずとも、少なくとも二〇世紀言語学にあっては、長足の発展を基礎づけた、決定的な方法論の一つだったからであり、負の結果と同時に巨大な正の成果も招来してきたからである。

Julia Kristeva（1981: 11–17）、ジュリア・クリステヴァ（1983: 19–27）のような言説の中にも、送り手が「受け手＝解読者」にメッセージを送るという、こうした図式が入り込んでいる。「伝達される意味」（仏 signification communiquée）

などということばに顕れているように、送られる「メッセージ」はそこでは事実上、意味を持っていると考えられている。クリステヴァ（1983: 21）が「受け手＝解読者は、聞こえることを言える範囲でのみ解読する」と言うとき、「送り手」における意味と、「受け手」における意味という、少なくとも二種の意味があり得ることを掘り下げる、一歩手前まで来ているのにも拘わらず、どうしても意味を持った「メッセージ」を伝達するという観念から、抜け出ることができないでいる。「送り手」がある意味をメッセージとして込める、その「メッセージ」を受け手が自ら「言える範囲でのみ」解読するというクリステヴァの図式においては、やはり「ことばは意味を持っている」という前提が揺るがない。J・J・カッツ（1971: 80–81）にも似たような考えが見える。実のところ、送られるのは、一定の意味を持った「メッセージ」などではなく、一度は音声という形で意味から自由になったことばなのである。

ヤコブソンなどのこうしたコード論に立って、意味が実現しないと言っても、それは異なったコード間での出来事ではないか、エンコード（encode）したのと同じ code でデコード（decode）していないのだから、と反論するのは、見苦しい言い訳に過ぎない。その言語観はまるで数理的な体系でもあるかのような、コードなるものを幻想する以前に、コードなど成立しない言語場を、予めはっきりと理論的に位置づけ得ていただろうか？　あるいは一瞬でも考えただろうか？　繰り返すが、ことばが意味となったり、ならなかったりする、あるいはかろうじて意味となる、それは私たちにとって日常であり、世界にとって自然である。言語にとっては存在のありかたそのものなのである。そうした事態がその言語観の中に鮮明に位置を占めていないのであれば、言語の実現のリアリティの大きな前提が、その言語観においては予め切り捨てられている、ないしは隠蔽されていることになる。「ことばが通じる」という事態よりも「通じたり通じなかったりする」ことが先に、あるいは、より深いところにあるがゆえに、その深いところにある前提を除外した時点で、その言語観は少なくとももう今日の理論としては失格である。言語学としても皮相であり、言語教育にあっては、余計に罪深い。ことばが通じない悲しみを背負わぬ言語教育など、信じられるだろうか？

百歩譲って、コード論者の言い分を一旦、受け入れてみてもよい。こうしたコード論を理論的に成立させるためには、少なくとも次の二つの本質的な問題を解決せねばならない。

第一に、異なった言語の間だけではなく、実はいわゆる同じ言語の話し手の間でも、つまり同じコードの間でも、ことばが意味となったり、ならなかったりするという問題である。ことばが意味とならないことなど、同じコード間でも、日常茶飯事であるから。いろいろな言語でこんな表現が存在しているということ自体が、そのことをよく物語っている――え？　どういう意味？

同じコード間であっても、同じ言語の間でも、やはり意味は実現したりしなかったり、曖昧な実現を見たりしているわけである。そこではいわゆる〈誤解〉(misunderstanding)も起きる。そして重要なことは、実現を見た意味は、〈理解〉(understanding)と〈誤解〉に二分されるのではなく、〈誤解〉も原理的に、〈理解〉の一形態だという点である。――俺はそういう意味で言ったんじゃないよ。

第二に、どこからどこまでが同じコードなのかという問題も本質的な問題である。「同一のコード」と「異なったコード」という二項対立の図式は、自然言語にあってどこまで有効なのか？　同じ大阪方言、母と子は？　社会階層による言語の違いは？　性別、年齢、職業、教育、経験……それが〈同じコードと言えるのか〉という問題は、第1章第3節で述べた〈同じ言語なのか〉という問題と同様、コードの周辺がぼんやりしたものである事実を浮かび上がらせる。この点では安易に「言語共同体」などを持ち出す言説にも、注意深い視線が必要である。コードなどと呼ばれてきた、根底のプロトコル＝規約でさえ、その周辺は朧《おぼろ》なのである。面白いことに、「コード」の周辺が朧であること、そのことは逆に、〈意味の曖昧な実現〉を積極的に支える根拠ともなる。

5 〈意味が通じる〉ことから出発する虚構の形而上学

ことばは意味になったり、ならなかったりする。私たちが言語的な意味というものを考えようとするのであれば、このことは、あらゆることに先立つ前提である。これがいわゆるコミュニケーションと呼ばれることがらの、最も深いところに横たわるリアルな前提である。〈ことばはなぜ意味を伝えることができるのか〉とか、〈ことばによってどうして意味が伝わるのか〉といった形の問いから出発する全ての言説は、虚構である。〈意味が通じる〉ことから出発する全ての言語学、全ての言語哲学、言語をめぐる全ての言説は、虚構の形而上学である。その出発点において、可能性の半分を裏切っているという理由だけからではなく、何よりも、〈意味〉の本質を考える決定的な前提が誤っているからである。決定的な前提を過ち、その上で語られる第一哲学は虚構の形而上学である。

ことは〈ことばがどうして意味が通じないのか〉という問いの形になっていても、些かも安心できない。この問いは〈通じるはずなのに、どうして通じないのか〉という問いの形をしばしば裏に背負っているからである。

ここで郵便の喩えを考えても良い。ここではジャック・デリダや東浩紀の仕事の総体ではなく、[44]そこから借りて来た、素朴な類推《アナロジー》でいい。ここの喩えでは、ことばは「手紙」である。「配達」される保証はない、届かないかもしれない、「配達」は不確定性を免れない、そして望んでいない相手に「誤配」されることもあり得るのだと。

デリダが看破したように、「手紙」が届かないかもしれないという指摘は、重要である。ことばはまさに意味たり得ないかもしれない。そして「誤配」か否かは、常に事後的に知り得ることである。デリダのこの指摘も重要である。言語場における「俺はそういう意味で言ったんじゃないよ」といった発話は、どこまでも事後的にのみ立ち得る発話である。予め「意味」があって、それを伝達したのだが、その「意味」が「誤解」された、つまり「手紙」が「誤配」されたというのは、どこまでも「伝達」後に知り得ることであって、「予めの意味」の存在は原理的に担保されない。

ここで意味を考える言語存在論にとってこれらのこと以上に重要なのは、「配達」の不確定性や「誤配」で問題にされているのは、届きかたの方であって中身の方ではないという点、届けられるにあたって、当の届く中身は変わらないことがやはり暗黙の前提とされている点、そして実は中身自体が正／誤の二項対立を原理的に拒むものであるにも拘わらず、正／誤の二項対立が幽霊のごとくうずくまっているという点である。「郵便」や「配達」や「誤配」の比喩が成り立つのは、「手紙」がまさにヤコブソン的な意味において「メッセージ」と捉えられる限りにおいてであり、届かないことや誤配の可能性があっても、「手紙」自体は始めから最後まで変わらぬ意味を持っていると、考えられる限りにおいてである。そしてこのことは、通常、意識化されていないか、意識化されても、暴力的なエンコード＝デコードの伝達論図式の中では、霞んでしまう。「手紙」の中身――コード伝達論ではまさに「メッセージ」と呼ばれる――は、しばしば、クリステヴァ（1983: 21）でさえ行っているように、「コミュニケーション理論にとって、分析不能な定項である」と、不問に付されてしまう。事実は全く逆で、「定項」どころか、まさに「手紙」こそが定まらない、〈不定項〉だったのである。そしてこの「手紙」が不定項であるということこそ、意味はいかに在るかを教えてくれる、決定的な根拠地となる。

「手紙」を「正／誤」の二項対立で切り分けることはできない。なぜなら「手紙」にはいつも「予めの意味」などは存在せず、そうした観点からは、正しくもあり、誤ってもいるからである。「手紙」とは、送られて、即ち書かれて、一度は意味から自由になり、受け取られて、即ち読まれて、更に今一度自由な意味となり得る、そうしたことばの形だからである。

コード論については、「手紙」は――即ちコード論者にあっては「メッセージ」は――、場合によってはコードの境界を乗り越えることがあることを、付け加えておこう。言語場にあってことばがまさに実現されんとするとき、そこに同一のコードの存在は予め担保されていない。日本語話者だと思って話しかけたら、実は日本語のわからない英語話者であったとか、英語だと思って聞く構えになっていたら、別の言語で語られ始めたとか、現実の言語場にあってコード同一性の前提は原理的に存在しない。日本語の中に他言語の単語を交えて話すとか、複数言語を交えながら話す、いわゆる〈コード・スイッチング〉(code-switching)などは、日本語圏のような「単一言語」状態としばしば錯覚されるところにあっても、とりわけ大都市などでは今日そう珍しいことではない。複数のコードの存在どころか、コードの混用さえも、あるいはコードが部分的に溶け合っているようなありようさえ、世界の言語にとっては特殊なのではなく、どこまでも普遍の一形態である。

6 発話者と受話者の〈意味〉はなぜ異なるのか

(1) 発話者と受話者の〈意味〉はなぜ異なるのか——時間的、空間的な隔たり

〈話されたことば〉の言語場にまず限って考えてみよう。〈話されたことば〉が実現するとき、そこで発せられたことばがもたらす、〈話し手自身という聞き手〉にとっての意味と、〈他者たる聞き手〉にとっての意味は、自ずから異なって実現し得る。少なくともそう考えるのが、自然であろう。二つの原理的な条件がそうさせる。

一つは、〈話し手自身という聞き手〉と、〈他者たる聞き手〉という、二重の聞き手の間の、時間的、空間的な距離の存在である。腕枕で寄り添う相手に語りかけるときも、レストランの同じ食卓で話していても、話し手と聞き手の間にはごくごく微細にせよ、物理的な隔たりが存在する。同じく〈いま・ここ〉のものであると、生理的には感じられる〈話されたことば〉の実現には、微細に見ると、原理的にこうした物理的な隔たりが存在している。学校の教室

での講義も、大きな会場の講演も、物理的な隔たりは存在し、さらに大きくなる。時間の隔たりが感じられないようなこうした言語場でも、空間的には明らかな隔たりが、話し手にも聞き手にも見えている。携帯電話やインターネット越しに話しているのであれば、こうした物理的な隔たりはいよいよ大きい。私たちは、相手の声が時間的に一瞬遅れて聞こえてくる、などということもしばしば経験したであろう。こうした場合にはことばの実現そのものが時間的な〈遅延〉となって顕在化する。テクノロジーによって、〈話し手自身という聞き手〉と、〈他者たる聞き手〉の間のこうした時間的、空間的な距離は、今日いくらでも引き延ばすことができる。ここで重要なことは、〈話されたことば〉にあっては、もともと原理的に〈話し手自身という聞き手〉と、〈他者たる聞き手〉という、二重の聞き手が存在しており、そこには時間的、空間的な隔たりが存在していて、それら隔たりが常に可変的であるということにある。テクノロジーによる時空の隔たりの極大化は、もともと隔たりが存在するという存在論的な現実に、基礎づけられているのであって、隔たりそれ自体をテクノロジーが創り出したわけではない。

言語場におけるこうした時間的、空間的な隔たりの原理的な存在は、〈話し手自身という聞き手〉にとっての意味と、〈他者たる聞き手〉にとっての意味が、自ずから異なって実現し得る、言語場における物理的な基礎となる。ざっくばらんに言ってしまえば、時間的にも空間的にも異なった位置で、異なった個人たちが聞くのだから、ことばの意味も異なっていて、何の不思議もない。むしろ全く同一であることが、原理的には難しい。ことは〈書かれたことば〉であれば、いっそうはっきりと確認できるであろう。ここではこうした原理的な隔たりを確認し、隔たりの拡張をめぐる問題は後に、第4章第7節で論ずることにする。

(2) 発話者と受話者の〈意味〉はなぜ異なるのか——異なった個

〈話されたことば〉が実現するとき、そこで発せられたことばがもたらす、〈話し手自身という聞き手〉にとっての意味と、〈他者たる聞き手〉にとっての意味を、自ずから異なって実現せしめる、今一つの決定的な原理的条件は、他ならぬ話し手と聞き手という、異なった主体の存在に求められる。ここでもざっくばらんに言えば、人が異なるのだから、受け取る意味も異なるだろうということになる。この原理的条件こそ、〈人が異なるのに、全く同一の意味が実現する〉などという言説の、理論的な根拠も、実践的な拠り所も、放逐してしまう。話し手と聞き手の個体の違いは、ありとあらゆる個人史の違いに支えられて、個々人の言語を異なったものとして造り上げ、つまりコードもまた様々な偏差を本質的に含んだ、異なったコードとして働かしめ、言語をめぐる様々な諸条件も異ならしめる。

あるたった一つの単語から立ち現れる意味でさえ、同一である保証はない。「メ」「ユビ」といった身体名称でも、「ハハ」「キョーダイ」といった親族名称でも、「ココロ」「ユメ」などという目に見えない対象の名称でも、「ジョーネツ」「カクメイ」などといった抽象的な単語でも、異なった個人の間でやはり同一であると、見ることの方が言語にとっては困難である。自然数の「サン」「シ」などといった概念でさえ、その個人の数学的な経験によって意味するところは、異なり得るであろう。「シゼンスー」などといったが、こんな概念は十全たる意味の実現さえ、いよいよ危ぶまれて来る。まさに曖昧なる意味の実現を日常的に体験することになる。

もちろん日常の言語だけではない。〈書かれたことば〉に目を転じるなら、アラン・ソーカル（Alan Sokal, 1955-）の試みは、一度は触れられてよい。ニューヨーク大学物理学教授であったソーカルは、一九九四年、米国の *Social Text* 誌に“Transgressing the Boundaries: Towards a Transformative Hermeneutics of Quantum Gravity”（諸境界を踏み越える：量子重力の変形解釈学に向けて）と題された論文を発表した。そして同論文が実は自然科学の術語や数式などを配した、全く無内容な「疑似論文」であることを、後に公開した。同論文はポストモダニズムと呼ばれる諸論考の多くの引用を組み込んでおり、そうした言説における自然科学的な術語や概念の恣意的な濫用も批判するものであった。このことがもたらした後の大きな一連の出来事を含め、“Sokal affair”（ソーカル事件）などと呼ばれる。(45)

社会的に認知された雑誌に投稿されたこの「疑似論文」のテクスト全文が、幾人の人に読まれ、その全てに何らかの意味がそこに実現したかどうかなど、もちろん判るよしもない。しかしながら雑誌の編集に当たっても、そして実際の掲載論文の題名だけ見たとしても、題名に接した少なからぬ人々の間で、ことばが意味とならなかったり、あるいは〈曖昧なる意味〉が立ち現れたりしたであろうことは、想像に難くない。少なくとも、今本書で初めてこの論文の題名に接した人々、初めてではなくとも、うっすらという記憶の中で改めてこの題名に接した人は、まさにそうした〈曖昧なる意味の実現〉を、まさにこの本を読みながら、いま・ここで、体験したであろう。〈朧《おぼろ》げなる意味〉と言ってもよい。ここで本書が仮に付した日本語訳についても、訝《いぶか》しみながら、何となくこんな意味か、といった納得をなさったかもしれないし、ここは「踏み越える」じゃなくて、「侵犯する」だろう、ポストモダニズムを装うのだから、などと、翻訳自体に疑義を挟むほどに、意味の実現について瞬間にせよ、あれこれの体験をなさったかもしれない。

ここで問うているのは、倫理ではない。言語である。倫理についてはもう多くの論考がある。ここでは、学会誌をめぐる言語場に現れた、こうしたことばを前に、まさに読み手によって異なった意味が実現し得ること、さらには〈曖昧なる意味〉〈朧げなる意味〉が実現し得ることの体験を、分かち合っている。ここで立ち現れる〈意味〉は、まさに個によって異なっている。このことを読者の皆さんはたった今、共にしてくださったであろう。さらに進んで、こうしたことばを前にするとき、「外延的意味」「明示的意味」「文字通りの意味」などと言われる denotation と、「内包的意味」「暗示的意味」「言外の意味」などと言われる connotation の区別さえ、溶解し始めることを、お感じになったかもしれない。そしてそれらの区別さえ、境界付けが本質的に難しいことも、察せられるであろう。

ソーカルが問うた言語場は、学術論文をめぐる言語場であったが、ここから詩の言語場はすぐ隣にある。件《くだん》の題名が、詩の雑誌に詩として掲載されていたら、倫理的な問いはおそらく立ち得ない。もちろん文学的評価をめぐる問

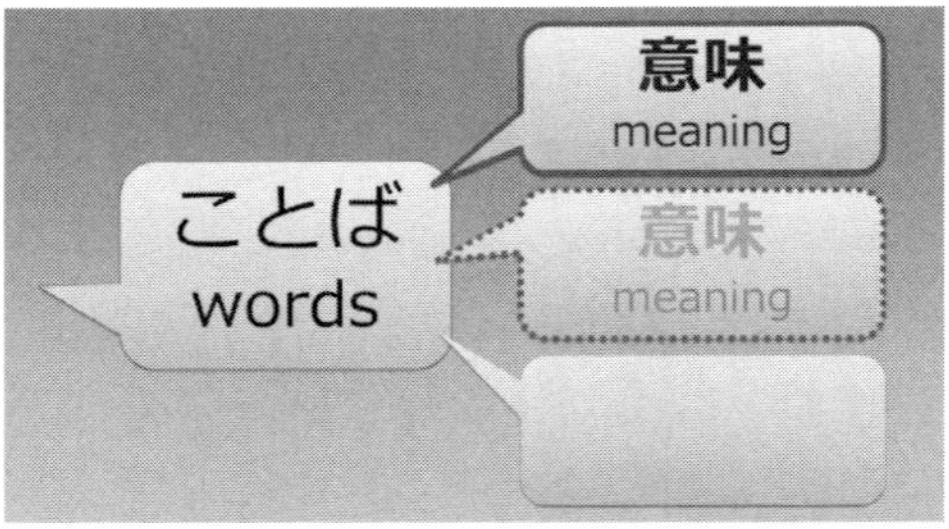

図 15　ことばは受話者によって，意味となったり，曖昧な意味となったり，意味とならなかったりする

題が問われることは、あるかもしれない。私たちにとって重要なことは、このことである。学術論文であれ、詩であれ、言語場の違いは、同じことばでも場合によっては直ちに倫理や政治に直結するなど様々だが、〈書かれたことば〉における意味の実現の現実的な機制とありようには、何ら違いはないということ。

ことばが意味とならないことから、朧気なる意味となること、そしてはっきりとした意味となること、ことばが意味となる言語場にあっては、こうした〈意味の濃淡〉が立ち現れる。この〈意味の濃淡〉は、個によって異なり得るし、同じ個にあっても、また言語場によって異なり得る。これが意味の実現の現実的なありようである。

ことばの発話者たる話し手や書き手と、ことばの受話者たる聞き手や読み手の間の意味の立ち現れ方の違いは、言語にとって本質的なものである。このことを、時枝誠記（1941; 1979）のように、発話者を特権的に位置づけ、言語活動を発話者が発話する過程であるごとくに見ると、発話者と受話者の間の意味の立ち現れ方の違いも位置づけ得ないし、受話者ごとに意味が異なって現れることも、位置づけ得ない。そこでは受話者は別の発話者、発話者の単なる写しに過ぎなくなってしまう。発話者と受話者の間の意味が異なり、受話者間でもまた意味が異なり得る、その物理的な基礎は、既に述べたように、ことばが発せられ、受け取られる、時間的、空間的なずれ、落差と、発する主体と受け取る主体が異なるという、言語場の構造に規定されている。

これまで述べてきた、〈言語場においてことばが意味となる機制〉を纏めよう：

発話者はことばを発する。発話者は発せられたことばに意味を造形し、発せられたことばが意味となることを、誰よりも先に体験する。ここで既に自らのことばへの異議も立ち現れ得る。そして発せられたことば自体は、一旦意味から自由になる。ひとたび意味から解き放されたことばは、可能なあらゆる受話者に開かれている。そしてことばは受話者によって受け取られたとき、受話者に在って新たなる意味となる。受話者が異なれば、立ち現れる意味もまた異なり得る。こうした事態は、〈話されたことば〉と〈書かれたことば〉のいずれにも原理的に違いはない

同じことばから、意味はいつも異なって立ち現れ得る。そしてことばが実現する言語場に着目するなら、世界に二度と同じ言語場はない。かろうじて「同じ」であり得るのは、ことばそのものだけなのである。受話者によって意味の立ち現れ方が異なるありようは、例えば図15のように表すことができるであろう。ソーカルの企みもこうしたありようが支えたのである。

7 〈意味するもの〉と〈意味されるもの〉の統一という擬制

ここに至って、私たちはソシュール言語学の、あの有名な〈意味するもの〉（仏 sinifiant／シニフィアン）と〈意味されるもの〉（仏 signifié／シニフィエ）の図式の根底的な擬制の恐ろしさに気づくであろう。「聴覚映像／概念」「能記／所記」「意味するもの／意味されるもの」などの二項の統一として示されてきた図式である。「言語記号は、それゆえ、二面を有する心的実在体であって、図示すれば：」「この二つの要素はかたくあい結ばれ、あい呼応する。」「われわ

れは概念と聴覚映像との結合を記号（signe）とよぶ。」「われわれは記号という語を、ぜんたいを示すために保存し、概念（concept）と聴覚映像（image acoustique）をそれぞれ所記（signifié）と能記（signifiant）にかえることを、提唱する。」Saussure（1916; 1972: 99, 158）、ソシュール（1940; 1972: 96, 97, 160）のテーゼである（図16）。

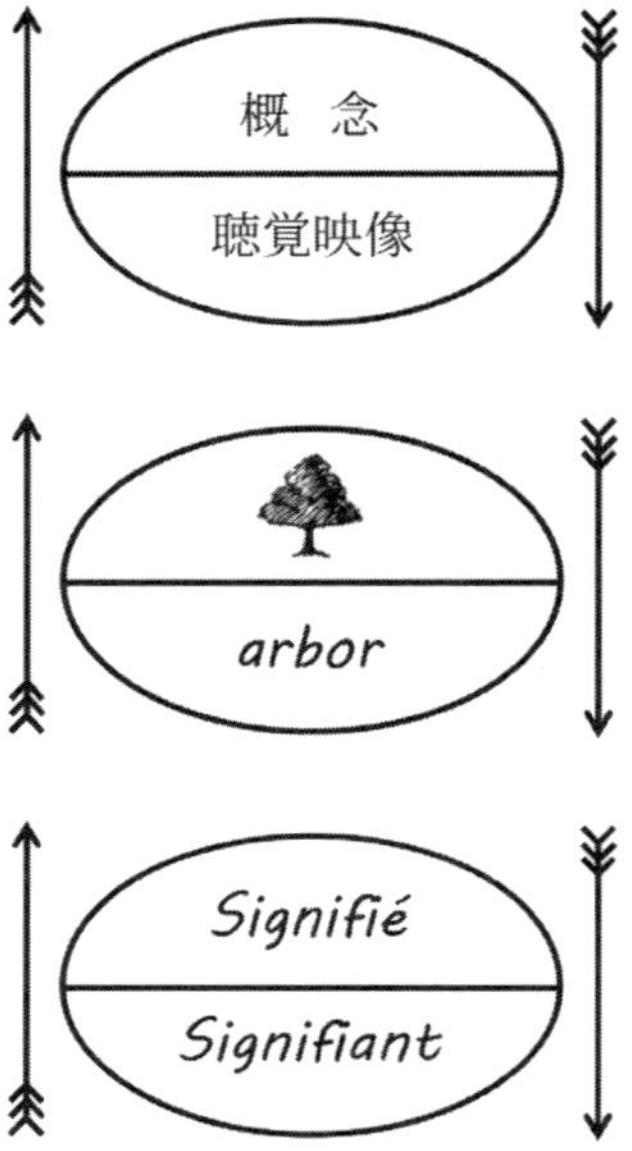

図16　ソシュールの〈意味するもの〉と〈意味されるもの〉は常に紙の表裏のように一対一的に貼り付いている

これらは講義の理解を助けるための、便宜的な図に過ぎないなどと、片付けては、本質的なことを見逃してしまう。形而上学という妖怪の前で、武装解除してはならない。「この二つの要素はかたくあい結ばれ、あい呼応する」と鮮明に述べているように、図だけではなく、まさにシニフィアンとシニフィエの統一というこうした図式こそが、ソシュールの思想の核心をなすのであり、ソシュール以後に聖性をも纏いながら、現代人文思想の王国に君臨してきたのである。ソシュールの擬制を確認しておこう。

これら図式で示される、シニフィアンとシニフィエの統一としての言語記号は、ソシュールにあってはどこまでも「心的実在体」（仏 entité psychique/psychological entity）[46]である。つまりこの段階で記号の物理的な身体は綺麗に除外されてしまう。ことばの物質的な身体たる言語音のことは気にしなくてよいことになる。ことばという対象は、見えもしないし、聞こえもしないところに追いやったのであるから、あとは心的な対象としていかようにも料理できることになってしまう。言語学が記号学の衣を纏い、心理学に包摂される瞬間である。言語をめぐるあらゆることどもが、オイディプス・コンプレックスやリビドーや刷り込みや無意識などといった主題と同じ領野で、同じ語り口で語られ

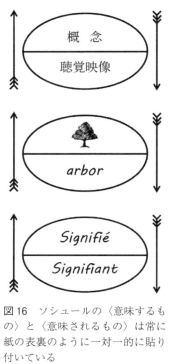

ることになる。ソシュール言語学におけるこうした位置づけは、後に構造主義において、現実のリアリティを離れ「構造」が言挙げされてゆくことを可能にする、重要な跳躍台である。ことばを見据えんとするときに、「心的」などという術語が現れたら、もう相当に危ないところへ踏み込んでいると、思ってよい。

シニフィアンとシニフィエが「かたくあい結ばれ、あい呼応する」として位置づけられるとき、当然のことながら、記号は心的な対象を操作する一人の話し手の内側に留まっている。『一般言語学講義』に二人が向かい合った絵図が挿《さしはさ》まれていても、ソシュール言語学の意味論にあって、基本的には話し手の意味が全てである。もちろん、言語音として対象化されたことばが、聞き手にあっていかに働くかなどは、問題にされていないし、ましてや一人の言語音を複数の人が聞く言語場などは、眼中にない。

「かたくあい結ばれ、あい呼応する」シニフィアンとシニフィエは、常に表裏一体である。つまりソシュール言語学は、〈意味するものが常に何ものかを意味している〉という前提から出発する。何ものかを意味しないシニフィアンは、既にシニフィアンではないからである。こうしてシニフィアンとシニフィエの一体性は、ことばが常に揺るぎなき意味を持っているという、〈意味同一性〉の神話界へと私たちを誘《いざな》う。世界に今もおそらく絶え間なく起こっているであろう、ことばが意味を実現しないなどという、時に滑稽で、時に悲しく、時には凄絶でさえある、ことばと意味の圧倒的な現実は、ソシュール言語学からは見えない。

かくして言語学は言語場のリアリティから遠く離れ、〈心的実在たることばが意味を持っていて、意味を伝える〉という形で、謂わば二〇〇〇年に亘る神話を記号論的に完成させ、言語形而上学の神殿に遊ぶことになる。さらに、かの神殿からは人文思想の神々が羽ばたいてゆくのである。

第4章 〈話されたことば〉と〈書かれたことば〉

1 〈話されたことば〉と〈書かれたことば〉の仕掛け

文字にも書かれる言語にあっては、言語は概ね〈話されたことば〉と〈書かれたことば〉という二つの存在様式を有することを、既に述べた。この第4章では、〈話されたことば〉と〈書かれたことば〉がどのような仕掛けで成り立っているのかに注目しながら、この二つの存在様式にさらに分け入ってみる。そのことはとりもなおさず、ことばがいかに在るか、ことばがいかに実現するかを、より深く見据えることとなろう。その過程で、〈文字〉とはいかなるものなのか、言語場において文字はいかに振る舞うのかという、〈文字論〉(grammatology) の原理に触れることになる。[47] 文字についての言説は、〈話されたことば〉と〈書かれたことば〉の存在論的な違いを踏まえなければ、壮大なる蘊蓄か、諸概念の混濁に終わってしまう。この二つの存在様式のありようにぎりぎりと迫ることなしに、決して文字の深淵は見ることができない。

ここでは、〈話されたことば〉と〈書かれたことば〉、それぞれの物理的な身体のありかたから出発し、それらが実

図17　音《オト》の世界に実現する〈話されたことば〉と，光《ヒカリ》の世界に実現する〈書かれたことば〉という2つの存在様式は，座標軸自体を異にする，位相の異なった鏡像関係にある

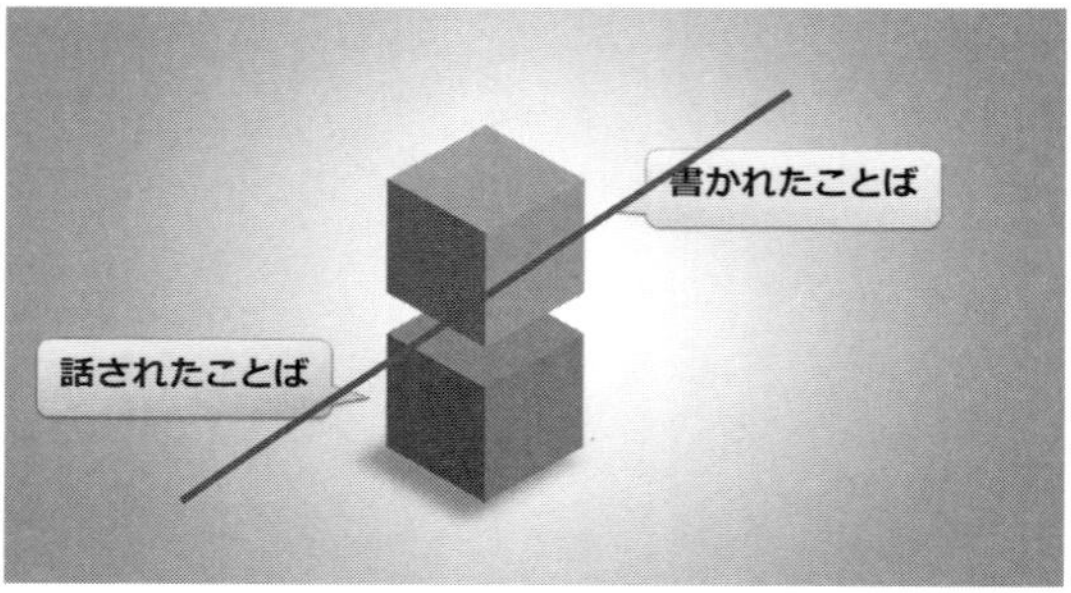

図18　〈書かれたことば〉は〈話されたことば〉の単なる「写し」ではない

現する〈時間〉、それらを支える〈構造〉、そしてそこに潜む〈引用〉という仕掛けを、まず見ることになる。

予め、全体像の概略を図式化しておこう。既存の多くの言語論にあって、〈書かれたことば〉は〈話されたことば〉の写しと思われてきた。〈話されたことば〉を文字に写したもの、あるいは文字によって記号化したものという思考である。第2章第3節(1)でも見たように、ソシュール言語学にあっては、〈書かれたことば〉は〈話されたことば〉を「表記すること」が「唯一の存在理由」であり、「書かれた語」は「話された語」を知るための「写真」に過ぎないものとされた。文字通りの音声至上主義（仏 phonocentrisme）である。私たちはこうした位置づけが〈書かれたことば〉を考える際の決定的な見誤りであることを、これまでいくつかの形で目の当たりにしてきた。現実の言語圏にあって、甚だしくは、〈書かれたことば〉は〈話されたことば〉をも造り変える。ハングルの創製と発展は〈話されたことば〉の世界に〈書かれたことば〉がいかに生まれるのか、そこでは単なる「写し」などでは到底片付けられない、巨大な営みが蠢《うごめ》くことを、見た。

本章では〈話されたことば〉と〈書かれたことば〉の存在論的なありようを、さらに問うてゆくことになる。実のところ、〈話されたことば〉に対して〈書かれたことば〉は、自立した、存在論的なありようの全く異なることばなのだと、言わねばならない。〈話されたことば〉と〈書かれたことば〉は、例えばそれぞれを律する、〈時間〉という決定的な座標軸のありかた自体が、全く異なっている。〈話されたことば〉からの〈写し〉であるはずなのに、〈書かれたことば〉の〈構造〉も恐ろしく違う。それでいて二つは何かしら鏡に映し出したような鏡像関係にもある。〈話されたことば〉と〈書かれたことば〉はそれぞれの座標軸がぐにゃりと曲がったような、謂わば位相を全く異にする鏡像関係にあると言ってよい（図17・18）。

2 オト＝言語音として在り、ヒカリ＝文字として在る

(1) 音声言語と文字言語、付与される〈価値〉

この二つの存在様式は、何よりも、〈音《オト》の世界に実現したかたち＝言語音《げんごおん》〉と、〈光《ヒカリ》の世界に実現したかたち＝文字〉という異なったありようによってまず異なっている。媒体としての現象形態それ自体がそもそも物理的に異なるわけである。音声言語、文字言語という呼称は、こうしたありように注目した名づけである。それらの知覚においても、音は聴覚に依拠し、文字は視覚に依拠するという違いがある。

ただし、媒体としての音と文字と、それらを知覚する聴覚と視覚という構造は、音＝聴覚、光＝視覚といった具合に常に並行しているというわけではない。文字は視覚的な文字ばかりではなく、例えば点字といった、触覚を通して認識する文字も存在し得るからである。ただ点字もまた、前述のごとく、触覚的でもあると同時に、視覚的な文字でもある。

言語としての言語音の働きは同じであったとしても、〈話されたことば〉の個々の実現は、話し手によって様々に異なっている。何よりも声の違い、発声法の違いといったものは、言語音の実現には常に纏《まと》わりついていて、時には聞き手によってそれに〈価値〉が付与される。同じ文を発話として実現せしめても、「あの人、話し方いいよね」「あの人、言ってることはいいんだけど、何か迫力ないよね」などということになる。語られることばは、ことばの記号論的な内容だけではなく、語られるありようが、人の心を動かす。美しい朗読は、もうそれだけで「美しい」などといった形容を得ている、これはちょっとした驚きである。

〈書かれたことば〉もまた事態は同様であるが、〈いま・ここ〉の〈話されたことば〉を超える〈書かれたことば〉の性格に支えられて、その価値のありようはしばしばいよいよ劇的である。文字として〈書かれたことば〉が、主として視覚に依拠するということによって、〈その文字の視覚的な印象〉といったものが形造られることになる。漢字やアラビア文字などでは、文字の視覚的な印象がもたらす実用性さえも超えて、今日芸術と呼ばれているような領域に立つ、〈書〉〈calligraphy〉といった共同の精神的領野が成立する。文字から受け取る視覚的な印象に〈価値〉が与えられることとなるわけである。

東アジアを貫く書の伝統を見ればよい。書には、常に価値のヒエラルヒーが纏わり付いており、そうしたヒエラルヒーの中で価値は〈所有〉される、さらに言えば、〈私的所有〉されることになる。この私的所有は、〈話されたことば〉と〈書かれたことば〉を貫く、語彙や文法など表現様式の私的所有などとは、また性質の異なる、よりあからさまな私的所有として顕れる。例えば王羲之の書に絶対の価値を見た唐の太宗・李世民（在位六二六―六四九）は、王羲之の「蘭亭叙《らんていじょ》」を始めとする書を、その陵墓に副葬させる。ちなみ太宗自身、単なるコレクターなどではなく、書の歴史に残るほどの、大変な書家である。こうした逸話は、価値の所有の象徴的な事態である。見ることの叶わない書、触れることのできない書によって、文字の身体が隠れ、文字の観念的な価値だけが後光のように地を覆う。後光の恩寵を受けるのは、文字を所有する階級に属する人々である。例えば「蘭亭叙」、「永和九年歳在癸丑《としきちゅうにあり》……」と書かれた一回性の文字の身体、書かれた物理的な身体は、地の中に失われ、而して文字としての記号論的な性格だけは残り、そこに纏《まつ》わる価値は、地を這い、東は半島へ、列島へ、不滅の生を生き長らえる。[48] 一回性の書に纏《まと》う価値は、そこかしこで増幅される。書の伝統と変遷は、何よりも共同される価値の、伝統と変遷であった。

(2)〈話されたことば〉に持ち込まれる〈書かれたことば〉の機制

面白いことに、〈書かれたことば〉に馴染《なじ》んでいる話し手にとっては、文字が言語音を呼び起こすだけでなく、逆に言語音が文字を想起させるといったことが起こり得る。人は〈話されたことば〉における対話の中で、ことばが意味として実現しない事態に遭遇したとき、しばしば〈書かれたことば〉の機制を〈話されたことば〉に持ち込むのである。

例えば、相手の発話の中のことばの綴りを尋ねる。あるいはそのことばの漢字を尋ねるなどという営みをする。「おや、伊集院さんもイズミのご出身ですか」「ええ、あ、でも、出る水って書く出水《いずみ》ですが、鹿児島の。藤原さんは?」「あ、そうか、私の方は平和の和《わ》に泉《いずみ》って書く和泉《いずみ》です、大阪。」〈書かれたことば〉を想起させることによって、〈同音異義〉を区別するわけである。日本語話者にとっては、人名や地名など固有名詞を〈書かれたことば〉の機制を借りて区別するといった営みは、馴染みのものである。〈話されたことば〉から〈書かれたことば〉が生まれるという発生論的な順序を考えると、何というアイロニカルな逆転であろう。「何々ト書ク何々」と、書きもせずに、言語音によって話しているのである。地名が文字として書かれる仕組みが生まれ、その後にこうした事態が生まれ得るわけである。ここにあっては〈書かれたことば〉の生成によって、〈話されたことば〉が増殖している。

こうしたことが起こり得るのは、〈話されたことば〉と〈書かれたことば〉が一対一的な対応をするわけではないのはもちろん、〈書かれたことば〉は〈話されたことば〉からの一方向的な写しに留まらず、〈話されたことば〉にはない別の機能を有していて、さらにそうした機能が再び逆照射され、〈話されたことば〉の中に持ち込まれ、生かされ得ることを、示すものである。謂わば〈話されたことば〉と〈書かれたことば〉の相互浸透である。

なお、〈話されたことば〉の内部で〈同音異義〉を解決するのには、当該のことばだけを何度連呼してもだめで、どうしても他のことばへの言い換えや、言語的な文脈を与えることが必要となる。聞き手だけでなく、話し手自身がそうした営みを行うことも、しばしばである。「やはり先生のご業績をケンショウする必要が、あ、すみません、調べて確かめるって意味じゃなくて、称えるって意味の顕彰《けんしょう》ですが」「지난번에《チナンボネ》 게를《ケルル》 먹으러《モグロ》 갔을《カッスル》 때《テ》、어《オ》 물론《ムルロン》、그《ク》 멍《モン》개가《ゲガ》 아니라《アニラ》 옆으로《ヨプロ》 기어가는《キオガヌン》 겐데《ケンデ》」（このあいだケ［蟹］を食べに行ったとき、あ、もちろん、あのワンワンのケ［犬］じゃなくて、横に歩くケ［蟹］だけどさ）といった具合に。

3　〈話されたことば〉と〈書かれたことば〉の〈時間〉

(1)〈いま・ここ〉のことば、〈常に・未だ〉のことば

実現形態が異なるというそのことによって、〈話されたことば〉は基本的には常に〈いま・ここ〉（独 hier und jetzt）のものであり、〈書かれたことば〉は〈常に・まだ〉（独 immer noch）のものとなる。

〈話されたことば〉が音によって実現するとき、〈話されたことば〉は基本的に話されているいま、話されているここで実現する。ことばが音《おん》として発せられるとき、前述のように、普通、話し手は自らが話すのを聞く。ことばが発せられるいま、ここで、自らが話すのを聞く。一方、ことばが他者に対して向けられるとき、その他者は音としてことばが実現する、いま、ここに存在しなければならない。音はいま、ここで消滅するからである。〈話されたことば〉

とは、いま・ここで消えゆく言語であり、いま・ここの僅かの時を生きる言語である。〈話されたことば〉は、謂わば、いま・ここで滅びるために発せられる。

書かれた文字は、読まれることによって、自己を全うする。〈話されたことば〉が実現するときに、自ら話すのを、話し手が聞いているのとあたかも同じように、〈書かれたことば〉が書かれるとき、書き手は自らが書くものを読む。書き手は常に最初の読み手である。しかしながら、この〈読み〉は、書き手以外の読み手の〈読み〉とはいささか異なっている。何よりも〈まさに書かれる瞬間の書き手自身の読み〉は、まさに書かれる瞬間に分け入って見るならば、〈書くための読み〉という契機を内に有しているからに他ならない。何よりも〈書くための読み〉とは、どこまでも〈書くこと〉として総括される営みだと言わねばならない。〈書くこと〉として自己を全うする〈読み〉、つまり書き手の〈読み〉は、しばしば〈書くこと〉の一部である。

〈書くための読みではない読み〉が実現するためには、つまり、〈書くこと〉の一部でない〈読み〉が実現するためには、たとえ書き手自身が読むのであったとしても、一度書かれたものを対象化し、向き合う営みが、不可欠である。あるテクストTを書く。書き手はTを書きながら、否応なしに読む。その読みは書くことに組み込まれた読みである。書くことを離れた純粋な読みのためには、テクストTと新たな言語場において向き合う営みが、不可欠である。数秒後でも翌日でも、二〇年後でもよい。その読みは、テクストTを推敲する目的で読まれたとしても、テクストTを書くのに内包された読みではなく、新たな読みである。もちろん推敲後に書かれるテクストは、たとえ全く同じテクストが書かれたものであっても、既にTではない。こうした意味において、書かれている「いま」とは、常に〈未だ読まれていない今〉に他ならない。換言すれば、何かを書いている時とは、いつも未だ読まれていない時である。

(2) 言語場を漂流する〈書かれたことば〉

〈書かれたことば〉は、常に誰かに読まれることを、潜在的に待っている。何かを書くということは、繰り返し読まれる可能性の産出でもある。

ソクラテスはパイドロスに向かって言う。「言葉というものは、ひとたび書きものにされると、どんな言葉でも、それを理解する人々のところであろうと、ぜんぜん不適当な人々のところであろうとおかまいなしに、転々とめぐり歩く。[49]」ここには、デリダ（2001: 24）が「エクリチュールによる本質的な漂流」と呼ぶ契機が宿っている。おまけに印刷術はこのめぐり歩きを拡大した。〈書かれたことば〉はそれが書かれた瞬間に、読まれる言語場の重層化に向かって開かれる。

さらに戦慄すべきことに、書かれたものは、書き手よりも、時として永く生き続ける。書き手の存在が消滅してなお、書かれたものが、残り得るのである。

このゆえに、ジュリア・クリステヴァもW－J・オングもジャック・デリダも、書かれたものを論ずるにあたって、〈死〉を言挙げする。人が書くとは、まるで自らの遺書を認《したた》める謂いであるかのように。クリステヴァ（1985: 235）は「書かれたものを眺めるのは、死を見つめることなのである」と言い、「エクリチュールと墓との親縁関係」を語って、オング（1991: 171）は「書くことに内在する驚くべき逆説の一つは、それが死と密接なつながりをもつことである。」と記し、デリダ（2002: 22）は、「では、受け手が死んでしまい、それどころかこの二人が共に死んでしまってもなお、彼らの一方が残したマークは依然としてつねにエクリチュールである、とひとは言うだろうか。確かになおもそう言うだろう。」と述べ、「送り手」と、とりわけ「受け手」の〈不在〉を強調する。

なお私たちの議論にあっては、デリダのこの言には註が必要である。「彼らの一方が残したマークは依然として」「エクリチュールである」と言うのは、その「ひと」が何らかの言語場に立ち現れたときだけである。「ひと」によって読まれる言語場が現れなければ、それは書かれた物質ではあっても、完《まった》き意味においては、エクリチュールでもないし、〈書かれたことば〉でさえない。「ひと」なきところに、世界自身は、物質の上のインクと文字とを区別できないのである。

(3)〈書き残す〉ということ

日本語では「書き残す」とは言うが、「話し残す」とはあまり言わない。「書き置く」ことはできても、「話し置く」ことはまあ、あまりしない。〈書かれたことば〉は、常に・まだ実現せぬために書かれる。〈話されたことば〉は話されるいま・ここで滅びるために話されるが、〈書かれたことば〉は、いま・ここで滅びぬことを願って書かれ、時として、〈書かれたことば〉よりも書き手自身が先に滅びるのである。

Derrida(1967: 424)はルソーを論じ、こう言う。日本語訳をデリダ(1972下: 329)から引く:

それゆえ、文字言語《エクリチュール》はつねに〈調子なきもの〉(atonale : 引用者挿入)である。そこでは、主体の位置は他者に占められ、掠め取られる。ただ一度だけのものであり、「自身が存在する場においてだけ固有のもの」である話された文章は、書かれるや否や自身の場とその固有の意味とを失う。

なお、世界中に広く存在する口頭伝承や宗教的な口伝といったありかたは、「話し残す」ように見えるが、原理的には記録として「話し残す」のではなく、聞き手が記憶として「聞き置く」とでもいったありようである。〈話されたことば〉が脳の中に刻印されるという営みである。面白いのは、〈書かれたことば〉が再生されるためには、より正確には〈書かれたことば〉として完き実現を完成するためには、読み手が読むという営みが必要であるのに対して、口承や口伝といった記憶が再生されるためには、また改めて〈話されたことば〉として実現されねばならない。つまり口承や口伝は、それが再生されるときには、改めて〈話されたことば〉として〈話され直す〉のである。実のところ、そうした口承や口伝のありかたも多様であり、まさに一口では伝えられない。

(4) 記憶と記録

〈話されたことば〉が基本的には常に〈いま・ここ〉のものであり、〈書かれたことば〉が〈常に・まだ〉のものであるなら、受け手の側からすれば、〈話されたことば〉はいま・ここの僅かな時間であっても、聞き手自身の〈記憶〉に依拠し、〈書かれたことば〉は読み手自身の記憶とは離れた、読み手が目にする〈記録〉に依拠するということでもある。(50)

〈話されたことば〉が意味として実現し得るためには、聞き手は〈話されたことば〉を、たとえ僅かな時間であっても、記憶の中で保持しなければならない。音の連鎖を記憶の中で意味として保持しなければならない。音《おん》の連鎖は発せられるや、消滅するからである。

このことは、二言語間の逐次通訳という営みを考えるとよくわかる。聞き手の〈話されたことば〉の維持される時間を、通訳者は最大限に拡大することが要求される。逐次通訳という営みを助けるために、通訳者は何をするだろう。書き留めるのである。〈話されたことば〉を〈書かれたことば〉として書き留める。

〈書かれたことば〉は記憶の負担から受け手を解き放ってくれる。忘れたら、また読みなおせばいい。それが文字という記録である。〈書かれたことば〉は、〈それが誰かによって書かれた〉という事実を、何よりもまず断固として記録する一方で、謂わば〈忘れられるために書かれる〉のである。発明の神テウトが文字を発明した、プラトンの物語が教えてくれる通りである。

(5) 線条性という時間

〈話されたことば〉は実時間の中に存在する、線条性（仏 linéarité/ linearity）[51]という物理的な性格から脱却し得ない存在であるのに対し、〈書かれたことば〉は一定程度、時間的な可逆性（reversibility）を獲得している存在である。音《おん》の連鎖は時間的な可逆性がない。まるで一本の線のように、時間の軸に沿って音の連鎖は実現する。同じ単位の要素は同時に現れることはできない。言語のこういった線条性という性質をソシュールは強調した。「記号の恣意性」、つまり意味するものと意味されるものとの紐帯は恣意的であることが、言語記号の第一原理、そしてこの「時間の中にのみ展開」する「能記の線的性質」（caractère linéaire du signifiant）は、第二原理とまでされている。〈話されたことば〉は、単にいま・ここで消えゆくというばかりでなく、〈時の流れに沿って消えゆく〉のである。

ロラン・バルト（1987: 76）は次のように述べた。「話される言葉《パロール》はあともどりがきかない。それが、話される言葉《パロール》の宿命である。いったん口にしたことは、取りもどすことができず、ただ増えるばかりである。話される言葉《パロール》の場合、訂正するということは、奇妙なことだが、つけ加えるということなのである。」（ルビ、傍点は原著）[52]これもまた、〈話されたことば〉の線条性への着眼である。

物理的なことば自体は時の流れに沿って消えてゆくのであるが、〈話されたことば〉の言語場にあっては、聞き手が受け入れる仕方に従って、消えてゆくのであって、物理的な時間に従って消えてゆくわけではない。どこまでも聞き手の時間に沿って、消えゆく。このことは押さえておかねばならない。相手の話すのが速すぎて、ことばについていけないという体験は、私たちの間にしばしば見られるところであろう。ことばが発せられても、聞き手の中での意味の実現が追いつかない事態である。あるいはまた、ぼおっとして、相手のことばを聞いていなければ、〈話されたことば〉は意味として実現せず、消えてゆくであろう。しかしこれらは物理的な時間が過ぎ去ったというよりは、聞き手がことばの時間を話し手と共有できなかったことを意味する。道元《どうげん》（1200–1253）の言を借りて、比喩的に言えば、「時光、虚《むなしく》渡《わたら》ず、人虚《むなし》く渡《わた》る[53]」ということである。〈話されたことば〉の物理的な時間は、聞き手にとっての言語的な時間とは違う。それにも拘わらず、線条性の根本則は崩れない。

このように線条性を強固に保つ〈話されたことば〉に対して、〈書かれたことば〉では線条性は事実上、失われてしまう。「読み」には「速読」があり、前に「返って読む」ことができ、日本語では「とばし読み」「斜め読み」などという名詞まである。時を「斜めに」「読み進む」！　もちろん〈書かれたことば〉であっても、極めて微細に見れば、それが実現するありようにおいては、線条性は保たれているであろう。しかしながら、それはあたかも顕微鏡で見るように、〈読み〉をもはや生理的な微細さに解体して見たときにそうだということであって、〈読み〉という人の知覚のレベルでは、やはり時間の可逆性を一定程度獲得しているというほかない。いま・ここのものであった〈話されたことば〉は、文字を用いて〈書かれたことば〉として記録されることによって、時間的な可逆性をも獲得したのである。ここで今一度〈記録〉ということばに注目しておこう。後に第8節に見るように、このことばは、現代の言語場にあって更に新たな意味を獲得する。

(6) 言語の存在様式と発話の時

〈話されたことば〉と〈書かれたことば〉の存在様式の違いは、ことばが対象化される時間的な違いをもたらす。〈話されたことば〉が発せられる時は前述したように、基本的に〈いま・ここ〉のものである。発話時は〈いま・ここ〉にある。聞き手にとっても、ごく微細な時間的なずれを含みつつも、発話時は〈いま・ここ〉にある。「今行くよ。」と言われれば、聞き手は、今、そこで待つであろう。

ところが、〈書かれたことば〉が発せられる時は、書き手にとっては〈いま・ここ〉であるが、読み手にとっては目の前で書かれない限り、〈書かれた時〉は常に過去のものである。「今行くよ。」と書かれた〈書かれたことば〉、即ちテクストを読むとき、読み手は、その「今」が読み手の「今」でないことを強制される。その「今」ということばが話されたものではなく、書かれていると言うこと、即ち談話ではなく、テクストであるということによって、その「今」が読み手の「今」でないことを強制されるのである。場合によっては、書き手はとうの昔にこの世を去っているかもしれない。読み手は、そのテクストの「今」が〈いま・ここ〉であることを知らしめる他の条件がない限り、今、そこで待ちはしないだろう。例えばテクストの中に「あなたがこの手紙を読んでいるまさに今、目の前に私が現れるのです。」などという条件がない限りはである。「今行くよ。」とだけあっても、あるいは、永遠に来ないことを知った上で、書き手のためにではなく、読み手自身のために待つであろう：

〈書かれたことば〉の発話時は読み手にとって基本的には常に過去のものである

「発話時」といったことを議論する時制論は、しばしば、このことを見失う。発話時を基礎とする既存の時制論について、第7章第7節で改めて述べる。

(7) 自らの直前で消える〈話されたことば〉、自らの目前にのみある〈書かれたことば〉

〈話されたことば〉は自らの周囲からやって来て、自らの直前で消える存在であるのに対し、〈書かれたことば〉は常に自らの目前にのみ存在する。この点も〈話されたことば〉と〈書かれたことば〉の大きな違いである。

面白いことに、〈話されたことば〉に触れる者は、普通はその音の聞こえる方を見る。後ろから聞こえることばを聞こうと思えば、人は振り向くのである。振り向かずに聴き続けようとすると、それなりの意識的な営みとなる。自らの周囲からやって来た〈話されたことば〉は、自らの直前で消え、消えたときには、既に自らの中で意味として実現している。〈話されたことば〉としての音は、意味として実現しながら、聞き手の前で消滅する。〈話されたことば〉は、超高速度撮影のスローモーションで自分の眉間を貫く、弾丸のようなものである。それが自らの直前で消えたときには、自らの中で何らかの事態が起こっている。

〈話されたことば〉が話し手の四方八方からやって来得るのに対して、〈書かれたことば〉は、常に読み手自らの眼差しの方向にのみ存在する。基本的には、〈書かれたことば〉は、瞳が向く、その方向にのみ存在し得る。既に述べたように、〈書かれたことば〉は、点字を除けば、基本的には、光のないところでは存在しない(54)。〈書かれたことば〉は眼差しの先にある言語であり、やはり光と共にある言語である(55)。

この点で、点字(braille)など触覚による文字は、視覚による文字といかに異なり、いかなる同一性を有するのかといった問題は、文字と言語を考えるにあたっては、本質的な問いを投げかけるものと思われる。

彫ってある文字、つまり刻された文字は古代、文字創製の頃から存在する。古代以来の文字の多くは人の向こう側へと彫られている〈陰刻〉であるのに対し、点字もまた刻された文字ではあるが、点字が読まれるときは、人のこちら側に突き出ている、〈陽刻〉である。なお、「点字」の普通名詞ともなっている六点式点字の創製者ルイ・ブライユ(Louis Braille, 1809-1852)は、文字だけでなく、楽譜の点字も作っている。このことは音と触覚の関わりを示唆するところ大である。ブライユはオルガンの奏者でもあった。

(8) 他律の時間と自律の時間

言語が働く時間に注目すると、〈話されたことば〉は受話者たる聞き手にとって他律的(heteronomous)だが、〈書かれたことば〉は受話者たる読み手にとって自律的(autonomous)である。

〈話されたことば〉が実現する物理的な時間は、聞き手が律することができない。時間も速度も、基本的には話し手のものである。聞き手はどこまでも話し手の時間に従わねばならない。聞くことを拒むのさえ、そう簡単なことではない。先に「時光、虚《むなしく》渡《わたら》ず、人虚《ひとむなし》く渡《わた》る」と比喩的に述べたことも、まさに他律性のゆえに起こるのである。〈書かれたことば〉の時間は読み手が律する時間である。そもそも読みたくなければ、読まなくてよい。ゆっくり読む、早く読むといった速度も、先に述べたように、斜め読み、返り読み、拾い読みといった、読みの時間も、読み手が管理する時間である。

(9) 話し手自身という聞き手、書き手自身という読み手

既に少し触れたように、〈話されたことば〉が実現するとき、普通はいかなる場合もたった一人の聞き手だけは確保される。〈話し手自身という聞き手〉である。通常、声は話し手自身も聞いているからである：

> 〈話されたことば〉の言語場には、〈話し手自身という聞き手〉と、〈他者たる聞き手〉という、二重の聞き手が存在し得る

そしてこうした〈話し手＝聞き手〉がまず存在するという構図は、〈書かれたことば〉ではさらに明示的に現れる。書き手とは、同時刻に存在する読み手でもある。書き手は書きながら読み手としても意味を紡ぎ出す。こうしたことはもう多くの論者が認めているところである。

ことばを発した話し手自身は、発せられたことばを誰よりも先に聞く。発せられたことばが、意味となることへの、世界で最初の体験者である。その時点での異議申し立てもあり得る。「言い間違えた」とか「こんなことばじゃなく

て」とか「あ、言い過ぎたかな」等々。

この〈話し手自身が聞く〉ということと、話し手におけるいわゆる思考や内的言語といったものと混同してはならない。言語として対象化される、つまり音声として発せられるまさにその音を、話し手自身が聞くことと、言語未生以前の「思考」といったものとは区別されねばならない。例えば、「言い間違い」を「言い間違い」と話し手自身が認識し得るのは、ただただ、ことばを語った後なのである。

4 〈形音義トライアングル〉の仕掛け

(1) 線条性とゲシュタルト

ソシュールの強調した能記《シニフィアン》の「線的性質」は、後の言語学者たちがリニアリテ＝線条性（仏 linéarité）という術語で強調したのを見ても解るように、物理的な線、あたかも点の軌道としての線のごときものとして理解され易い。ことばは発せられては時間と共に消えゆくのだと。しかしながら言語を支える音《おん》自体は、物理的な時間と共に消えても、言語場における話し手や聞き手にあっては、言語音は単なる直線的な羅列として現れては消えゆくわけではない。この点ははっきりと確認しておかねばならない。

例えば、「雨が」とことばが発せられたとき、その発話は時系列の上で a-m-e-g-a という継起的な順序で発せられる。この順序を違えることはできない。例えば a-m-e-g-a「雨が」の最初の二つの音素、a と m の順序を m-a-e-g-a と違えるだけで、ことばは異なった意味「前が」として実現し得る。順序がさらに錯綜すると、a-g-a-m-e「崇め」などとなるかもしれない。それぞれの音素が一定の継起的な順序で実現してこそ、「雨が」という発話として実現し得るわけである。ゆえに、音そのもの、音声の実現においても時間的な可逆性はないし、音素の実現においても時間的な可逆

図 19　言語音は線条性という性質を持って実現する

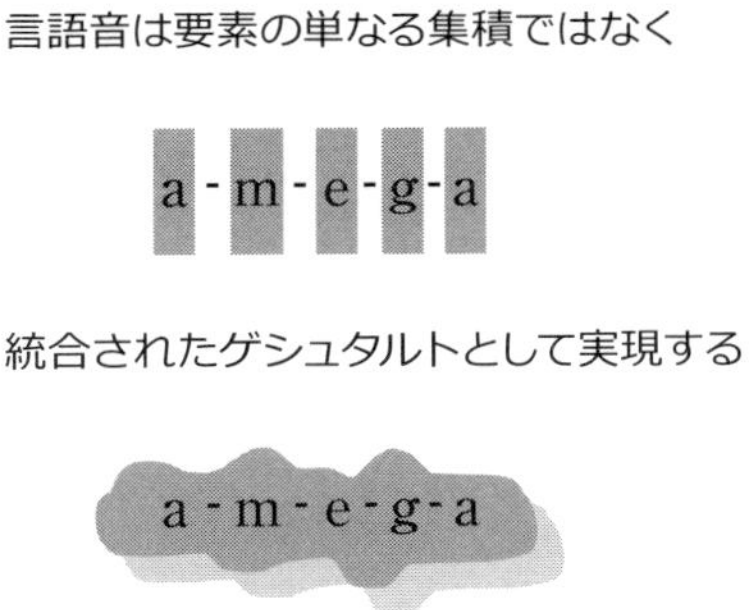

図 20
野間秀樹（2012a:20）より

性はない（図19）。

ところが、意味の実現という点から見ると、a-m-e-g-aという音列は、単純に一つずつ音素が言語音として実現しているとは言えない。例えば、a-mという音列だけでは、そもそも日本語として意味をもたらす言語音としては成立していない。少なくとも、a-m-eにまで至って初めて、つまり時間軸上ではaを終え、mを過ぎ、eの実現を見て初めて、日本語の「雨」という〈意味〉の実現が期待されるのであり、日本語の完き意味での言語音としての実現と見なし得るわけである。つまり線条性と言っても、意味の実現から見ると、一つの音的なまとまり〈ゲシュタルト〉（独 Gestalt）——音としての形のまとまり——が実現するまでは、母音、子音といった単音でさえ、日本語の単音として実現していないということになる。

実は、母音や子音といった言語音は、離散的に、不連続な形で実現するのではなく、音の連なった連続体として実現している（図20）。

単音ないし分節音（segment）はどこまでも分析的に取り出した単位であって、単音を単音と定めるのは、実は音的なまとまり、聴覚的なゲシュタルトとしての実現が、最低の条件となる。〝e〟まで現れないと、〝a〟も〝m〟もそれと同定できないのであるから、線条性という観点から見ると、これはちょっとした背理《パラドクス》である。これを線条性のゲシュタルト・パラドクス（Gestalt paradox of linearity）と呼んでおこう。

〈線条性〉とはこのように、実はゲシュタルトという連結単位を基礎にした線条性である。〈言連鎖〉（spoken chain/仏 chaine parlée）と呼ぶ時間軸に沿った音的なまとまりは、こうした聴覚的なゲシュタルトの列である。列車に乗っている乗客（＝音素）の座席の順序は、列車（＝ゲシュタルト）ごとに調べないと、判らないのである。

(2) 音と文字の〈わたり〉

〈話されたことば〉は音で実現されるがゆえに、実現されている時間は、基本的に連続的なものである。音声学や音韻論では〈話されたことば〉から母音、子音などといわゆる単音に分節し、言語音を記述するけれども、現実の音そのものはどこからどこまでが一つの音であるなどと、きれいに分節できるとは限らない、というより、通常、休止＝ポーズからポーズまでの切れ目のない連続体として言語音は実現する。a-m-e-g-a という音列の実現においては、母音、子音が区分されて実現するのではなく、a から m へ、そしてまた m から e へと、常にその移りゆく過程、「わたり」も共に実現する。

日本語で外来語の /iaringu/「イアリング」を発音するとき、/i/ と /a/ の間には、舌先や唇の動きが観察される。舌先も上の歯の付け根の方から下の歯の方へと動くし、狭かった唇の開きもさらに開いていくであろう。この /i/ と /a/ の間の音に、聞き手にとって、もしはっきりした /j/ という音が認められれば、/ijaringu/「イヤリング」という発音になる。この場合は母音になり損なった子音、半母音の /j/ が現れたことになる。わたりに現れたこうした音を「わたり音《おん》」（glide）と呼んでいる。音と音の間のわたりには、このようにそれぞれの言語における独立した音素としてのわたり音が認められることもあるし、独立した音素とまでいかずとも、微細に観察すれば、音と音の間のわたりは基本的に常に実現していると言える。音の休止から休止の間、言語音は常に連続体である。

言語音には声帯の振動を伴う有声音《ゆうせいおん》（voiced）と、声帯の振動を伴わない無声音《むせいおん》（voiceless）がある。日本語では母音は普通は有声音、閉鎖音の/b/ /d/ /g/など、鼻音の/m/ /n/、流音の/r/なども有声音、閉鎖音のうち/p/ /t/ /k/などは無声音である。無声音は微細にそこだけ切り取れば、聞き手に「音《おん》」は聞こえないはずなのに——現に機械で計測しても、そこだけ音の高さは計測できない——、単語などひとまとまりのゲシュタルトの中では「言語音」として認識される。母音であっても、例えば/isiki/「意識」などといったゲシュタルトの中では、/isiki/ [iɕi̥ki] のように、無声音/s/と無声音/k/との間に挟まれた母音/i/は無声化する。IPAの発音記号[i̥]の下の小さな○は、無声化の印である。この場合、口の形は母音[i]の形をしているのに、声=音が伴わないまま、次の音に移行するわけである。とりわけ東京方言などではこの母音の無声化現象が著しい。母語話者には無声化は文字通り意識されないが、例えば関西方言の話者がこの無声化すべき有声音を、有声音として発音したら、東京方言話者には自分との発音の違いが感じられることも、少なくないであろう。こうした事実もまた、独立した単音が単に結合して単語をなすと考えるのではなく、連続体としてのゲシュタルトの中に単音が位置を占めていると見るべきこ

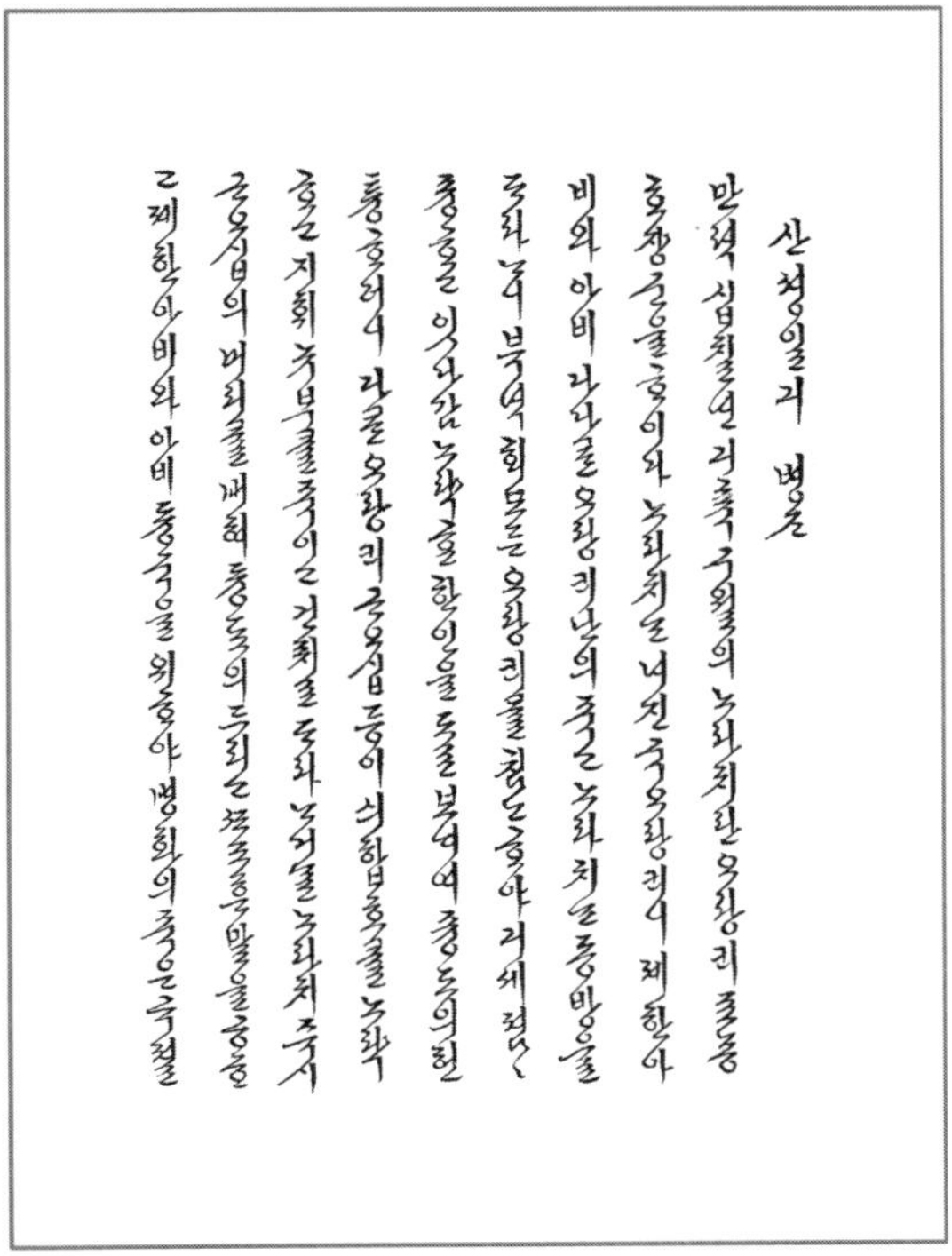

図21　ハングルの連綿

連綿にあってはどこからどこまでが1つの文字であるか，物理的な形の上で決定づけることができない．文字と文字を繋ぐ画（かく）は、謂わば文字の〈わたり〉である．宮体と呼ばれる書体で書かれた，『山城日記』．韓国学中央研究所所蔵．

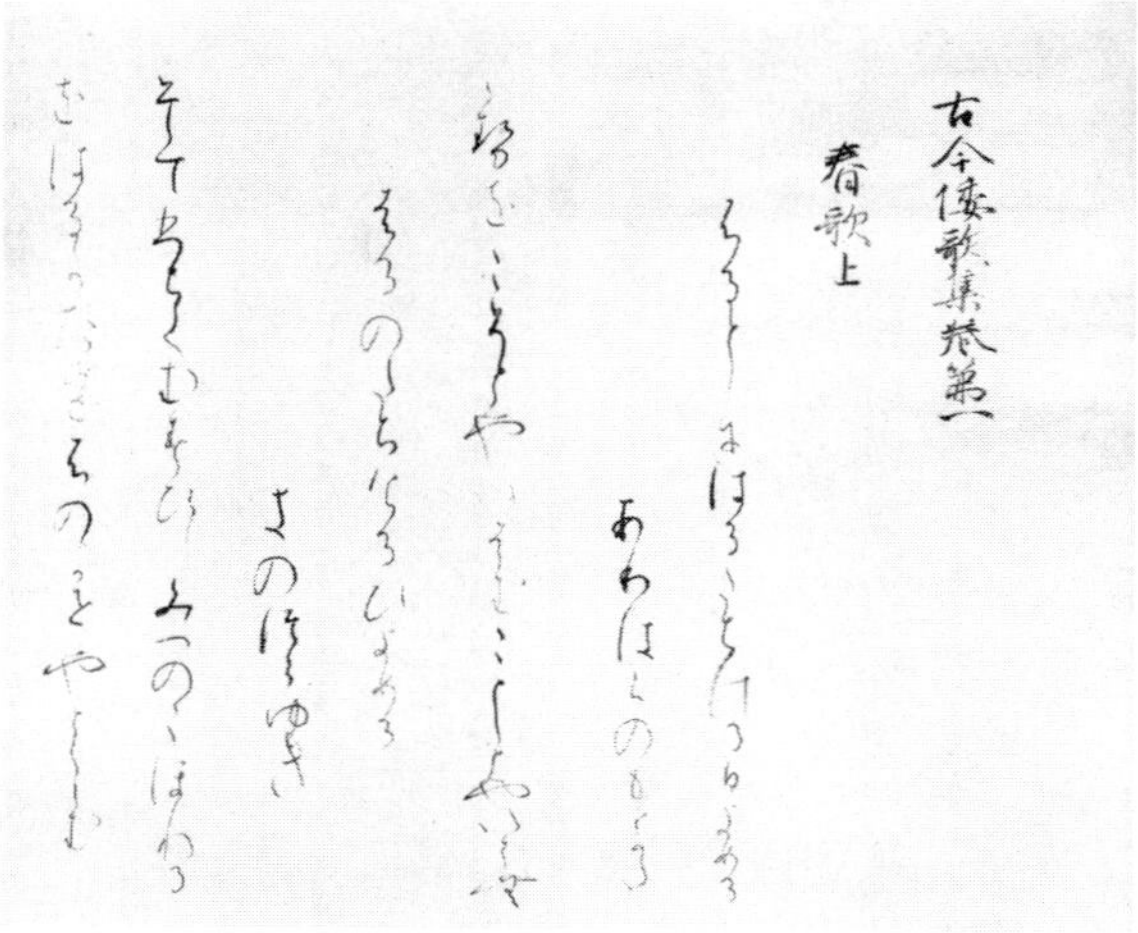

図22　仮名の連綿

仮名の連綿も文字の〈わたり〉の貴さを否が応でも見せつけてくれる．

　高野切と呼ばれる『古今和歌集』最古の写本．その第1巻．図では「古今倭歌集巻第一 春歌上」以外は皆仮名で，4行目「在原元方」，8行目「紀貫之」といった人名も仮名・変体仮名に開いて記されている．五島美術館蔵．古谷稔解説（1993）より．

独立形		ت
非独立形	語頭形 頭字	ﺗ
	語中形 中字	ﺘ
	語尾形 尾字	ﺖ

図23　アラビア文字のt（ター）

アラビア文字は横書き，右から書かれる．点は線を書いた後に左の点から付す．

とを、示唆してくれている。〈話されたことば〉においてはこのように、音の休止と休止の間は、基本的に連続したゲシュタルトとして実現するのである。

一方、〈書かれたことば〉にあっては、文字は必ずどこかで分節されている。[56] 単位として視覚的に分節される必要があるわけで、〈話されたことば〉に本質的に存在する「わたり」はむしろ積極的に消し去られる。こうして〈書かれたことば〉は基本的に discrete〈離散的〉な不連続体として実現する。文字の有するこうした原理的な不連続性にあって、東洋の〈書〉における〈連《れん》綿《めん》〉は、不連続体たる〈書かれたことば〉への精一杯の反逆である（図21・22）。東洋のこうした連綿はどこまでも書き手による、アド・ホックなものであって、自由な変異である。この点で、単独形と続けて書かれる非単独形を、もともと字形として有するアラビア文字やモンゴル文字、満州文字の原理的な仕組みとは異なっている。例えば図23に見える、アラビア文字の非独立形には、単語の頭に用いる頭字、単語の内部、即ち左右に続いている中字、単語の末尾に用いる尾字といった、続け字のための形が独立形とは別にそれぞれ用意されている。なお、アラビア文字の書には、そうした原理的な非単独形とはまた別に、タイポグラフィカルな連綿が知られている。

(3)〈話されたことば〉と〈書かれたことば〉の知覚のゲシュタルト

〈話されたことば〉は音《オト》の世界の〈聴覚的なゲシュタルト〉として認知され、〈書かれたことば〉は、光の世界の文字を通した〈視覚的なゲシュタルト〉として認知される。受け手におけるゲシュタルトとしての認知の仕方、ゲシュタルトの実現の仕方は、〈話されたことば〉と〈書かれたことば〉の違いでもある。

〈書かれたことば〉ではこうしたゲシュタルト的な性格がさらに濃厚になってゆくのが普通である。日本語でもローマ字で書くときは行われるように、ハングルで書かれた朝鮮語や、ローマ字で書かれた英語などでは、普通、空白を置いて〈分かち書き〉(띄어쓰기《ティオッスギ》)を行う。空白がデリミタ(delimiter)=〈切断子〉として書かれているわけである。空白を「書く」体験は、今日キーボードによる入力で誰もが体験しているところである。空白によって分かち書きされ、切り出された単語は、単語全体が視覚的に一度に知覚されるという性格を有し得る。英語を〈読む〉という営みが習慣化している読み手は、"school"を s…c…h…と文字ごとに頭から解読するのではなく、物理的にはともかく、少なくとも感覚的には"school"全体を一度に知覚する。さらに進んで"in the school"といったまとまりをゲシュタルトとして認知しもするわけである。朝鮮語や英語が〈読める〉ようになるとは、まさにこうしたゲシュタルトとして知覚し、認知する仕方に、習熟することでもある。

　ドイツ語やロシア語の単語が英語やフランス語に比べると、しばしば長いことは知られている。合成語、複合語をデリミタ=切断子なしで、好んで書く習慣だからである。初めて「言語学」Sprachwissenschaft という単語を見る読み手は、これをSprach(言語)+ wissenschaft(学)のごとくゲシュタルト単位に切り分けたであろう。初めて

языкознаниеという単語に接した読み手は、これをязыко（=jazyko）（言語）+знание（=znanie）（学）のようなゲシュタルトに分析総合したかもしれない。

こうした分析総合に習熟することが、その言語の〈書かれたことば〉の読み手として育つということの不可欠の関門に他ならない。〈書かれたことば〉に習熟するというこうした営みは、目的意識的な訓練を要する。こうした訓練は古くは階級的な独占の対象であったし、今日でもそうした階級性はしばしば失われずにいる。

漢字仮名交じりの日本語にあっては、漢字とひらがな、片仮名の配列のまとまりが、しばしばそうしたゲシュタルトを構成する。例えば、次の〈書かれたことば〉はどうだろう：

　日本語では漢字とひらがなとカタカナの配列がゲシュタルトを構成する

右の文では、「日本語」や「漢字」などの漢字で書かれた文字列が、一つのまとまりとして重要なゲシュタルトを構成すると同時に、「日本語では」「漢字と」「配列が」「構成する」のような「漢字＋かな」という文字列、また「カタカナの」「ゲシュタルトを」のような「カタカナ＋かな」という文字列がそれぞれゲシュタルトとして立ち現れるかもしれない。仮にひらがなをデフォルト＝初期値に据えると、概ね、漢字や片仮名などに替わる地点が新たなゲシュタルトの始まりと認知されるわけである。ひらがなだけが続く部分、例えば「とひらがなと」といった配列は、他の部分に比べると、読み手の時間にあっては僅かな逡巡があるかもしれない。ゲシュタルトの実現はどこまでも知覚上の出来事なので、読み手によって異なったり、同じ読み手でも読むときごとに異なったり、同じ読み手でも単語などに対する経験値によって異なるといったことが、いくらでもあり得る。“Hamburg”（地名のハンブルク）＋“-er”（接尾辞）であった“hamburger”が、“ham+burger”と認識されるといった、言語学で異分析（metanalysis）と呼ばれる現象は、知覚のゲシュタルトのこうした切り分けの違いに起因する。漢字だけを見て速読をする、などという読み方も、こうしたゲシュタルト性を利用したものである。

コンピュータによる〈書かれたことば〉の形態素解析においては、漢字、仮名、片仮名、ローマ字などといった字種の違いを利用することができる。謂わば人がゲシュタルト知覚において行っていることを、デジタル化＝機械化しているようなものである。

言語における時間、線条性といった観点から見ると、機械はともかく、人間の読み手にあって、読みの時間は均一に流れ来るのではない。前述のごとく、ゲシュタルトごとにやって来るのである。

(4) 表語文字の知覚のゲシュタルト

また、漢字などの表語文字（logogram, logograph）[57]によって〈書かれたことば〉にあっては、字母の順序や音素配列的な順序に従って読むのではなく、一文字全体を一度に〈読む〉ということが起こる。その文字の全体が一度に目に入るのである――まるで絵のように。

第2章第4節(5)②において、漢字は漢語圏＝中国語圏にあって音節の外部境界を表していることを見た。そして中国語は元来、単音節語が非常に豊富な言語であったので、漢字一文字は基本的に一単語を表すのであった。アルファベットではなく、そうした漢字のような文字であれば、一文字全体が一度に知覚され、その知覚された一文字が、単語を表し得るわけである。“a-m-e-g-a”のごとく、音声言語を分節音単位に微細に見ながら確認できる、線条性といった性格は、中国語圏における漢字にあっては、こうしてしばしば背景へと退いてしまう。〈あたかも一度に読むように〉というゲシュタルト知覚のありようは、文字が意味となる仕組みを支える、決定的な装置である。

ここで、言語存在論的な観点から漢字の仕組みについて見てみよう。実はこの仕組みが文字にとっての本質的な仕

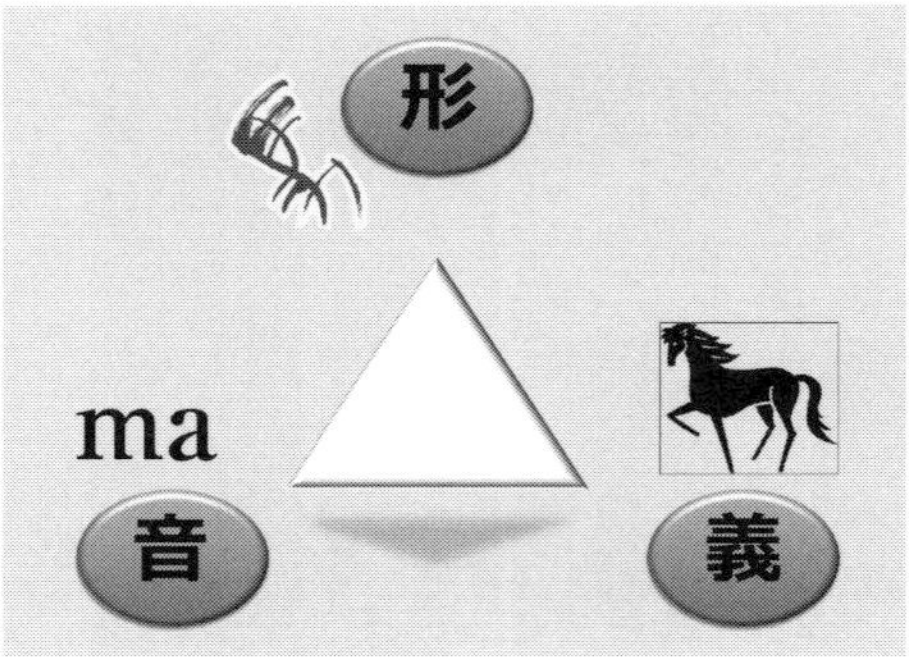

図24　漢字の〈形音義トライアングル〉

組みを解く、重要な手がかりになることが、見えてくる。

漢字の仕組みはしばしば〈形《けい》・音《おん》・義《ぎ》〉（中 xíng yīn yì, 형《ヒョン》 음《ウム》 의《ウィ》）という三つの要素で説かれる。形は主として字形を問題にする学問としての伝統を持つほか、書といった芸術にも独自の進化を見せる。音は音韻学の膨大な蓄積がある。義は訓詁学の本骨頂である。(58) こうした〈形・音・義〉を既存の漢字論がややもするとそうした傾向があったように、別々に論じたり、縦書きにせよ、横書きにせよ、〈形・音・義〉のような直線上の配列にして論ずるのでは、本質が見えてこない。三つの要素が取り出せるとか、三つの要素から成り立つというだけでは、仕組み＝システムとしての漢字が見えてこない。この三つの要素はどうしても上のような三角形《トライアングル》に配し、その相関が支えるシステムを、アルファベット＝単音文字のシステムと対照しながら考えるのがよい（図24）。

漢字は文字であろうとするなら、光の世界にあって、何よりもまず何かしらの〈視覚的な形〉がなければならない。例えば、といった形がある。そしてこの形が、当該の言語において例えば /ma/ といった〈音〉と結びついていなければならない。その形がその音を想起し得るという、繋がりが成立しなければならない。もちろんこの音は言語や方言ごとに異なり得るものである。さらにその形は、例えば「遠くを駆け行く、あの美しい生き物……」といった対象を、想起し得るものでなければならない。これは何らかの対象を指示するというよりは、読み手が想起し得るものと言った方が良い。こうした〈形音義〉のトリアーデ（独 Triade）によって成り立つのが、漢字の仕組みである。重要なことは、これら〈形音義〉が三位一体のものとして働く仕組みになっているという点である。こうしたシステムを〈形音義トライアングル・システム〉と名づけることができる（図25）。

平安時代の僧にして悉曇《しったん》学者、音韻学者であった明覚《めいかく・みょうかく》（1056-?）の撰になる『梵字《ぼんじ》形音義《ぎょうおんぎ》』（1098）などという書物があるように、〈形音義《けいおんぎ》〉という概念装置は漢字だけでなく、例えば梵字などについても、早くから利用されている。なおこの書名は、仏教に関わる単語なので、「形」は漢音の「ケイ」ではなく、呉音で「ギョウ（ギャウ）」と読み慣わしている。

同じく対象の形を象った、絵文字と漢字の違いは、絵文字の方は〈形音義トライアングル〉から、〈音〉が欠けている点にある。そして〈形〉が欠けているものは、まさに〈話されたことば〉としての言語ということになるのであるが、これには後に今少しの補説を要する。

単音文字（segmental script）としてのアルファベット（alphabet）[59]は、形と音が基本的には一対一的な対応も見せるシステムである。つまり〈形音義トライアングル〉に照らし、〈義〉が欠けていることになる（図26）。

アルファベットの一文字一文字にはない漢字の〈義〉は、単語のいわゆる〈語彙的な意味〉（lexical meaning）と呼ばれるものに、概ね相当する。古代の中国語の世界にあっては、漢字一文字が一単語であるという性格が、濃厚であった。漢字一文字が一単語としての〈義〉を持った単語を表す、表語文字として成立したわけである。

〈書かれたことば〉としての漢字の知覚のゲシュタルトは、もちろん〈形〉がもたらすものである。面白いことに、漢字が中国語圏から外に出るとき、この〈形〉だけが出て行くわけではなかった。漢字はこの〈形音義トライアングル・システム〉として共に山河を越え、海を渡るのである。この〈形音義トライアングル・システム〉こそは、漢字がその〈形〉を維持しながら、他言語圏で生きることを支えてくれる、絶妙の装置であった。朝鮮語や日本語、ベトナム語といっ

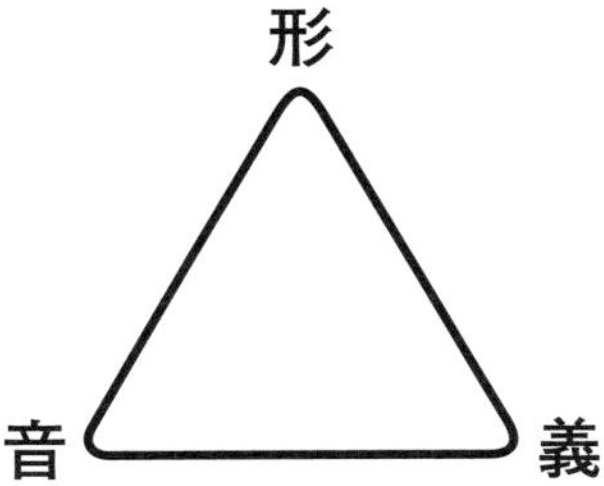

図25　漢字の〈形音義トライアングル〉という仕掛け
野間秀樹（2010: 63）より

た、いわゆる漢字文化圏の言語において漢字が生きながらえることが可能だったのは、他ならぬ漢字のこの〈形音義トライアングル・システム〉に拠る。

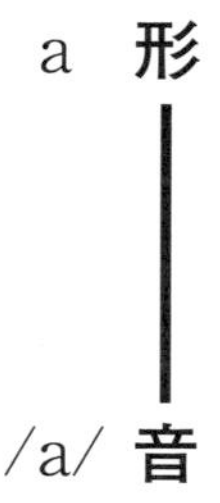

図26　アルファベット＝単音文字の仕掛け
野間秀樹（2010: 63）より

日本語圏であれば、「山」といった〈形〉に即して言われるものが、どうも日本語圏の我々が「やま」と呼んでいるあれに、近そうだとわかる。それを我々は「やま」と呼んでいる。そこで「山」という〈形〉に我々のことばの「やま」を宛《あて》がってしまおう。「山」に「やま」という〈音〉の宛がわれることが習慣化し、伝統化したとき、〈訓読み〉が成立する。訓読みとは、漢字の形音義トライアングルにおいて、もともとあった中国語の音に重ねて、他言語たる日本語の単語の〈音〉を宛がい、そのことによって当該の単語に即した語彙的な意味が立ち現れることを可能にした、驚くべきシステムであった。漢字の発生論的な仕掛けであった〈形音義トライアングル・システム〉が、異言語における漢字のこうしたアクロバティックな再生を可能にしたのである。

一つ確認しておくべきは、ここで〈義〉と呼ばれているものが、決して元来中国語圏で「山」という漢字から想起されていた「山」の〈義〉や「山」のイメージなどといったものではないという点である。「山」という漢字が日本語圏に持ち込まれ、日本語圏において立ち現れる漢字の〈義〉とは、どこまでも日本語の「やま」という単語にまとわりついているものであって、中国語圏のそれとどんなに似ていることがあっても、基本的には別のものである。表語文字としての漢字は、日本語にあってはどこまでも日本語の単語を担うことになるわけである。それゆえ、例えば日本語話者が中国語や朝鮮語で、日本語にない漢字の用法を見ると、意味の実現が阻まれることになる。

〈義〉が他言語圏で意味の変容を見せることは、現代日本語や朝鮮語における外来語の受容を考えれば、容易に想像がつく。例えば、外来語として用いられる日本語の「ボーイフレンド」「ガールフレンド」や朝鮮語の「보이프렌드《ボイプレンドゥ》」「걸프렌드《コルプレンドゥ》」は、boyfriend や girlfriend という英語の名詞で用いられる意味と、同じとは限らない。辞書にはわ

ざわざ「boyfriend は「恋愛関係にある男性」を指す[60]」、「通例性的な関係を含意するので、単なる男友だちをいう場合は He is a friend (of mine). などが無難[61]」、さらには「深い仲になっている特定の女性を指すので、She is a girlfriend of mine. は愛人が複数いることを示すことになる」と[62]、「愛人」などという単語も交え、いたく手厚い記述まで見える。「カンニング」≠ cunning（［けなして］ずるがしこい、［ほめて］巧妙な）、のように、日本語化して当たらずとも遠からずといったものもあるが、「スマート」≠ smart（頭の良い、［英国］身なりがきちんとした）など、外来語として用いられる際に、原義から随分離れたものも少なくない。もちろん時代と共にこうしたは語義や含意は移り変わり得る。

全く同じ漢字から構成される文字列であっても、中国語、朝鮮語、日本語の間で担う単語が異なるとき、当然のこと、それぞれ実現される意味は異なってくる。「工夫」は中国語では「暇」ないしは「（何かにかかる）時間」といった意味を実現し得るが、朝鮮語では「勉強」といった意味をもたらし、日本語では「くふう」といった意味を実現し得るといった具合である。もちろん〈音〉はそれぞれ三つの言語ごとに異なっている。つまり〈音〉は言語ごとに著しく異なり、〈義〉も言語ごとの偏差を見せ、字形を改造しない限り、〈形〉のみが同じなわけである。

ただし決して見逃してはいけない。同じなのは実は〈形〉だけなのではない。驚くべきことに、どの言語にあっても漢字の〈形音義トライアングル・システム〉という仕掛けそれ自体は維持されており、そうした仕掛けが存在することこそ、全く変わらないのである。そしてまさにこうした仕掛けが、私たちに文字と言語音と意味との相関を教えてくれる。

河野六郎文字論が喝破したごとく、文字は表語文字として生まれ、表語文字を目指す。表音の装置であるアルファベットであっても、知覚のゲシュタルトにおいては、通常は字母のまとまりとしての flower などという全体が一つのゲシュタルトとして知覚されるのであって、決して単音が順に加算されて知覚されるようなものではない。「表音要素の結合が一つの表語単位をなす。[63]」まとまったゲシュタルト全体が一つの表語の役割を果たすわけである。単音を表したはずのアルファベットが、さらに大きなまとまりとしてのゲシュタルトを成り立たせることによって、意味が立ち現れる、つまり単語として働くわけである。

この点、アルファベット＝単音文字であり音節構造文字でもあるハングルもまた、同じような性格を見せる。例えば「学校」という漢字語＝漢語は文字の平面において「학교《ハッキョ》」と書く。日本語における仮名と異なり、朝鮮語にあって漢字一文字は常にハングル一文字である。ゆえに漢字で書いてもハングルで書いても文字数の増減はない。「学生」は「학생《ハクセン》」と書く。漢字の「学」が「学校」と「学生」の双方に用いられているのと同様に、「학《ハク》」もまた双方に用いられているわけである。こうして漢字の「学」を構成素とする朝鮮語の全ての単語には、それがハングルで書かれるとき、常に「학《ハク》」という視覚的な形が現れることになる。「학문」は「学問」、「언어학」とあれば、「言語学」といった具合である。

こうしたことが個の言語においても、そして集団の言語においても繰り返されるとき、アルファベットであり、音節構造文字であり、表音文字であったはずのハングルにあって、漢字の「学」という視覚的な〈形〉が示していた働きを、ハングルの「학《ハク》」という視覚的な〈形〉が見せるようになってくる。文字通り、表語的な働きを見せ始めるのである。

ところで、例えば朝鮮語には「학《ハク》」という、「鶴」を表す固有語が存在する。「학《ハク》」の文字だけ見れば、同字異語ということになる。発音すれば〈音〉も同じであるから、同音異語である。こうした同字異語、同音異語がなければ、表語的な働きはいよいよ際立つことになるし、同字異語、同音異語があったとしても、ある特定の〈形〉の用いられる頻度が高ければ、やはり表語的な働きは際立ってくるわけである。例えば固有語の「있다《イッタ》」（ある。いる）という単語の語幹「있-《イッ》」には同字異語が存在しない。ゆえに文字の平面における「있」という形だけで「ある」や「いる」の意を想起させるに、充分である。「없-《オプ》」（ない。いない）、「놓-《ノッ》」（置く）、「읽-《イク》」（読む）など、ハングル一文字で語

根が特定されてしまうものも、決して少なくない。このあたりは、日本語の仮名とは決定的に異なっている。漢字を交えず、仮名だけで表記された日本語と、ハングルだけで表記された朝鮮語との大きな違いもここにある。

一音節語で表語性が弱かったり、語彙が増えてくれば、二音節語、三音節語、四音節語など、いくらでも文字数を増やして組み合わせ、〈形〉を拡大すればよい。現代中国語で多くの多音節語が用いられている事実が、そのことを教えてくれる。

(5) 朝鮮語圏=韓国語圏ではなぜ漢字を用いないで済むのか

第2章第4節(1)で見たように、朝鮮語=韓国語の語彙の層のありようは日本語とよく似ていて、三つの語種がある。①日本語の和語に相当する固有語、②漢語に相当する漢字語、③外来語、この三種である。このうち漢字語のみ、漢字でもハングルでも書ける。「花《はな》」「美《うつく》しい」のように、日本語では固有語=和語を漢字で書くことが、非常に多いけれども、朝鮮語では固有語と外来語を漢字で書くことはしない。既に述べたように、新羅時代などにあった、固有語を漢字で表記する借字表記法の伝統は、絶たれて久しい。こうした語種と表記の係わりから、アラビア数字やローマ字を除けば、ハングルと漢字で朝鮮語を表記する方法は、基本的に次の二つがある：

(一) ハングル専用=全てをハングルだけで書く

(二) ハングル漢字混用=漢字語のみ漢字を用い、固有語外来語をハングルで書く

朝鮮語圏=韓国語圏におけるハングル専用論は、ハングル漢字混用論に比べても、大きな力を持っている。一九五〇年代後半以降、共和国では完全にハングル専用、韓国でもハングル専用が基本的な流れだと言えよう。日本語圏の

人々から考えると、なぜ漢字を用いないのか、ハングルだけで不便ではないのかといった疑問が湧く。こうした問いは、ここでの議論に関わる深い問いでもあるので、少し触れておくことにしよう。

言語生活上の事実として、仮名漢字交じり文でないと大変読みにくい日本語の表記と比べ、漢文の読解などでもない限り、ハングル専用でも朝鮮語圏では日常の言語生活にほとんど困ることはない。

ハングル専用で困らない理由は、いくつかのレベルで挙げることができる。第一に表記のレベルにおいて、英語などローマ字を用いる諸言語と同様、現行のハングル表記は単語と単語の間に空白を置く、〈分かち書き〉(띄어쓰기《ティオッスギ》)をしていること。にほんごでもかなやろーまじだけでかいたのではたいへんよみにくいことがいまめになさっているこのぶんからもおわかりいただけるであろう。日本語でも仮名やローマ字だけで書かれたテクストを読むのは、分かち書きなしでは、つらい。分かち書きなしではほとんど実用に供しにくいことからも、分かち書きが決定的な役割を果たすことがわかるであろう。分かち書きは単なる便利といった次元の工夫なのではなく、音を表す仕組みの文字にとっては、〈音〉における切れ目=〈義〉における分節を、空白をデリミタとして視覚的に支える、原理的な仕組みとして働くのである。前述のように、中国語圏の漢字における文字間の空白=デリミタの意義は絶大である。

なお、一五世紀の〈訓民正音〉誕生の時点では分かち書きを行っていない。分かち書きは先駆的な言語学者・周時経(주시경《チュ・シギョン》)(1876–1914)が関わった『独立新聞』(1896創刊)などによって開拓され、近代に入ってから一般化した。

第二に、音節構造が朝鮮語は日本語よりも遥かに複雑で、一〇〇程度の音節文字で済んでしまう日本語と比べ、実用上は三〇〇〇近い音節文字が必要となることが挙げられる。つまり、もし「きゃ」とか「あっ」といった組み合わせの仮名を別に創ったとしても、一文字単位での書き分けが、日本語では百種類ほどしかできないのに、朝鮮語=韓国語では、実際に用いられる音節を表すだけでも、一文字単位で三〇〇〇ほどの書き分けを可能にするのである。現行のハングル字母の組み合わせからすると、実際には朝鮮語で用いられない組み合わせの音節も含めると、文字の上

での理論上の一文字の書き分けは一万通りを越える。前述の、「놓《ノッ》-」（置く）、「읽《イク》-」（読む）など、ハングル一文字で語根が特定されてしまうものが多々あることも、このことに起因する。このように一文字で数千種の音節の書き分けが可能だということが、表記におけるハングル専用を大きく支えている。ハングル専用か、ハングル漢字混用かという問題は、〈表語〉をめぐって、言語と文字の原理の根幹に関わる問題なのである。

(6) アルファベット=単音文字の〈形音義トライアングル〉

ところで、文字における〈表語〉という働きを探るならば、アルファベット=単音文字であっても、こうした〈形音義トライアングル〉という仕掛けが作り出されていることに、注目せねばならない。アルファベット=単音文字が、例えば英語という言語で、flower のように組み合わされた文字列全体で、一つのまとまったゲシュタルトを造り上げ、それが [fláuə] といった音と結びつき、それらが、例えば、野にあって微笑む、あの美しき佇《たたず》まいを想起させるとき、つまり日本語で言うなら「花」といったような意味を実現し得るとき、そこに機能しているのは、まさに漢字が有していた〈形音義トライアングル・システム〉という仕掛けだということが解るであろう（図27）。

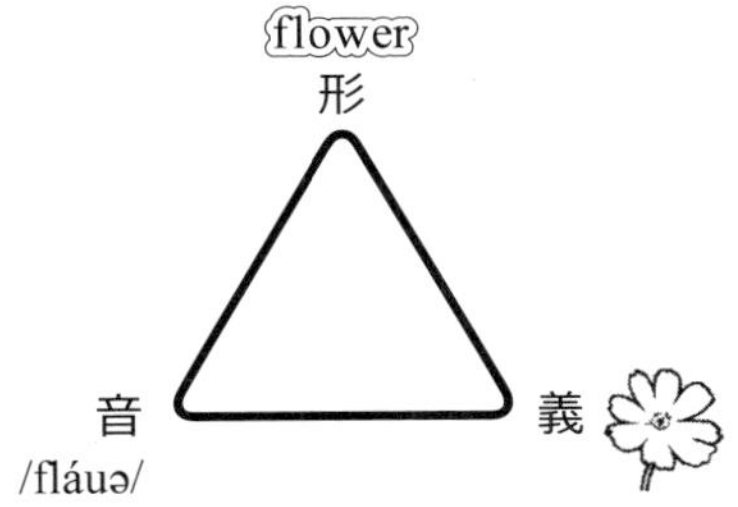

図 27　アルファベットによる〈形音義トライアングル〉

なお、ここで音声記号 International Phonetic Alphabet（IPA）を用いて [fláuə] と表していても、これは文字を示すのではなく、どこまでも〈音《おん》〉を示すもの、〈音〉を示すための代用品である。またここでは仮に絵を用いているが、〈義〉は別に視覚的な対象である必要はないし、視覚的なイメージのようなものである必要もない。

これでわかるように、f, l, o… などといったアルファベット=単音文字は、

flowerという一つのゲシュタルト＝分子を構成する原子のようなものであって、それが実際に働くときは、複数のアルファベット＝原子が集まって、一つのゲシュタルト＝分子を造るわけである。構造的に見ると、その個々の単位は表音文字であるアルファベットも、機能的には単位が結びつきながら、より大きなゲシュタルトを構成しつつ、それが表語的な働きをなしていくのである。ちょうど先に見たように、/a/, /m/, /e/, /g/, /a/…という音素が順に結びつきながら、より大きなゲシュタルト /amega/ を構成しつつ、意味を実現し得る単位として現れるのと、よく似ている。

河野六郎（1977, 1980: 124）はこう言う：

> このように考えて来ると、文字の表音は表語の一つの手段に過ぎないということが判って来る。すでに述べたように、聴覚的な音声連続を感覚の異なる視覚形象の文字にうつす（移・写）ことは厳密には不可能である。そこで表音といっても語の音形をくまなく写し出すことよりも、暗示できればこと足りるのである。エジプトやセムのアルファベットが子音しか示さないというのもそれで表わすべき語の音形が髣髴《ほうふつ》できればよいからである。文字はあくまで書かれたものを読む手段であって、意味の理解が究極の目的である。それには意味を荷う語を手掛かりとしないわけにはいかない。文字の表音は語を知る一つの手段であって、表音を目的とするＩＰＡとは自ら別の物である。

私たちは河野六郎文字論が与えてくれた〈表語文字〉という決定的な水路を手がかりに、〈文字〉というものの本質に近づいて来た。さらに一歩を進めよう。実は、アルファベット＝単音文字においても、漢字と同様に、〈表語の原理〉は、まさにここで述べた〈形音義トライアングル・システム〉に支えられているのだと言わねばならない。

表語の働きをめぐる漢字とアルファベットの違いは、その内部構造がどうなっているかの違いに過ぎない。漢字の

〈形〉は部分に分かち得るが、それら部分が言語音を担うものというわけではない。アルファベット＝単音文字は、その単位が言語音を担う単位となっている。そうした違いである。

(7) 文字から音が剥落するとき――アルファベットが意味をもたらす仕掛け

アルファベット＝単音文字が意味をもたらす仕掛けの根本は、〈形音義トライアングル・システム〉にある。このことの意義を確認しよう。論議は核心に入っている。アルファベット＝単音文字が意味をもたらす仕掛けは、個々の字母が集まってゲシュタルトをなし、そのゲシュタルトが意味をもたらすという仕掛けなのではない。つまり、〈字母→字母の集まり→意味〉という単線的な成り立ちをしているのではない。字母が集まってゲシュタルトをなし、そのゲシュタルトを〈形〉《けい》として位置づけつつ、他方で〈音〉《おん》を呼び、〈義〉を想起させ、〈形音義〉というトライアングルを構成するという仕掛けこそが、眼目なのである。これこそがまさに〈音〉が〈文字〉となる根本のメカニズムであり、聴覚的な媒体であったはずの〈音〉が、〈文字〉という視覚的な装置を用いながら〈意味〉を実現せしめる、驚くべき仕掛けなのである：

単音

←

字母として〈かたち〉が与えられる

←

字母の集まりが〈ゲシュタルト〉をなす

←

〈ゲシュタルト〉が〈形〉として働き、〈音〉を呼び、〈義〉を想起させ、〈形音義トライアングル〉を構成する〈字母→字母の集まり→意味〉という単線的な成り立ちでないことは、次のようなことから知れる。もしこうした単線的な成り立ち通りであるなら、字母の集まりは既に単語である。単語となっているからこそ、意味を実現し得るということになる。つまり字母の集まりが、当該の言語における〈単語〉となっている必要がある。言い換えれば、単語の〈音〉を随伴していなければならない。自然言語にあって〈単語〉とは、何よりもまず〈音〉だからである。ところが、私たちはアルファベット＝単音文字を前にして、何としばしば〈音〉抜きで〈意味〉へと到達する体験をする。つまり文字は読めなくても意味を実現することがある。eunuch は何て発音するんだったかな、「宦官」を指すんだったけど。Champs-Élysées って、「エリゼの園」「エリュシオン」ってことだったな、これ何て発音するんだっけ。あるいは"flower"という〈かたち〉に英語の［flάuə］という音ではなく、日本語の［hana］というような音を呼びながら、日本語で言うところの「花」という意味を実現させることができる。つまり字母の連なりに当該の言語の〈音〉を与えずに、あるいは他の言語の〈音〉を与えて、意味を実現することができる。こうした事実は〈字母→字母の集まり→意味〉という単線的な成り立ちを簡単に否定する。

psychology という文字列から、心理的なことに関わる学問といった意味を描き出すのは、psycho- といった文字列に馴染んでいる読み手であれば、そう難しいことではない。この文字列の発音はどうだったか、おぼろげでも、意味の実現には一向に差し支えないわけである。pedagogy［pédagoudʒi］（教育学）が［pédagogi］だと思われても、education に関わる学問と想起し得るような英語話者の読み手にとっては、何ら差し支えない。単語の音が人々の読みと異なっていても、読み手にとって意味の実現に差し障りがない。このことを推し進めると、〈意味〉の実現にとっては、〈音〉などなくても一向に差し支えないように見えるやもしれない。つまり、〈文字〉が〈意味〉を実現するためには、〈音〉は必須のものではないように見えるのである。アルファベット＝単音文字を見ていたはずなのに、これではまるで表意文字ではないか。

このことは、日常の言語場ではいくらでも体験することができる。日本語圏はアルファベット＝単音文字を主として用いる言語圏ではないので、〈テクストを非母語話者が読む〉という言語場を想起すれば、たちどころに理解できよう。英独仏露語などを日本語母語話者が読むといった言語場である。発音など知らなくても、意味がしばしば実現し得ることは、容易に想像がつくであろう。さらに言えば、発音がおぼろげであっても、人は〈翻訳〉までやってのけるのである。〈翻訳〉とは、言うまでもなく、〈意味〉を抜きにしてはあり得ない営みである。だが、本当にそうなのか？　アルファベット＝単音文字から〈意味〉が実現するとき、本当に〈音〉はなくてもよいのか？

〈形音義トライアングル〉から成る漢字に戻って見てみよう。言語場において〈意味〉つまり〈義〉が立ち現れないとき、〈形〉と〈音〉のいずれもが前景に現れ得る。文字に書かれた「籥いでいる」が、読み手にあって意味として実現しないとき、あれこの形はどういう形なのだろう、見たことがあるような、ないような、これは何と読むのだろう……読み手にあっては猛烈な速度で詮索が行われるかもしれず、詮索は直ちに放棄されるかもしれない。いずれにせよ意味は背景に退き、読み手にあっては〈形〉か〈音〉、場合によってはそれら双方が前景にせり出し得る。

もしここで〈漢字→意味〉という単線的な成り立ちになっているのであれば、〈音〉の出る幕はない。だが漢字は「表意文字」（ideogram, ideograph）などと言うけれども、決して〈音〉抜きで成り立っているわけではない。〈音〉が関わっていないとしたら、〈義〉が立ち現れないときに、〈形〉だけが現れるはずである。でもしばしば〈音〉が前景に現れる――何て読むのだろう。〈何と読むのか〉とは、まさに〈音〉の平面での詮索である。なぜ？　なぜ〈義〉が現れ得ないときに、〈形〉の平面だけでなく、〈音〉の平面を彷徨するのか？　まさにここにおける〈義〉とは、その言語における〈音〉に即した〈義〉、即ち、その言語の音形が造っているところの〈単語〉が、そこにもたらし得る〈意味〉に他ならないからである。ここでは議論を簡潔にするために〈単語〉と言ったが、言語学的な正確さに沿うなら、〈義〉とは当該の言語の〈形態素〉(morpheme)がもたらし得る〈意味〉だと言えばよい。形態素とはそれ自体で意味を実現し得る、言語音の最小の単位である。

日本語圏に生きる人々であれば、漢字が、〈漢字→意味〉という単線的な成り立ちになっているという錯覚に、ごく自然に陥るであろう。そうだ、漢字は意味を表しているではないか。「心理学」とあれば、「心理」の「学」であって、「真理」の「学」ではない。漢字は意味を表す文字、「表意文字」なのだ、だからこそこうした同音異義語だって区別できるではないか――こうした階梯は日本語圏の人々にとってほとんど疑われることもない理路であろう。それどころか、漢字で書かれた朝鮮語や中国語を見て、〈音〉抜きで〈漢字→意味〉という体験を簡単にすることまでできてしまう。「形態論과 統辞論은 文法論의 二大分野이다」。今、朝鮮語を知らない読み手が読み取った意味、ハングルを知らない読み手が読み取った意味、それはまず朝鮮語を知りハングルを知る読み手が読み取った意味と、そう変わらない――形態論と統辞論は文法論の二大分野である。「形態論」という文字列に「형《ヒョン》태《テ》론《ロン》」という音が伴うのか、「ケイタイロン」という音が伴うのか、その〈音〉がいささか異なっているだけである。こうした体験が積み重なって、人々の「表意文字」という概念から〈音〉は剝落する。漢字は意味を表す文字だ、と。表意文字が音と無縁であるという神話の完成である。

しかしおよそある言語にあって基本的には〈音〉がなければ〈義〉は立ち現れない。このことは、〈訓読み〉を考えれば、すぐにわかる。「籥いでいる」の意味は、まさに〈音〉が導こうとするのであって、〈形〉に手がかりがないところで、〈音〉が現れなければ、まず〈意味〉もほとんど成り立たないであろう。

私たちは今、文字論の核心をめぐって、重要な岐路に差し掛かっている。

「形態論과 統辞論은 文法論의 二大分野이다」から〈音〉を抜きで〈意味〉が実現しているかのように見えるのは、

実は大いなる錯覚である。ここで日本語母語話者が読み取った〈意味〉には、まさに日本語の〈音〉が隠れている。日本語の〈音〉を与えて、日本語の〈意味〉を実現させていたのだと言ってもよい――形態論《けいたいろん》과 統辞論《とうじろん》은 文法論《ぶんぽうろん》의 二大分野《にだいぶんや》이다。この文の半分ほどの語彙を知っている朝鮮語の学習者であれば、〈音〉のこんな与えかたをしたかもしれない――形態論《けいたいろん》과 統辞論《とうじろん》은 文法論《ムンポムろん》의 二大分野《イデぶんや》이다。漢字の「表意」に音がなくてもすむように見える、こうした一連の出来事にあって、重要なことは、漢字の〈形音義トライアングル〉から、そのうちの一つ、あるいは場合によっては二つのポジションの取り外しとすげ替えが可能だという点にある。朝鮮語からの〈漢字→意味〉のごとく見えるとき、朝鮮語の〈音〉は取り外され、その代わり日本語の〈音〉が据えられる。日本語のそうした〈音〉は隠れてはいるが、〈音〉は常にトライアングルの頂点の一つとして位置を有している。ただ朝鮮語の音が日本語の音に取り替わっているだけである。先の漢文訓読と訓読みの例を思い起こされたい。〈形音義〉に他言語の〈音〉〈義〉を重ねたものが、まさに〈訓読み〉の仕掛けなのであった。

psychologyが読めなくとも意味が実現するといった、アルファベット＝単音文字における〈形音義トライアングル〉においても、実は同様のことが起こっていたのである。実現する意味の方に〈音〉はすり寄ったり、霞んだりしているだけであって、〈音〉が全く介在していないわけではない。psychologyというゲシュタルトに〈意味〉が実現するときはいつも、英語話者、日本語話者、朝鮮語話者……読み手それぞれなりの言語の〈音〉とともに〈意味〉が立ち現れるのである。psychologyというゲシュタルトから日本語話者が「しんりがく」といった音と共に〈意味〉を読むか、あるいは「サイコロジー」といった日本語の音韻体系に合わせた「英語」の音と共に〈意味〉を読むか、あるいはドイツ語のような「英語」で「プシュヒョロギー」などという〈音〉と共に〈意味〉を読むか、それは人それぞれであり、言語場それぞれの出来事である。英語話者が「psycho-」の「-logy」だと読んでも、同様である。音がわからなければ、即ち音が霞んでしまっていれば、/psi.../などと適当な音を宛がってもいいし、最初の一、二音で音を宛がうことを止めてもよい。英語話者であれば、あるいはいきなり relating the mind ... とか、mental... 云々などというまったく別の〈音〉と〈意味〉の組み合わせへと跳躍することもあるかもしれない。それでも新たな〈音〉が持ち込まれているのであって、〈意味〉と隣り合わせの〈音〉は失われてはいない。ちなみにギリシア語起源の psycho- に、例えば mind [máind] などというゲルマン語の〈音〉を人々が与えつづければ、これぞゲルマン語式の訓読みとなるのであるが、英語ではさすがにそうした訓読みは行われなかった。いずれにせよ、事態のありようをこのように微細に見るならば、〈音〉が文字通り全く立ち現れずに、〈意味〉が成立するのは、理論的にはちょっと考えにくいことが、解ろう。何らかの〈話されたことば〉に生きている者にとっては、控えめに見ても、極めて稀な事態だと言うほかない。実のところ、そうした場合は、もう〈文字〉というより、〈絵〉に限りなく近い。

ただ、前述のように〈意味は成立しているのに、音が剝落しているように見える言語場〉は、いくらでもあるわけである。その際にも、〈音〉の位置《ポジション》それ自体はきちんと残されたままであって、実は逆に〈形音義トライアングル〉の〈音〉の位置が保たれていることこそが、音の擬似的な剝落を支えるメカニズムなのである：

> 音なしで文字の意味が成立しているように見えても、〈形音義〉の〈音〉の座位は常に保たれている

音は常に座位を保ちながら、ただただ、後ろに退いているに過ぎない。意味が実現するときは、形も音も背景に退くのである。

(8) 漢字の〈表意〉とは

さてそれでは、漢字は意味を表す文字、「表意文字」なのだという命題は誤りなのか？ いかにも漢字は一文字で

も意味を表し得る。その意味において表意文字である。この点では決して誤りではない。そもそもこれがアルファベット＝単音文字との決定的な違いである。そして実は、「心理学」とあれば、「心理」の「学」であって、「真理」の「学」ではないというのは、「心理」と「真理」という文字列が、音を剝落させているのではなく、まさにそれぞれ音を保ちながら、互いの意味を区別していることを、示している。それぞれが音を保ち続けているからこそ、音ではなく、視覚的なデバイスである文字によって〈意味〉を区別するのである。これが漢字において同字異語を区別する仕組みである。もし音が本当に剝落しているのなら、それは「心理《しんり》」という単語でも、「真理《しんり》」という単語でもなくなる。音の欠落した「心理」や「真理」となる、つまり〈意味〉を実現し得る単語ではなくなってしまう。後者など「真理《まり》」などという固有名詞との境界も侵し始める。〈音〉と同時に〈意味〉も失われてしまうのである。このことは端的に次のように言えるであろう：

> 漢字の表意とは、常に音を宿した表意である

アルファベットと〈書かれたことば〉をめぐる優れた考察、Ivan Illich & Barry Sanders（1988: 9）、I・イリイチ&B・サンダース（1991: 10）の次のような言を見よう：

> 象形文字および表意文字を用いた表記体系においては、読み手が発話することが求められている。なぜなら、表意文字そのものは沈黙したままだからである。（中略）このような、象形文字や表意文字による記述体系のすべてにおいて、読み手は、以前に何が語られたのかを思い出すことによって、その音声表現を見つけなければならない。

ここで言われる「読み手が発話することが求められている」という指摘は鋭い。まさに表意とは常に音を宿した表意だからである。而して同書の筆者たちは、これら象形文字や表意文字とは異なって、アルファベットは音声表現を見つける必要はない、まさに音声が表記されているからだと見てしまう。だが実はアルファベットもまた、結局は同様の仕組みとなっているのであった。flower というゲシュタルト＝形《けい》を見て、あるいは psychology というゲシュタルト＝形《けい》を見て、やはり「読み手は、以前に何が語られたのかを思い出すことによって、その音声表現を見つけ」る、即ち音《おん》を見つけるのである。そして意味＝義を造形する。いかなるアルファベットとて、人は音を読んでいるのではない。アルファベットという文字装置を見て、意味を読むのである。意味を造形すると言ってもよい。文字というものが習慣となっている人々の読みとは、そうしたものである。そうでなければ、アルファベットは実用には供しない。とりわけ分かち書きが前提とされる今日的なアルファベットの表記法では、読むのは、いよいよ意味である。そして意味が造形できる間は、文字は背景に退いている。意味の造形がままならなくなると、文字が前面に現れる。人はそのとき意味ではなく、今度は文字を読もうとする。即ち、意味が造形できないがゆえに、アルファベットが音と対応しているシステムであることに立ち戻り、手掛かりたる音の方から、まず先に造形しようとする。

　確かにアルファベットは音を表す原理からなるが、それは一文字一文字の字母に立ち返った、字母という原子のレベルでこそ、際立つものであって、読みの習慣の中では、多くは字母を読むのではなく、字母の連なったゲシュタルトという分子を読む、そしてそれらゲシュタルトは背景へと退いたまま、人はそこに意味という細胞を読むのである。人は、アルファベット一文字一文字が表す音を知っていても、テクストを読めるわけではない。文字の原子論的なレベルにおける原理としてアルファベットを読めても、形態素や単語という分子のレベル、そしてさらに文という器官のレベル、さらにテクストという身体のレベルにまで人が自由に〈読む〉までには、果てしない意識的な営みの経験が必要なのである。アルファベットを手に入れたからといって、言語場にあって〈書かれたことば〉が必ずしも成立するわけではない。真にリテラシーを問うたイリイチたちの思想にあってさえなお、アルファベットへの神格化が隠れている。

(9) 複数の言語にまたがる文字を支える〈形音義トライアングル〉という仕掛け

〈形音義トライアングル〉という仕掛けによって、文字が意味として立ち現れるメカニズムを見た。この仕掛けが漢字のような表語文字のみならず、アルファベット＝単音文字でも同様に働いていることを見た。〈形音義トライアングル〉から〈音〉の座位に他言語の〈音〉を据えることによって、漢字であれ、ラテン文字であれ、他言語においても他言語における〈義〉をもたらすことが見えた。漢字の訓読みはその典型なのであった。

さらに言えば、この〈形音義トライアングル〉という仕掛けは、複数の言語間における文字の存在の仕方をも語ってくれている。〈形音義〉はそもそも三つの異なった平面にある。〈形〉は維持されても、それらと異なった平面にある〈音〉も〈義〉も、もともと別々に動き得る仕掛けとなっているのである（図28）。

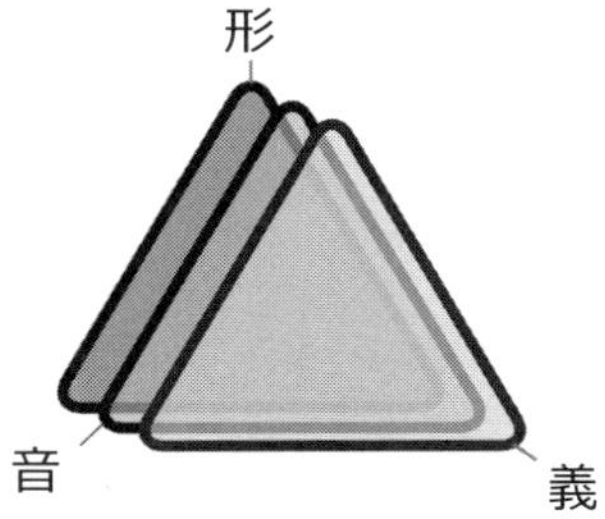

図 28　形音義は三つの異なった平面にあり，別々に動き得る

前述のごとく、朝鮮語圏や日本語圏でも〈借字表記法〉と呼べる漢字の用法の拡大が行われた。西欧諸語においても、ラテン語から自らの言語に取り込んで用いるといったことも、実はこうした〈形音義トライアングル〉の仕掛けが支えているのである。〈形〉が維持されながらこの仕掛けが生かされる典型を、数字に見ることができる。

1, 2, 3……といった、いわゆるアラビア数字は、世界の多くの言語の文字表記の中に組み入れられている。〈形音義トライアングル〉の〈形〉はそのままで、〈義〉も概ねそっくりそのまま流用されているかに見える。だが〈音〉はそれぞれの言語で全く別の音が与えられているわけである。ここでも〈音〉を引きはがし、〈形義〉だけが生かされているような体験をするだろう。日本語話者が、ラテン文字で書かれたフランス語を読む。キリル文字で書かれたロシア語を読む。そこに現れたアラビア数字を読むのに、フランス語やロシア語の〈音〉など飛ばして読んでも読めてしまう、つまり〈意味〉が実現することになる。英語でもよい、1,000,000,000から[billien] などという英語の音を引きはがし、日本語の〈音〉を与えて、読めばよい。じゅうおく。ここで起こっていることは、〈形→義〉という単線的な働きに見えても、それは違うのであった。再三再四確認したように、そこには引きはがされたフランス語やロシア語や英語の〈音〉の代わりに、日本語母語話者であれば、概ね日本語の〈音〉が密かに忍び込んでいる。

これまで見た例においては、〈形音義トライアングル〉の〈形〉は維持されていた。漢字もラテン文字もアラビア数字もそうであった。他方で〈形音義トライアングル〉から〈形〉を変容させることも可能である。ギリシア語からラテン語に単語を採り入れる、ラテン語からロシア語に単語を採り入れる、といった営みは、まさにこうして行われた。revolūtiō から революция への〈形〉の移し替えは、まさにアルファベット＝単音文字であるがゆえに、造作のないことであった。r ＝ р、v ＝ в…という一対一的対応は、足りないところさえ補えばよい。まさにアルファベット＝単音文字であるがゆえの、醍醐味であった。〈音〉もまた、類似の音を宛がえばよかった。こうしてロシア語の新たな〈義〉が生まれる。ヨーロッパに起こった、〈書かれたことば〉における revolution である。

朝鮮語圏や日本語圏がそうであったように、東アジアにおいては漢字を〈形〉と共に、〈音読み〉によって採り入れた。〈書かれたことば〉を直接導入するという、これもまた革命であった。朝鮮語圏ではこれをハングルでも書いた。「革命」のゲシュタルトは「혁 명《ヒョンミョン》」となった。東アジアに起こった、文字ゲシュタルトの革命であった。そう

した革命のただなかでさえ、表意文字である漢字から表音文字であるハングルへと、〈形〉は取り変わっても、漢字の〈形音義トライアングル・システム〉を基礎に〈音読み〉によって単語を構成する仕掛けは、そっくりそのまま生きている。それぞれの文字ごとに〈形〉こそ取り変わっても、〈形音義トライアングル・システム〉は生き続けるのである。

一文字一文字の文字ではなく、〈システムとしての文字〉は、先に述べたことと併せて、こう言うことができる：

> 文字とは、意味を有さず、意味を実現し得るゲシュタルト《かたち》である
> 文字とは、音を有さず、音を呼び起こし得るゲシュタルトである

そしてこれらを成り立たしめる仕掛けこそ、ユーラシアの西と東、それぞれの文字の〈形〉が取り変わっても、生き続けているトリアーデ、〈形音義トライアングル・システム〉という驚愕の仕掛けである。

(10)〈意味〉と〈類推〉〈比喩〉

これまで述べてきたことにあって、もしや次のような危惧を抱くかも知れない。psychology という文字列から「心理学」といった正確な意味が実現してこそ、意味の実現であって、心理的なものに関わる学問などといったおぼろげな意味では、意味が実現しているとは言えないのではないか、ここで述べられている〈意味〉とは、元来の言語における正確な〈意味〉ではないのではないか、といった危惧である。しかしそうした危惧はあたらない。第3章第4節(2)などで〈曖昧な意味〉について述べたように、こうした問題を考えるにあたって、正確無比な固定した〈意味〉といったものを思い浮かべているなら、それは〈意味〉のリアリティを見ていないのであって、〈意味〉の矮小化に陥

っているのである。〈意味〉の実現とは、前述のように、本質的に朧げな実現なのだと言わねばならない。これについてはさらに後にも触れる。今一つ、その〈意味〉とは一種の〈類推〉analogy のようなものではないか、あるいはその〈意味〉とは一種の〈比喩〉metaphor や figure《フィギュール》のようなものではないかと問いが立つかも知れない。大いに根拠のある問いである。そして面白い。それらについても、第8章において触れる。

5 引用論

(1)〈引用されたテクスト〉としての〈書かれたことば〉

ここで〈引用〉(citation; quotation) ということを考えておかねばならない。それは存在論的な視座から言語を照らす、決定的な契機をもたらしてくれる。なお、元来〈引用〉とは、〈当該のことばが、あたかも他の言語場におけることばであるかのように表現する働き〉、つまり〈引用したように語る〉表現上の装置である（金珍娥（2013: 222）、また野間秀樹（2009c）参照）。

さてテクストを読むという言語場を考える。そこにおいて起こるのは、読み手が常に、〈書き手の発話時が過去であると印づけられたテクストを読む〉という事態だけではない。そこに書かれたテクストは、〈そのテクストが過去に生産されたものであること〉を読み手に強いるという、まさにそのことによって、テクスト全体があたかも〈引用〉という営みを経た構造を見せることになる。

(2)〈話し手のことば〉としての〈話されたことば〉

〈話されたことば〉の言語場にあっては、〈いま・ここ〉にある話し手のことばが、聞き手において意味として立ち現れるとき、話し手のことばは話し手自身のことばとして聞き手には響くであろう。それが言語内のシステムによって〈引用〉されたことばであっても、やはり語られることばは、話し手のことばの姿をとって聞き手にやって来るであろう。このことは、言語場において聞き手の身体が言語場に晒《さら》されているという条件に規定されるところが大きい。何と言っても、目の前の生きた生身の人が話しているのである。そこから発せられるあらゆることばは、引用されたことばも含めて、残らず話し手のことばである。

換言すると、〈話されたことば〉は常に話し手のことばとして聞き手にやって来る。では〈書かれたことば〉も同じように、書き手のことばとして読み手にやって来るのか？

(3) 〈書かれたもの〉＝ペルフェクトとしてのテクスト

〈書かれたことば〉にあっては違う。テクストが目の前で書かれる言語場以外では、書かれたテクストの読み手は、まず、〈誰かが目の前で書いている〉とか、〈誰かが書いたもの〉としてテクストを読むというより、〈そこに書かれたもの〉としてテクストを読む。〈誰かが書いた〉という能動文で表されるような事態に遭遇する以前に、まず〈書かれている〉もしくは〈書かれてある〉という受動文で、それも文法論で言うところの、ペルフェクト（perfect）の形で表わされるような事態に、遭遇するのである。〈書かれてそこにある〉。

(4) テクストはそれを支える身体と共に在る

音《オト》の世界に存在する〈話されたことば〉が、音《おん》、人の声といったものに支えられているように、光の世界に存在する〈書かれたことば〉には、常に文字が、そしてその文字をあらしめる物理的な支えが必要である。テクストには常に物理的な支えが存在する。テクストはそれが文字によって成り立つがゆえに、文字が依って立つ場が必要である。

それは紙であったり、石であったり、甲骨であったり、光るディスプレイであったりする。これらはテクストを支える身体である。テクストとは記号論的な空間にのみ存在するわけではない。テクストは常にそれを支える身体と共に在る。テクストを支える身体のありようがいかに異なっていようとも、テクストを支える身体が存在するということは変わらない。

テクストが視覚的なものばかりではなく、点字のように触覚に拠ることがあり得ることは既に述べた。そうした触覚の場合はもちろんのこと、テクストを支える場は、それが身体であるがゆえに、単なる視覚的なものに留まらない。文字は人にあってそれが文字として全うするとき、常にフォルム＝かたちを有し、カラー＝色彩を有し、テクスチュア＝肌触りを有し、マッス＝量感さえ有するのである。言語がいかに在るかを問う私たちにとって、このことは決して軽視できない。

(5) テクストは〈見て〉のちに〈読む〉

テクストを知覚し認知する微細な時間に分け入ってみるなら、人はテクストを〈読む〉前に、〈見る〉ことがわかる。あ、テクストだ。あ、書かれたものだ。何よりもまず知覚し得る全体を〈見る〉。知覚し得る限界までのそうした全体は、ある場合はテクストの全てがそこに含まれているであろうし、またある場合はそれがテクストのごく一部かもしれない。一枚の手紙を〈見る〉。テクストはその手紙にすっぽり収まっているようである。強烈な光に文字らしきものを〈見る〉。徐々に読むと、それは強烈な光を放つネオンサインからなるテクストのうちの一文字である。人はテクストらしきものを〈見る〉後に、テクストとして〈読む〉のである、再三言うように、文字は読まれてこそ、テクストとして自己を全うする。

(6) テクストの隠れた序文——テクストが在《あ》る

テクストが常にそれを支える身体と共に在るがゆえに、テクストが差し出された瞬間、読み手は常に、それがテクストらしきものであるという、テクストの物質的な身体性にまず触れることになる。換言すれば、読み手は、常に〈テクストが在る〉ということ、それがテクストであるという、テクストの存在の申し立てをまず読むのである。人がそこに目を遣るとき、テクストの物理的な存在は常に私はテクストであると訴えている。読み手にあって意味の実現が叶わぬとき、その訴えは退けられることになる。テクストは自己を全うできない。

あらゆるテクストを前にして読み手は、謂わば、常に〈こう書いてある〉という〈隠れた序文〉(hidden preface)、もしくは〈隠れた注釈〉(hidden note)をまず読むことになる。言語場におけるテクストの存在論的な構造がそれを強いるのである。

〈書かれたことば〉のこうした存在論的な構造は、美術作品を体験する場の構造ととてもよく似ている。美術展にあっては、あらゆる作品は、それがいかにアヴァンギャルドで過激な内実や形を有していても、読み手は常に、私は美術作品であるという美術作品の訴えをまず読むからである。それは表現の場、〈表現場〉における存在論的な縛りである。その物体の存在の仕方が、「私は美術作品である」という訴えを保証する。そのことによって、こんなものが芸術なのかという疑問は、一瞬のうちに砕かれる。美術館にあって読み手は存在論的に縛られるのである。作品の価値と混同してはならない。作品を体験する場の存在論的な構造によって、制度として美術作品が支えられている仕掛けが、重要なのである。

うーむ、この作品はいいかも。そう見つめていた鞄のような形の「作品」を、居合わせた他の観客らしき人が、自分の荷物として担いだ瞬間に、読み手はそれが作品でなかったことに気づく。「私は美術作品である」と主張し得る、存在論的な構造が失われたからである。作品《オブジェ》だと思っていたそれは、観客の荷物に過ぎなかった。物体《オブジェ》からの「私は美術作品である」という訴えは棄却される。

〈書かれたことば〉の存在論的な縛りもまた同様である。あ、テクストだ、そうした身体性に触れるや、〈書いてある〉という隠れた序文、隠れた注釈をまず読まされるのである。文字だと思って読んだら、単なる落ちている紐だと気づく。でももうテクストの隠れた序文と、隠れた注釈は、読まれた後である：

言語場においてテクストを前に、読み手は〈テクストが在る〉という申し立ての読みを強いられる。〈私はテクストである〉というテクストの主張を真っ先に、ほとんど瞬時に読む。それは〈書かれたことば〉の言語場の存在論的な仕組みである

テクストとして実現している序文が実際にあろうとなかろうと、そのテクストは常に、〈こう書いてある〉という見えない陳列箱《ショーケース》に入れられている。

(7) それは文学なのか、嘘なのか——虚構の言述

「私は美術作品である」という表現場の問いのすぐ隣では、言語場における「虚構の言述」といった問題が浮上するであろう。あるテクストが文学作品なのかどうか、あるいは物語《フィクション》なのかどうか、事実の記録《ノンフィクション》なのかどうか、といったことは、いかにして知ることができるか、という問題である。答えはもう既に明らかである。その手がかりは、普通はテクストの本文の中にあるのではなく、テクスト本文の外側にある。書物の一番外側、表紙や帯のテクスト、さらにその外側の言語場にある。ここでDerrida (1967: 220)、デリダ (1972下 : 36) の「テクスト外」(仏 hors-texte《オールテクスト》) などという概念を持ち出して、混乱してはならない。私たちの述語〈テクスト〉はずっと禁欲的なものであった。文字

通り物理的に〈書かれたことば〉としてのあらゆるテクストには必ずその〈外《そと》〉が在る。端的に言って、そのテクストが文学とされる言語場にあれば、そのテクストは文学となるのである。何らかの物体《オブジェ》が美術館に陳列されていれば、人はそれに美術作品として向き合うであろう。ゴミ集積場にあれば、例えばそれは燃えないゴミとして扱われる。書店や図書館で小説の棚に並べてあれば、人は小説に向き合う構えをとってテクストへと向かうであろう。事実の記録《ノンフィクション》とされていれば、まずそうした構えで向き合うだろう。そのテクストが実際にどうか、といったことは、テクストを読む後にしか、わからないか、もしくは、読んでも、わからない。それは読み手の判断の領域にある。「こんなものは事実の記録《ノンフィクション》なんて言えない、勝手なフィクションだ」といった判断は、読みのあとからついて来る価値判断であって、テクスト自体が決めるわけではない。

同様に、テクストが「嘘」として書かれたものかどうかといったことも、読みの後からついて来る、価値判断の一種である。「嘘」であるかどうかの支えは、テクスト自体にはない。「嘘」とは言語に始まって、言語の外へと出てしまった、倫理的な価値の平面における〈話されたことば〉、〈書かれたことば〉についての名づけだからである。「嘘」などといった倫理性の纏わり付くことばで、テクストのありようは十全には記述し得ない。

〈話されたことば〉や〈書かれたことば〉が意味となった対象的な世界は、既に言語外現実を離れた世界であって、言語外現実を「現実」と呼ぶなら、言語的対象世界は全てが「虚構」である。この意味でどうしても「虚構」と呼びたければ——推奨しない——、そこに一切の価値判断を含ませてはいけない。後に触れるので、ここでは一言だけ付け加えておく。言語的対象世界という「虚構《リアル》」は、私たちをあるいは鼓舞し、あるいは悲嘆に沈め、時には死にも至らしめ得る、圧倒的な現実であり、圧倒的な「虚構《リアル》」である。ゆえに私たちにとって、ことばはかくも狂おしい。

物語《フィクション》であれ、事実の記録《ノンフィクション》であれ、テクストにある全ての一人称代名詞「私」も、全ての固有名も、それが意味として立ち現れるのは、全て言語的対象世界においてであって、言語外現実との係わりについて負う責任は、言語の機制自体にはない。誤解のないように付言するが、書き手の社会的な責任といったものは厳然と存在する。ただしそれは〈書かれたことば〉というテクストの仕組みそのもののうちにあるわけではない。テクストに「私」とあることと、それが書き手自身のことであるかどうかとは、テクストの仕組みそれ自体においては、一切の係わりはない。書き手は言語場という言語外現実に存し、「私」はそう〈書かれたことば〉を前に読み手のうちに結ばれる、〈意味〉に存する分節の一つに過ぎないからである。書き手と「私」は常に別の平面にある。「姉さん、私は…」といった手紙のテクストや、「私、何の某は、……」といった裁判におけるテクストが「事実」として扱われるのは、ただただ、言語外現実における経験の束、習慣に拠るに過ぎない。もちろん大切な習慣である。言語的対象世界を「虚構」とか「文学」などと位置づけるのは、価値判断、より正確には、テクスト外部からの、ことばによる位置づけである。それは犯しがたく人間的な営みに属する。

(8) テクストは常にその言語場に「引用された」テクストである

〈書かれたことば〉を読む言語場にあっては、テクストの隠れた序文を前に、読み手は謂わば〈何と書いてあるのだろう〉という問いを強いられ、〈と書いてある〉という最終述語、最終的なメタ述語（final meta-predicate）を無意識のうちに強いられることになる。こうしたメカニズムは〈話されたことば〉のあまりに短い生成と消滅の一体的な成立にあっては、あり得ないか、あっても意識できないほどに瞬時に消え失せるものである。この瞬時感は物理的な時間の違いに拠るのではなく——聞くのと読むのと、受け手にとってどちらが長いかなど一概には言えない——、言語場における、いま・ここの〈話されたことば〉は普通、その生成と消滅が一体のものとなっているという、存在の構造的なありように規定されるものである。〈もの〉というよりは〈こと〉のようである〈話されたことば〉と違って、〈書かれたことば〉はいかにも〈もの〉なのである。

こうして〈書かれたことば〉にあっては、テクスト全体が、〈と書いてある〉という形で、終わりを結ぶ。もちろんテクスト内のことばに、そんなことは一々書かれていない。ただただ、言語場におけるテクストいう存在論的なありようが——記号論的なありようなどではなくて——、それを示すのである。これがあらゆるテクストの存在の仕方である。

かくしてテクストは最終的なメタ述語によって、あたかも「これはテクストである」という形の、〈引用されたテクスト〉(quoted text) の姿をとって立ち現れる：

書かれたテクストは、常に〈引用されたテクスト〉の姿をとって現れる

あらゆるテクストは、引用という薄衣《うすぎぬ》を纏わされる。これが談話、〈話されたことば〉と異なる、テクストの、〈書かれたことば〉の存在論的なありようである。

(9) テクストの不安、テクストの聖性

この〈引用という衣〉は、テクスト生成への問いを誘発する。テクストは〈引用の薄衣〉を纏って〈書かれたもの〉としてまず登場する。〈もの〉ではあるが、それが人にあって意味を希求するという点で、文字以外の〈もの〉とは違う。而して〈書かれた〉ものである。テクストという対象が現れる言語場において、読み手にあっては、そこでは〈書いた人〉よりも先に、テクスト自体がまるで主体のごとくに立ち現れ、主語として振る舞うことになる——テクストは書かれたものである、と。目の前に存在するのは書き手ではなく、書かれたものだからである。テクストをめぐる二〇世紀の多くの言説にあって、言語場から人が追放され、テクストの物神化が駆動する機制は、まさにこ

こに潜んでいる。読み手にとって、テクストは、何よりもまず、〈書かれたもの〉である、――受動文はしばしば〈誰によって〉を示さずに用いられることを、思い起こそう――然《しか》る後に、〈誰かが書いた〉ものとして立ち現れる。

テクストは第一にテクストらしき〈もの〉として、第二に書かれたものとして、そして第三に誰かが書いたものとして、目の前に現れる。この第一から第三までの顚末は、見慣れた文字からテクストが構成されていれば、通常は一瞬である。見知らぬ、文字らしきものに遭遇したときは、この第一の経緯が激しく浮かび上がることになる。第一の、テクストというものとしての知覚に人称性を求めるなら、それは書き手ではなく、他ならぬ読み手自身である。それを文字と認識し、そこに意味を求めるのが、読み手自身だからである。ワタシガオマエヲテクストトスル。第二の、書かれたものとしてのテクストは非人称である。ワタシハカカレタテクストデアル。そして第三の誰かが書いたテクストに至って初めて、書き手という第三人称が浮かび出る。コノテクストハコノテクストヲカイタワタシガカイタ。第三に現れたこの能動的な主体である〈私＝誰か〉は、〈書く言語場〉における読み手の不在に規定されて、常に朧《おぼろ》げな存在である。その朧《おぼろ》は、テクストに署名があろうがなかろうが、本質的に失われない。署名自体もテクストであり、テクストである限り、それは薄衣を纏った朧気な存在であるから。象徴的にこう言うことができよう：

テクストは、〈書かれたもの〉と〈誰かが書いたもの〉という、受動＝能動の断層を常に抱えている

ゆえに、読み手にあって、眼前で書かれたものでない限り、テクストは、常に書き手を特定し得ないという〈生成への疑惑〉を誘発し得る。生成への疑惑、生成への不安。テクストが可視的な存在であるがゆえになおさら、テクスト生成の不可視性は逆に際立つ。

言語場のありようによっては、こうした隔絶感によってテクスト生成はしばしば秘儀性を帯び、聖性さえ帯びるこ

とになる。空海の書が聖性を帯びるのは、それが空海によって書かれたという事実に支えられているのではない。そんなことは誰にもわからない。空海によって書かれたという信念によるものかもしれない? であるならそうした「信念」という現れこそ、却って、〈いま・ここの読み手はテクスト生成の言語場を共にしていない〉という事実によって支えられているのである。私はテクスト生成の言語場を体験していない、言語場を共にしていないという事実は、目の前のそれが〈書かれたもの〉=〈誰かが書いたもの〉、つまりテクストであるということに、支えられているのである。

〈書かれたことば〉の存在のありようが見せる、こうした〈構造的な引用性〉、それが引き起こす生成への心理的な不安、それが支える聖性といったものは、〈話されたことば〉の存在のありように現れるものとは、いかにも異なるものである。

〈話されたことば〉においてこうした聖性は立ち現れるであろうか。話し手が天や神や予言者、偉大なる師と呼べるような存在であれば、こうした聖性が立ち現れるかもしれない。しかしそうした言語場に際立つ聖性は、それが〈話されたことば〉であるという存在論的な構造に拠るのではない。それは、〈話されたことば〉であるということそのものではなく、どこまでも〈話し手が聖なる存在である〉という聞き手の思いに依拠するものだからである。

6 〈話されたことば〉の複数の話し手と複数の聞き手

言語場における〈話されたことば〉と〈書かれたことば〉の実現の仕方を見ると、話し手や書き手、即ち発話者と、聞き手や読み手、即ち受話者の複数性のありようの違いは、決定的に重要なものである。このこともここで見ておこう。

(1)〈話されたことば〉における複数の話し手

〈話されたことば〉においては、会議の場などで一人が話すのを、一度に複数の聞き手が聞くことができる。のみならず、一度に複数の話し手が話すのを、一人で聞くことがあり得る。「皆さん、いかがでしょうか」——一同、「異議なし」。かたや諾、かたや否といったことばを一度に聞くのさえ、決してあり得ないことではない。

さらに〈話されたことば〉にあっては、話し手と同時に聞き手が話すことができる。つまり対話において互いが話し手となるという、複数の話し手が実現し得るのである。頭を下げながら「いや、この度は遠いところわざわざお越しいただき、本当にありがとう存じました、云々」を語る話し手の向かいに、「ああ、今日は貴重な集まりにお呼びいただき、本当にありがとうございます、云々」と言いながら、頭を下げている人がいる。互いに相手のことばを聞いているのか、いないのか、日本語のこの〈ことばの重なり〉のありようは驚くほどである。これらの発話のある部分では二人のことばは重なっていて、二人ともが話し手であり、二人ともが聞き手である。このようにお互いが同時に話していることなど、挨拶の場面などを始め、日本語にあっては茶飯事である。そして〈ことばの重なり〉の激しさは異なっても、様々な言語でこうした事態は起こっているのであり、何よりも、〈話されたことば〉の実現の仕方が、原理的にそれを可能にしているのである。

(2) ターン・テイキング論——誰が話しているのか

〈話されたことば〉における対話にあって、〈誰が話しているか〉ということを、初めて本格的に言語研究の問題として導入したのは、米国言語学会の *Language* 誌に発表された論考、Sacks, et al.（1974）であった。そこでは実際の会話における話の〈順番〉（turn）といったことに注目し、英語のターン・テイキング（turn taking）ということが論じられる。会話においてどういう順序で誰が話すかなど、それまでの言語学の本流からすれば、ほとんど学問的な研究の関心の外にあった。伝統的な文法研究は言うに及ばず、言語研究を圧倒しつつあった生成文法においては、文の「変形」といった統辞論的な関心が中心であって、〈話されたことば〉における対話は、言語学の関心においてはほとんど周辺的なものでしかなかったからである。事実、その後も言語学の中核、例えば文法論などで、こうした問題が論じられることはまずなかった。

〈言語はいかに実現するか〉という視座からは、〈話されたことば〉において〈誰が話しているか〉ということが、例えば発話の内容や、文の造形の仕方、文の展開のありかたなどにまで関わっているのではないかという、問いを立てることができる。相手の話を受け継いで話し始めるとか、相手の話を遮って話すとか、turnといったことを単純に考えただけでも、turnはまさに〈文〉の中味にさえ、直接の影響を与えるであろう。あるいはまた「そういうことは」とか「それはそうとして」など、「そういう」「それ」といった指示表現は、まさに対話の中に特定の位置を占めてこそ、現れ得るものである。表現様式の様々な現象群のうちで言語学の中核を占めていた〈文〉の中味だけとっても、こうした問題群がいくらでも立ち現れるのである。

言語場において〈誰が話しているか〉という問いは、当然、考えてみなければならない問いである。しかしサックスたちの先駆的な論考を経てもなお、言語学はそうした問いには至らなかった。論考の発表は、言語学にあっては、録音機器の実用化、利便化などもあいまって、実際の〈話されたことば〉にようやく関心が向き始めた時期だったのであり、伝統を誇る*Language*といった学会誌がターン・テイキング論をとりあげることだけでも、画期的なことであった。ターン・テイキング論は、一九七〇年代にようやく学問的な研究方法が可能となった。言語研究の中でも後発の、談話研究（discourse study）において徐々に注目されることになる。

一九九〇年代以降、日本語研究でもturnへの注目は活性化した。日本語と朝鮮語については、金珍娥《キム・ジナ》（2003, 2013）

によってターン・エクスチェンジ（turn-exchange）論という形でさらに精緻に追究され、実際の〈話されたことば〉における〈話の重なり〉のありようにいたるまで、生き生きと描き出され始めている。そこでは、〈話されたことば〉は複数の話し手が存在し、複数の発話が同時に実現し得る構造が、複線的な構造で捉えられている。話し手Aの次にBが、そして次はAが話す順番であるといった単線的な構造ではなく、話し手Aの発話に話し手Bの発話が重なり、そのBの発話が終わらぬうちに、最後のことばを受け取ってまたAが話すといった、複線的な構造で捉えられるのである。第1章第4節で触れた、遠くバフチンが示唆した対話のありかたへ、言語学は今日ようやく正面から向き合おうとしている。対話は常に複線的な実現を見るものであり、複線的な構造こそ、対話の原理的な構造であり、まさに〈話されたことば〉のリアルなありかたそのものである。

(3) 〈話されたことば〉における複数の聞き手――如是我聞《にょぜがもん》《かくのごとくわれきく》

〈話されたことば〉のこうしたターン・テイキング論、ターン・エクスチェンジ論を〈書かれたことば〉に照らしてみよう。前述のごとく、〈書かれたことば〉にあって、書き手は一人でも、読み手は複数に開かれている。読み手の側からすると、一人の読み手は常に一つのテクストのみを読む。

言語場の存在論的な構造に規定される、こうした〈発話者と受話者の複数性〉の違いは、言語学や言語哲学、そして言語教育にとっても重要な意味を持つ。〈話されたことば〉と〈書かれたことば〉それぞれが行き交う言語場における、決定的な違いだからである。〈複数の話し手が話すのを聞く〉という言語場は、単に一人の話し手が話すという営みが、たまたま重なったという場なのでは決してない。複数で話しているときに、複数が同時に語るというありようは、まさに〈話されたことば〉こそが実現し得る、〈話されたことば〉にとっての本質的なありかたである。言語学はしばしば一人が一人に対して語ることを前提として出発し、それ以外のありようは、単にそれらの単純な重なりであるかのごとく処理しようとしているかに見える。誤ってはいけない：

人は元来、大勢に向けて話すことができるし、複数の人が話すのを聞くことも、あり得る

人が複数の聞き手を相手に話し得るし、複数の人が話すのを聞き得るという言語場の構造は、既存の言語論においては、ほとんど重要視されてこなかった。なお、言語場における話し手と聞き手の単数性＝複数性という観点から見ると、このように記述が可能でも、この二つは言語存在論的には次元の異なった事態である。この二つのうち、同じ言語場において人が複数の聞き手を相手に話し得るということは、とりわけ重要である。複数の聞き手にあって、〈一人の発話が複数の聞き手にあって異なった意味を実現し得る〉という本質的な契機が、こうした言語場の中に潜んでいるからである。日常生活でもしばしば遭遇するように、同じことばを複数の聞き手が、同じ言語場において〈異なった意味に聞く〉といったことが起こり得る。このことはまさに〈話されたことば〉こそが生き生きと実現し得る、本質的な働きであると同時に、意味というものに絶えずついて離れない、意味論の心の臓に触れるありようである。私たちはここで意味の実現にとって決定的な事態に到達する――同じ言語場で発せられた全く同じ〈話されたことば〉から、複数の聞き手が異なった意味を紡ぎ出す：

一人によって〈話されたことば〉は、異なった複数の聞き手の中で、同時に異なった意味を実現し得る。聞き手によっては意味の実現を見ないこともあり得る

一人が一人に対して語るというありようは、〈話されたことば〉にとっては、それがいかに典型的で原理的なあり

ように見えても、言語場の類型としては、どこまでも条件づけられた、限定的なありようである。一対一の対話から出発する、全ての言語学、言語論、言語教育は、こうした原理論的な深みにおいて、虚構である。

今一つ、話し手と聞き手が同時に話す、つまりいずれもが話し手であり得るというありようもまた、二人の対話という言語場にあっては、本質的なものである：

二人の対話という言語場にあっては、むしろ二人とも話しているのが、default（初期状態）である

つまり二人の対話であれば、発話の帯、トラックは、元来、二本存在するわけである。二人とも話し得る状態の中で、必要に応じて、発話（utterance）と沈黙（silence）を使い分けることになる(64)。なお、〈話されたことば〉がマルチ・トラックであることなど、談話のこうしたありようについては第5章第1節で詳述する。

〈書かれたことば〉にあっては、ありようは遥かに単純である。普通、読み手は一つのテクストを読む。それが例えばアナグラム（仏：anagramme）(65)のように、よほど巧妙に仕組まれたテクストの形をしていない限り、同時に二つのテクストは読めないからである。もちろん、その場合でも、本質的にはアナグラム化された、一つのテクストである。逆に、大勢がほぼ同時に一つのテクストを読むことは、電光掲示板を大勢が読むときのように、今日、いくらでもあり得ることである。

さらに〈書かれたことば〉は、それが同じ読み手はもちろん、異なった読み手によって、異なった言語場において繰り返し読まれるということが起こる。このことは古来、多くの論者が注目するところである。

(4)〈書かれたことば〉における複数の書き手と複数のテクストの産出

複線的な構造を前提とする〈話されたことば〉に対して、一方、〈書かれたことば〉では書き手は基本的に一人である。テクストが複数の書き手によって手を入れられて作り上げられることは、〈書かれたことば〉にとって珍しいことではない。だが、そこで行われることは、予めできあがったテクストに対して修正を加えるという営みであって、テクストが書かれているそこ自体は、常に一人で書かれるのである。

現場の書き手Aが書いたテクストT1にデスクである書き手Bが手を加える。そのテクストT2にさらに編集長である書き手Cが手を入れる。できあがったテクストはT3であって、ここでは明らかに三人の書き手が存在したのであり、ここにおいては三種のテクストが存在している。たとえ書き手Aの署名があろうとも、テクストの実現の過程には、少なくとも三つのテクストが存在した。テクストの署名は、制度や思想や倫理や経済、そして表現される内容の問題であって、テクストの実現の仕方そのものの問題ではない。書き手ABCが同一の人物であっても、少なくとも三つのテクストが存在する点は、同様である。

7〈書かれたことば〉におけるテクストの書き換えと重層的産出

第3節(5)でも見たように、ロラン・バルト（1987: 76）は〈話されたことば〉について、「話される言葉（パロール）の場合、訂正するということは、奇妙なことだが、つけ加えるということなのである。」と述べたのだった。〈書かれたことば〉において「訂正する」際には、テクストを削ることもできるが、〈話されたことば〉において「訂正する」際にはそうはいかない、ただ付け加えるだけだというわけである。バルトが着目していることこそ、前述のように〈言語の線条性〉に他ならない。ところで、ここにおいて私たちが改めて注目すべきは、バルトが考えている〈書か

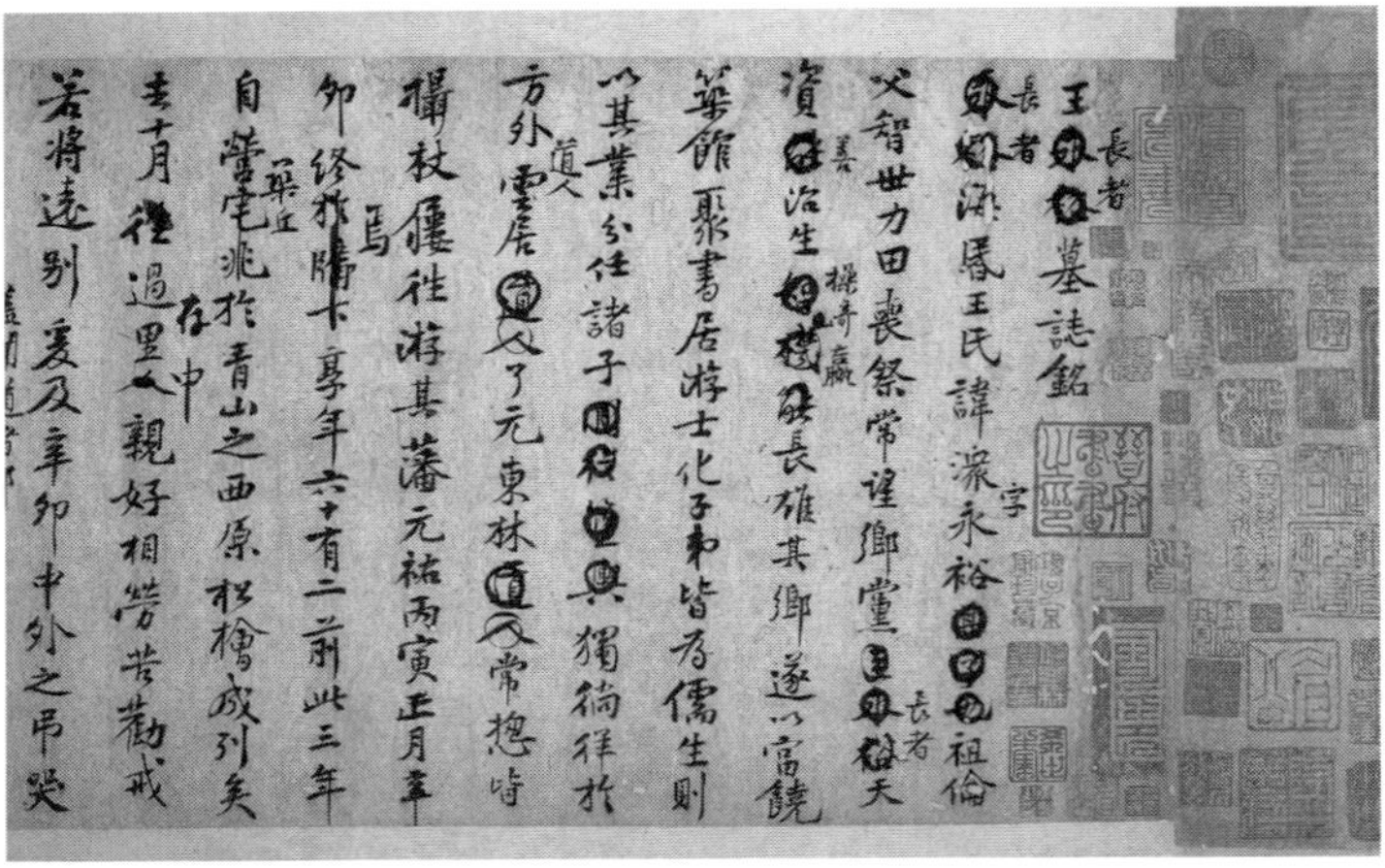

図29　書における〈見せ消ち〉
北宋，黄庭堅（1045-1105）の「王長者墓誌銘」東京国立博物館蔵——東京国立博物館他編（2013: 183）

れたことば〉を「訂正する」という営みにおいては、常に訂正前のテクストと、訂正された後のテクストが存在したという事実にある。訂正前のテクストは廃棄されようとも、テクストは間違いなく存在したがゆえに、テクストとしての訂正が可能だった。〈書かれたことば〉において訂正するとは、新たなテクストの産出に他ならない。かくのごとく、一つのテクストが生まれるために、しばしば、多くのテクストが生み出され、捨てられる。

〈見せ消ち〉ということばがある。書誌学や編集出版で用いられる術語である。字句を訂正する際に、字句を塗りつぶしたりせずに、訂正前の字句まで読めるよう、傍点を付したり、字句の上に線を引いたりして訂正することを言う（図29）。「消ち」は和文脈で好んで用いられた動詞「消つ」の連用形。古く、木簡などでは小刀で削り取って修正するなども行われた[66]。ちなみに郵便切手模造取締法に関する郵政省告示第八八一号（1972）には「二条の線」による「抹消表示」などという術語も見え、韓国の諸法令にも「말소표시《マルソピョシ》」（抹消表示）の術語が用いられている。

こうした〈見せ消ち〉こそは、テクストが書き換えられながら新たに産出される姿を見せてくれるテクストである。

見せられる字句は、どこまでも消失しているわけではない。ハイデガーやデリダはこんな見せ消ちも記述に利用している[67]。解り易いように、英訳で見る。"The Outside ~~is~~ the Inside" 文字列の上に「×」印が施されたそのテクストは、シングル・トラックである〈書かれたことば〉の上に今一つの層《レイヤー》を重ね、局所的にダブル・トラックに造っていることになる。原理的には日本語表記で用いる、振り仮名の仕掛けと同じである。

今日のデジタル・テクストでは、こうした修正テクストの重層的な産出を、ヴァージョンの保存と当該箇所への印づけという形で体感することができる。作られたテクストは、次々に書き換えられる異なったヴァージョンのテクストとしてストレージの中に留め置かれる。複数のヴァージョンのテクストとは、産出された複数の〈見せ消ち〉テクストである。もはや今日のネット空間においては、いかなる修正や削除もどこかで記録されていると思わねばなるまい。今日、テクストは消されるのではない。テクストは付け加えられ、産出され続けるのである。それが物理的な身体を失わない限り。

(1) 語る人と入力する人――〈話されたことば〉から〈書かれたことば〉へ

例えば、小説家が語り、タイピストがそれを打ち、入力する、しばしば行われるこうした口述筆記というテクスト生産のありかたはどう考えればいいのであろう。こんな問題が発生するのではないか?――書き手は誰なのか。まさかその小説の書き手はタイピストなのかと。ここでも私たちは誤ってはいけない。テクストが生まれるありようと、そのテクストの内容や表現といったものが誰に所属するのかといった問題、テクストを誰が支配しているのかという問題は、別のことがらである。言語の存在様式と言語の表現様式は常に区別しなければならない。こうした口述筆記にあっては、小説家が語っているのは、〈話されたことば〉であって、タイピストが打ってできあがるものこそ、〈書かれたことば〉、テクストである。少なくとも口述筆記の時点においてタイピストが書き手である証左を求めるなら、タイピストが打ち間違える権利を有していることを見るだけで、充分である。タイピストは小説家の〈話されたことば〉を機械的にタイプしているだけとは限らない。綴りを始めとして、実は自らの思想に基づいて〈書かれたことば〉を造り上げているのである。場合によってはテクストの表現内容にまで、影響を与えているかも知れない(68)。

小説家の口述筆記だけではない。雑誌などで目にする対談の〈文字起こし〉といった仕事などに至っては、〈話されたことば〉を「そっくりそのまま」〈書かれたことば〉にしたなどという幻想は、抱いてはいけない。前述のように存在の仕方の位相が全く異なる〈話されたことば〉を、そっくりそのまま〈書かれたことば〉にすることなど、原理的にはあり得ない、ということからばかりではない。優れた〈文字起こし〉の仕事とは、しばしば実際にはその対話の言語場において話されていないことも、書いてゆく仕事だからである。ここにおけるテクストの内容的な創造性の比重は、タイピストの比ではない。そのテクストの目的は、読んで解り、読んで面白いことにあるのであって、聞くことにあるわけではない。

〈話されたことば〉をもとにした〈書かれたことば〉というテクストは、こうして作られる。もとになる〈話されたことば〉が存在しないテクストの生成と、そのありかたは異なっても、基本的に書き手は一人であり、テクストにはしばしば修正という名のテクストが累加されている。そしてそうしてできあがった最終テクストが誰のものかという問題は、全く別の問題なのである。

(2) 〈話されたことば〉と〈書かれたことば〉の即興性

〈話されたことば〉と〈書かれたことば〉の言語存在論的な違いに規定されて、それぞれの言語内の表現のありかたの違いも顕著である。

ことばの実現のありようから見ると、〈話されたことば〉は音から表現にいたるまで、即興性を帯び、いかにも自由奔放な振る舞いを見せる。まるでジャズのインプロヴィゼーション（improvisation）のように。それがいかに計画的な語り、全体を予め想定した語りであっても、〈話されたことば〉は予期せぬものに満ちている。〈話されたことば〉の全ての実現は、その細部に至るまで、話し手の記憶に依拠し、聞き手もまた眼前で実現する意味を記憶することによって、話されることの総体を意味として実現させる。〈話されたことば〉によって実現される演劇とは、こうした意味において、記憶と即興の芸術である。

話すことはそれ自体が〈話されたことば〉の実現となるのに対し、〈書かれたことば〉はどこまでも一度文字として対象化される過程を経ており、統制された様相を見せる。書くことは、書き手が書きながら書き、書き手が読みながら書く、そういった営みである。文字として対象化することそれ自体が、自己を客体化しながら省みるという性格を濃厚に持つ。書くことが、その生産物であるテクストを、目的意識的に構成するという様相を帯びる。〈書かれたことば〉は、いかに自由奔放に見えても、その対象化には書き手の謂わば刹那的な逡巡《しゅんじゅん》といったものが介在し得るのである。そうした刹那的な逡巡といったものは、〈書かれたことば〉が生産されるに際して、本質的について回るものである。テクストとは刹那的な逡巡の累積である。〈書かれたことば〉の言語場におけるこうした刹那的な逡巡は、表現としてのことばの豊かさを育む、揺籃への逡巡ともなり得る。書物のように、一つの大きなテクストとして目的意識的に書かれることばは、しばしばまるで緻密に構成されたバロック音楽のように、理知的な様相を帯びる。ジルソン（1974: 254）が言う。「人は、話すときは行い、書くときは作る。」シュルレアリスムの自動書記（仏 automatisme）はこうした目的意識性を逆手に取った営みである。

8　ＩＴ革命と言語の存在様式、表現様式の変容——新たな言語場

(1) 言語を変容させる〈話されたことば〉と〈書かれたことば〉の相互浸透

〈話されたことば〉と〈書かれたことば〉は互いに影響を与え合い、しばしばそれぞれの言語内部のありようをも変容させる。こうした〈話されたことば〉と〈書かれたことば〉の相互浸透（interpenetration/独 Durchdringung）は、文字の誕生から既に原理的に現れ得るものであった。何よりも、文字を〈読む〉という営みがまさに〈話されたことば〉と〈書かれたことば〉の間には何が存在し、いかなる事態が起こっているのかという問いを胚胎する。

〈内言〉というありようを見る際に、第1章第1節(4)で触れたように、〈書かれたことば〉はそれが読まれる言語場にあって、声に出して読む〈音読〉が基本的なありようであったろうことを、マーシャル・マクルーハン（Marshall McLuhan, 1911-1980）を始め、多くの論者が繰り返し強調している。マクルーハン（1986, 原著は 1962）ではグーテンベルクの印刷術以降の書物が、写本の時代の〈音読〉の習慣を未だ色濃く残しつつも、〈黙読〉へと移行していったことを強調している。さらに〈朗読〉や公衆の前での〈口頭発表〉や〈誦詠〉、〈呟き読み〉（羅 legere sibi）に至るまで、〈書かれたことば〉が〈話されたことば〉となる様々なありようを多くの著作から引いていて、興味は尽きない。一二世紀における音読から黙読へという読書のありようの変容、〈読む〉と〈書く〉をめぐるありようについては、イヴァン・イリイチ（1995: 93-100）の整理も示唆的である。文字は読まれる言語場だけではなく、それが書かれる言語場においても、古来、〈声に出して書く〉という営みと共にあったことも、論じられている。

東アジアにあって、〈話されたことば〉と〈書かれたことば〉の相克の巨大な例を、漢字と漢文の伝播に見ることができる。漢字が朝鮮語圏に流入することにより、朝鮮語圏に漢文＝古典中国語という〈書かれたことば〉が根を下

ろす。他方で漢字によって朝鮮語を書こうとする。中国語圏のみならず朝鮮語圏で編まれた『三国史記』や『三国遺事』といった史書に現れる〈借字表記〉がこれであった。主として地名や人名などの固有名詞から始まり、郷歌など詩歌に及ぶのであった。ただ、朝鮮語全体を借字表記によって表す伝統は絶えて久しかった。そこに〈訓民正音〉が出現したのであった。こうした動的な変容については前述した。そして日本語圏にもまた、漢文＝古典中国語がもたらされたのであった。そこにも大きな変容が訪れる。

〈話されたことば〉と〈書かれたことば〉の相互浸透という現在の主題にとって決定的に重要なことは、漢字と漢字の形音義トライアングル・システムの導入によって、朝鮮語自体、日本語自体の、とりわけ音の変容、語彙の変容がもたらされたという点にある。つまり〈話されたことば〉自体が劇的な変容を被るのである。文字による言語の変容というこの点は、ヨーロッパの言語圏とは大きく異なった、ドラスティックな変容を見せていて、特記に値する。人が文字に触れ、文字を我がものとしてゆく過程とは、人の言語自体をも造り変えてゆく過程である。

漢字と漢字音、漢字の形音義トライアングル・システムの導入によって生じた言語音の変容はおびただしい。朝鮮語も日本語もアルタイ諸語と同様、流音 /r/ 音は語頭に立たなかった。現在は、日本語ではラ行音で始まる多くの漢語＝漢字語が存在する。朝鮮語圏でも、朝鮮民主主義人民共和国ではそうなっている。古く日本語の固有語＝和語では、語頭には /b/ /d/ /g/ といった有声の閉鎖音＝破裂音は立たなかったと思われているが、現代日本語ではそれらは、和語にあってさえ、ごく一般的なものとなっている。半母音 /j/ をめぐる音の変容も顕著である。それまでなかった「きゃ」「きゅ」「きょ」などといった拗音が、日本語の音韻体系の中に登場した。「小さな〝つ〟」で表記されている促音も、漢字の流入によって形成された。言語学ではそう考えられている。〈書かれたことば〉によって、〈話されたことば〉が変容する、文字によって言語の音そのものが変容する、これは驚くべき事態だと言わざるを得ない[69]。

語彙の変容はいよいよ劇的である。第2章第4節(1)で述べた語種についてだけ見ても、固有語だけの単層で構成されていた語彙の層は、漢語＝漢字語の層が加わることによって、複層化した。漢語＝漢字語の層の語彙の数は、大雑把に言うと、知的な話題、公的な話題であるほど、膨大である。朝鮮語においては、論文などでは漢字語の延べ使用頻度はゆうに五〇％を超す。小説のテクストでは、逆に日本語の和語に相当する朝鮮語の固有語の使用頻度が、七〇％を超すことがある。日本語でも同様の傾向が顕著である。そればかりか、朝鮮語や日本語の内部において、新たな漢語＝漢字語が大量に生産される。

例えば「学校」という漢語＝漢字語を見る。「ガクヲウチタテル」（学を打ち立てる）、「ガクニココロザス」（学に志す）、「ガクガアル」（学がある）などと用い得る /gaku/ は、それ自体でも〈意味となり得る最小の音の単位〉となっているので、日本語では〈形態素〉と認定し得る。形態素というときの「形態」は文字の平面の単位ではなく、どこまでも音の平面の単位であることに、注意されたい。一方、/kô/ の方になると、「ワガコウノセイト」（我が校の生徒）とか、専門的な言語場で「コウヲカサネル」（校を重ねる＝校正を複数回行う）などとも用いられるが、独立した単語としてはあまり用いられない。/kô/ を例えば接辞のような付属語的な単位と見て、付属語的な〈形態素〉として認めるにせよ、一段、低い位置に属する〈形態素〉と言えるだろう。そもそも /kô/ という音列は「校」という形とその義抜きには、多くの同音異語も災いして、日本語の音の平面における単位として立つには、はなはだ脆弱である。

このようにその独立性には大きな強弱の幅があっても、/gaku/（学）や /kô/（校）など、漢字＝漢字音を単位として、〈漢字語形態素〉と呼ぶべき造語単位が、日本語では極めて生産的に働いている。これら漢字語形態素のうちには、/kô/（校）のように独立性が相対的に低い形態素も、少なくないわけである。十全たる形態素に比べ、機能的に力の弱いものは、〈形態素〉に準ずる働きを示す〈亜形態素〉（quasi-morpheme）とでも呼ぶことができる。いずれにせよ、こうした漢字語形態素が朝鮮語、日本語といったそれぞれの言語内部で生まれ、活性化してゆくのである。「ガクモン」「ガクバツ」「ガクレキ」「ガクサン」「ガクショク」、「コウコウ」「ハイコウ」「ジョシコウ」「シンガクコウ」「フトウコウ」。

固有語＝和語の層、漢字語＝漢語の層に加え、外来語の層が加わることによって、それら三つの層を跨《また》いだ語種のハイブリッドにも、漢字語形態素は縦横に働く。漢語と和語のハイブリッド「ガクワリ」、漢語と外来語の「ガクバス」「マンモスコウ」、三種のハイブリッドだってある、「オジョウサマコウランキング」。

なおここで、第4節(4)で述べたことを思い起こされたい。漢字音は漢字音だけが遊離して動き回っているのではない。朝鮮語圏や日本語圏に入って来る外来語から、その外来語を構成する音の単位を切り出しても、漢字語形態素のような役割は果たせない。漢字音、即ち漢字の〈音〉はどこまでも漢字の〈形〉とつかず離れず、結びついていなければならないし、〈義〉もまたそこに寄り添っていなければならない。それは当該言語内の音の衝突による同音異語を避ける、重要な役割も担っている。こうした〈形音義トライアングル・システム〉の支えがあって初めて、漢字語形態素が形態素として機能するのである。

三国時代、高麗、朝鮮と、王朝が交代するなかで、制度官職はもちろん、日常の語彙に至るまで、朝鮮語圏内部においては多くの漢字語が生産された。今日なお用いられるものも少なくない。他方、日本語圏にあっては、西欧の諸言語の翻訳なども重要なモメントとなって、「哲学」「郵便」など幕末から明治期に数多くの漢語の新造語が造られる。「会社」が society と company の間を揺れ、company の意で定着し、海を渡る。日本製漢語は、朝鮮語圏のみならず、文字通りの漢語圏＝中国語圏にまで逆流するのである。

〈話されたことば〉と〈書かれたことば〉の相互浸透と、それがもたらす言語の変容は、このように文字が誕生し、〈書かれたことば〉がもたらされた時から、存在した。相互浸透は文字が〈書かれたことば〉となるという、原理的な機制において既に存在したのである。文字は確かに〈話されたことば〉を基礎に出発したけれども、文字は単なる書記の具としての文字であることを、原理的な規制において超え、〈書かれたことば〉として実現する。〈書かれたことば〉の成立と拡大は〈話されたことば〉そのものの変容を、それもしばしば巨大な変容をもたらしてきた。こうした変容は、文字が単に文字として言語音の写しに留まるところに、もたらされるのではない。文字が新たなる〈書かれたことば〉として立ち現れることによって、もたらされる変容なのである。

第2章第4節で見たように、文字は創られただけでは、未だ十全たる〈書かれたことば〉として働きはしない。〈訓民正音〉が創られただけでは、朝鮮語の〈書かれたことば〉は生まれなかった。それが書かれ、また読まれ、絶えず書かれ、読まれるという実践の反復によって〈書かれたことば〉としての朝鮮語＝韓国語が息づき、そうした中で〈話されたことば〉の巨大な変容が進行したのであった。日本語においても同様であった。日本語の〈書かれたことば〉の絶えざる実践は、日本語の〈話されたことば〉の音韻構造さえも激しく造り替えた。日本語の〈話されたことば〉の語彙に、出来合いの漢語の語彙が単にアイテムとして増えたのではない。漢語という分厚い語種の層が、日本語の〈話されたことば〉の語彙の層のうちに差し挟まれ、さらに日本語圏内部において新たに漢語を産み出すシステムまでが、創出されたのであった。形音義トライアングル・システムがこれらを支えた。〈書かれたことば〉が生まれ育つ過程における、〈話されたことば〉と〈書かれたことば〉の相互浸透は、おそらく地球上のあらゆる言語圏で大なり小なり起こっている。

〈話されたことば〉と〈書かれたことば〉の相互浸透は、今日のＩＴ（information technology）革命、文字通りありとあらゆる forma（羅）〈かたち〉造りの τέχνη ＝ tekhnē（希）〈わざ〉の変革によって、加速する。表現様式のありようも、言語の存在様式そのものも、さらなる変容の時代を迎えている。

(2) 〈記録〉という名の装置と新たな言語場

二〇世紀以降、言語場の巨大な変容によって、〈話されたことば〉と〈書かれたことば〉の存在様式は、劇的な変容を遂げることになる。

　変容はまず第一に〈話されたことば〉の再現を可能にする〈記録〉（record）という名のテクノロジーの登場に現れる。直線的な線条性を信条とする〈話されたことば〉を湛え、留め置く装置が、螺旋状の円筒や円盤であったのは象徴的である。円状の物体は、re-「再び」-cord「心に」にという名の装置であった。第4章第4節(5)で触れた〈記録〉という問題について、今少しここで敷衍しておこう。

〈話されたことば〉はレコードするというテクノロジーを用い、〈蓄音〉されることによって、最初は素朴な形で、そして後に限りなく精巧な形で、再現が可能になった。正確に言えば、再現が可能になったのは、最初に〈話されたことば〉なのではなく、それを録音した〈記録〉の方である。つまり再現されているのは、〈話されたことば〉そのものではなく、〈話されたことば〉への酷似物《こくじぶつ》である。驚くべきことに、こうして〈話されたことば〉も〈引用の構造〉へと入り込む。〈書かれたことば〉がその身体性によって〈引用の構造〉へと入り込むのと同じように、〈話されたことば〉もそれが〈記録されたもの〉という身体性によって、引用という隠れた序文が書かれ、〈引用の構造〉へと位置づけ直されるのである。〈話されたことば〉の新たな言語場が生まれることになる。

　一方では〈映画〉、cinemato-「動く」、graph「絵」が登場し、それはこともあろうに〈話されたことば〉の記録と融合する。〈トーキー〉（talkie）、それは「話す」のであった。フィルムもまた円状に巻かれていた。やがて遠く離れても（tele-）見ることができる〈テレビジョン〉（television）が、そして〈ビデオ〉（video）が登場する。visi-やvid-は〈見る〉ことに他ならないが、それらはどこまでも〈話されたことば〉を随伴するテクノロジーであった。こうして〈話されたことば〉の言語場は拡大する。それも人ではなく、誰かが話すのを、〈録画〉（recording）という酷似物複製装置によって記録し、再現するという言語場の形としてである。もちろんこれとて、カメラと録音機を通した視覚と聴覚であって、最初に〈話されたことば〉それ自体が再現されるわけではない。しかし我々の感性には、あたかも最初に〈話されたことば〉が再現されるように感じられるほど、テクノロジー＝酷似物複製装置は猛烈に進化し続ける。

テクノロジーは〈話すこと〉そのものの速度さえも可変的なものに作り変えてゆく。〈話されたことば〉を聞き手が自らの意志で、ゆっくり聞くことが可能になり、速く聞くことが可能になる。聞き手にとって完全に他律的であった〈話されたことば〉は、少なくとも〈聞く〉という営みの中では、その他律性が崩壊する。聞き手が管理し得る領域が拡大するのである。速度を上げれば、音程は高くなったが、今日のデジタル領域では、もはや音程さえも据え置かれたまま、速度は可変的である。装置は既に円状の姿さえ、留めない。

テクノロジーにより開拓された新たな言語場においては、いま・ここの一回性のものであったはずの〈話されたことば〉が、〈書かれたことば〉がそうであったような、時間的な可逆性を獲得してしまう。〈書かれたことば〉は書き手が死してなお、残った。私たちの前では遂に〈話されたことば〉が残る、さらに〈話すこと〉そのものが残るという事態が現出する。死を前にした父が、幼き我が子のために、ビデオカメラに向かって語りかける。幼き我が子が成長してゆく、その時々に向かって語りかける。そうしたことが可能になるのである。父の年齢以上に生きた子は、若き父が眼前で語りかけるのを、その老いた身で、自らの死の直前まで聞き得るであろう。

ただしそうした言語場では、自らの問いに、若き父は決して答えない。ビデオが話す言語場では、そういった相互交渉（interaction）性が欠けている。対話者が共に話すという対位法的な構造が失われているのである。ビデオに対面する言語場では、談話的な相互作用子（discourse interactor）ともいうべき表現の数々はその機能を失い、現れなくなってくる。相手の話にあいづちを打つ。そのあいづちは相手の次の発話を促す。あいづち発話の持つ、相手の発話を促すという、turn 誘発機能（trigger function）(70) は失われてしまう。あいづち発話は、たとえ現れたとしても、そこではもはや例えば父の言をかみしめるなど、自分自身へのあいづちといった働きしか持ちえないであろう。自分の発話が相手の発話を切断するといったこともできない。

そうであるならばなおのこと、テクノロジーは言語場におけるこうした対位法的な構造をいかにして組み込むかという点に、進化の触手を伸ばすこととなる。例えば私たちは既に車のナヴィゲーション機械と対話し、試行錯誤し、車の進む道を決めている。このことだけでもわかるように、機械の方に着目するなら、対話における人との対位法的な構造を内に取り込みながら自らが進化する方向へと、道を定めているのである。例えば、乱数によって産出される〈機械のことば〉の膨大なヴァリエーションは、ストレージが許すだけ〈蓄音〉できるのであって、そこから〈築音〉され、即ち音を築き上げ、変化に満ち溢れたことばは、もはや機械のことばであることさえ、人に忘れさせるであろう。仮想現実（virtual reality）、拡張現実（augmented reality）は高度な複合現実（mixed reality）に融合しながら、死した後も、若き父は映像の中で、老いた子の問いに答えるようになるだろう。問いかけに答える父は、もはや映像とも呼ばれなくなるかもしれない。映像の父の姿も声も、自由に齢を重ねるまでになるかもしれない。またＡＩとロボット工学は人が話すことのリアリティに限りなく近づいてゆくであろう。ロボットと対話する言語場において、対話の相手がロボットであることを人に忘れさせるのは、ロボットを人間のように作りこむことよりも、言語場を操作することによって、遥かに容易に実現し得るであろう。Walter J. Ong（1982; 2002; 2012: 11）、オング（1991: 31-32）は、「ものを書いたり印刷したりということを全然知らない文化の声としてのことばにもとづく性格」を「一次的な声の文化」（primary orality）と呼び、例えば「今日の高度技術文化の」それを「二次的な声の文化」（secondary orality）と呼んで区別した。同書が書かれた時代も既に過去のものとなって、少なくとも今日的な言語場における対人間インターフェイスにおいては、オングの言う二次的な orality はまるで一次的な orality であるかのように振る舞っている。

一方で、人間の形をしていない対話者、例えば〈機械〉や、さらに進んで〈部屋〉や〈場〉といったものとの精巧な〈話されたことば〉による対話も、次々に様々な形で実現されてゆく。実のところ、私たちはもう既に長いこと、聞こえてくる歌に涙している。それは、人の声であって人の声ではない。re-「再び」-cord「心に」にという名の装置の声である。そうした酷似物複製生産装置がもたらす言語場が、私たちの心を癒し、奮い立たせる。一方で、そうした装置がもたらす場との対話が、いずれ神との対話であると錯覚されない保証もまた、希薄である。事実、日常における膨大な装置と私たちとの対話は、神との対話の一歩手前まで至っている。例えば資本と呼ばれる神との対話であり、それは時に国家と呼ばれる神との対話の姿をとるのである。

テクノロジーを背景としたこうした様々な新たな言語場の産出にあっては、その〈言語場を誰が支配するか〉ということを、私たちは常に見据えねばならない。ある視点から照らせば、言語とは、イデオロギーに他ならないからである。こうして〈話されたことば〉と〈書かれたことば〉の存在様式は、また新たな形でそれぞれの性質を変容させていく。

(3) 言語の存在様式を変容させる〈話されたことば〉と〈書かれたことば〉の相互浸透

言語存在論的な思考にとって、いま一つの重要なテクノロジーは、〈話されたことば〉を〈書かれたことば〉に転換する装置、逆に〈書かれたことば〉を〈話されたことば〉に転換する装置、それも物理的に転換する装置の出現である。音声認識（speech-recognition, voice-recognition, speech-to-text function）、読み上げ機能（read aloud function, text-to-speech function）、さらに言語音を一度テクストにし、さらに読み上げさせるspeech-to-speechといったテクノロジーは、現在は未だ出発点に過ぎないが、その志向するところは、本質的に重要な意味を持っている。

ここで予め誤解の余地を払拭しておこう。音声認識によって、録音されたことばが文字となって現れる行程は、〈話されたことば〉を文字通り正確に〈書かれたことば〉に移す営みなのではない。むしろ〈話されたことば〉からそれぞれの規約、プロトコル（protocol）によって新たな〈書かれたことば〉を作り上げる営みである。全く同じ一つの〈話されたことば〉から、少なくともプロトコルつまり規約の数だけ、異なった〈書かれたことば〉が作られ得る。音声認識で〈書かれたことば〉が作られる際には、プロトコルに従って、多様な〈書かれたことば〉を導き出し得るわけである。これは、〈話されたことば〉から〈書かれたことば〉を書き起こす作業が、人の手にあって千差万別の〈書かれたことば〉を生み出し得るのと、とてもよく似ているけれども、人が書き起こす基準となるのは、規約＝プロトコルというよりは、規約よりも遥かに柔軟で、その場その場のアド・ホックな〈思想〉といったものである。作業の過程の〈自動化〉〈熟練〉〈惰性〉といったものも、こうした〈思想〉が許容し、支えるものである。

読み上げ機能の方は、デジタル化された〈書かれたことば〉を音に変換する。作られた音が人間的ではないといった非難はあたらない。テクノロジーの進歩は、そうして作られる音が、人の発するものか、人工のものか、我々の等身大の感覚では区別できないほど精緻なものに、いくらでも作り上げてゆくであろう。ぶれや、ゆらぎ（fluctuation）といった変数（parameter）さえ、可能な範囲ではいくらでも取り込み得るからである。筆で認《したた》められた連綿の草書を読むといった営みは、人間の等身大的な感覚に近づくことが、機械には相対的に難しいかもしれないが、それと比較すれば、デジタル化された文字列を、リアルな言語音に変換する営みは、精巧な現実性を遥かに獲得し易いであろう。定型化された短い文字列であればなおさらである。

実際の人の声をサンプリングという形で音声ライブラリに収集、〈蓄音〉し、それを合成しながら歌声を作るボーカロイド（vocaloid）の歌声は、既にヒットチャートを駆け巡っている(71)。〈話されたことば〉、つまりここでの〈歌われたことば〉は、〈歌われたことば〉を分節し、〈蓄音〉し、あたかも〈話されたことば〉が産出されるような姿で、再構築されるものである。〈歌われたことば〉を音の高低、強弱、音色といったプロソディ（prosody）(72)付きの「素片」と呼ばれる断片に分節し、自由に総合するこのシステムは、レコード制作にあたって歌唱や演奏の部分を切り貼りして合成するのとは、仕組みが本質的に異なっている。ボーカロイドが行っていることは、非常に大雑把な比喩で言えば、〈話されたことば〉をプロソディ付きの形態素に分節、統合するようなものだからである。そこで単位となっているのは、自由に結合し得る形態素のような単位である。単位は現実的な尺度の範囲内で、いくらでも細かくなってゆけるし、単位と単位の結合もまた、プロソディの変種をいくらでも蓄積できるであろう。そして技術的な進化を別にしても、〈話されたことば〉の記録は、〈蓄音〉するストレージの量の分だけ、いくらでも豊かなものとなってゆくことができる。そしてストレージは今日、猛烈な速度で高密度化しているのである。日本語、英語、朝鮮語、スペイン語、中国語と、言語も浚《さら》っていく。あとは時間と経済の問題でしかない。そうした歌声は人の歌声としての〈リアル〉へと近づいてゆくのではない。既にそうした歌声自体が、私たちの〈話されたことば〉とは生成の仕組みが異なった、全く新たな〈リアル〉なのである。

ボーカロイドの歌声を見てもわかるように、デジタル化された〈話されたことば〉の複製は、二〇世紀にヴァルター・ベンヤミン（Walter Benjamin 1892-1940）が見据えていたアナログな複製のありかたを、根底から覆している。それは人の身体を、体組織や細胞というレベルの単位で作り替えるようなものである。もはや複製の域は超えている。それは新たな生理的造形であり、生理的再生と言ってよい。ＤＮＡレベルの身体の再生が倫理的な問題として浮上するのに対し、こうした〈話されたことば〉の再生が倫理の俎上に上らないのは、まさに〈話されたことば〉は人から発し、人の外で対象化された存在であるからに他ならない。〈話されたことば〉が〈内言〉など〈内なることば〉とは別の対象であること、つまり外的言語と内的言語とは別のものであること、それらは全く別の仕方で存在していることの、テクノロジーの側からの証言である。

放送の出現、そしてインターネットの登場は、〈話されたことば〉と〈書かれたことば〉の、時間的、空間的な複製の原理的な拡大と、存在様式の相互浸透をもたらし、とりわけインターネットの急速な拡大は、相互浸透を加速化しつつある。ＰＣ上にタイプされた文字が言語音となって世界を駆けめぐり、音として入力されたことばは文字となって、それも様々な言語に変容されて世界を巡る。〈話されたことば〉と〈書かれたことば〉の、最も深い底に横たわる存在様式、謂わば電子顕微鏡的な時間の最も微細なありよう自体は、変わらないとしても、私たちの等身大の感覚にあっては、もはや〈話されたことば〉はいま・ここだけのものではない。そして〈書かれたことば〉もまた、いつしか音となって変容し、気づかぬうちに〈話されたことば〉のごとくにも振舞うのである。

〈話されたことば〉と〈書かれたことば〉それぞれの変換や合成のリアリティを支えるためには、〈記録〉という仕組みを得るだけではなく、膨大な量の記録を〈貯蔵〉するという難関を超えることが必要であった。〈貯蔵〉のテクノロジーもまた、今日文字通り記録的な進化を遂げている。石英ガラスに人為的に記録されたデータは三億年を生き延び(73)、何とDNAへの記録までが試みられる(74)。こうしたニュースを楽観主義的にそのまま受け入れるかどうかはともかく、ニュース自体は幾年も経たぬうちに、驚かれもしない既知の事項となるほどである。テクノロジーは〈話されたことば〉と〈書かれたことば〉のありようを変容させ、〈話されたことば〉と〈書かれたことば〉の多様な形での相互浸透が拡大してゆく。そうした変容や拡大もまた、人々に至極当然のこととして受け入れられてゆくのである(75)。

(4) テクストは誰のものか

ここで、先に言及した〈テクストは誰のものか〉という問いについても、少しだけ考えておこう。ただし、多義性を秘めたこの問いは、本来の言語存在論の問いから、聊《いささ》かはみ出てしまってはいるが。

〈テクストは誰のものか〉という問いへの言語存在論からの微視的な答えは明白である。テクストは書き手と読み手のものであり、最終的には読み手のものである。読み手が意味を紡ぎ、読み手の中にあってことばは意味となり、読み手においてテクストはテクストとして十全たる使命を終えるからである。読まれないものは、テクストでさえない。ここにあって意味を支配するのは読み手であり、テクストを支配するのは読み手である。読み手は言語場ごとに異なり得るし、もちろん、書き手自身もまた、最初の読み手である。

〈テクストは誰のものか〉という問いが、表現の内容や、文体など表現様式について問われるのであれば、答えは一般に、その表現の内容や表現のありかたを紡ぎ出した発話者とされているであろう。小説の口述筆記であれば、テクストは普通〈話されたことば〉の話し手である小説家のものであるとされるだろうし、聞き書きからドキュメンタリーをものする作家の仕事《テクスト》であれば、その作家のものということになろう。多くの人の手を経ていても、署名原稿なら、その署名の人物のものとされる。いずれの場合でも、それらのテクストが作られる過程には、複数のテクストが存在し得るし、同様に、表現の内容やありかたにも、たとえ僅かであっても、他者が入り込み得る。〈間テクスト性〉といったことが直に語られるのも、まさにこの問いを問う過程においてである。なお、現代のこうした言語場のありようは、例えば西欧中世の修道会におけるテクスト生産をめぐって、I・イリイチ（1995）で語られる、〈話されたことば〉と〈書かれたことば〉の言語場における様々な人々の役割のありようを想起させる。註68で触れた、一五世紀イタリアのベルナルディーノ・ダ・シエナの説教とその「聞き書きの極限形態」をめぐる大黒俊二（2010: 234-241）も示唆的である。

〈テクストは誰のものか〉という問いが、テクストの社会的、経済的な支配のありかを求める問いであるなら、解答はさらに異なってくる。テクストを産出して配布するといった仕事、テクストを商品として扱うのは、出版社であったり、新聞社であったり、広告代理店であったり、大学であったりする。一般にジャーナリズムやアカデミズムと呼ばれるところである。端的に言って、経済的にはテクスト産出に預かる資本こそが、そうした意味でのテクストの支配者である。テクストを商品として扱うこうした資本を、ここでは〈テクスト資本〉と呼んでおこう。テクスト資本は、テクストの発話者から受話者の間にあって、主としてテクストの身体を支配し操作しながら、利潤を追求する。そしてテクスト資本のテクスト支配には、必要とあれば、しばしば国家が直接介入する。国家が形の上で直接介入せずとも、テクスト資本が自ら「自己規制」するといった一種の恐怖支配は侮れない。幻想の恐怖支配といったものである。編集者の思想はそうした恐怖支配の真っ先の対象となる。やがて無数の〈自発的隷従〉[76]が現れ得る。テクストの書き手たる作家、執筆者といった人々は常に、そうした大きな支配構造の中に組み入れられていく。こうしたテクスト資本を相手に渡り合える大作家や大執筆者といえども、支配構造の外で自由であることは、まず難しい。

(5) 物質が意味となる言語場

手書きのメモから書といった芸術に至るまで、個のもとに立ち現れる〈書かれたことば〉、アナログ・テクストは、人の肉体との触れあいの中に生まれ、もつれ合いの中に形造られ、格闘の中に姿を現す。それはどこまでも物質としての存在である。押しつけ、擦《こす》り、擦《なす》って、垂らし、引き、刻み、彫る、人の生身の身体の営みの軌跡として、テクストは物質然とした身体を見せつける。

『五台山上院寺重創勧善文』(오대산《オデサン》 상원사《サンウォンサ》 중창권선문《チュンチャンクォンソンムン》)という現存する最古級の手書きの正音文献がある。[77] 一四六四年のものである。朝鮮王朝第七代の王・世祖(1417-1468)の文が添えられており、『御牒』(어첩《オチョプ》)とも呼ばれている。朝鮮では帖装本《ちょうそうぼん》(첩장본《チョプチャンボン》)、日本で粘葉装《でっちょうそう》や胡蝶本《こちょうぼん》と名づける、つづら折り状の屏風の形をした綴じの、三一・一センチ×一二・三センチほどの書物である(図30)。

実際に手に取ってみる。巻末の、紅く薄い覆いをめくると、世祖の手決《しゅけつ》(수결《スギョル》)、即ち署名と、巨大な玉爾の印影が姿を現す。玉爾の赤は鮮烈で、手決の墨はこれでもかとばかりに漆黒である。紙の表面から墨跡は前面に溢れ出て、また墨の根は紙の深くに食い入っている。五〇〇年をそこに留まり続けている墨。覆いが解かれ、人が読むことによって、墨は悠々たる意味となる。物質が意味として立ち現れる時間。同時に、見る私に静謐な魂の震えがもたらされる。〈書かれたことば〉を前にしたこうした体験は、人間の生身の身体によって創り出された物質性との、直接的な

図30 『五台山上院寺重創勧善文』（『御牒』）（1464）
著者撮影

触れ合いという言語場における出来事である。

手を通して〈書かれたことば〉からは、記号論的な意味のみならず、文字のこうした身体性がいつも離れない。しばしばそれは書いた個を想起させ、言語場によっては聖性までをも放つ。身体性の際立つこのような〈書かれたことば〉は、それが記号論的な平面で濾過され、〈テクスト〉と呼ばれることを、断固として拒むかのように、存在するのである。絵画でもいい。キャンバスの隅に滲み入っている画家の署名という〈書かれたことば〉を見るといい。タブロー（仏 tableau）を前にする言語場にあって、絵画の署名は決して記号論的な平面でのみ生きる〈テクスト〉ではあり得ない。文字の身体性はまさに絵画の身体に溶け込んでいるであろう。

訓民正音は版木に彫られ、刷られ、綴じられた書物、印刷物として歴史に登場した。第2章第4節(5)で見た、一四四六年、世宗の代の『訓民正音』解例本がこれである。翌一四四七年には早くも活字による正音の出版物が造られている。世宗の正室、昭憲王后《しょうけんおうこう》（소헌왕후《ソホンワンフ》）の死を機に編まれた、釈迦の一代記『釈譜詳節《しゃくふしょうせつ》』（석보상절《ソクポサンジョル》）二四巻には、

漢字と共に鏤《ちりば》められた、大字、中字、小字、三種の正音の銅活字によるタイポグラフィの小宇宙を見ることができる（図31）。

正音は個々の文字の累積の結果物として現れたのではない。予めタイポグラフィという総戦略を纏《まと》って姿を現した。そうしたタイポグラフィの世界が先にあって、それとは別にカリグラフィ＝書写の世界もまた創り上げられてゆく。そこでは身体性は、筆で書かれることによって、後にやって来るのである。

人類史のうちにあって、一般に文字は甲骨や石に彫られて登場する。これらはどこまでもアド・ホックな一回的存在である。そうした文字たちは後に例えば拓本であったり、印刷であったりと、〈複製〉という多回的な存在へと姿を移し替えてゆく。正音の歴史は逆である。最も古くに残された正音は、全て、印刷された書物を、自らの在処《ありか》としていた。つまり〈複製〉を自らの存在理由としていた。直線や円で構成されていて、筆の姿を留めない、正音の文字の形＝タイポグラフィ自身がそのことを何よりも物語っている。まさに朴柄千《パク・ピョンチョン》（1983）が述べるように、創製期の正音は「書いた」（쓴《スン》）文字ではなく、「描《えが》いた」（그린《クリン》）文字であった。正音は多回的な存在として姿を現し、後

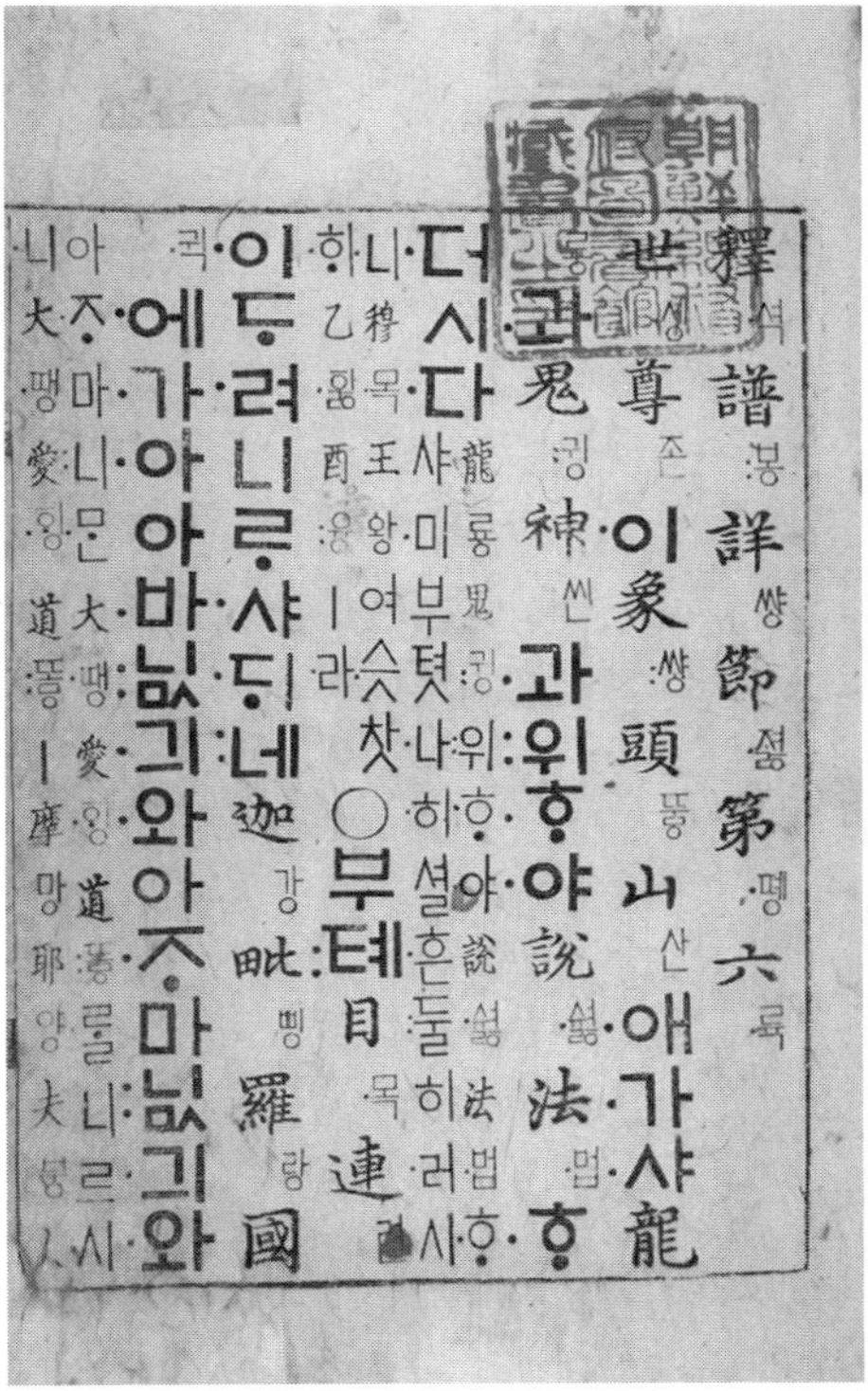

図 31　『釈譜詳節』巻六（1447）

銅活字による活版印刷である．なお，ここに押された朝鮮総督府図書館の蔵書印からは，生身の身体に押された，焼き印のごとき痛みが読める

に一回的な存在としても生き始める。

(6)〈ことば〉から身体性を削ぎ落とす「テクスト」論

木版印刷や活字印刷は、版と紙が圧せられるという、接触の過程を経る。結果として紙は凹凸を保つ。つまり印刷面は平板な単なる平面なのではなく、文字通り紙一重よりもさらに微細な立体の物質である。銀行券などの印刷に用いられている凹版も、同様である。版と紙の間に一度中間の媒体に転写過程を経るオフセット印刷などでは、紙の凹凸といった身体性は失われるが、紙という物質性が身体性を僅かに湛えることになる。〈書かれたことば〉のために形象化された文字の身体性は、印刷においては中間の媒体の有無の違いはあっても、一度は触れるという一回性、接触という一回性によって、希薄ながらも、いまだ辛うじて支えられてはいた。しかしながら印刷された〈書かれたことば〉における文字の身体性のこうした希薄さは、手を通して〈書かれたことば〉の、身体性の濃厚さとは、既に比べるべくもない。さらに印刷における身体性の希薄な残存は、今日のデジタル・テクストの世界では、跡形もなく消えゆくことになる。

存在論的な視座から〈書かれたことば〉を見るとき、文字通り一回的な存在である、いま・ここの、手を通して〈書かれたことば〉を、記号論的な平面において流通する多回的な「テクスト」として扱い得る物質的な根拠は、どこにあるのか？　何よりも〈複製される〉という点にある。印刷される、複製されることによって、文字から身体性は濾過され、物質というリアリティを離れた記号論の平面でのみ生きる、「テクスト」として扱われ始めるのである。二〇世紀思想を席巻した「テクスト」論は〈書かれたことば〉から身体性を削《そ》ぎ落とすことによって可能となった。

ここで言う「テクスト」論は言語学におけるテクスト言語学にとどまらず、広く人文思想に猛威を振るったテクスト論を言う。言語を存在論的な視座から問う私たちは、テクスト論という言説の原理において言語がいかに扱われているのか、その功罪を見ておかねばならない。端的に言って、テクスト論は言語の表現様式、表現のありようについては、言語学、文学、人文思想に至るまで、実に豊かなものを私たちに提起してくれた。他方、言語の存在様式、ことばがいかに在るかということについては、ほとんど無防備な状態であった。言語の存在様式と表現様式を切り分ける視座は、こうした事実をも暴き出す。言説はエクリチュールを言い、パロールを語ったが(78)、言語の存在様式について問いきる思想の堡塁《ほうるい》は、言語の表現様式や表現された内容を語る巨大な言説の群れに、なすすべを知らなかったのである。

「テクスト」論は実は、〈書かれたことば〉のみならず、〈話されたことば〉についても、それら双方の存在論的な在処《ありか》、それら双方の身体性を、しばしば削ぎ落としている。このことについては、テクスト論という言説において、〈話されたことば〉と〈書かれたことば〉の区別、〈話されたことば〉のまとまりとしての〈談話〉と〈書かれたことば〉のまとまりとしての〈テクスト〉との区別がついていない、乃至はなはだ曖昧なままで進められていたことに、如実に顕れている。〈話されたことば〉〈書かれたことば〉〈話しことば〉〈書きことば〉〈パロール〉〈エクリチュール〉〈談話〉〈テクスト〉〈ディスコース〉〈ディスクール〉〈メッセージ〉〈言説〉〈口語〉〈文語〉〈俗語〉〈ヴァナキュラー〉……などといった数多くの術語が、甚だしくは言語学の内部においてさえ、しばしば無批判に用いられ、そのことによって諸概念は模糊たるままに、理論の結節環としての強靱さを失い、見かけのアナロジカルな柔軟さだけが謳歌される。「テクスト」と呼ばれるとき、そのほとんどは記号論的な平面でのみ語られていた。その際に、〈話されたことば〉と〈書かれたことば〉の決定的な違い、存在論的な違いたる互いの身体性は、あるいは不問にされ、あるいは意識的にせよ無意識的にせよ、混用されるのである。混用されることによる面白さは、もちろんある。もう二〇世紀に私たちは充分に味わった。逆に、混用されることによって、失われるものも、大きく、深い。言語をめぐって思考する方法においても、そのリアリティにおいても。例えば文法論という限られた学問分野においてさえ、失ってきたものは、甚大である。このことは第6章で述べる。

再三強調したごとく、〈話されたことば〉には音としての身体があり、〈書かれたことば〉には文字としての、さらにその文字を物質的に支える身体が存在する。既に述べたように、〈書かれたことば〉に物理的な言語音の支えはない。ただ言語音はそれに寄り添っているだけである。もちろんプロソディも剝《は》ぎ取られている。それにも拘わらず、「テクスト」論にあっては、当該の論に必要な時だけ、そこに言語音が、プロソディが無批判に忍び込む。「テクスト」論という記号論的な平面に濾過され、移植された「言語」は、身体性が削ぎ落とされた「言語」であった。口碑伝承も神話も現代の小説も、それが〈話されたことば〉であれ、〈書かれたことば〉であれ、お構いなしに「テクスト」の名で扱われ、「間テクスト性」までもが論じられる。もちろん言語場についてもまた、原理的な位置づけはなされぬまま、恣意的な言及に任せられてしまう。「テクスト」と言った瞬間に、それは古代ヘブライ語、古典ギリシア語の世界から現代フランス語圏までを、ほとんど何の制約もなしに、そのことばは話されているのか、書かれているのか、聞かれているのか、読まれているのかを原理的に切り分けず、精緻な理論的支えなしに、気ままに飛び回るのである。「テクスト」論のアナロジーは言語を遠く離れて、表象文化一般へも拡大され、もはやアナロジカルであることを超え、あたかもロジカルなものであるかのごとくにまで、振る舞う。

先にも述べたように、「テクスト」論のもたらした成果も多い。日本語圏において「テクスト」の名を冠する書物は、発注すれば、数日のうちに入手できるものだけでも、数百を下らない。そもそもテクスト論出現以前の言語に関わる伝統的な言説、例えば「テクスト」という単語の語源を考えるといった、語源論など一つとっても、それは記号論的な平面でこそ扱い易いものである。語源を問うのに、言語の存在様式はとりあえずは不問でもよいからである。テクスト論以後にあっても、〈話されたことば〉と〈書かれたことば〉を意図的に混在させ、その違いを無化した記号論的平面における言語においてこそ、例えば「間テクスト性」といった問いが立て得るであろう。そして「テクスト論」を立脚点にしたアナロジカルな駆動力は、文学論は言うに及ばず、知の総体にとっても決して過小評価すべきではない。

しかし、今の私たちにとって喫緊なのは、言語がいかに在るか、その存在論的な問いを問いきる営みが、今日までほとんど見当たらないことがもたらす、巨大な危うさにある。曖昧なる術語、模糊たる諸概念は、私たちから言語を見失わせる。「テクスト」というオプティミズムの中で、言語論はその原理的な地平からともすると精緻さが失われ、そのことによって言語論の強靱さも柔軟さもまた失われるからである。かくして、さらにこの時代の、アナログ・テクストからデジタル・テクストへという〈書かれたことば〉の存在論的なありようの根底的な変容の前で、無分別な「テクスト」が闊歩する知は、その根底的な変容を生きる理論的な強度をいよいよ培えず、知の最前線にあってさえ、いかにも無防備な言語場を地球上のあちらこちらに晒《さら》すこととなる。

なお、再度確認するが、二〇世紀以降の「テクスト」論とは異なって、本書が言う〈テクスト〉(text)とは、どこまでも〈書かれたことば〉のひとまとまりを言い、〈話されたことば〉のひとまとまりである〈談話〉(discourse)とは区別して扱っている。談話とテクストの区別もついていない「テクスト」論は、アナログ・テクストとデジタル・テクストの存在論的な人類史的変容についてゆけない。

さて、言語、メッセージ、メディアといった押し寄せる課題を前に、今、私たちは言語から立脚点を模索するところに、至っている。

(7) アナログ・テクストからデジタル・テクストへ

紙への印刷と書物のアナログ・テクストの時代が、二〇世紀を迎えると、発光体である電飾テクストが出現した。地と図を光が照らし分け、テクストが光の中に浮かび上がる。〈話されたことば〉が音の世界に実現するものであるのに対し、〈書かれたことば〉が光の世界に実現するものであることを、〈書かれたことば〉自身が宣言することになる。テクスト自身が光を放つ。これは木版などにおける、黒地に文字が白い陰刻と、白地に文字が黒い陽刻があり、互いにそのありようが異なるけれども、光るテクストは既に陰刻、陽刻の違いの次元を遥かに超える。さらに今日のデジタル・テクストは、ディスプレイ、モニタ、スクリーンなどと呼ばれる平面が棲《す》み処《か》である。〈話されたことば〉が音の世界の存在である一方で、〈書かれたことば〉は光のうちの存在であったが、それはどこまでも反射光のうちに現れるものであった。〈書かれたことば〉にあって光はいつも注がれるものだったのである。ところが今日の〈書かれたことば〉においてテクストは、透過光の姿を纏い、テクスト自身が発光するものともなった。

〈書かれたことば〉の言語場はこうして劇的な変容を見せている。アナログ・テクストとデジタル・テクストの共存、そしてインターネットのインフラ化は、〈書かれたことば〉の言語場を決定的に変容させ、テクストの身体のありようにもまた痛撃を加える。

個が手によって創り出すアナログ・テクストは、その存在の一回性のゆえに原理的には多様性が保証される。書写によるテクストはその身体性において、アナーキーである。形があり、テクスチュアがあり、色艶があり、場合によってはインクや紙の匂いさえも伴う個のテクストは、〈テクスト資本〉のテクスト身体の管理から、いつも漏れ出るものに、満ちている。アナログ・テクストは、たとえデジタル画像に閉じ込められようと、なおかつ量感や手触りといった仕方で漏れ出ようとする。これに対し、デジタル・テクストは〈テクスト資本〉が最も管理し易いテクスト身体のありようである。

デジタル・テクスト媒体のインフラ化は、テクスト資本の大きな部分を、例えばGoogleといったインターネット資本の力が左右することをもたらした。それに先立つMicrosoft資本の隆盛は、その企業名が語っているように、OSを始めとするソフトウェアの制圧によるところが大きかったが、Google資本の登場は、文字通りのテクスト＝インターネット資本の登場だと言ってよい。今でこそ辞書にも動詞としてさえ載っているgoogleという単語は、登場の始めには、誰にも意味がわからないものであった。企業名自体が、さあ、私を検索せよ、と語っていた。こうしたことに象徴的に現れているように、Googleは何よりもまずデジタル・テクストの海を探索するという言語場から出発した。Apple資本に見えるように、こうしたテクスト＝インターネット資本は、今日さらに、〈テクストTとオーディオ・ヴィジュアルAV、そしてインターネットnet〉を基礎にした資本として展開している。こうした資本を〈TAVnet《タヴネット》資本〉と呼ぶことにしよう。〈TAVnet〉はネット空間の言語場のありようである。

インターネットによるテクスト身体の変容は、アナログ・テクストからデジタル・テクストへという第一の変容の裏側で、第二に、発話者から受話者への直接のテクストの場、言語場の成立が拡大するという点にも見ることができる。〈TAVnet 資本〉はテクストの発話者から受話者の間にあってテクストを支配することを目論むわけであるが、そうした〈TAVnet 資本〉の大きな思惑から漏れるような形でも、言語場が成立してしまう。好意的に呼べば、草の根といった言語場の成立、直接民主主義的な言語場の成立である。独占《モノポリー》や寡占《オリゴポリー》に対峙するという点においては、これもアナーキーな言語場と言ってよい。

〈TAVnet 資本〉、テクスト資本は、デジタル・テクストというテクストの身体を支配する一方で、テクストを個から個への言語場へと解放する後押しをせざるを得ない。携帯し得るデバイスで発信される個のテクストは、同じように携帯し得るデバイスで受信されるテクストとなる。通勤電車では多くの人々がそうしたデバイスによって膨大なデジタル・テクストを発信し、受信する。個から個へという形の言語場が、毎分毎秒、途方もない速度と量で生み出される。〈TAVnet 資本〉は、全ての個が手にするこうしたテクストの身体を、一方では独占的、寡占的に支配しながら、他方では個から個への言語場を拡散させるという、二重の務めを推進することになる。〈TAVnet 資本〉は独占とアナーキーのいずれをも同時に拡大せざるをえない。独占を可能にする支持者は、まさに個のアナーキーを支持する人々だからである。私たちの時代にあって、個の利便とは、個のアナーキーでもある。Facebook や Twitter といったものが、地球上のあちらこちらの闘争や連帯に何らかの役割を果たしていることがあったとしたら、個のアナーキーのほうの成果である。

ただし、こうしたことを可能にするデバイスを所有していない層が存在することと、米国を中心とする SNS などこれら〈TAVnet 資本〉のイデオロギー操作の分は、個のアナーキーの評価からいつも大きく差し引いて考えねばならない。

(8) TAVnet 資本――自由と支配

さてデジタル・テクストの拡大、〈書かれたことば〉の言語場の変容が進行しても、テクスト資本総体としての支配のありかたの根本は、そう変わっていない。支配のありかたは変わらず、支配の巧妙さは進化する。そして支配の構造や巧妙さは、国家や民族を問わない。

〈TAVnet 資本〉は、個から個への言語場を拡大する中に、例えば広告を忍ばせるという仕組みを作るなどといった仕方で、テクストの支配を拡大する。ただしこれは謂わば公認の手法である。個から企業ぐるみで、一見平和な日常の中に共有される手法だと言ってよい。一方でより暴力的な手法もしばしば活性化する。

例えば、世界中で起こる、いわゆる「領土」問題におけるナショナリズムの鼓舞と民族排外主義の宣揚、「領土」問題を梃子にしたイデオロギー操作、戦争や原発や反核といった問題ついての報道におけるジャーナリズムのイデオロギー操作といったありようは、〈TAVnet 資本〉が拡大した今こそ、さらに巧妙さと強度を増している。「我が国固有の領土」。言語の方に照らして見ると、もともと、携帯デバイスで発信された、国境を越えて飛び交うテクストには、言語の違いはあれ、「固有の領土」などない。それは個によって発せられ、現象的には「国境」はとっくに超えているからである。さらに言語表現内のことに限って考えても、「我が国固有の領土」といった思想に張り付いている今日の幻想性は、近代の国民国家以降に成立を見ている「国」に、あたかも古き昔から存在していたかのごとき「固有の」といったことばが、語義上からも結合し得ないことは、明らかである。都合によって生まれたり、滅んだり、分割されたり、場合によっては大国間の思惑で勝手に作られたりする「国」に、「固有の」ものなど、その語彙的な意味の上から成り立ちようもない。「我が国固有」ということば自体が、そもそも今日の地球上のいかなる「国」にとっても無効なのである。そしてさらに、ひとたび顕在化した原発や核の被害が、「我が国」も「固有の」も「領土」も、いとも簡単に超えてしまうという言語外の現実は、文字通りリアルである。例えば「フクシマ」ということばにとって、「日本の」も、「固有の」も、「領土」も、いずれのことばも無効であることを、言語外現実がありありと示している。もちろん「核」ということばにとっても「資本」ということばにとっても同様である。テクストを発する個から見ると、「我が国」、「固有の」、「領土」のいずれも、今日、幻想に過ぎない。これを一九世紀のマルクスであれば、「労働者階級に固有の領土などない」と言ったかもしれない。今日、言うまでもなく、労働者であろうがなかろうが、「我が国固有の領土」ということばそれ自体が、言語内的にも、言語外的にも、成立しないのである。

個が思い思いに発信するという点においては、地球上の携帯デバイスが関わる言語場におけるテクストは、今日、文字通りアナーキーなものである。そうした言語場は、アナーキーであるという点に注目するなら、自由という名で呼ぶこともできる。

携帯デバイスによる言語場は、紛れもなく、イノベーターたちを始めとする個の夢が、人類の知恵が、もたらしたものである。二四時間、個と個が〈話されたことば〉と〈書かれたことば〉を交わし得る言語場は、人類が到達した自由の一つの形である。ハイパー・テクストに代表される、テクストの新たなありようは、紛れもなく、新たなる地平である。

イノベーターたちの思惑に拘わらず、しかし自由の背後にはいつも支配が隠れ潜む。自由の反対側に支配が別に位置を占めているのではなく、支配は常に自由の裏側に張り付き、息づいている。新聞により注入され、雑誌により言いくるめられ、テレビによって麻痺させられ、コンピュータによって陶酔し、スマートフォンによって激高させられる――奴らは敵だ。「奴らは敵だ」から「敵を殺せ」へは、しばしば簡単に乗り越えられてしまう。壮大なる流言飛語である。もちろん支配的なイデオロギーが「敵だ」と指さす相手は、まず間違いなく、真の「敵」などではない。この点は、今も昔も変わりはない。しかし「敵」を操作される絡繰りは、しばしば見えなくなる。私たちが直接触れる言語場は、既に操作された結果としての言語場だからである。

言語場のありようが多様化し、高速化し、膨大になっていく分だけ、〈TAVnet 資本〉を先頭とする資本の支配は、そしてそれとつかず離れず、力を行使しようとする国家の意志は、日常の隅々に入り込み、思想と感性の襞に棲み着き、そこで仕組まれる壮大なる流言飛語は、私たちを蝕《むしば》んでゆく。私たちは言語場をしかと見据え、言語的な武装をせねばならない。

(9) テクストの速度戦

書物とは、留め置かれ、吟味され、反芻されるテクストであった。過去二〇〇〇年にわたって書物は思考の醸成装置であった。芳醇な酒のように、多くの思想が書物という醸成の過程を経て成った。個が生産するテクストが簡単に書物になるわけではなく、書物という形になること自体も、テクストにとっては僥倖《ぎょうこう》であった。

これに対し、ツイートに代表される携帯デバイス間に行き交うテクストは、しばしば指摘されるように、断片的であり、刹那的であり、消費的である。もちろんこうしたこと自体は、私たちにとって、良くも悪くも作用し得る。さまざまな指摘がある中で、今日の個が所有するデバイスで産出されるテクストが、過去の書物と異なる最も重要な点は、何よりもその〈速度〉にある。その場でテクストを産出し、その場で地球上の彼方に発信し、その場で消費される。文字と携帯デバイスを有する社会階層に属している限り、誰もが今すぐそこでテクストを生産するだけでなく、発信し、流通させることができるようになった。ふと立ち止まり、親指一本によって、いま・ここで〈書かれたことば〉を個が発するという言語場は、日記や書簡の時代にはなかった、新たな自由の形である。同時に、デバイスを操る自らが、送りつけられるテクストに操られるという、新たな被支配の形でもある。

言語の存在様式における速度性は、言語の表現様式にも少なからぬ変容を強いる。個にあっては、間投詞や短いことばで表される、短い断片的なテクストが大量に産出されることとなる。熟成されたことばよりも、いま・ここにおける感嘆的なことば。まじかよ！　短歌や俳句のような彫琢された短さよりも、感情のむき出しの表出といった短さ。いいね！　テクストを個がいつでもどこでも発し得るという点では、間違いなく良いことであり、私たちの表現にとっても大きな可能性をも秘める。例えば詩がツイートという言語場を得る。小説がケータイという言語場を得る。一方で、ことばを考え、彫琢し、研ぎ澄ますといった営みが、何よりもそうした間を与えない速度性によって、削ぎ落とされかねない。既存の〈書かれたことば〉の言語場が本質的に有していた、第7節(2)で述べたような、書くことに際しての僅かなる逡巡は、速度の前で力を失う。表現の豊かさといったものを学び、獲得する言語場が、何よりもあちらから強いられた〈テクストの速度戦〉によって取り上げられてしまうのである。

テクストの断片化は、facebook の「いいね！」ボタンのごとく、予め用意されたテクストに象徴的に現れている。テクストの断片化はテクスト内容の類型化、画一化も加速する。書物のようにそれなりの長さを有するテクストより、短いテクストの方が類型化や画一化に荷担し易いことは、言うまでもない。テクストを考える前に、テクストは入力される。類型化した表現群は、ほとんどネット上の商品の選択肢のように、もはや単語のレベルではなく、シンタックスのレベルでも与えられているだろう。「今さら聞けない…な…をやってみた」「アラフォー／アラサー…の…が半端ない件」「だーかーらー、それってー…すぎやろ」「…が知っておきたい…つのこと始めました」「…する…が可愛いすぎる…な日々」「…には…がいいかもログ」「君はもう☆まったり…を見たか」「…の正体が意外だったw」「…分でわかる…2.0のすべて」「死ぬまでに…したい的な…のまとめ」「この国の…における機能不全は、…共同体の…再起動を装った…であり、オルタナティブな…シュミラークルとしての…な立ち位置において…なアーキテクチャと…の接合によって、オタク的な…が、秘儀としての…なる追っかけを、まさに強いられることによって、…至上主義的で…チックな読みと、…のパラメータを…と共に喪失し、…の思想は…ファロスの彼方に…ブリリアントに…内破する」。もちろんこんな皮相的な語彙レベル、シンタックスレベルの消費的類型もあっという間に流行の彼方へと押しやられる。表層的なことばの取り替えは、しばしば消費とも呼べないほどに加速する。ましてやテクストの生成自体に速度戦が強いられているのである。テクスト内容の類型化、画一化は流行という名の制度化を支えるものとなると同時に、特定のサイバー空間社会における特化された排他的言語の生成を支える。表現のレベル、語彙のレベルにおける隠語の共有は、言語の排他性を支える——人と人とを繋ぐはずの言語が、人と人とを裂く。ネット上の巨大掲示板は新たな文体も作りだした。

⑽ サイバー空間の言語場——それは仮想ではない、言語事実、言語現実である

そしてサイバー空間の「言語」は決してリアルな空間の言語と別々に存在しているのではなく、サイバー空間の「言語」こそが人に言語として聞かれ、読まれるとき、文字通りのリアルな言語場における言語現実として、ともすれば圧倒的な重力を人々に加えるのである。サイバー空間の言語は、それが人の前に立ち現れるとき、つまりそこに〈意味〉が立ち現れるとき、それは既に言語事実である。決して非現実や仮想空間に存在する「言語」なのではない。このことははっきりと確認せねばならない。

文字通り「C言語」などと名づけられた、様々なプログラミング「言語」が存在することは、私たちにとっての言語についての印象を大きく変えてしまっている。人と機械とのインターフェイス＝界面を担う言語は、自然言語との境界を私たちの日常的な印象においては、いよいよ曖昧なものにしている。錯覚し易いが、自然言語にせよ、プログラミング言語にせよ、それら「言語」そのものが動き回るわけでも、移動するわけではない。インターネットに代表されるサイバー空間を網の目のように移動し、貯蔵され、漂っているのは、言語そのものではなく、言語の翻訳物、言語として全うしきっていない「言語」、正確には記号論的な平面に濾過された言語を、情報通信の種々のデバイスに親和的な形に翻訳した様々な音声、電波、光などといった対象である。こうした対象自体を「言語」と取り違え易いのは、まさに私たちにあって言語を見る存在論的な視座が、崩壊しているからに他ならない。Eメールで移動しているのは、言語自体ではなく、言語の翻訳物＝代替物質である。Eメールの送り手と受け手の間で〈書かれたことば〉が移動しているように見えるのは、どこまでも〈書かれたことば〉が他の様々な代替物質に置換＝翻訳され、そうした代替物質が「移動」した結果として、言語が、〈書かれたことば〉が、「移動」しているに過ぎない。Eメールは送り手が入力する際は〈書かれたことば〉である。しかしながら、送り手によって指定された受け手であろうが、「誤配」であろうが、誰か人によって読まれない限り、それはまだ〈書かれたことば〉なのではない。音声であれ、電波であれ、光であれ、テクストはテクストとして読まれない限り、意味をもたらし得る言語場は、ついぞ成り立たないのである。

Eメールが書かれ、読まれる言語場の構造は、文字が刻まれ、一〇〇〇年後にそれが読まれる石碑をめぐる構造と、原理的には変わるところがない。そのことに私たちは気づかねばならない。ただしEメールの方はそれが書かれる言語場において〈書かれたことば〉が、幾度か代替物質に翻訳される。デジタル・テクストは、入力、演算、制御、記憶、出力を、まさに書かれる言語場において、書かれるやいなや、繰り返す。デジタル・テクストにおいては入力とは翻訳のことであり、複製のことである。さらに翻訳＝変形は繰り返され、異なった姿をとる。姿はしばしば目に見えない。意味からはもう自由になっている。そうした過程を経るものの、いずれにせよ、誰かに文字として読まれない限り、それら中間様態の姿は、意味となり得ない。言語を支える身体やその代替物質である。身体そのもの、代替物質そのものは、意味を持たない。石碑は同じ場所に在り続けたり、野蛮なる帝国の博物館に持ち去られたりする。石碑はしばしば砂や草木に埋まったり、雨に穿《うが》たれ、雪に擦《こす》られ、風に晒《さら》されて、変容する。いずれせよ、誰かに文字として読まれない限り、それは意味となり得ない、言語を支える裸身のままの姿である。意味からはもう自由になっている。裸身そのものは意味を持たない。

サイバー空間に漂う音声や電波、光が仮想的なものにせよ「言語」と錯覚され易いのは、〈書かれたことば〉は読み手によって読まれて初めて、自己を全うするという言語場の構造を忘れ、〈話されたことば〉や〈書かれたことば〉が変換された、例えば電子的な姿それ自体が意味を持っているという幻想に支えられている。多くは〈話されたことば〉や〈書かれたことば〉自体が意味を持っているという幻想の上に、さらにこの幻想が累加されるわけである。それが木簡であろうが、書物であろうが、携帯デバイスであろうが、言語の身体性が異なるだけであって、テクストを書き、読む言語場にあって、最初の読み手＝書き手と、そしてそれ以降の読み手において初めて意味が実現し得るというありようは、何の変わりもない。そのようにテクストを読む言語場とは、まさに現実の言語場である。「死ね」と書かれていれば、読み手は「死ね」とリアルに読まされる。そして言語場における文字の物質性、文字のテクスチュアやフォントといった〈書かれたことば〉の身体性は言語的な意味を非言語的な条件によって支えるのである。

罵倒、罵倒、罵倒。サイバー空間の言語によって子供たちが、そして大人たちも、命を絶つ。従来型のいじめ traditional bullying に対して、ネット空間のいじめ cyberbullying などということばも生まれた。サイバー空間の言語は、それが書かれ、読まれるとき、「仮想」の言語なのではない。ただただ言語の存在様式、言語の実現形態がこれまでになかったありようを結んでいるところの、紛れもなき言語現実なのである。今日、言語についての私たちの思想も感性も、言語の新たな存在論的なありようと言語場の変容に追いついていない。言語をめぐって、私たちはしばしば、何をしていいか、わからず、途方に暮れているのである。罵倒。罵倒。罵倒。貧困なる言語が「我が国」も「領土」も超えて密集する。私たちにとっての可能性の言語は、密集する貧困なる言語の中で、新たなる遊撃を強いられる。

思考はこうして深さよりも速度に傾く。速度は自由の乗り物でもあると同時に、支配の導火線でもある。超高速の導火線を辿って送りつけられる「奴らは敵だ」というテクスト――あるときは露骨なメッセージとして現れ、あるときはさまざまに姿形を変えた暗喩の形である――は、日常の中、これでもかと、反復される。テクストの背後には、例えば〈笑顔、涙、国旗〉などといった視覚的なアイテムや、「国」の名を掲げたスポーツの競技場での熱狂が添えられているであろう。テクストとオーディオ・ヴィジュアルの混交は〈TAVnet〉の独壇場の言語場である。じっくり思考するという間、僅かなる逡巡さえも与えぬ、刹那的な消費という形が反復され、〈考えるな〉というイデオロギーは、私たちの中に蓄積されていく。言語場の巨大な変容の中で、私たちは否応なく、〈速度戦〉を強いられているのである。

(11) 断片化する言語――強いられる速度とテクストの物象化

甲骨、石刻から竹簡、木簡に代表される〈書かれたことば〉の存在様式は、非複製技術時代の〈書かれたことば〉であった。「本」を意味する独語 Buch は字を刻んだ「ぶな」の板であった。日本語で「本」と言う。「もととなるもの」、例えば写本を書き写す際の「手本」のように、写す「もと」となるものを「本」と言った。朝鮮語では「本」は「冊」(책《チェク》)と言う。漢字「冊」は竹簡、木簡をひもで繋いだ姿をしていると、受け取られてきた。[79] 日本語も朝鮮

語も、外来の漢語である。いずれにせよ、「本」は始め、刻んだり、書写したり、人の手の営みが前提となるものであった。いつも手触りといったものと共に在った。人々の書における文房四宝《ぶんぼうしほう》への思いに象徴されるように、一文字一文字を記す物理的な時間も労力も、ひとかたならぬものがあった。王羲之の書のように、〈書かれたことば〉はそれを構成する一文字一文字までもが、しばしば聖性までをも纏《まと》うものであった。〈書かれたことば〉は人が記憶する対象でもあったし、記憶するための「本《もと》」でもあり、想起するための「本《もと》」でもあった。朝鮮の士大夫の子は『千字文』を覚えることから〈書かれたことば〉の世界へと誘われ、四書五経へと進んだ。「冊」の字が見せてくれているように、断片は連ねられることによって、命名から思考となり、思想となった。このことには注目しておこう。

グーテンベルク以降の大量印刷された書物に代表される〈書かれたことば〉の存在様式は、ヴァルター・ベンヤミンが芸術について述べたことばに倣《なら》い、言語にも宛《あて》がってみるなら、技術的複製可能性の時代（独 das Zeitalter der technischen Reproduzierbarkeit）の〈書かれたことば〉である。〈書かれたことば〉は複製へと進路を採った。鉛筆やペン、万年筆、ボールペン、そして紙など、手書きの筆記具の大衆的な普及は、書物の流通を別な平面から支えるものであった。〈実利〉だけでなく、〈学ぶ〉ことと〈楽しむ〉ことも、書物の普及を支えていた。一文字一文字を〈かたち〉にする物理的な時間も労力も、書写の時代に比べると、格段に減った。大量印刷された書物に〈書かれたことば〉は、あるときは思想と呼ばれ、あるときは物語と呼ばれ、そしてあるときは詩と呼ばれた。教科書が大量に作られ、辞書が大量に売れた。〈書かれたことば〉は知の身体であった。

かくして〈書かれたことば〉は短い断片ではなく、ひとまとまりの長さを有するテクストとして、流通するのであった。人々に記憶され、人々の間で交わされる断片は、より大きな一冊の書物からの抜粋や引用という形での断片であった。つまり断片はしばしば背後により大きな全体を背負っていた。「冊」（책《チェク》＝本）の文字が断片をつなぎ合わせた形に重ね合わせて見られてきたことを、今一度思い起こそう。〈書かれたことば〉の断片は思想や物語や詩を背負

い、それらに辿れる入口であり、道標であり、案内人であった。〈学ぶ〉ためにせよ、〈楽しむ〉ためにせよ、〈生きる〉ためにせよ、〈書かれたことば〉は思考と共に在った。

二〇世紀以降のデジタル・テクストに代表される〈書かれたことば〉の存在様式は、謂わば超複製可能技術時代（独 das Zeitalter der technischen Hyper-Reproduzierbarkeit）の〈書かれたことば〉である。合言葉はこうだ——複複製に進路をとれ。テクストはしばしば最初から物理的に複製されることを前提に、作られる。自らは意図せずとも、デジタル・テクストとしての〈書かれたことば〉は、入力されるそもその始めから、ストレージに貯蔵され、複製されることを、前提としているのである。デジタル・テクストにとって、貯蔵されるとは、複製されることの別な名づけである。ここで記録と呼ばず、貯蔵と呼ぶのは、人との接触面《ヒューマン・インターフェイス》においてのみ、記録と呼びたいからである。

テクストのデジタル化とは、人とのインターフェイスにおいて初めて〈書かれたことば〉として自己を全うする〈ことば〉を、つまり人において初めて意味を実現する〈ことば〉を、機械に親和的な形式に翻訳することである。機械に親和的な形式に翻訳された〈ことば〉は、もはや〈書かれたことば〉そのものではない。而《しか》していつでも〈書かれたことば〉へと再翻訳し得るところの、自然言語ならぬ、非自然言語、〈機械のためのことば〉である。

インターネットは情報が行き来する、単なる網なのではない。単なる交通形態なのではない。それは〈書かれたことば〉が様々な形式に姿を換えながら生息する地でもあり、棲《す》み処《か》でもある。Eメールはただ送られるのではない。複製という観点から見るなら、それは複製を繰り返しながら、貯蔵を繰り返しながら、翻訳を繰り返しながら、棲み処を変えるのである。デジタル・テクストがそれ以前のテクストと根本的に異なるのは、テクストそれ自身が、あるときは機械のために、あるときはソフトウェアのために、そしてあるときは人のために、自己を翻訳しながら時空を移動するという、驚異的な生態を示すことにある。テクストの〈文字化け〉は、自己を翻訳するテクストという生態の落とし子である。ただ、人がそのインターフェイスに拒まれているだけだ。

デジタル・テクストの翻訳＝貯蔵＝複製にあって、翻訳、貯蔵、複製のそれぞれが、それぞれの一様態、一生態についての名づけである。今日、デジタル・テクストにおいては、貯蔵されたものが複製されるのではない。貯蔵そのものが、〈書かれたことば〉の動的で巨大な超複製という過程の一つの生態なのである。インターネット上をことばが行き来するありようは、絶えざる超翻訳、超複製の動的進行過程である。

　モバイル化、クラウド化に象徴されるＩＴの進化は、〈より短時間で〉と、人間のために速度をひたすら速めた一方で、前述のように人間にもまた速度を強いることとなった。ストレージ内部のような、人との直接的なインターフェイスが必要のないところでは、機械のために翻訳されたデジタル・テクストは、人の要求によっていくらでも巨大化していく。他方、速度の進化は、人とのインターフェイスにあっては、〈テクストの断片化〉を猛烈に要求することとなった。断片化されるテクストの表現の内的なありようは、前述の通りである。

　テクストの断片化は、今一つ、重要な結果をもたらす。断片化されたテクストは、その生成においても受容においても、短時間での処理を要求する。テクストについての思考の余地は極小化へと向かう。圧倒的な速度の前に、テクスト生成においての逡巡、表現の選択、彫琢、吟味は遠ざけられ、テクスト受容における玩味《がんみ》、批判といった諸々の〈思考〉が退けられる。もともとデジタル・テクストは〈書かれたことば〉から言語の存在論的な価値を剝ぎ取り易い。王羲之の真跡などと違うのはもちろん、古くなればぼろぼろになるような書物とも違って、そもそもの始めから超複製（hyper-reproduction）が前提となっている存在だからである。それはどこにでも、いつでも、必要な時に、どこからか取り出せるという、〈TAVnet 資本〉に支えられた没思想的な幻想を強制されている。背景となる大きな思想の全体から切り取られ、断片化されたテクストはさらに、内容を問わない、単なる記号論的な「情報」に作り替えられ易く[80]、そのことによって貨幣との交換可能性は極大化される。思想を形造っている意味が享有されるのではなく、ことばが文字通り記号として消費されるのである。人々の思想は切り刻まれて引用され、意味の可能性が削ぎ落とされる。テクストの内容ではなく、内容を持たない、あるいは内容の希薄な記号が消費される。そして記号は単に商品のように消費されるだけではない。それはあたかも、私たちが生息する環境のごとくにまで肥大化し、風景化する。空気のように所与の事態として、私たちはそのただなかに在ることを強いられる。そしてその所与の事態のごときものの背後には、しばしば資本や国家の影が見え隠れする。

今日の断片化されたテクストは、テクストの背後に、例えば書物といった、より大きな全体を背負うことができない。〈書かれたことば〉の断片は思想や物語や詩を背負いきれず、それらに辿り得る入口、道標、案内人であることをやめんとする。〈書かれたことば〉が豊かな意味となる契機が失われ、〈書かれたことば〉が意味となり損なったり、限りなく皮相な意味、漠然たる意味としてしか意味が立ち現れないままに、単なる処理の対象としての〈物象化〉〈物神化〉（reification／独 Versachlichung／仏 réification／물화《ムルァ》：물상화《ムルサンファ》）が進行する。人の存在と共に在るはずの〈意味〉が、希薄化し、そこではテクストがものとして立ち現れ、しばしば人への抑圧態のごとく振る舞う。ものとしてのテクストを処理しては、息もつかせず、次のテクストがやって来る。〈書かれたことば〉を前に、意味を生きる日々ではなく、ものとしてのテクストを処理する刻々へと、追い込まれてゆく。

幾度も強調したように、ことばは意味を「持つ」ものではなく、意味と〈なる〉のであった。〈書かれたことば〉はただただ読み手にあって意味と〈なり得る〉のであった。思考を拒むまでの、圧倒的な速度の中で過ぎゆく断片的な〈書かれたことば〉は、読み手にあってしばしば意味となり損なう。ことばが意味を「持つ」ものではなく、ことばは人にあって意味と〈なる〉ものであると見る視座は、人に圧倒的な速度が強いられる言語場で、何が起こるかを、教えてくれる。言語場における速度の中でことばが意味となり損なうのである。意味を立ち現し得る速度に人がついていけない。ついて行っているのと、錯覚しているのは、ことばをものとしてのみ、扱っているからに過ぎない。猛烈な速度を強いられる言語場では、ことばはしばしば朧気な意味としてしか、立ち現れない。テクストに向き合って、意味を造形する歓びや、テクストを玩味し、意味を拵《こしら》える楽しみよりも、いつしか、テクストそれ自体の、〈ものとしての価値〉、処理、操作する、物的対象としての享受へと変質してしまう。そうした変質した享受舞台＝言語場の中に「情報」と呼ばれる洗練された、文字《キャラクター》が、妖怪《キャラクター》が登場する。そしていつやむとも知れぬ演技を続ける。そうした言語場にあっては、〈ものとしてのテクストが存在している〉という事実だけが愛おしまれるのである。

ものとしてのテクストが私たちだけの特別な身体性を纏《まと》って存在していることを愛おしむ物心崇拝《フェティシズム》。しばしばテクストそれ自体よりも、その乗り物が、メディアの優位が、極大化する。メディアはもう早くからメッセージと呼ばれた。思考から遠ざけられた〈書かれたことば〉。而《しか》してそれはもはや本来的な意味での〈書かれたことば〉から、テクストから、限りなく遠い。思考のこうした空白地帯には決まって全く別の思想がどこからか忍び込む。例えば、〈国家の意志〉といった思想が。――〈書かれたことば〉のありかたの現在を見たのち、私たちがいかに生きるべきかに係わるこうした問いへと進むのは、本書の主題ではない。そして紙幅も足りない。思考は紡がれ、連ねられ、束ねられねばならない。強度を失う。少なくとも一定にまとまった「冊」（책《チェク》＝本）を、書かねばならない。ここで最低限、次のことは言える――、私たちは、言語についての存在論的な問いを発し続け、言語と言語場のありようを見据え、言語的な武装をせねばならない。

⑿ 網と雲

インターネットがいわゆる草の根的な力、アナーキーな力を有していることは間違いない。しかしそうした力もしばしば、国家権力によってねじ伏せられてしまう。国家権力の存在は、国境を越えようとする〈TAVnet資本〉と、国家権力の利害の衝突において、しばしば露見する。国家権力はインターネットを断ち、〈TAVnet資本〉は利潤のために市場から撤退もする。あるいは、国家権力による検索語の操作などは、テクストとしての検索語をテクストたらしめないという、テクスト生成の言語場の文字通り直接的な操作である。〈TAVnet資本〉自身も、検索語と共に強制される語句から、自分自身に不利益な語句を真っ先に消去はしても、個人に不利益だからと簡単に変更してはくれない。絶対に間違ってはいけない、インターネットはどこでも「繫がる」のではない。資本や国家権力が許容する範囲においてのみ繫がるのであり、使えるのである。インターネットは、私たち個と個を網のように繫いでくれるものでもあると同時に、私たち個に投げられた、私たちを一網打尽に捕らえる網である。投げられた網の上は、見上げねばならない。網の隙間に見える様々な姿を取った巨大な漁師たちの姿を、見失ってはならない。いつでもどこでも私たちがTAV《テクスト・オーディオ・ヴィジュアル》を手にし得ると喧伝されているcloud〈雲〉は、一方で、見上げる私たちから、巨大な漁師たちを、資本や国家権力を、覆い隠す〈雲〉でもある。

⒀ AIの意味——ことばの〈意味〉と〈機能〉

言語場の劇的な変容を見る最後に、現段階のAIと言語のことに言語存在論の観点から、ほんの少しだけ触れておこう。機械翻訳にも重なる問題である。端的に言って、言語の〈意味〉と〈機能〉は区別せねばならない。この区別がついていない言説が、世には余りにも多い。言語にとって〈意味〉とは、幾度も述べたように、人がことばに造形するところのものである。はなはだ移り気で無定型なものである。しばしば意味は実現さえしないのであった。これに対して、例えばあることばによって、人に特定の動作をさせる、といったことは、〈意味〉ではない。そうした働きは〈機能〉と呼ぶべきものである。例えばこれこれのことばを入力すると、これこれのことばが返って来るという機械仕掛けがあれば、それはその仕掛けがことばに〈意味〉を造形していることによってではなく、入力と出力の間に特定のプロトコル＝規約が仕込まれていることによる。仕掛けがそうした〈機能〉(function)を有しているに過ぎない。つまりどんなに複雑であっても、xに値を入れると、yを導き出せるような、$y=f(x)$という関数の仕組みと基本的に変わりはない。まさに英語では〈関数〉もまた function である。人のことばは意味を造形しながら、機能をも司り得る。しかし機械翻訳で扱われていることばも、少なくとも現段階のAIが操ることばも、全てこうした〈機能〉を操る仕掛けが吐き出すものである。プロトコルを精緻で柔軟なものに組み上げ、出力されることばをリアルにすれば、その仕掛けに向き合う人は、そのことばにいくらでも〈意味〉を造形し得るであろう。あたかも人と対話をしているかのごとき思いも、抱き得るであろう。仕掛けから発せられることばに、笑ったり、涙するかもしれない。でも仕掛けは〈意味〉を知らない。〈意味〉を造形はしない。第3章で見たことを、思い起こそう。ことばそれ自体は意味を持っていないのであった。人が意味を造形しながらことばを発するときでさえ、発されたことば自体は、既に意味から解き放たれ、意味から自由になっているのであった。AIのことばも〈機能〉を司る。それはこうした機制に支えられている。でもAIは〈意味〉を、知らない。

9 言語の存在様式と表現様式の区別が言語教育へ突きつけるもの

言語を存在論的な視座から照らし、その存在様式と表現様式、即ち〈話されたことば〉と〈話しことば〉、〈書かれたことば〉と〈書きことば〉を区別することは、同時に、また異なった広大な戦線——言語教育にも、本質的なものを突きつけている。

〈話されたことば〉は音《おん》で実現する。語彙を文法を表現を身につけるとは、まさにそれらを音として身につけるということに他ならない。音を発し、音を聞く。その訓練なしで、〈話されたことば〉を学んでいることにはならない。〈書かれたことば〉はまた文字で実現する。文字《テクスト》を書き、文字《テクスト》を読む。これは〈話されたことば〉とは全く異なった営みである。

現在の言語教育は、果たしてこの根本的な違いをいったいどれだけ踏まえているのであろうか。
単語の綴りを覚えるのは、〈話されたことば〉を覚えることとは、別の営みである。書かれたテクストを音読するのは、学習者がテクストを自らの音に変換しているだけであって、本質的には〈話されたことば〉を学ぶ営みとはほど遠い。

〈話す〉ことを学ぶとは、まさに〈話されたことば〉のありようを見据え、そこから学ぶということに他ならない。〈話す〉ことは〈話す〉ことでこそ鍛錬される。〈話しことば〉の文体をいかに縦横に〈書く〉ことができようとも、それは〈話す〉訓練ではない。〈話す〉という営為には、書かれたものにいくら接しても得ることのできない、〈話す〉という営為に固有の何かが存在する。〈話しことば〉の文体にいくら習熟しようとも、〈話す〉ことそのものの訓練がなされていなければ、話せるようにはならないのである。

いわゆる「外国語」を学ぶための教材を見るがよい。疑問文と応答文の組み合わせを提示したからといって、それが「会話」となるわけでもないし、それが〈話す〉ための教材となるわけではない。〈話す〉とは、生きた生身の人間が、同じく生きた生身の人間の前に、自らをさらけ出すという営みである。未知の言語の学習者は、およそかつて体験したことのない言語場に放り出される。学習する言語で語り合う言語場。対話する相手がいかなることばを発するかさえ、予測もつかない言語場。そもそも相手のことばが言語音であるのかどうかさえ、しばしば判断できない言語場。相手のことばが聞き取れないかもしれない言語場。縦横無尽に変化し得る言語場。そうした言語場に臨むには、例えば聞き取れないときに、どうしなければならないかを、学習者は予め学ばねばならない。

市場に溢れる朝鮮語=韓国語教材を見るがよい。最初の対話は、入門期の対話はどのように構成されているだろうか。そこに例えば「네《ネ》?」(え?)といった〈聞き返し〉の決定的なデバイスが、〈聞き返し〉として位置づけられているであろうか? 人に声をかけるときの、「저《チョ》…」(あのう…)といった〈話しかけ〉の決定的なデバイスが、〈話

しかけ〉のデバイスとして明示的に位置づけられているであろうか？　あるいは、〈あいづち〉といったデバイスはどうだろう。実際の〈話されたことば〉においては不可欠の、ほんの僅かなこうした観点から教材を見ても、現行のほとんどの教材は〈話す〉ことを学ぶことから、遥かに遠いことがわかるであろう。その教材が「会話」と銘打たれていても、「話すというコミュニケーション」などと謳《うた》われていても、こうしたデバイスが〈話す〉ことに不可欠の学習すべき内容として、明示的に位置付けられていなければ、それは〈話す〉ことを学ぶ教材としては失格である。

誤解なきように付け加えねばならない。これは単に言語教育学の欠陥や怠慢なのではない。ほかならぬ言語学、言語研究そのものが、更には言語をめぐる様々な思想が、実は〈話されたことば〉そのものを見据えてこなかったのである。このことは次章以降で露《あらわ》になろう。そして〈話されたことば〉が〈書かれたことば〉からきちんと区別されていないということは、〈書かれたことば〉についての真の学びもまた危ぶまれることを、意味している。

言語を存在論的な視座から照らし返し、教育を組み替えてゆく方向を考えることは、私たちの母語、非母語を問わない。蠢《うごめ》いている危機も課題も、本質的には通底している。実は〈母語と非母語を切り離す思想〉こそが、言語教育と言語学習の巨大な疎外空間を現出せしめているのであるが。母語の教育と、非母語の教育に通底する視座から、言語の教育を見据えることが、求められている。

言語存在論的な観点から言語教育、言語学習を見るには、またゆうに一冊の書物を要す。ここでは、言語教育、言語学習のありかたを根底から見直さねばならぬことを一言記すに留め、野間秀樹（2014b）『韓国語をいかに学ぶか』（平凡社）、野間秀樹（2014a）『日本語とハングル』（文藝春秋）にその一端を譲る。

第5章 発話論・文論——言語場から

1 言語存在論という問いから言語の内《うち》を見る

第1章から第4章までは、〈言語はいかに在るか〉という問いを〈言語存在論〉と名づけ、〈言語場論〉に立脚し、考えてきた。〈言語はいかに在るか〉と問いを立てることで、微視的な課題から巨視的な問題まで、様々な問題が、社会言語学的なことがらも含め、既存の言語学とは随分違った仕方で、立ち現れてくるのであった。それらは言語の実現の仕方をめぐる課題であった。言語存在論から言語を照らすと、さらに多様な問題が浮かび上がるであろう。その全貌を、この限られた場で描ききることはできない。

さて私たちには今一つ重要な課題が残っている。〈言語はいかに在るか〉という問いから、言語の内を、表現の内部を照らすと、一体何が見えてくるのかという課題である。この地点で、言語内部に分け入って見よう。

以下、第5章から第7章まで、言語存在論的な思考から言語を見ることによって、立ち現れる、いくつかの重要な問題を取り上げる。そこにおいては、文法論や談話論、テクスト論など、言語学で扱われる問題群はもちろん、言語哲学など、言語をめぐる思考の根幹に関わる問題群が浮かび上がってくるであろう。視線はまず〈発話〉や〈文〉といったものへと注がれる。〈発話〉や〈文〉といった概念は最も深いところから照らし返すことになる。

2　談話とテクスト、そして発話

(1) 発話と発話単位

言語が言語場において実現するとき、〈話されたことば〉であれば談話として、〈書かれたことば〉であればテクストとして実現する。このことは第2章第1節(2)で述べた。そうした談話やテクストは一定のまとまり、〈発話《はつわ》〉（utterance/仏 énoncé/独 Äußerung/露 высказывание/발화《バルア》）に区切ることができる。発話は長いものも、短いものもあり得る。〈話されたことば〉、〈書かれたことば〉を問わず、発話は実現体としての〈発せられたことばのまとまり〉である。

〈話されたことば〉と〈書かれたことば〉の双方に〈発話〉の術語を用いることは、しばしば行われる。ただ、それらの現象形態、即ち実際の現れが異なる点が、議論の過程でしばしば曖昧になりがちである。これらの違いを決して曖昧にするわけにはゆかない[81]。これまでもたびたび強調したように、〈話されたことば〉に現れる発話は、言語音によって対象化され、〈書かれたことば〉に現れる発話は、文字によって対象化されるものである。プラハ学派の言語学から生まれた、言語存在論的な関心を強く示す論考、Vachek（1973, 1989: 103-115）は、〈話されたことば〉に現れる発話（spoken utterance）と〈書かれたことば〉に現れる発話（written utterance）を区別して論じており、貴重である。

論を進めるにあたって、日本語と朝鮮語の談話論の一つの到達点である金珍娥《キム・ジナ》（2013: 41-54）を手がかりに、ここで談話論における最低限の術語を簡単に整理しておこう。〈話されたことばのひとまとまり〉は大きなものから小さなものまで順に、以下のごとく区別される：

談話＝〈話されたことば〉の実現体
会話＝二人以上の話し手の間の談話
対話＝二人以上の話し手が直接対面し、行う会話

同書においては、声に出して言う独り言や、一人で行う録音や録画は〈独話〉とされる。談話は独話も会話も含むわけである。独話と会話の違いは、ターン（turn）の移行、つまり話し手間の発話の移行があるかないかに典型的に現れる。聴衆のいる講義や講演は独話的であっても、実は会話的な性格も濃厚である。電話など、直接対面のないものは会話であっても対話とはしない。右の術語の違いは言語場のありようの違いに依拠していることが、解る。

一方、そこでは〈話されたことば〉の発話から、意味上のまとまりとしての最も小さな単位に区切ったものを、〈発話単位〉（utterance unit/ 발화단위《パルアタヌイ》）と呼んでいる。(82) 一つの発話単位を指して発話と呼ぶこともできるし、二つ以上の発話単位の組み合わせを指して発話と呼ぶこともできる。以上の諸概念は全て物理的な実現体のレベルのものである。

(2)〈話されたことば〉の実現体としての談話

〈書かれたことば〉と異なる、〈話されたことば〉の典型的な類型の一つを話し手と発話のありようから見てみよう。二人の話し手Aと話し手Bが二人で対話する言語場における談話は、例えば次のように図式化することができる。二人の〈対話〉（dialogue）からなる談話は、それぞれ一人ずつの発話の単純な和ではなく、二人の発話の動的な相互作用からなる、〈話されたことば〉の動的な実現体である（図31）。

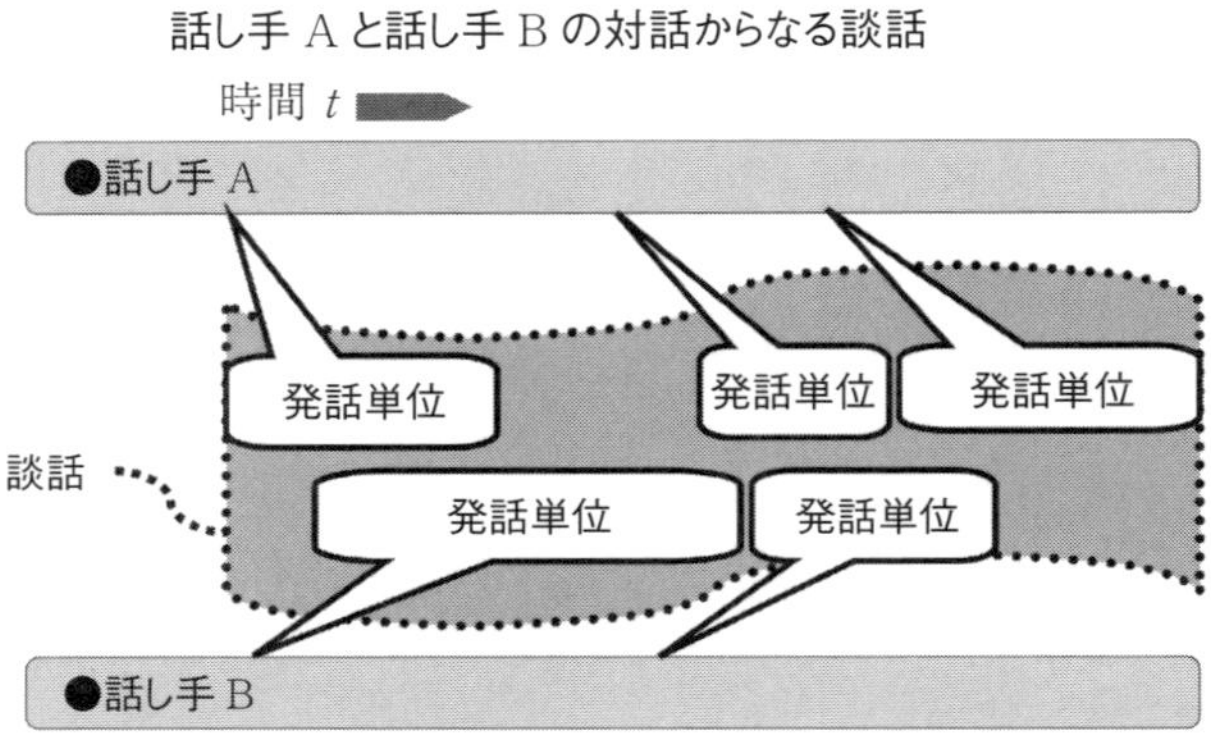

図 32　〈話されたことば〉の実現体である談話の構造
野間秀樹（2012a: 28）

(3)〈対話〉の対位法的構造――〈話されたことば〉はマルチ・トラックである

一人で話す独話と違って、二人以上が語り合う対話にあっては、二人の発話の重なって実現することが、珍しいことではない。発話がたまたま重なって実現するのではなく、図31でもわかるように、二人の対話にあっては、原理的には、二人とも話すのが、default（初期状態）なのである。[83]

つまり対話はキャッチボールのような構造をしているのではない。一つの線上に二人の発話が交互に位置づけられるのではなく、二つの線上にそれぞれの発話が位置づけられている。対話は二つの旋律が互いに作用し合いながら、共に進行する〈対位法〉（counterpoint/仏 contrepoint/独 Kontrapunkt/露 контрапункт/대위법《テウィポプ》）的な動的構造だと言える。対話は原理的にこうした複線的構造を有しているわけである。換言すれば、話し手の発話の軌道《トラック》＝〈発話帯〉（utterance track）を、対話に参画する話し手が、それぞれ一本ずつ有していることになる。〈話されたことば〉は原理的にマルチ・トラックである。

こうした複線的な原理的構造は、対話というものが、「意味が内にパッケージされたことば」を、あたかも商品を受け渡すごとくにやりとりする、そうした交換や授受の構造などではないことを教えてくれる。「国語」教育など言語の教育でしばしば語られる「会話はことばのキャッチボールである」というスローガンは、その原理的な図式から誤っていると言わねばならない。こうした図式に強固に重ねられていたのが、これまで述べてきたような、「ことばは意味を持っている」という幻想なのである。むしろ対話の場では、ことばは自らの発話帯に位置づけられ、位置づけられたことばは、一度意味から自由になって、裸のままで相手に曝《さら》されており、つまり exposure されており、相手の発話帯に位置づけられることばと、共振（resonate）しながら、互いのことばは動的な変容を被りつつ、実現してゆく。(84)

二人の対話であれば、発話帯は二本、三人の対話であれば、発話帯は三本あることになる。つまり基本的には、談話において発話のトラック、発話帯は話し手の数だけ存在し得る。談話はそれぞれの発話帯がオン、オフを繰り返しながら進行するわけである。

言語教育において〈話す〉ことを学ぶとは、キャッチボールのボールのような対象として「ことば」を覚えることではなく、まさに言語主体がこうした対話の対位法的な構造に身を置き、互いのことばを聞きながら話す、対話を造り上げていく動的な営みを、学ぶことでなければならない。

(4) 談話におけるターン turn の複線的構造

談話における発話の物理的な遂行を“turn”〈ターン〉と呼ぶ。こうした turn の実現のありようは、第4章第6節(2)で述べたように、Sacks et al.（1974）により開拓され、談話論においては“turn-taking”〈ターン・テイキング〉という術語で注目されてきた。(85) ただし、ほとんどの談話研究が陥っていたように、“turn”を単に「話の順番」などと捉えただけで終わってはならない。金珍娥（2004b, 2013: 84-120）が教えてくれるごとく、問うべきは、その「順番」とは何か、という本質に他ならない。そこでは言う――turn とは〈発話の持続的な遂行〉である。「発話の順番とり」とか「談話の内容的な主導権を誰がとっているか」といった発話の内容ではなく、まさに〈誰かが話している〉という、存在論的、物理的な基礎に、turn の本質を求める。発話の物理的な実現と、発話内容とを正確に区別するこうした姿勢は、〈言語はいかに在るか〉を問う本書に、貴いものを教えてくれている。

〈書かれたことば〉の実現たる〈テクスト〉は、基本的に〈単線的構造〉(single-track structure)である。ただ一筋の文字列だけが延々と続いてゆく。〈書かれたことば〉は原理的にシングル・トラックである。例えば小説やシナリオという〈書かれたことば〉のテクストによって、二人の対話を表そうとすると、〈話されたことば〉であれば〈複線的構造〉(multi-track structure)を有するはずの対話は、時間順的な一つの流れの中に位置づけ直されて現れることになる。シナリオや小説の会話文には、発話の重なりは基本的に現れない。シナリオなどがたとえ発話者ごとに行替えして書かれていても、それはどこまでも単線的構造の中に読まれることになる。[86]

3 文とはいかなる単位か

(1) 文の定義をめぐって

それでは〈文〉(sentence/独 Satz/仏 phrase/露 предложение/문장《ムンジャン》: 월《ウォル》)[87]とは、言語にあってはいかなる単位であろうか。

「文は人なり」などというときの「文」は「文体」、style、문체《ムンチェ》であり、また「文章」は text、글《クル》であって、ここでいう〈文〉とは区別せねばならない。第2節(1)で述べたように、談話やテクストとして〈発せられたことばのまとまり〉である実現体=〈発話〉も、文とは区別する。

なお、文と発話をめぐって、二〇世紀言語学を基礎づけたソシュール言語学で論じられるのは、基本的に文の方であって、発話は明確に問題にされていない。この点で、ソシュールの講義を聴き、ジュネーヴ学派とプラハ学派双方で活躍したロシア出身の言語学者・セルゲイ・カルツェフスキー（Сергей Карцевский/ Sergej Karcevskij 1884–1955）は、注目される。ロシア語について述べたКарцевский（1925）は、未だ鮮明ではないものの、文（фраза）と発話（высказывание）を区別しようとした、先駆的な論考の一つである：

我々のことば（речь：英語 speech に対応）は発話（высказывание）から成っており、そして各々の、いくらかなりとまとまった発話には、個々の文（фраза）が対応している。我々は文によって話す。一つの文が他の文から分かたれるのは、休止（пауза）によってである。即ち、各々の文の後では我々は声で完全な——たとえ非常に短くとも——停止を形造るのである。文字においてはこの休止はピリオド（точка）に対応している。

——Карцевский（1925: 9）. 引用者訳。括弧内の注記も引用者

さらに類書の文法の記述とは大いに異なって、同書における具体的な文法の記述は、発話のイントネーションについての記述から出発している。なお、現在のロシア語学では文を"предложение"（predlozhenie）とすることが多いが、ここで"фраза"（fraza）としているのは、伝統的なフランス言語学の術語"phrase"を承けているものであろう。

文とは別に発話という観点に注目せんとする先駆的な論考としては、これまた未だ鮮明とは言いがたいものの、次の二つは挙げておかねばなるまい。所産としての言語に重きを置いていた、師・ソシュールに対し、活動としての言語に重点を置いた、弟子・シャルル・バイイの、Bally（1932; 1965[4]）、その日本語訳・バイイ（1970）がある。そこで重要な概念として位置づけられている énonciation を同日本語訳では「言表作用」と訳している。また「発話」の訳語は énoncé ではなく élocution に宛てられている。今一つ、ミハイル・バフチンの様々な著作、とりわけバフチン（2002）を挙げることができる。そこに収められた論考は、「バフチンの弟子であり友人でもあったヴォローシノフ

（1895–1936）の名で」（p. 220）一九二六年から一九三〇年にかけてロシア語で公にされたものである。バフチンの言う「発話」（высказывание）は、同書の訳者・桑野隆・小林潔が見てとっているように（p. 6）、発話行為 énonciation でもあれば、発話内容 énoncé でもあり、「基本的には言語学の領域をはみ出してしまう対話的交通の単位を示す単語」といった性格が濃い。

発話をめぐる論考には限りがある一方で、西欧の文法論でも伝統的に、文の方の定義は実に多様に試みられてきた。Ries（1931: 208–224）のその名も *Was ist ein Satz?*（文とは何か?）という書から、「文の定義とそれに類するもの」の章を見ると、一八世紀ドイツのゲルマン語学者 Johann Christoph Adelung の *Umständliches Lehrgebäude der deutschen Sprache*『ドイツ語詳説』（1782）に始まり、Hermman Ziemer の *Lateinishe Schulgrammatik*『ラテン語学校文法』（1893）の「定動詞の助けを借りた一つの思想の言語的表現」（引用者訳）に至るまで、一四〇名ほどの著者のアルファベット順に定義が一七ページにわたって列挙してあり、壮観である。ただし純粋の定義文とは言えないようなものも含まれている。旧ソビエト連邦の代表的なロシア語学者ヴィノグラードフの論考、Виноградов（1950; 1975: 53）は、「様々な国のブルジョア的な学者たちによって提起された文の種々の定義の量は、既に莫大な数にのぼる。レルヒ（Lerch）教授の最新の数値では二〇〇だというのである」（引用者訳）と、ドイツのロマンス語学者オイゲン・レルヒ（Eugen Lerch 1888–1952）の著作を引いて書いている。今日なら、西洋と日本、韓国だけでも、文の定義はゆうに数百は集められるであろう。こんな具合で、言語学において文の規定に関する定説といったものは未だないと言ってよい[88]。

ここではまず朝鮮語や日本語に即して考えてみることにしよう。言語存在論的な思考にとっては、文を規定することそれ自体よりも、文とはいかなるものであるかを考える前提の方が、より重要になってくる。

(2) 抽象された単位としての文

言語の存在様式という観点から見ると、言語活動における、音声としての〈話されたことば〉という実現と、文字としての〈書かれたことば〉という実現は、互いに異なっているのであった。言語についてのいかなる問題を考えるにあたっても、どうしてもこの確認から始めておかねばならない。

大槻文彦（1897ab）[89]、山田孝雄（1922; 1924^3）、松下大三郎（1930）、橋本進吉（1935; 1938^5, 1948）[90]、時枝誠記（1941; 1979）、渡辺実（1971）[91]といった、日本で「国語学」と呼ばれてきた分野における、文をめぐる一連の議論のありようを見ると、伝統的には、あるときは〈話されたことば〉から、またあるときは〈書かれたことば〉から、そしてまたそれら双方から、文法論は〈文〉という単位を切り出してきたと言ってよい。この点では朝鮮語文法の伝統でも同様であり、言語学の本流たる西欧の言語学でも概ね変わりはない。この点は、洋の東西を問わず、既存の文法論はもちろん、言語学のみならず、言語をめぐる様々な言説にあっても同様である。

〈話されたことば〉から切り出された文には、例えばイントネーションつまり抑揚（intonation/ 仏 intonation/ 独 Intonation/ 露 интонация/ 억양《オギャン》）[92]といった要素が随伴するとは言えても、〈書かれたことば〉から切り出された文には、物理的な音のイントネーションが随伴するわけではない。録画や録音といった音声資料ではなく、文字による文献を言語資料として扱う言語学では、全て〈書かれたことば〉から文を切り出してきたのである。イントネーションという一点を見ても、〈文〉と呼ばれてきた単位は、既に実際の物理的な実現ではないことがわかる。イントネーションの欠落という事実だけを見ても、明示的な何の条件もつけずに、〈文〉を実際の〈話されたことば〉、即ち談話の平面における単位として扱うわけにはいかないのである：

伝統的な文法論では、〈文〉は事実上、〈話されたことば〉と〈書かれたことば〉という二つの異なった実現の区別なしに、それら片方もしくは双方から取り出されてきた〈話されたことば〉と〈書かれたことば〉という実現形態の異なる対象の双方から共通した対象として〈文〉を取り出すためには、〈話されたことば〉のまま、〈書かれたことば〉のまま、といったありようではなく、ましてや、あるときは〈書かれたことば〉を論じつつ、必要なときだけ〈話されたことば〉を考えるといった非一貫性に陥らぬためにも、どうしても〈話されたことば〉と〈書かれたことば〉の双方から抽象した対象として、位置づけることが求められる(93)。

(3) 文とプロソディ

第1章第1節(7)以降、幾度か触れたように、〈話されたことば〉はプロソディ（prosody）、つまり〈音の高低、強弱、リズム〉といったものを、不可欠の属性として有している。〈文〉を単位として語られるイントネーションもまた、プロソディの重要な一翼を担う(94)。これに対して〈書かれたことば〉は、音声としての実現を見ない以上、プロソディは本質的に欠如している。ただただ、読み手に対してプロソディを誘発し得る、という働きを有していることが、重要なのである。この問題については、第4章第4節(5)「文字から音が剝落するとき——アルファベットが意味をもたらす仕掛け」の論議も思い起こされたい。

ある言語による〈話されたことば〉が言語音からなっており、もしその言語の〈話されたことば〉を基礎に、音素文字によってその言語の〈書かれたことば〉がなっているとする。そうした場合にもソシュール言語学を始め、言語学ではもちろん〈話されたことば〉が言語学の主たる最初の対象とされており、〈書かれたことば〉は二次的な対象として扱われてきた。〈書かれたことば〉はどこまでも〈話されたことば〉の二次的な表しに過ぎないとされるのである。であるとするならなおのこと、〈話されたことば〉におけるプロソディは言語を考えるにあたって不可欠の要素なのであって、〈書かれたことば〉で十全たる「代替」などはできないわけである。このことを確認しておこう。

なお、実際に音として実現する〈外在的なイントネーション〉(external intonation)とは違って、〈書かれたことば〉を〈書く〉際や、黙読で〈読む〉ときには、それぞれ〈書き手〉や〈読み手〉の謂わば〈内在的なイントネーション〉(internal intonation)とでもいうべきものが随伴し得る。こうした〈脳内プロソディ〉(intracerebral prosody)は、どこまでも形として物理的に実現し得ていないものであって、〈話されたことば〉におけるプロソディとは区別されねばならない。外在的な言語音として実現しない、こうした内在的な脳内プロソディを、〈どこで〉という観点からは〈メンタル・プロソディ〉(mental prosody)と呼び得るであろうし、〈いかに〉という観点からは〈伏在的プロソディ〉(latent prosody)と呼んでよい。プロソディをめぐるこうしたありようからは、〈書かれたことば〉とは〈読み〉によって伏在的プロソディを誘発する仕掛けなのだと言える。

音と表記との関係でさらに言えば、音声として実現したプロソディが存在していることと、例えば第2章第4節(5)(6)で述べた〈訓民正音〉の〈傍点〉によるアクセント表記のように、プロソディの一部であれ、それが表記されているということも、別のことがらである。音のレベルと表記のレベルは厳密に区別されねばならない[95]。

もちろん〈書かれたことば〉を読み上げたり、朗読する際には、もはやそれは〈話されたことば〉となっており、プロソディが必然的に生ずることになる。そこにおけるプロソディは〈書かれたことば〉のプロソディではない。〈書かれたことば〉を手がかりに新たに生成された〈話されたことば〉における外在的プロソディである[96]。

(4) 文を規定する——文法論的な単位としての文

私たちは、〈書かれたことば〉は単純に〈話されたことば〉の写しであるとか、表しであるとか、あるいは二次的なものであるとして、済ますわけにはゆかない。この点ではソシュール言語学に端を発する、ほとんどの言語学と袂を分かつことになる。

また、こうした〈書かれたことば〉の軽視、エクリチュールの軽視は、逆にデリダのような、いささか捻《ねじ》れた音声言語至上主義批判をもたらす根拠ともなる。

〈書かれたことば〉が〈話されたことば〉の単純な写しなどではないし、二次的な所産に留まるものでないことを、本書では既にいやというほど見てきた。〈書かれたことば〉は、ソシュールであれば「外的言語学」などと呼ぶ領野のみならず、文字通り「内的言語学」、ソシュールが言うような「言語」の領野において、原理論として位置づけられねばならないのであった。〈書かれたことば〉はそれ自体が新たな領野として人類史に登場したのであったし、さらに〈話されたことば〉をも造り替えるほどの、〈話されたことば〉とはまた別の位相に存する、全く異なった〈ことば〉なのであった。〈書かれたことば〉とは、〈話されたことば〉とはまた異なった〈身体〉を有するものであった。故に、〈文〉という対象を措定するのであれば、〈話されたことば〉と〈書かれたことば〉のいずれをも見据えねばならない。

それでは〈話されたことば〉と〈書かれたことば〉の発話に共通する単位としての〈文〉はいかに規定することができるのだろう。〈話されたことば〉と〈書かれたことば〉が本質的に異なった実現形態を示す以上、双方に共通した定義をするには、次のごとく双方から共に抽象された、今一つの平面を据えて行うのがよい。この平面とはまさに〈文法的な〉平面である。そしてこうした措定の仕方が事実に近そうである：

> 〈文〉とは、〈話されたことば〉もしくは〈書かれたことば〉から抽象された、一単語以上からなる文法的なひとまとまりの表現の単位である

文の規定にあたっては、文の伝統的な定義にしばしば現れる「ひとまとまりの単位」ほどのゆるやかな規定からまず始めるのが、かえって有効である。〈単位〉（unit）とは〈ひとまとまりとしてのありよう〉（unity）を示すものである。[97]「ひとまとまり」であることは、形式的には、例えば聴覚的、視覚的な空白などのように、文の前後に何らかの delimiter（区切るもの＝切断子《せつだんし》）が存在することを含意する。聴覚的、視覚的な空白が例えばその典型である。また、文の定義をめぐる既存の議論ではほとんど言及されないけれども、〈話されたことば〉であれば、例えば対話の相手が発した文など、〈他の文〉が切断子ともなり得ることに、留意したい。[98]

文の規定はこうしたゆるやかなもので一向に構わない。〈言語はいかに実現するか〉という観点に立つ私たちにとって、重要なことは、何よりも実際の具体的な〈発話〉と、抽象された〈文〉を区別する点、そして〈話されたことば〉と〈書かれたことば〉の双方からいかに〈文〉という共通の対象を取り出し得るか、という点だからである。

(5) 文の最も基本的な形式としての〈一語文〉

文の規定に「一単語以上からなる」という限定は、特につけ加えなくとも、そう困らない。ひとまとまりの単位になり得る、最も小さいものは、概ね〈単語〉（word/ 仏 mot/ 独 Wort/ 露 слово/ 단어《タノ》；낱말《ナンマル》）だからである。[99] それゆえ、基本的には一単語からなる文、即ち〈一語文〉（one-word sentence; holophrase/ 独 Einwortsatz / 일어문《イロムン》）が文の最も小さい形である：

文の最も基本的な形は〈一語文〉であって、〈主語—述語文〉ではない[100]

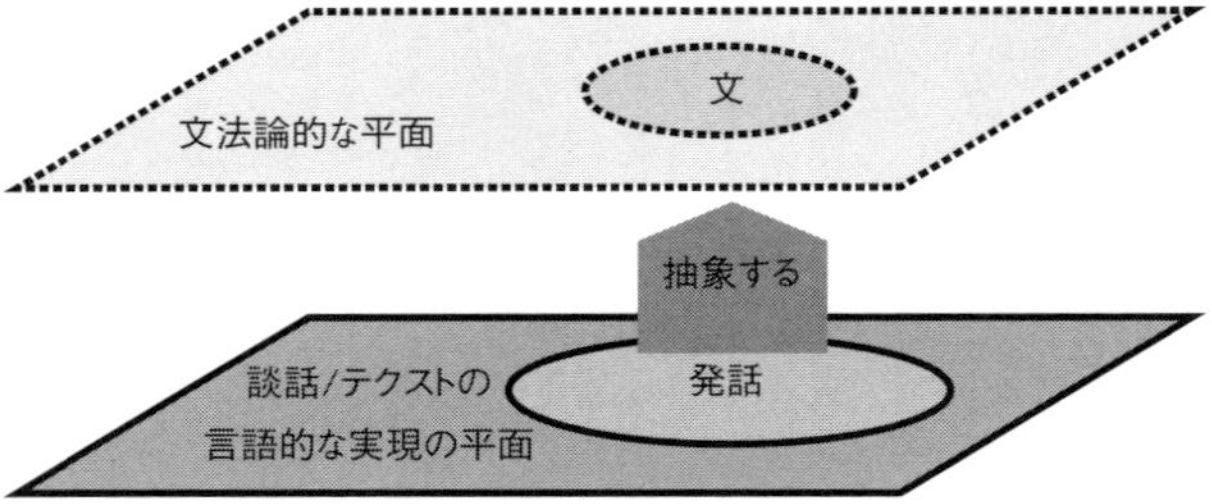

図33　発話と文は異なった平面にある
野間秀樹（2012a: 31）

たった一つの単語からなる一語文が、発話の平面では過不足なき十全たる働きを見せる。これが単語―文―発話を貫くメカニズムである。二語文、三語文といった短い構成の文も、現実の談話では、いくらでも現れる。

(6) 抽象された単位としての文

こうして文法的な観点から、〈文〉という単位を、言語行動の物理的な実践としての〈発話〉から切り出すことができる。

〈話されたことば〉と〈書かれたことば〉を峻別する視座に立つと、伝統的に文と呼んできたものは、言語の実際の実現体から、一段階、抽象された対象であったことが、見えてくる。文とは文法的なレベルの抽象体である。実際に音や文字として実現する、個々の具体的な発話の現れから、抽出された形式と言ってよい。従って発話と文は異なった平面にある（図33）。

もちろん、文を論ずる文法論などの言語場では、文は、書物に書かれていれば〈書かれたことば〉、テクストの一部であり、それを口頭で論ずれば、文は〈話されたことば〉、談話の一部として、差し支えない。

なお、〈表記〉（writing/仏 écriture/独 Schreiben; Schrift/露 письменность/표기《ピョギ》）そのものは、文法的な平面とは別の平面であるので、表記論におけるピリオド、句点というデバイスが、文法論における文の条件にはなり得ない。しかしながら、実は表記がテクストの意味の実現に与える影響は、決して小さいものではない。そもそも言語のあるところ文法は必ず存在するが、文を云々し得る文法論は、文字によって〈表記される〉ということを経て初めて、十全た

る成立を見得るものだからである。

なお、「文法とは文を作る規則である」と考えるような立場からは、〈文は文法的なレベルの抽象体である〉というのはトートロジーであるかのように見えるであろう。本書にあっては文法のそうした矮小化は厳しく退けられる。文法とは〈言語に内在する体系〉であって、文のみならず、談話やテクストをも造り上げる体系と見るからである。文法と文法論をめぐる主な術語もここで規定しておこう：

文法	言語に内在する〈形―機能―意味〉の体系
文法論	文法について言語で記述した理論
記述文法	文法をあるがままに記述しようとする文法論
規範文法	言語使用の規範として定める文法論
教育文法	教育の目的のために再構成した文法論
学校文法	公教育で採用されている文法論

文法論のうち、「文法とは文を作る規則である」と考えるような立場を〈文法の文規則論〉と呼び[101]、「文法とは言語に内在する体系である」と考える本書のような立場を、〈文法の体系論〉と呼んで、区別することができる。

文規則論のように文法を規則と見始めるやいなや、文法に向き合う者には、実は一つの要求が暗黙のうちに突きつけられる。それは〈規則を守れ〉という要求である。〈文法は規則である〉という思考は、〈規則は守られるべきもの〉という強い磁力を放つ。こうした力は見えないが故に、まさに磁力と言うべきものなのであって、見えないが故に、言語学でも言語教育でもとりたてて論議もされない。しかし磁力は侮れない。文法論の記述においてすら、例えば生成文法論の発展過程に典型的に顕れているように、言語事実に合わせて、次々に規則が書き換えられ、規則が増殖するという様相を、文法論は見せてきたのであった。

文規則論とは異なり、文法の体系論においては、文法は当該の言語において自ずから在るもの、現れるものである。母語話者はもちろん、母語でない言語を学ぶ学習者であっても、学習者なりの習得段階にある言語、即ち中間言語（interlanguage）と呼ばれる言語に、文法が徐々に変化してゆくと見る。子供の言語も同様に文法が内在する。学習者や子供の言語における文法が「完全な」「理想的な」ものかどうかなどは――もちろん「完全な」「理想的な」文法など空想の産物である――、体系が存在すること自体には、関わりがない。「完全な」「理想的な」文法体系に照らして、その体系が歪《ゆが》んでいても、欠けていても、それがそこに内在する体系の姿なのである。文規則論と体系論が言語の学習論＝教育論にいかに大きな違いをもたらすかという重要性と、具体的な実践論については、野間秀樹（2014b: 127-170）を参照されたい。

総じて、〈話されたことば〉であれ〈書かれたことば〉であれ、何かしら一つのまとまった形式と内容をなすということに、文という単位の条件を見出そうという点においては、古今の様々な文法論の定義はそれなりに共通している。

(7) 言語行動の実践としての〈発話〉と文法的な単位としての〈文〉

言語行動の物理的な実践としての〈発話〉と、そうした実践的実現から一段階抽象された単位としての〈文〉をこうして別な平面に位置づけることで、文にまつわる実践性の多くを発話の方に預けることができる。[102] 要するに文もまた、単語と同じように、実際に〈話されたことば〉や〈書かれたことば〉から抽象された存在と見ることができるわけである。[103]

実際の発話、とりわけ〈話されたことば〉の発話には、一単語をも構成しないような〈単語の切片〉、〈文法的な破片〉ともいうべきものが現れる。「雨が」と言おうとして「あ」で終わってしまうとか、「でしょう?」まで行かず、「しょう?」だけが実現したものなど、こうした〈切片〉(segment)は多様である。これらは単独では形態素もなしておらず、単語や文法的な要素とすることはできないが、それでも談話の中では何かしらの言語的な働きをすることがある。〈単語〉や〈文〉といった単位として取り出せず、取り出しても言語的な〈意味〉を実現しないのに、談話という動的な流れ、相互作用の中で何かしらの働きを示す、そうした存在である。「あ…。雨がでしょう。しょう?」における「あ」や「しょう」は紛れもなく発話の平面では実現している形であって、談話の中で何らかの働きをしていることは、否定できまい。つまり文の平面では〈単語の切片〉、〈文法的な破片〉であっても、発話の平面ではそれ自体の存在意義を有する発話たり得るわけである。換言すれば、文をなしていなくとも、発話として存在し、機能し得るわけである。発話と文を区別する意義は、こうしたありようを直視し得ることにも現れる。

確認するが、こうした〈単語の切片〉、〈文法的な破片〉は、例外的な存在だとか、二次的な存在だと言うことはできない。実際の談話においては、どこまでもそれがそれとして縦横無尽に現れ、しかるべき位置を占めているのであり、そうした〈単語の切片〉、〈文法的な破片〉さえもが、談話の中でしかるべき機能ぶり(functioning)を見せるのである:

談話にはしばしば〈単語の切片〉、〈文法的な破片〉が散りばめられている。単語や文法形式が談話を形造っているように、それらもまた談話を形造る働きを担っている

もちろんこうした切片、破片は〈書かれたことば〉にも現れ得る。インターネット上の〈書かれたことば〉ではと

りわけ活発である。

なお、文の規定を行う際に、話すと音声の休止が現れ、書くとピリオドが現れるなどとするのでは、順序が逆である。文は実際の〈話されたことば〉や〈書かれたことば〉から切り出された単位であって、文が〈話されたことば〉や〈書かれたことば〉を作り上げるわけではない。

談話においては、二人以上の話し手の発話が連なって、一つの文をなすことがある。Aが「昨日、コンサート」という発話を発するやいなや、Bが「面白かったよね。」と続け、AB二人の発話が結果として「昨日、コンサート、面白かったよね。」という一つの文を構成するなどが、そうした例である。水谷信子(1988: 10)はこうした話し方を〈共話〉と呼んでいる。共話は、別々の話し手が、発話の平面において相手の発話を引き受けながら、自分の発話を遂行することで、文の平面においては文法的に一つの文を造り上げていることになる。文が異なった話し手を跨《また》いでいるわけである。ここでも文の平面と発話の平面を区別することによって、共話に現れる文構造を、このように文法的な平面で位置づけることが、可能になる。複数の話し手にまたがるこうした統辞論的な現象は、談話統辞論(discourse syntax)と呼ぶべき分野において扱われる。[105]

なお、発話と文との決定的な違いは、具体的な実現と抽象された対象という点にある。ソシュールの〈パロール〉(仏 parole/파롤《パロル》)と〈ラング〉(仏 langue/랑그《ラング》)との関係に一見似ているように見えるかもしれないが、[106]発話と文との関係は単純なパロール＝ラング関係ではない。発話は〈話されたことば〉と〈書かれたことば〉という位相の異なった実現形態を見せるからである。ソシュール言語学ではプロソディの型まで含めて、ラングに属するものであろう。[107]もし〈書かれたことば〉から抽出したものまで〈ラングとしての文〉であるとすると、ここでも〈ラングとしての文〉にはプロソディを有するものと、有さないものが、等価に扱われてしまうことになり、説明がつかなくなる。こうした点は元来ほとんど問題として問われることもなかった。それが音として実現するのか、文字として実現するの

か、言語のありようを存在論的に見ようとする視座は、文法論におけるこうした位置づけにも一々点検を要求するのである[108]。

こう考えてきただけでも解るように、単純な写像関係などではない、〈話されたことば〉と〈書かれたことば〉との動的な構造における位相差を、言語という体系の中に位置づけることは、言語学や言語哲学にとっての今後の大きな課題であるだろう。未だこの問題は全面的な解決を見ていない。そもそもこれまでは問題だと、思われもしなかったのである。

(8) 伝統的な文法論の最大単位としての文

もともとソシュール言語学においては、そもそも〈文〉のレベルのことがらは、パロールに負うものだという考えが見える：

> 言語活動のうち、発話の部分は、言語と本質的な関係はありません。自分の考えを表現するために文中で語をどう組み合わせるかは個人に任されています。この組み合わせは発話に属します。というのも、これは実践だからです。
>
> 端的に言うと、構文の領域では、社会的な要素と個人的な要素、実践と固定した連合とが、多少混ざり合っており、幾分混ざり合うことになります。

ソシュール（2007: 93）参照。この訳文の「言語活動」は仏語"langage"、「言語」は"langue"、注意すべきだが、この「発話」は「パロール」"parole"の訳語である。ソシュール（1940; 1972: 174）でも「文は言にぞくし、言語にはぞくさない」と言明する。この「言」も"parole"である。

ソシュール以後の伝統的な文法論では、文に関する記述さえ軽く扱われており、品詞論が文法書の多くの部分を占めるのも、珍しいことではなかった。二〇世紀後半からの文法論においてさえ、〈文〉という単位が最大の単位であり、基本的な単位であった。例えば、二〇世紀後半の言語学の基本図書の一つといえる、ライオンズ（1973: 1986^{5}: 185）の「文は文法記述の最大単位である。」の言は象徴的な例である。米国構造言語学の一つの到達点であったブルームフィールド（1962, 1982, 原著は 1933, 1935）の言語の構造についての分析も、文を超える単位を、特に設定して述べたりはしていない。ソシュールの高弟の著・バイイ（1970: 27ff, 原著は 1965）も「一般言語学の原理」の章は〈文〉の定義と分析から始まっている。言語分析のレベルを論じたバンベニスト（1983: 139, 原著は 1966）にも「われわれの分析の到達する最後のレベルは、文のレベルである。」といった言が見える。生成文法においては、文は謂わば公理（axiom）としての位置までを占める。つまり疑い得ない自明の前提、ア・プリオリ（a priori）とされるのである。

伝統的な日本の「国語学」からも、「断句」即ち文が、文法論の最大単位であって、文まで到達すれば文法学は論ずべき何物もなしという、松下大三郎（1930: 631–632）の強い宣言が現れている：

> 文法学の任務は言語が、原辞に始り、原辞から詞へ、詞から断句へ、此の三段階を履んで説話を構成する過程を論ずるに在る。断句は説話の単位である。既に断句に到達すれば説話は構成されたのである。長い説話はたゞ断句の累積である。断句に到達すればもはや文法学の論ずべき何物をも残さない。

現代日本語学から鈴木《すずき》重幸《しげゆき》（1972a: 12, 16）の言を見ておこう。「もっともちいさな単位」と記述しているところが、これ以前の文法との異なりの萌芽である：

こうした言語活動やその結果としての話や文章のもっともちいさな単位は文である。

文はこうした言語活動およびその結果としての話や文章の基本的な単位であって、話し手が現実、世界との相互作用のなかで考えや意志、要求などを形成し、伝達するために、言語をつかってみたてた、もっともちいさな言語的な構成物である。

また南不二男（1974; 1982^{5}: 72）は文を「文法研究の最大単位とすることについては問題がある」としており、日本語の、まさに〈文〉の階層構造について画期的な提起をなした研究者の言として、傾聴に値する。どう控えめに見ても、本書で扱っているような、談話やテクスト、発話などといった記述は、伝統的な文法書ではあまり見当たらないのが普通のことであった。

文法論が扱う対象のこうした限界は、言語研究においては、他の二つの方向の分野から超えようと試みられてきた。一つは、文より大きな〈単位〉を研究の対象とする方向である。こうした方向は、主として〈話されたことば〉にあっては〈談話分析〉（discourse analysis/ 仏 analyse de discours/ 独 Diskursanalyse/ 露 дискурсивный анализ/ 담화분석《タムファブンソク》）として現れ[109]、主として〈書かれたことば〉にあっては〈テクスト言語学〉（text linguistics/ 仏 linguistique textuelle/ 独 Textlinguistik/ 露 лингвистика текста/ 텍스트언어학《テクストゥオノハク》）として現れたのであった[110]。そしていま一つが〈語用論〉（pragmatics/ 仏 pragmatique/ 独 Pragmatik/ 露 прагматика/ 화용론《ファヨンノン》; 어용론《オヨンノン》）[111]のごとく、発話の実現する場における意味を考える方向、謂わば文から言語外現実へ出ようとする方向である[112]。

文法論における文の位置づけにあたっては、文と発話を異なった平面の対象と据えるならば、文の側から見ると、文はいかにして発話としての文となるか、という問いを立てることができる。換言すれば、文を〈発話としての文〉

たらしめるものはどこに求め得るかという問いである。とりあえずの結論だけ述べれば、言語学にあっては、それは多く、陳述性もしくはモダリティ（modality）という概念のうちに解答の手がかりを求め得ると言える。モダリティについては野間秀樹（2012a: 35-39）を見られたい。

4 単語（word）の桎梏、文（sentence）の桎梏

(1) 抽象的に切り出された単語という単位

言語に関する思考、とりわけ〈意味〉に関する思考を見ると、それら意味を支えるとされている単位が、しばしば〈単語〉（word/단어《タノ》：낱말《ナンマル》）という単位であることに気づく。

例えば、プラトンを、あるいは、もはや意味論の古典というべき、オグデン&リチャーズ（1967; 2001）『意味の意味』を見てみるとよい。古くから多くの思考が単語を単位として意味を考えているのである。もちろん、単語を単位の一つとして、それも重要な一つとして論じること自体は、私たちの日常の言語生活に照らしても、ごく自然なことであろう。何よりも言語によって何ものかの対象を名づける、基本的な単位だからである。しかしそのことが、単語を言語場から切り取ってきて、いつでもどこででも同じ意味を持っている単位として、扱ってよいということには、ならない。

意味の問題を考える際に、単語を単位として考えるということは、談話やテクストとして言語場の中で実現している言語の中から、単語を抽象的に切り出してきて、論じているということに他ならない。

単語の意味が予めあって、それが文の中で現れるという考え方は、実は言語学でも今日まで支配的な考え方であった。例えば、現代の日本語学に決定的な影響力を誇る奥田靖雄（1919-2002）は、代表的な著作の一つ、奥田靖雄（1985:

159）で、次のように述べている：

単語は、文のなかに要素としてあらわれるためには、まえもって語彙的な意味 lexical meaning をもっていなければならない。語彙的な意味というのは、《字びきにかいてあるような意味》というふうに理解してもよい。文は現実の出来事（レアルな出来事、非レアルな出来事をふくめて）を名づけているわけだが、文の要素としてあらわれる単語が語彙的な意味をもたないでは、文も名づけ的な意味をくみたてて、さしだすことができない、つまり、文は出来事をつたえることができないのである。

言語事実に立脚した分析では、日本語学でも群を抜く存在であった奥田靖雄ですら、単語が「まえもって」語彙的な意味を持っていると言う。「文は出来事をつたえる」といった表現にも、その「まえもって」性が顕れている。奥田靖雄と考え方を異にする学者は多いが、それでも、こうした述べ方に異論を挟む学者も、そう多くないだろう。しかし、「単語」は、「まえもって」「語彙的な意味」を持ったままで（!）、どこに存在したのだろうか？　多くの言語学者が言うように、脳の中に？

幾度も確認したように、何よりもまず、実は単語はどうしても談話やテクストの中でなければ単語として現れることさえできない。現前することができない。ことばとして形になることができない。単語が単語という実現形態、現象形態を有し得るのは、唯一、現実にそれが用いられる言語場の中においてである。言語を用いる個は、形として実現した単語を、もちろん数多く経験はしている。ただし経験しているのは、音や文字として実現した形、音や文字という身体を有する単語である。そして常に、それら単語は、談話やテクストの一部として現れている。もちろん一単語からなる談話やテクストでも構わない。いずれにせよ、〈話されたことば〉もしくは〈書かれたことば〉として、つまり談話もしくはテクストとして現れた単語を、経験する。もちろん意味は言語場ごとに異なっている。私たちは、言語場に現れた、そうした談話やテクストにおいて初めて、文や単語という要素を経験しつつ抽象し、単位として取り出すことができるのだと言わねばならない。

メタ言語的に単語を扱う、〈辞書を読む〉、〈辞書を作る〉といった営みさえ、今日どこにでもあり得る、多様な言語場のうちの一つである。辞書に書かれた単語の意味は、単語の「意味」として記述されたテクストであり、言語学によって抽象された結果の、精一杯の記述である。私たちがことばによって「語彙的な意味」として対象化する際には、どうしてもそう対象化する言語場に、当該の単語が、談話やテクストとして出現せざるを得ない。「語彙的な意味」と呼べる意味が、立ち現れる場には、その意味の背後に常に単語の現実の形が共にある。

あるいはまた、「単語」が「脳」の中に存在したと、仮に認めることにしよう。ではそれがどうして「まえもって」「語彙的な意味」を持った「単語」だけが「脳」の中に存在したことになるのか？　この点は決定的に重要である。なぜ「単語と単語の組み合わせ」は存在しなかったのだろう。特定の「語彙的な意味」を持つ「いく」という単語だけが、「まえもって」アイテムのごとく存在していて、なぜ「駅へいく」「買い物にいく」「いい高校にいく」「婿養子にいく」「その手でいく」「うまくいく」「また一年がいく」「合点がいく」……は存在しなかったのか？「単語と単語の組み合わせ」とその意味は「まえもって」存在しなかったのか？　そのような説明で「納得がいく」のか？　そして「文」は存在しなかったのだろうか？　それにある程度にせよ、一定の「語彙的な意味」を持つ「単語」という単位だけが、「脳の中に」「まえもって」存在したなどということは、どうしてわかるのか？　一定の「語彙的な意味」だけがあって、「単語と単語の組み合わせ」がもたらす意味や仕掛けは、どこにあったのか？「単語と単語の組み合わせによって作られた文」とその意味はどこにあったのか？　なぜ「単語」だけなのか？　単語＝素材という、要素主義的な考え方の理論的な混濁の陥穽はこうした点にも現れる。

単語と意味をめぐって、代表的な考え方を、今一つ見ておこう。言語学者・服部四郎（1908–1995）の意義素論の系譜を継ぐ國廣哲彌（1982）は、意味に関する主要な学説を手際よくまとめた上で、意義素論をさらに展開しており、学ぶべき面白い分析が、随所に光る。ところで同書二一頁にはこうした記述がある。「われわれはいかなる場面的・文脈的な手掛かりも与えられないで、ある一箇の語のみ聞いたり見たりした場合にもその意味を思い浮かべることができる。」こうした考え方は言語学においても一定に力を持った考え方であって、表現こそ違うものの、しばしば遭遇する考え方である。言語学者たちは言うのである。「単語一つ聞いても、意味を浮かべることが、できるではないか」と。しかしながら、考えればすぐに解ることであるが、「いかなる場面的・文脈的な手掛かりも与えられない」ような、抽象化された言語場など、現実には存在し得ない。もちろん想定することさえできない。人は世界のうちに在るからである。「場面的・文脈的な手掛かりなしに、試しに単語を発してみる」ような言語場だとしても、既にそうした議論というメタ言語的な前提が具体的に与えられ、そうした先入観という手掛かりに満ち満ちた、立派な言語場である。また何らの手掛かりもないような場で、そもそも「語のみ聞いたり見たり」など、できようはずもない。単語が発せられる場には、原理的に、発する主体が現前する。他と切り離された言語場を想定しようとしても、そこには何よりも世界内で個人史にどっぷりと漬かった言語主体が存在する。ことばは言語主体が発するものだからである。そして言語主体こそ、言語場における最大の「場面的」な「手掛かり」たるものであろう。ことばの実現するところ、「手掛かり」は常に存在するのである。

また同書四三頁には「意義素は一般人のレベルで考える概念である。そこから専門知識、学問的知識、自然科学的知識は取り除かれる。」といった記述がある。このタイプの主張も多くの言語学書で眼にするものである。要するに「意味」を語るときには、「一般的な」レベルのもの、あるいは「常識的な」「通常の」ものを言うのだと。しかしながら、「知識」を言語主体、一人の話し手の「知識」から切り離し、「一般人」を想定するといった、こうした手続きが著しく厳密さを欠くことは、論を俟《ま》たない。言語使用にあっては抽象的な「一般人」など存在しない。そのことは、社会言語学的な多くの調査が教えてくれている。「常識的な」ものと「非常識的な」ものとの区別、「通常の」ものと「通常でない」ものの区別など、どう譲っても、明確な境界線は引けない。ある人々には「常識的な」ものが、他の人々には「常識的でない」ものであることは、言語の集団ではそれこそ「通常の」ありようである。流行語や時事的な単語の意味などを考えれば、いくらでも例を挙げ得るであろう。「多くの人が知っている」ように見える単語の「意味」でさえ、やはりどこかで少なからぬ人が知らない。「ネット右翼」の短縮形と言われる「ネトウヨ」などという単語、外来語として少しずつ日本語の中に浸透してきた「ヘイト・スピーチ」などという単語。ローマ字で書かれる「LGBT」などという単語。それらの意味はどこまでが「常識」であったろうか。のみならず、そのように例として挙げられた単語の意味も、さらにまた時と共に移りゆく。あなたは「防弾少年団」という単語を知っておられるだろうか？　単語の意味の領野はいつも人々によって動かされている。二年前に知らなかった単語の意味を、今あなたは知っているかもしれない。隣の人物は今なお知らないかもしれない。なお、こうした時事的な単語や流行語は「特殊」なのではない。単に人や時間というパラメータの利《き》きが見え易いだけで、単語は多かれ少なかれ、同じような性質を見せる。「常識」「通常」「一般」、意味を考える記述に、こうした単語が出てきたら、もう危ないと思ってよい。実に、これらほど意味にそぐわない単語はない。

「日本語」「英語」など、「何々語」と言ったときに、原理的に立ち現れる、第1章第3節で見た「何々語の問題群」も想起されたい。言語の内部も一様ではないし、言語の境界も常に揺らいでいるのであった。言語のそうしたリアルのうちに、「一般人」などを想定し、そこに「意義素」や「一般人のレベル」の意味を求める、という考え方自体が、言語の実情に違背する。「一般的な」とか「通常の」とか「常識的な」などの形容で語られる限定は、単語の意味を考えるには、ちょっと問題だといったものではなく、そもそも原理的にそぐわないのである。

今日の言語学では、単語がそれ自体として意味を云々できるような対象ではないことが、明らかになりつつある。少なくとも非言語的なものも含めた「文脈」なしでは、単語の意味が決定できないとする考え方は、例えばプラハ言語学の総帥、ヴィレーム・マテジウス（Vilém Mathesius 1882–1945）の著作などでも早くから現れている。マテジウス（1981: 13, 原著は 1961）では「単語が特定の観念を示し得るのは、通例、ただ一定の文脈、つまり一定の状況においてのみである。」とする。言語学史においても、重要な記述である。しかしながらこうした考え方にも、すぐに続けて、次のような但し書きがつくのが通例であった。「例外は特定の対象に対する命名の場合である。たとえば slunce（=the sun）「太陽」など。ただし、それも場合によっては一般的な意味を持ち得る。たとえば天文学に関する文脈中など。」これまで述べてきたことからも推察できるように、言語場と意味との関わりを考えるなら、こうした但し書きは必要がない。この但し書きは、前のパラグラフで述べた、「一般人の」とか「常識的な」「通常の」といった発想と軌を一にするものである。また、こうした但し書きでは、そもそも命名論や固有名論というまた新たな地平の問題を惹起してしまう。こうした但し書きが必要と見るかどうかは、実は意味を考える決定的な分水嶺である。こののち本書で述べられるであろう。

日常的な言語場であれ、学術的な言語場であれ、書籍の背表紙というテクストを読む図書館といった言語場であれ、あらゆる単語が実現するのは、常にただ一つの、特定の言語場であり、その言語場ごとに実は異なった意味を実現しているのであって、単にその意味の異なりの幅が言語場ごとに違っているに過ぎない。

その後の言語学の進展を見ると、単語の意味といった固定したものが予めあって、それが連なって文を作るといった考え方では、もはや文の意味も言語のシステムも解明できないことが、半ば明らかだと言ってよい。単語の意味は文の中で決まる、いや、それでも足りない。単語の意味は談話やテクストの中で決まる、いや、やはり未だ足りない。談話やテクストが存在する言語場の中で決まる——それも閉じられた意味と言うより、開かれた意味といったありようで。単語が実現する意味は、言語場ごとに常に異なり得るし、原理的に常に異なっていて全く構わないのだという、開かれた言語場に宿るのである。

⑵ 言語場から切り離された文という単位

いま一つ、言語に関する様々な哲学的な試みを繙《ひもと》くと、意味というものを考えるくだりでは、意味を考える例として、そこには決まって文（sentence/문장《ムンジャン》：월《ウォル》）が並べられているのを発見する。文が実際に存在していたはずの談話やテクストは顧みられずに、どこまでも文のみを切り出し、文を単位として論じられるのである。この問題は深刻である。

文を単位に伝達やコミュニケーションということを考えるのは、言語学の本流だといえる。この事態を語ることばとしては、ソシュールの弟子であったBally（1932; 1965^4: 35）の次のテーゼに尽きる："La phrase est la forme la plus simple possible de la communication d'une pensée." 小林英夫の訳になるバイイ（1970: 27）では「文（phrase）は、思想の伝達のできるだけ単純な形式である。」とある。こうした考え方の影響は今日まで絶大なものがある。もちろん日本語圏や朝鮮語圏の言語学でも同様の思考はいくらでも見出せる。橋本進吉（1946: 24）の「言語は個々の思想を表はす単語を材料とし、之を以て文を構成して或纏つた思想を表はすやうになつてゐる。我々が実際言語を用ゐる場合には、いつも之を文として用ゐると見ることが出来るのである。」と、최현배《チェヒョンベ》［崔鉉培］（1937; 1971^4: 733）の「文論は、文についての様々な文法を研究する部門である。単語を材料とし、考えを表す法を考究するのが、その主たる任務である。」（引用者訳）を挙げておこう。

そして、多くで素材にされている文の中には、しばしば奇妙な文も見え隠れするのが、常である。

先にも触れたヴィトゲンシュタインの *Tractatus Logico-Philosophicus*（1922）『論理哲学論考』は、現代の言語哲学に決定的な影響を与えた著作であり、言語を考える者であれば、少なくとも一度は誠実に向き合ってみるに値する著作である。そう言っても、言語学者とてそう異論はなかろう。そこでは例えば次のような文が取り上げられている[113]：

一は数である。（4.1272）
ソクラテスは同一である。（5.473）
すべての人間は死すべきものである。（6.1232）

あたかも意味を論ずる伝統的な著作が、〈単語〉を例に挙げて論じていたのと、全く同じように、今度はこれらの〈文〉を例に挙げて、論じている。もちろん単語と文は違う。そもそも〈命題〉といったことも論じようとするのであってみれば、文は最低限の単位として扱われるであろう。しかし言語場についての視座がすっかり抜け落ちていること自体は、単語の場合も文の場合も何ら変わりはない。

あるいはまた言語哲学が何を問題にしているかを、我々が簡潔に知る好著の一つと言えるライカン（2005: 21）には、バートランド・ラッセル（Bertrand Russell, 1872–1970）の論考に言及し、次のような文が見える：

The author of Waverley was Scotch.
『ウェイヴァリー』の著者はスコットランド人である。

こうした文を対象にして、「『ウェイヴァリー』を書いたものが少なくともひとりいる。」とか、「『ウェイヴァリー』を書いたものはたかだかひとりである。」とか、「『ウェイヴァリー』を書いたものはそれが誰であれスコットランド人である。」などといった他の文、それもまた言語場から切り離された文と関連づけて論じられる。こうした手続きは、言語場論から見ると、ほとんどナンセンスなことだと、言わねばならない。

こうした論議に先立って、言語場が文脈——第1章第5節で述べたように、本書にあって〈文脈〉とは非言語的なものではなく、言語による明示的な文脈のことである——によって提示されなければ、例えば、Waverley『ウェイヴァリー』などといった著作名らしき固有名詞も、この一文だけで同定できるとは限らない。さらに意地悪く言えば、Scotchは「スコットランド人」の意ではなく、あるいは人名として用いられた固有名詞かもしれない。文学だったら、Scotchという名の酒が本を誰かに書かしめることだって、あるかもしれない。スカッチ・テープの物語さえ、書けるかもしれない。「常識」などは言語には通用しない。次の文を見よう：

『失楽園』の著者は日本人である。

一七世紀英国の詩人・ミルトン（John Milton）、あるいは二〇世紀の小説家・渡辺淳一、はたまた旧約聖書の「創世記」……著作物の題名など[114]、文脈を与え、言語場が縛られねば、意味を同定する現実的な働きは霞んでしまう。一体全体、何故に恐れ多くも、ミルトンのような古典文学と渡辺淳一を同列に、という非難には、日本語圏では三〇〇万部も売れたという、それなりの資本の論理が待っている。「文学」的な「常識」や「評価」などはもちろんここでは関係がない。私たちにとって重要なのは、著作物の題名であれ、固有名詞であれ、それなりの仕方で共有できない言語場にあっては、こうした多義性が噴出するという点である。読み手の意味は書き手の意味とは別のところに、即ち別の言語場に生まれる。もちろん多様な読み手の中で実現される意味にとっては、書き手の「意図」など、お構いなしである。

こうした事態が招来されるのは、『失楽園』という著作名が多義語であるがゆえではなく、また、著作名というものが、そもそも多義的であるゆえでもない。言語というものに本質的に内在する多義性が、言語場の縛りの緩《ゆる》いことによって、露呈しているのである。今「多義」ということばを用いたが、多義（polysemy）は、よりリアルには、〈意味の可塑性〉（plasticity of meaning）とでも言うべきである。多義とは、ことばが意味と〈なる〉ことの、一つの顕れに過ぎない。結果としてもたらされる意味が、意味1、意味2、意味3……のごとく、ある程度それぞれの境界画定が鮮明であるときに、はっきりした区別が可能に見えるときに、私たちはそれを「多義」と呼んできたに過ぎない。例えば、もたらされる意味が、異なった著者による、異なった著作物である場合などは、いかにも異なった、意味1、意味2、意味3……といったありようを見せる。これは多義の典型の一つであろう。意味1、意味2、意味3……といったそれぞれの間の境界画定が、1、2、3とは区切りにくく、不鮮明なときには、多義と言うより、語義の拡張とか、語義の転用とか、比喩的用法などと、語られてきたのである。しかしながら、これら多義、拡張、転用などは、〈意味の可塑性〉という本質において、同じものである。

言語哲学の論考から、また異なった例を見てみよう。飯田隆編（2007: 644）で紹介される米国の哲学者、W・V・O・クワイン（Willard Van Orman Quine, 1908-2000）の議論における例文の日本語訳である：

9が7より大きいことは必然的である。

ここでは同書に例示された、日本語の文として考えている。言語存在論的な視座からは、こうした例文を提出されて、なるほどそれはそうだろう、などとは、ならない。言語場の条件なしに、こうした例文の真偽を云々すること自体が、ここでも言語にとって原理的にはナンセンスである。念のために付け加えるが、ここでクワインの考察を全否定しようなどと、考えているわけではない。W・V・O・クワイン（1984）は言語存在論の観点からも刺激に満ちた書である。[115] 原理的にナンセンスなことであっても、考察の対象としては重要な意義があったり、理論の構築過程においてはしばしば決定的な意義が立ち現れることも、少なくない。ここではこうした手続きに好んで用いられている、〈文〉の扱い方を見ているのである。言語場と切り離して〈文〉を扱う、その扱い方を。

　この数年、数学史において再発見された、「逆整数代数論」（inverse-integer algebra）とこの例文を照らし合わせて、考えてみる。逆整数代数論は、中世東欧の僧院で早世したほとんど無名の数学者の仕事であって、その手稿と複数の写本が近年相次いで発見されたばかりであってみれば、未だその内容はほとんど知られていないけれども、専門的な議論を捨象すると、基本的な原理だけは簡単である。逆整数代数論にあっては、1、2、3、4……と進むに従って、1ずつ減ってゆくのである。負の数と似ているが違うといった点は、ここでの議論にはさしあたり必要がない。こうした逆整数代数論においてもなお、果たして次の文は成り立つのだろうか?:

　　9が7より大きいことは必然的である。

「次の文は真であるのか」と問わず、敢えて「次の文は成り立つのだろうか?」と問うた。このことも記憶に留めていただきたい。次のテクストはどうだろう:

　　逆整数代数において、次の文が偽であることを、逆整数代数を用いて証明せよ。
　　9が7より大きいことは必然的である。

読者の皆さんにお詫びせねばならない。「この数年、数学史において」の直前に、つまり「逆整数代数論」の話題に入る段落の前に、「次のような物語《フィクション》を共に考えていただこう。」というテクストが欠落していました。おお、ナンセンスなどとお怒りにならないでいただきたい。

「逆整数代数論」はこのように創作上のものである。逆整数代数論でも「9が7より大きいことは必然的である。」という文は成り立つのかを問うために、当該の文を提示する前に、数行のテクストを用いて、物語《フィクション》を物語《フィクション》であると明らかにせぬまま、言語場作りを行った。その言語場を受け入れてくださった方々もあろうし、そのテクストの記述自体を訝《いぶか》しく思われた方々もあるかもしれない。それはよい。受話者によって意味は大いに異なってよい。だがいずれにせよ、それら数行の記述は「9が7より大きいことは必然的である。」の文の意味の実現に、何らかの影響を与えている。場合によっては、文の意味をいささか揺るがしたであろう。「ちゃちな創作だな、そりゃあ、そんな条件があるんだったら、当然、文の意味は間違っていることになるって、思わせたいんだよな」などという思いが、よぎった方も、あるかもしれない。それらいろいろな思いの中の「9」は、「7」は、そして「9が7より大きいことは必然的である。」の、意味は、それぞれの読者の中にあって、どのように実現したのだろうか?

いかにも数学然とした、真理然とした、「9が7より大きいことは必然的である。」などといった文が、少なくとも言語上は、一筋縄ではいかないことが、解るであろう。そもそも常に真であるわけでもないことが、見える。またどんな代数であれ、数学的には「真」ではなかったとしても、言語としては、文としては「9が7より大きいことは必然的である。」が成り立っていることも、見える。もちろん項を取り替えた「7が9より大きいことは必然的である。」も、文として十二分に成り立つ。それがある言語場においては、「偽」とされたり、「嘘」とされたりする。それは当該の言語場においてはそのことばの受け手の経験や習慣や約束や規約に合致していないというだけである。

〈文脈〉や言語場との関わりから重要なことは、ここに挙げた物語《フィクション》の稚拙さはともかく、「次のような物語《フィクション》を共に考えていただこう。」などといった、文字通り言語的な〈文脈〉が与えられれば、恐ろしく奇妙な「文」であっても、それは文として成り立ち得るし、文の意味さえ左右し得るのだ、という点である。

そして「逆整数代数論」をめぐるテクストをめぐって、決定的に重要なのは、次のことである：

言語場によって、読み手によって、「9が7より大きいことは必然的である。」という文の意味は、揺らいでいる
意味は一様ではない。しばしばその「真偽値」さえも正反対である。

この例文をめぐってクワインにあっては「9＝太陽系の惑星の数」なる式が取りざたされる。奇《く》しくも引用書の編者・飯田隆がこんな注記を加えてくれている――「クワインがこの議論をしたときには、冥王星も惑星の中にはいっていた。」事実自体のこうした変更が言語外現実ではいくらでも起こり得る。ましてや理論的に想定される条件世界では、整数といえども、言語場の縛りを免れ得ないのである。

いかに数学的な装いを纏《まと》おうとも、「9が7より大きいことは必然的である。」といった文が言語場を離れて議論されるなら、原理的にはほとんど無意味である。「9」という単語が――「9」は紛れもなき単語である――、整数「9」を示し、「7」よりも大きくなるような条件を有する言語場における発話としてのみ、そうした約束事が働き得る言語場における発話としてのみ、それが数学的に意味するところは「必然的」と言えるかもしれない。ここで誤っていけないのは次の点である。「9」自体はどこまでも単語であって、それが自然数「9」や整数「9」を意味する保証など、言語の内部にはない。

この〈書かれたことば〉における単語「9」が、アラビア数字で書かれようが、漢数字で書かれようが、表記からもたらされる、或る種の印象的な違いはあったとしても、原理的には変わらない。「9」や「九」が整数「9」を表

すという保証は、言語の原理それ自体にはない。

単語「9」は、並べられた一番小さな仔牛につけられた名かもしれず、分割された販売区域につけられた名称かもしれない。「9」や「7」はWindowsのようなコンピュータのOSのヴァージョンの名称かもしれない。もちろん人の名であっても構わない。「金九《キム・グ》」という名の政治家がいた。「坂本九《さかもときゅう》」という名の歌手がいた。「Seven」という名のKポップ歌手がいた。「八百屋お七」と呼ばれた女性もあったし、「ウルトラセブン」などという名の「人」なのかな、とにかく、いた。

そもそもクワイン自身が、「9＝太陽系の惑星の数」なる「式」を提示しているではないか。整数論における単語としての「9」と、言語外現実において私たちが数を数えるのに用いている単語としての「9」を、何と等号で結びつけているではないか。少なくとも言語学はこんなことはしない——あるべき言語学は。言語内の表現として「9＝太陽系の惑星の数」は可能であり、十二分に成り立つ「文」でもある。しかし整数論という言語場から、「太陽系」云々の言語場へとこっそり抜け出てはなるまい。なるほど「9」という単語の意味は整数論の言語場ではそう変わることがないかもしれない。だが「9」という単語の意味は、飯田隆が丁寧に注記で見せてくれたように、一歩整数論の言語場を抜け出せば、多様な言語場にあって、いくらでも変わって現れ得る。「9」という単語は、太陽系であれ、銀河系であれ、物語《フィクション》の裏宇宙であれ、森羅万象を語り得る膨大な言語場において、文字通り千変万化の様々な意味と〈なる〉。千変万化の意味として実現し得るのである。

かくのごとく、〈言語の臨界〉を見極めようとする言説は、その過程において、ややもすると、〈言語の可能性〉を忘却してしまう。〈意味の可塑性〉を忘却してしまう。「9」が実現し得る意味や、「文」が実現し得る意味を、クワインが自らの議論に沿って統制したければ、言語場を縛らなければならない。それも可能な限り言語によって明示的に、即ちことばで示された〈文脈〉によって、である。結界を張られた言語場から、抜け出してはいけない。

こうして検討しただけでも、解るように、「ある条件が与えられれば、これこれの単語や文はこうした意味である」ということがらよりも、「条件によって単語や文は多様な意味となり得る」ということがらの方が、より深いところに位置を占めることが、見えて来るであろう。「常識」だの「普通」だの「一般」だのといった条件を与えて、そうした条件の下で意味を論ずるよりは、条件によっては様々な意味になり得ることの方が、遥かに深いところに位置を占める原理である。そうであるなら、注目すべきはまず、深いところに位置を占めることがらの方である。かくして「9」や「7」といった単語、それらから成る「文」は、私たちに教えてくれる：

単語や文は、誰が誰に向かっていかなる場で語るのかという言語場によって、さまざまな意味の実現の可能性をもたらす。そのことの方が、言語にとっては、単語や文が特定の限られた意味となることよりも、より深いところに位置する、より原理的な、より本質的な働きである

それゆえ、言語場の条件が必要であるにも拘わらず、言語場から文を単独で切り出してきて、あれこれ議論を進めるのは、非常に危ないことが解ろう。何よりもまず、言語存在論的な視座から危惧すべきは、これらの文が特定の言語場から切り離された、まさに単独の単語、単独の文としてのみ扱われていることである。実現する言語場が異なれば、全く同じ形式によって作られた文も、異なった意味を実現し得るのであり、このことこそ、言語と意味にとって本質的なことである。

〈文〉という単位が言語場から切り離されていても、あたかも「命題」を支えきるがごとき幻想にしばしば陥る。こうしたことも、〈文〉が言語の最大単位であるという幻想にしばしば陥るのと、表裏一体のものである。幻想を断ち切るのは容易である。このことを直視すればよい——その〈文〉は常に言語場の中にしかない。

5 言語を語る〈文〉の病

なお、ここでは言語哲学から例を引いたが、実は当《とう》の言語学の内部でも、言語場から切り離されたこうした文を引き合いに出して、文の意味や意味一般を語る例は、無数にある。言語学においても、むしろそうしたありかたが主流であろう。文を超えたものを見ようとしない、こうした限界は、まさに言語学における〈文の桎梏〉というべきものとなっている。

(1)「象は鼻が長い。」——ピリオドは超えられたのではない、後で打たれたのだ

「象は鼻が長い」という文の構造を言語学的に明らかにすることは、言語外現実における象の姿態や生態を記述することではない。確実に言えるのは、「象は鼻が長い」という文は、それが実現するとき、特定の言語場の中に存在するという点である。先に見たように、文という単位を文法的な抽象体だとするなら、文が談話やテクストのうちに現れた実現体は、談話やテクストという別の層位における〈発話〉という単位として区別することができよう[116]。メタ言語的に文や単語を分析するときでさえ、文や単語はそうした分析の言語場に実現するものである。

文が談話やテクストのうちに現れるという現実は、文というものがそれより大きな談話やテクストという単位の一部であるということも、示している。当該の文の前や後ろにまた様々な発話が存在するかもしれない。文を素材に、そして文を単位として言語を分析するという習慣が、インド、ギリシア以来、少なくとも二〇〇〇年の長きにわたって行われてきた。しかしながら、それは十全たる意味で、文をしかるべき位置に定位させた分析だとは言えない。文の分析は、〈話されたことば〉、〈書かれたことば〉のひとまとまりのうちの、どこまでも一部分、切り取られた一部

分についての分析である。言うまでもなく、部分の分析は全体の分析として充足し得ないし、対象の要素の分析が対象の本質の分析であるという保証はない：

> 言語が実現する全体の中から、部分として切り取ってきた要素、それも標本のように切り取ってきた要素、それが文である

言語場から抽象的に切り離された文の分析は、言語場から切り離された単語の分析同様、それがリアルではないという決定的な弱点を有する。切り離された文を扱う論者が、本当は見たいと思っている言語事実から、その文は果てしなく遠いのである。

豊かな示唆に富む文法論を打ち立てた文法家・三上章《みかみあきら》（1903-1971）は、「象は鼻が長い」から、「象は」という〈主題〉が「象は鼻が長い。」という文のピリオドを超えて、さらに後続の文にまでその力が及ぶことを喝破し、「ピリオド越え」と名づけ、衆目を驚かせた。[117]「象は」の助詞の働きは、一つの文のうちに留まるのではなく、ピリオドを超える、つまり文よりも大きな単位にまでその働きを及ぼすのだということを、教えてくれた。もちろん言語場においては、まず先にそうしたいくつかの文の集まりが存在するのである。そうした集合体から文法家たちは「象は鼻が長い」という文を切り出して論じていたがゆえに、三上章のような一文を超えた着眼点には、なかなか至りにくかったわけである。

事実はこうである。「…は」がピリオドを超えるのではなく、〈ピリオドを超えた領野〉、即ち談話やテクストといった領野に「…は」が位置づけられていたのだ、と言わねばならない。ピリオドは超えられたのではない、後で打たれたのである。

「…は」という要素は、文の中にに定位しているのではなく、談話やテクストの中に定位している。そして実は、「…は」のみならず、「…が」も、さらに原理的には、ありとあらゆる単語や文法形式が、談話やテクストの中に定位している。

(2) 言語を語る〈文〉の病――格とて、もう文を超えている

主格、属格＝所有格、与格＝間接目的格、対格＝直接目的格など、〈格〉（case/仏 cas/独 Kasus/露 падеж/격《キョク》）と呼ばれてきたカテゴリーは、言語学においては常に文の内部に定位するものとして扱われてきた。「私が」（主格）、「彼の」（属格）、「弟に」（与格）、「本を」（対格）、「やった」。

これらそれぞれの要素は、主として動詞との関わりにおいて文を構成する要素であって、文において完結する要素として、伝統的に扱われてきたのであった。統辞論的な関係の中で用言がどういう格をとるかは、格支配（case government/仏 rection/独 Rektion/露 управление/격지배《キョクチベ》）と呼ばれる。格支配という概念が基本的に動詞類との係わりの中で考えられてきたのは、格というカテゴリーを文の内部に定位するものとして見ることの、顕れである。

しかしながら伝統的な文法にあってさえ、〈格〉の働きは実は文の内部に留まらない。チェコ語やロシア語の一部などに見られる呼格（vocative/호격《ホッキョク》）の主たる機能は、文の外の対象、しばしば言語外現実に想定し得る対象への関わりを表す。露語：бог《ボーフ》 bog 神＞боже《ボージェ》 bozhe 神よ。朝鮮語：하늘《ハヌル》 hanul 天＞하늘아《ハヌラ》 hanula 天ってば（話しことば的）。하늘이여《ハヌリヨ》 hanuliye 天よ（書きことば的）。朝鮮語：바다《パダ》 pata 海＞바다야《パダヤ》 pataya 海ってば（話しことば的）。바다여《パダヨ》 pataye 海よ。（書きことば的）。呼格は既に文を超え、明らかに文の内部の形態論的、統辞論的な平面を抜け出して、言語場における言語外現実への呼びかけの姿をとっているのである。正確に言うと、言語外現実の対象を言語化し、言語化された対象への呼びかけの姿をとっている。いずれにせよ、格支配といった、文の形態論的、統辞論的な平面

における働きとは、明らかに異なった、文を抜け出した平面においても、働いている。

さらに日本語や朝鮮語で格のマーカーたる助詞がない、体言の〈名格〉(nominative/명《ミョン》격《キョク》)は、さらに重要である。[118]「私が」や「私は」ではなく、「私」といった形、また「本に」や「本を」ではなく、「本」といった形である。「私、彼の弟に本やった」では名格「私」と「本」が、動作の主体と客体にそれぞれ用いられている。ここで名格は動詞「やった」が表す動作の主体にもなり、客体にもなっているわけで、主格や対格のような一義的な働きを見せていない。文の内部で名格が働く平面は、主格や対格などとは明らかに異なっていることが、解る。統辞論的な平面にあっては、「私」や「本」の位置に限定はあっても、動詞類との格支配という点からは、形態論的に完全に切り離されて、自由である。名格は動詞から形を縛られていない。文の内部に存在する動詞から、形について縛られていない。このことを換言すれば、こういうことである――名格の使用の条件は文内部のみに求めることができない。つまり名格はそれ自体が既に文を超えているのである。

格というカテゴリーと文という領野の係わりを見るために、主格や対格、名格、そして「ピリオド越え」を言われる「…は」を、対照してみよう：

a：「私」(名格)、「彼の」(属格)、「弟に」(与格)、「本」(名格)、「やった」。

b：「私が」(主格)、「彼の」(属格)、「弟に」(与格)、「本を」(対格)、「やった」。

c：「私は」(主題)、「彼の」(属格)、「弟に」(与格)、「本は」(主題)、「やった」。

仮に「…は」は「主題」としておいた。その文法的な働きを解明するのが、ここでの目的ではない。

右のa、b、c、三つの文はそれぞれがそれ自体としては成り立っていて、何らの過不足がないように見える。しかしながら、三つのうちのどの文を用いるのか、どの文を用いて語るのか、という問題は、それぞれの文の内部だけ見ていても、永遠に解決はしない。なぜなら、それら選択の条件は、文の内部にはないからである。三つの文を対照して、あれこれ考察を巡らせば、あるいは様々な言語場が想定できるかもしれない。例えば助詞のない名格が用いられているaは、〈話しことば〉的な言語場なのではないか、のように。しかしながらそうした言語場はどこまでも後付けで想定されたものに過ぎない。伝統的な多くの文法論の考察とは、こうした方向で行われてきたのである。

a、b、c、三つの文は、抽象的に言語場を離れて、今ここに切り出してきたような、文単独の形で存在することはない。存在するとしたら、必ず何らかの実践的な言語場の中に現れる。つまり、それぞれの言語場における発話者、即ち話し手や書き手による選択が、これらを決定する。それぞれの言語場なりの条件によって、三つの文が、あるいはさらに多様な文が、選択されるのである。「私」「私が」「私は」のいずれも、談話やテクストの中で選択される。選択の条件は文の内部ではなく、談話やテクスト総体の中の実践的な有機性の中に求めねばならない。三つの文は、どこまでも切り出されてきたのである。そして、文を構成するあらゆる要素が、本質的には、皆ピリオドを超えている。

「彼の弟に」はこれ以外の選択がない？　そう見えるのは、「彼の弟に」が一つの要素として振る舞っていて、「彼の」とか「弟に」といったそれぞれの要素が、一文の中で充足する性格が、たまたまここでは濃厚であるに過ぎない。言語場の条件が加われば、「彼の弟に」とて、簡単に破砕される：

d：「私」(名格)、「弟」(名格)、「本」(名格)、「やった」。

言語場において「彼の弟」と言い得る対象が、「彼の」を必要としなければ、つまり聞き手にそのことが了解さえされるなら、右のdのように「彼の」はなくとも、充分である。言語にとっては必要なことを必要なだけ語るのが、基本的な態勢である。なおかつ、dのごとく全て名格で、助詞がなくてすむことも、場合によってはいくらでもあり得るだろう。

更に進んで、「私」とて、「弟」とて、「本」とて、必要なければ、なくてもよい。言語場の条件とはそうしたものである。そして先のa、b、cのいずれにも、実はそうした言語場の条件が必ず隠れている。言うまでもなく、これは「省略」などではない。そもそも必要がないから、言語化していないだけである。「省略」を言い張るなら、何故に「いつ」とか「どこで」などといった要素は現れていないのか？ 必須でないから？ そう、そして「私」「彼」「弟」「本」そして動詞の「やった」さえ、いずれも、談話やテクストにとっては「必須」などではないのである。ただただ、必要なことを、必要な仕方で、言語化すればよい。省略論については、後に、第6章第3節で述べる。

先のa、b、cの例では、三つの文は、まさに本書が本書の主張を語るテクストの中に定位している。意識的にそれ以外の言語場を明示しないことによって、〈具体的な言語場から文が切り離されている〉ことを示すテクストとして、である。

言語が実現し始めるやいなや、まず言語場が言語場として立ち現れ、言語場の中に談話やテクストという形で言語として形象化された形が生まれる。必要であれば、文法論や言語哲学がそこから文や単語を取り出すのであって、言語の実現の仕方は、決してその逆ではない。一つの文全体はもちろん、その文を構成する「…は」や「…が」といった要素の一つ一つに至るまでの全てが、談話やテクストという、言語場に存在し得る形の中で初めて、その存在意義を有するような仕方で、位置づけられているのである。(119)

(3) 単語や文法形式の選択の条件は文の中だけには収まらない

単語や文法的な要素の選択それ自体は、誰かが誰かに向かって語るという談話やテクストにおいて決まるのであって、決してその逆ではない：

> 単語や文法形式といった、文を構成するあらゆる要素は、文のみならず、談話やテクストを形造る要素として、語る主体が、言語場の中において選択する

「飯食おうか。」と言うのか、「食事にしましょうか。」と言うのか、あるいはまた別の文で言うのかといった表現の選択は、文の選択であると同時に、言語場における単語や文法形式の選択である。話し手は、言語場が与えられないと、実は単語すら選択できないのである。言語場において〈単語〉が実現するときとは、即ち談話やテクストが実現するときに他ならない。第3節(6)(7)を今一度確認されたい。逆に言うと、単語を形として実現させたとき、そこに言語場が生まれているのである。〈文〉は、談話やテクストという言語的な実現の平面における〈発話〉から、文法的な平面に抽象された文法的な単位であった。そのことを踏まえて、〈単語〉について、より正確に言おう：

> 単語は談話やテクストのうちに発話として実現する。逆に言うと、談話やテクストのうちに発話として実現した形から、語彙論的=文法論的な観点に立って、私たちは〈単語〉と呼ぶ単位を抽象し、措定する

単語が単語として実現する際には、常に談話やテクストの形で言語場の中における選択として実現する。大雑把にいって、談話やテクストの形で実現し得る語彙的=文法的な最小形態が、世に〈単語〉と呼ぶ形である。それ自体で

事象を名づけ、言語場の中で実現し得る形だからである。今一度確認しよう：

> 単語や文法形式は、文を作る単位であるばかりでなく、談話やテクストを構成する単位でもある。したがって文を最大の単位として言語場における意味を論じることはできない

(4) 単語や文法形式が文のみならず談話／テクストをも構成する文法論へ

既に述べたように、J・ライオンズ（1973: 1986^{5}: 185）は「文は文法記述の最大単位である。」と言った。しかしまさに文法こそ、文を超えて、談話やテクストを記述せねばならないのである。第3節(8)で見たテクスト言語学、とりわけハラルト・ヴァインリヒ（1982）などはそうした方向を目指すものであった。而して〈話されたことば〉と〈書かれたことば〉の区別といった点では、限界を孕んでいたのであるが。

単語で一度意味が確定し、それを連ねて文を作り、文で意味が完結するわけではない。単語や文法形式が文を構成し、意味を確定し、そうして構成された文が、間接的に談話やテクストを構成するというわけではない。単語や文法形式は文を構成しつつ、言語場における様々な諸条件と呼応しながら、直接、談話やテクストを構成するのである：

> 単語や文法形式は、文を構成するのみならず、談話やテクストを直接構成する単位でもある。したがって、〈単語や文法形式が文を構成する文法〉のみならず、〈単語や文法形式が談話やテクストを構成する文法〉も描かれねばならない。言語場を見据えつつ、文法論は談話やテクストへと、その領野を拡大する

いわゆる〈単語〉は実現体そのものではない。私たちが耳にし、目にする単語は、既に談話やテクストに現れた

〈発話としての単語〉である。/umi/（海）という単語がもし単独の形で、音声で実現すれば、談話における発話としての文であり、単語である。文字で書かれていれば、本の背表紙であれ、道の案内板であれ、テレビ画面上の文字であれ、それはテクストとしての文であり、単語である。たった一単語だけで現れても、それが〈話されたことば〉に現れれば談話であり、〈書かれたことば〉に現れればテクストである。

原理的には、第3節で述べたごとく、言語的な実践としての談話／テクストから抽象したものが、文であり、単語である。伝統的な文法論では、単語を基礎的な単位として、単語が文を組み立てて、終わる。文が文法論の最大単位だとされてきたからである。来たるべき文法論は、単語が文を貫き、談話やテクストに直接係わるありようをも扱わねばならない。

文法論が、談話やテクストを扱う場合であっても、単語を基礎的な単位として、単語が文を組み立て、今度はその文が単位となって、文が談話やテクストを組み立てると考えると、本質を見誤るわけである。前述のように、単語や文法形式、ないしは形態素は、文を組み立てると同時に、談話やテクストを構成するのに、直接係わっている。それゆえ、単語や文法形式の選択さえ、文のレベルではなく、談話やテクストのレベル、即ち言語場に条件付けられているのである。

(5)〈文=分子論〉の誘惑

ここで〈文＝分子論〉とも言うべき言説を一瞥しておこう。〈文＝分子論〉は、単語を原子、文を分子といったものになぞらえる考え方で、言語を巡る言説のかなり大きな範囲を覆っている。マルクス主義的な認識論から言語についてもしばしば言及している廣松渉《ひろまつわたる》（1933-1994）にもそうした〈文＝分子論〉が見える。廣松渉（1979: 130）の次のような記述は〈文＝分子論〉の典型である：

今、一言語を形成する原子的単位としての「語」（正しくはlexeme）、分子的単位としての「文」なる概念を設定したが、これら両概念が極めて曖昧であることは姑《しば》らく不問に附して、とりあえず確言しておきたいのは、原子的単位たる「語」から分子的単位たる「文」が構成されるとはいっても、それは決して代数加算的な機械的結合ではなく、謂うなれば有機化学的結合であるということである。われわれにおいては、しかも、「文」こそが基本的単位である以上、「語」はそれ自身としては十全な存立性をもたず、それが「文」の構成分たるかぎりにおいてのみ基礎的単位なのであるが、以下の行文においては、誤解の虞《おそ》れがないかぎり、「語」があたかもそれ自身で自立的な単位であるかのごとき表現方式も厭わぬ心算である。（括弧内注記、振り仮名は原文のまま。傍点は引用者）

問題は「一言語を構成する」「分子的単位」として文が措定されて、「文」こそが「基本的単位」とされている点である――かくして言語に文以上の大きな「単位」は決して現れない。ここでいう「有機化学的結合」という把握は、化学の観点からはともかく、人文学的な言説における比喩としては一見、妥当なもののように見える。しかしその結合は、分子で終わらないような「有機化学的結合」でなければならない。言語の世界では、単語は文を突き抜けて、単語も文も、それぞれが発話の形で、直接、談話やテクストを構成するという結合の仕方を見せるからである。

文という単位を超える言語学的な分析を切り拓きつつある談話分析やテクスト言語学、そして語用論でさえ、未だ伝統的な一文の言語学から完全に脱しきっているとは言えない。(120) 語用論で言うように、文の「文字通り」の意味があり、「言外の意味」があるなどという考え方そのものが、予め一文の「意味」をどこかで固定不変のものとして見ている証左である。

(6) 発話行為論と〈文〉の病——文の平面を最初からこっそり抜け出している

言語哲学や言語学にも少なからぬ影響を及ぼした、発話行為（speech act）論の重要な論者、ジョン・サール（John Rogers Searle. 1932-）の言も、言語存在論的な観点から覗いておくことにする。John Searle（1964: 230）、サール（1985: 145）の言を聞こう：

> 人が何ごとかを語る際に何ごとかを意味するということとその人が話している言語において文が意味するものとの間の関係は、単なる偶然的な関係以上のものである、という事情を明らかにするものにされなければならない。

こうした言説を前に、もう私たちの戸惑いが生ずる。なぜ「文」なのか？　答えは簡単である。サールにあっては、文が「何ごとかを語る」、それ自体で完結し得る単位とされているからに他ならない。それより大きな単位は、事実上、単位としては問題にされないのである。あらゆる前提に「文」を据える、こうした思考は、言語行為論においてサールに先立つ J. L. Austin（1962; 1975^{2}: 1-24）、J・L・オースティン（1978: 4-20）でも見られるものである。

続いて「語を字義どおりに使用している場合に話者が意図しているのは」といった表現も見える。「字義どおり」(literally) といった信仰はここでも揺るがない。サールの思想にあっては、単語は予め「字義どおり」の意味を持ってしまっている。

これに続いて「或るひとつの文の発話において約束という行為が遂行されたことになるための、必要かつ十分な条件とは何か」という問題を論じようとする。またしても「文」である。ここで「文」は何らの前提もなしに提示されるア・プリオリであることに、注意されたい。ちなみに、この後、「条件」なるものが九つほど列挙される。最初に

「文法的に適格な文（grammatically well-formed sentences）の存在を仮定している」と言ったかと思うと、「話者は強迫や威嚇によって行為しているのではないこと」、「両者とも演技として話したり冗談を言ったりしているのではないこと」などの「正常な入力と出力の条件が満たされている」云々と「条件」が続く。「脅迫や威嚇」の有無の平面と、「約束」という行為の遂行の平面が、何故に同じ平面として混同されねばならないのか？「脅迫や威嚇」があろうがなかろうが、「約束」は話し手が聞き手に対して投げ与える発話を問題にしているはずである。そもそも「脅迫や威嚇」とそうでないものは、どうやって区別するのか？逆に、こうも問えるかもしれない。何らかの与件が「脅迫や威嚇」とならずに、「約束」は可能なのか？そして「正常な」入力とは、いかにも尋常ではない規定である。さらに「演技」といった概念を持ち出しているのは、もう危ない。「演技」の概念規定にもよるが、言語表現にとってある意味では「演技」は深い本質的な関わりを持とう。語ると言うことそれ自体が、「演技」ではないと条件付けることが、果たしてどれだけ理論的に有効性を持ち得るのか、大いに疑問の残るところである。例えば〈語るとは演技することである〉といった命題を突きつけてみたくなる。こうした命題を前に、一体どれだけの反証が可能なのであろうか。他にも、メタ言語的な条件、文の内的な構造に関わる条件、話し手の「意図」といった条件――これも第6章第4節で後述するが「話し手の意図」などは、最も危険な概念、研究者の恣意的な概念装置である――、聞き手の認識の条件など、あまりにもいろいろな階層の、アド・ホック、恣意的な条件の羅列で、理論としては、いささか正視に耐えない。前述のように、「条件」は九つもある！　表現のレベルにおける「約束」の表明と、言語外現実における「約束」の成立も、別の平面のことがらである。もちろん「約束」をめぐる倫理的な問題はさらにまた別の平面のことがらである。予め都合が悪くなりそうなあちらこちらで、文の平面からこっそりと抜け出してしまっているのである。サールなどの言語行為論は〈文〉をめぐるこうした混濁、異なった平面間の恣意的な往来が、しばしば顕在化する。(121)

ここで見ただけでも、〈文〉というア・プリオリが、そして言語場から切り離された〈文〉という標本が、いかに思考の強固な足枷として振る舞っているか、解るであろう。

文の桎梏――それは言語を語るあらゆる学問に、未だ通底する病である。

第6章　主述論・省略論——言語化するということ

1　〈主語－述語文〉中心主義の桎梏

(1) 言語存在論から言語内のシステムへ——文を照らす

言語存在論的な思考から、ここで今少し言語内のシステムに分け入ってみよう。先にこう述べた。ある命題が言語化されている、言語化された命題が存在する、そこに現象している形の問題、それらの形が実現する意味の問題と、それらの形が命題として表すところのものが真であるか偽であるかとは、全く異なった次元の問題であると。この二つの次元の混同は、他ならぬ〈文というものが、いかなる姿をしているか〉を直視しないことによって支えられ、増幅されている。

(2) 〈主語と述語を備えた文＝主述文〉を偏愛する言語学、言語哲学

現代の言語学や言語哲学が〈文〉を語るとき、多くの場合、その核心において語られる〈文〉とは、〈主語と述語

を備えた文〉である。「すべての人間は死すべきものである。」といった例をはじめ、これまで本書でも既にいくつもそうした文の例を見た。“Ouch”（痛いっ）という間投詞からなる「一語文」から議論を始め、大いなる期待を抱かせるQuine（1960; 2013: 5, 62, 87),（1977; 2013: 30, 113, 148）、クワイン（1984: 8, 108, 151）も、やがて核心に入るに従って、“All rabbits are men reincarnate.”（すべてのうさぎは人間の生まれ変わりである。）、“Mama is a woman.”（ママはおんなである。）といった主語－述語文に議論は集中する。実際の発話というものに注目したはずのサール（2006: 33）でも“I predict John will hit Bill.”（ジョンがビルを殴るだろうと私は予言する。）といった主語－述語文の文の分類に終始する。

以下、〈主語と述語を備えた文〉即ち〈主語－述語文〉（subject-predicate sentence）を、簡潔に〈主述文〉（SP-sentence）と呼ぶことにする：

> 言語についての言説において〈文〉が語られるとき、そこで語られる〈文〉の多くは、主述文であり、それ以外の文はしばしば予め排除されている

クワインも挙げたように、間投詞からなる「一語文」といった文も、現実にはいくらでも存在するはずである。しかしながら、言語学や言語哲学において文が語られるとき、事実上何故に主述文のみが対象とされるのであろうか。文法書などでも「一語文」などの記述は多くとも数ページ、残るほとんどは主述文を語るのである。これは英独仏露語、そして日本語や朝鮮語＝韓国語と、一々例を挙げるまでもないほど、言語を問わない、圧倒的な傾向である。言語学や言語哲学は何故これほどまでに主述文を偏愛するのか？

これについては、ギリシア、ラテン文法以来の伝統を挙げることもできよう。ただし伝統的な言語学はそもそも形態論止まりで、文を語る統辞論は二〇世紀にようやく本格化したのであった。その際に、主語が必須などといわれる

ドイツ語や英語、フランス語といった言語が、二〇世紀以降の言語学や言語哲学を語る主要な言語であったということを、理由づけの一つに挙げ得るであろう。言語を語り、哲学を語る、伝統と言語そのものが、その思考を縛っているのだと。しかし偏愛の根は、もっともっと遥かに深いところにある。その深みは、言語を存在論的な視座から照らすことによって、浮かび上がる。

(3) 主語とは、主体とは

主述文の問題を言語存在論的な視座から見据えるために、ここでどうしても、〈主語〉という術語について確認しておかねばならない。以下の術語はそれぞれ異なった平面における術語として区別する[122]：

主語＝言語内の対象。言語として形に現れた、〈文の成分〉の一種

〈何が―どうする〉〈何が―どんなだ〉という構造で、〈何が〉の位置に立ち、述語が表す様々なことがらの担い手を表す

主格＝主として性質や状態、作用、動作などの担い手を表す、言語内の形態論的なカテゴリー

名詞類の形態的な変容のパラダイムによって支えられる

主体＝言語外における、ある性質や状態、作用、動作などの担い手

主題＝言語が表す意味の平面で、それについて述べられる対象

〈何かについて何かを述べる〉意味の情報構造を支える

動作主＝言語が表す意味の平面における、動作の能動的な主体

ある動作の担い手。性質や状態の担い手については用いない

発話者＝言語場における発話の担い手

〈話されたことば〉では話し手、〈書かれたことば〉では書き手

こうした術語の区別にあって、最も重要なことは、言語内のものと、言語外のものを峻別すること、そして言語に形として現れたものと、そうでないものを厳密に区別することである。従って主語を論ずるにあっては、次のように厳格に縛ることができる：

主語は言語として形に現れた、〈文の成分〉について言う

言語を存在論的な視座から見るにあたっては、〈言語として形に現れているかどうか〉という、この点は、本質的な意義を有する。

(4) 言語外現実と言語内の形――言語に形として現れるということ

例えば、ユミと呼ばれる魅力的な主人公が、本を読んでいる言語外現実があるとする。そのとき、ユミは本を読む〈主体〉であると、見ることができる。そのことが言語によって、ここでは〈書かれたことば〉で、次のように形に表わされたとする：

ユミが本を読んでいる

このとき、「ユミが」という形と、「読んでいる」という形は、この文の中で〈主語〉と〈述語〉という文の成分として振る舞っている。そして言語内と言語外の関わりを、言語に即して、とりあえずこう記述することができる――言語内における「ユミが」という〈主語〉は、言語外現実における本を読んでいるという動作の〈主体〉を表している。なお、「ユミが」という〈主語〉と、「本を読んでいる」という形での〈述語〉＝〈述部〉を考えることも、理論的には可能だが、何を述語と見るかは、ここでの主題ではない。

もし全く同じ言語外現実を、言語が次のように表したとする：

本を読んでいる

このとき、言語外現実にあって、やはりユミという〈主体〉は本を読んでいる。だが、言語には、〈主語〉として現れていない。これは主語が「省略」されているわけではない。言語にとっては必要がないがゆえに、現れていないに過ぎない。

こうした〈言語に現れない〉ことについて、しばしば主語論や省略論で言われる、情報として「不十分」云々は、言語にとっては全く問題にならない。「不十分」かどうかは、テクストを読む言語場にあって読み手が判断することであり、読み手の専決事項である。まさにこうした文にあって、〈主語が現れていない〉という言語事実に立脚できるかどうか、形になっていないものを、形になっていないと、存在論的な視座から位置づけ得るかどうかが、言語論の根幹を支える。私たちは今、言語を語っている。言語外現実を語っているのではない。言語の分析をしているのであって、言語外現実の分析をしているのではない。ここにあって、主語の捏造は、言語への存在論的視座から、許されない。形として存在しないものは、ことばとして存在しないものである。言語の実現とは音であり、文字であるからだ。言語外現実や頭の中の観念とは異なって、言語としての身体が存在するのである。

文というア・プリオリを用意し、文は主語と述語からなっているという、ア・プリオリを予め用意する文法論、言語論が、言語事実から遠く離れ、形而上学的な捏造を行っていることは、まさにここにおいて鮮明に露呈する。現れていない主語、存在しない形は、言語にとっていま・ここに「在る」とは言えない。

(5) 主語の捏造を支える記述言語――主語も主体も subject, sujet, Subjekt

「本を読んでいる。」という文は「主語が省略されている」とか「深層構造に存在する主語が、表層構造に現れていない」などとする主語の捏造は、言語外現実と言語内のシステムの混同に起因する。今述べたように、〈言語の上に形として在るもの〉を〈在る〉とし、〈ないもの〉を〈ない〉とすることができないことに、起因する。「深層構造に存在する主語」などというものを事後的に想定し得るとしても、それはもはや文の成分としての「主語」とは呼べない、全くの別物でしかない。

こうした混同は、皮肉なことに、実は言語を語る言語によっても支えられている。英語、ドイツ語、フランス語といった言語が、二〇世紀以降の言語学や言語哲学を語る主要な言語であったと、既に述べた。そしてこうした言語は、ユミをめぐる先の議論をいかに語るであろうか。そこで用いられる術語〈主語〉は何で、術語〈主体〉は何だろう。前者〈主語〉は言語内における対象、後者〈主体〉は言語外現実における対象である。何と、英語では〈主語〉も〈主体〉も同じ subject であり、仏語では同じ sujet であり、独語でも同じ Subjekt である![123]〈ユミが本を読んでいる〉といった言語外現実を見る。これらの言語では、〈誰かが本を読んでいる〉という事態において、その〈誰か〉が存在しないことなど、あり得ないということになる。〈本を読んでいる〉事態があれば、必ず〈誰かが〉読んでいるのであるから。英独仏語では、こうした言語外現実における事態の〈誰かが〉と、言語内の〈誰かが〉は、基本的

な術語の上で区別できない――正確に言えば、区別してこなかった。つまり〈言語を語る言語〉という薄い覆い《veil》によって、語る対象の間の本質的な区別が隠蔽されてしまう。しかしながら現代の日本語や朝鮮語＝韓国語の世界では、こうした言語外現実の事態における〈誰かが〉は、〈主体〉〈주체《チュチェ》〉と呼び、言語内における〈主語〉〈주어《チュオ》〉と、日本語や朝鮮語＝韓国語という記述言語の上で明確に区別することができるのである。

subject を巡るこの問題は、言語学のみならず哲学など、広く人文学にも関わってくる。重要なことは、こうだ。それが言語内の存在なのか、即ち言語として形に現れた存在を語っているのか、それとも言語外現実の事態を語っているのかを、〈言語を語る言語〉の上で、何よりもまず、術語として鮮明に区別せねばならないのである。どうしても同じ subject という術語を用いたければ、それが主語 intra-linguistic subject（言語内の subject）なのか、主体 extra-linguisitc subject（言語外の subject）なのか、区別されねばならない。こうして存在論的な視座から、主語と主体を区別する構えができれば、事態は大きく好転しよう。主語は捏造されない。

こうした問題とも関わって、英語圏などの言語学では、言語外の事態を語るのに、〈動作主〉agent と呼ぶ術語が生まれた。能動、受動、使役といった問題を語るのに、subject では収拾がつかないことが、明らかであるから。こうした術語の導入も言語外と言語内の混乱を避けるための方途としては、よい。ところで、この術語は、〈ユミが本を読んでいる〉とか〈馬が走る〉などといった動作的な事態の主体には向いているものの、〈ユミは美しい〉とか〈空が青い〉などといった、状態的な事態の主体には、いかにも不向きである。まかり間違うと、術語に内在する不分明性が、その使用において拡大されかねない。agent はラテン語 agere、つまり「する」「作る」に遡ることを考えても、危うさがわかるであろう。能動、受動、使役といった問題を語るには〈動作主〉agent の術語が生きるけれども、主体一般に適用は難しい。これに対し、日本語や朝鮮語＝韓国語の〈主体〉〈주체《チュチェ》〉という術語は、動詞で語られるような言語外現実の事態、形容詞で語られるような言語外現実の事態、そのいずれにも可能である。

今一つ、重要なことを付け加えておこう。これまで述べてきた〈言語外現実〉（extra-linguistic facts）とは、いわゆる「実際に存在する」世界だけを言うのではない。言語から照らした言語外現実は、空想の世界、想像の世界でも、一向に構わない。言語は「現実」だけを語るわけではないのであるから。

(6) 主述文至上主義への道

言語哲学の分析の中心において、主述文である文の分類に終始するのには、いま一つ、当該の学問の発達史的な理由も存する。言語の意味を考えるにあたって、単語から文へと、その基本的な単位を変革する基礎を与えたフレーゲの定式化は、そうした考え方の大きな駆動力となった。そう見ることができそうである。述語を中心にした組み立てから文を照らそうとした、「述語関数」といった考え方など、主語 - 述語を備えた主述文から、文を分析しようという思想の、典型である。

こうした思想で主として論じられるのは、「AはBである。」、「AはBする。」といった主述文、それも基本的に平叙文である。——"Kepler starb im Elend."（ケプラーが悲惨のうちに死んだ。）[124]。疑問文などは平叙文からの変形で済ませようといった考え方もあちこちに見え隠れする。[125] しかも「AはBである。」といった文が「何かはBであって、しかもAはその何か（のひとつ）である。」などといった具合にパラフレーズされてゆくわけである。[126]

2 言語事実における〈主語文〉と〈非主語文〉、〈述語文〉と〈非述語文〉

主述文について、第1節では主として理論的な機制を見てきた。それでは、実際の言語事実にあって、主語とか述語といったものは、いかなる姿を見せているのであろう。とりわけ日本語や朝鮮語=韓国語の言語事実に、その一端なりと目を転じるとき、文が主語と述語を有するものであるといった幻想は、簡単に崩れ去る。主述文から出発する、言語をめぐるあらゆる言説に、言語事実は非妥協的な形で否を突きつけるのである。

(1) 〈主語文〉と〈非主語文〉

まず主語について見てみよう。朝鮮語の〈書かれたことば〉の実現体であるテクストにあって、他動詞が現れる文に、主語がどれだけ現れるかの、簡単な調査を見る。「本を読んでいる」といった他動詞が現れる文は、「ユミが本を読んでいる」のように主語が言語化されて現れているか、あるいは「本を読んでいる」のように主語が言語化されない文となっているかの、計量調査である。前者を〈主語文〉、後者を〈非主語文〉と名づけることができる。調査対象は六編の短編小説と二編の手記の全文である。書き手は八編とも全て異なっている。僅かこれだけでも重要なことが見えて来る（表）。

表　朝鮮語のテクストにおける他動詞文に主語がどれだけ現れるか

主体が主語の形で明示的に現われているもの	1534 例	50.4%
主体が主語の形で明示的に現われていないもの	1510 例	49.6%
計	3044 例	100.0%

野間秀樹（1993）

これは驚くべき数値である。テクストとして書かれた「誰が何をする」という形の他動詞文にあって、述語が存在しても、主語が現れない文＝〈非主語文〉が、半数に及ぶのである。[127] これはごく限られた朝鮮語のテクストの調査に過ぎないけれども、実際のところ、調査を拡大しても、様相はそう変わらない。そして面白いことに、統辞論的な構造がかなりの程度まで朝鮮語＝韓国語と並行的に現れる日本語でも、ことはそう大きくは変わらないのである。

ではなぜ文に主語がなくても、構わないのか？　簡単である。主語がなくても、主体は判るから。何によって？　文を超えたテクストによって。あるいはさらにテクストを超えた言語場によって。「本を読んでいる。きっと漱石だ。ユミは漱石にぞっこんだ。」といった具合に。主・

語のあるなしは、文の内部ではなく、文を超えたテクストや言語場が支えている。だからこそ、単独の文をもって主語の有無を論じても、本質的には意味がないし、主語と述語が揃った主述文をもって言語を論じても、意味がないのである。

(2) 日本語や朝鮮語＝韓国語の文は、述語で終わるのか?――誰も知らなかった

日本語の主語については、それを認めないという主張もあるほどで、主語が現れない文が相当な部分を占めるという言語事実については、大方の納得が得られるであろう。他方、述語については――。また、〈書かれたことば〉、テクストではなく、〈話されたことば〉、談話においては――。

〈日本語や朝鮮語＝韓国語は述語で文が終わる〉。これは主語論の立場の如何を超えて、つまり文の重要な核を「主語‐述語」と見るにせよ、「述語」と見るにせよ、概ね言語学の定説と見てもよいであろう。日本語も朝鮮語＝韓国語も、語順はSOV言語だと言われる。動詞が文の最後に来るのだと。

では、言語事実に問おう。例えば日本語や朝鮮語＝韓国語の〈話されたことば〉において、本当に文は述語で終わっているのか? 文は本当に述語で結ばれているのか? 〈話されたことば〉、その実現体たる談話において、述語で終わる文は、一体どのくらい現れるのか?

実のところ、文法家たちは誰もこの答えを知らなかった。日本語の四大文法と言われる文法論を創出した、山田孝雄、松下大三郎、橋本進吉、時枝誠記、そして戦後の現代日本語研究の圧倒的な高みを形造ってきた、錚々たる文法家たち。文法家たちは、〈話されたことば〉に述語で終わる文が、どれほど現れるのか、そして文がどのように終わるのか、ほとんど誰も正視したことがなかったのである。言語学は〈話されたことば〉における文の姿を知らなかった。そして文法家たちは皆、知っていると思っていた。朝鮮語＝韓国語の文法家たちも同様であった。例外はない。

このことは、既存の文法書を見てみれば、たちどころに解る。そこで語られる「文」のほとんどは、〈述語で終わる文〉=〈述語文〉だからである。「一語文」などへの言及が申し訳程度しかないことは、これまでも述べた。つまり日本語文法論にあっても、朝鮮語=韓国語文法論にあっても、〈述語文〉が事実上〈文〉のほとんど全てであった。日本語も朝鮮語=韓国語も文法論は〈話されたことば〉において〈文〉がいかなる姿をしているか、知らなかった。知らなかったにも拘わらず、〈話されたことば〉と〈書かれたことば〉双方の、全ての文を知っていると、思い込んでいた。その顕れが既存の数々の文法書である。理論はその上に組み立てられていた。

(3)〈述語文〉と〈非述語文〉

私たちは言語事実のうちに〈文〉のリアルな姿を照らすにあたって、次の概念装置を改めて確認せねばならない。〈文末に立つ述語で、統合されている文〉、つまり〈述語で終わる文〉を〈述語文〉と呼び、〈文末が述語で統合されていない文〉即ち〈文末に述語がない文〉を〈非述語文〉と呼ぶ[128]。要するに、文を見て、その文末が述語で結ばれているのかどうかを、見る：

述語文　　文末が述語で統合されていている文
非述語文　文末が述語では統合されていない文

念のために、ちょっとだけ例を見ておこう。ただしここでは〈書かれたことば〉の会話文などから、解り易い例を、選んである。次の○印を付した文は、述語文、傍線が述語、●印は非述語文である：

(a)「ねえさん、死んだんです。○」「え、冬子が。●」「ねえさんが…●」「どうして死んだんだ。○ なぜ早くそういわなかった。○」（石川淳「マルスの歌」）

(b)「帰る前にもう一遍、その刺青を見せてくれ○」（谷崎潤一郎「刺青」）

(c)「病気だったのです○」「何の病気ですか○」「高所恐怖症●」（古井由吉「杳子」）

(d)「あぶない、ペーテル、はやく立って。○」「え。●」「あたしたちはここにじっとしていてはいけないわ○。すぐに立って、また行かなくちゃ。○」「どこへ●。」「もう一度、山の下の、あの遠くの町のほうへ。●」（石川淳「アルプスの少女」）

(e)——だが、死者はそこへはいれないよ。○ ——何処へ…?● ——時間のなかへ…。● ——時間のなかへ?●（埴谷雄高「深淵」）

(f)「おれが差す部分の名称をいえ。○ ええか。●」「はい。●」（中略）「これ。●」「撃茎駐胛《げっけいちゅうこう》、弾倉《だんそう》、薬室《やくしつ》、遊底駐子《ゆうていちゅうし》。●」（大西巨人「神聖喜劇」）

注意すべきは、文中に一度述語が現れても、さらにその述語に後続する何らかの要素が現れて文が閉じられるとき、その文は非述語文となることである。これには述語そのものが連体修飾語となって、後ろに体言が現れる場合(g)、倒置(h)、文の中断(i)などのほか、様々なタイプがある：

(g)「漏れ聞こえる、くすくす笑い。● 誰かの唇がひらき、また閉じる音。●」（ハン・ガン。斎藤真理子訳「ギリシア語の時間」）

(h)「しかし切れる人だろう、あの人は●」（古井由吉「先導獣の話」）

（i）「革命記念日に次の世代のものに向けて思い出話をして|何故…●」（高橋和巳「革命の化石」）

（4） 日本語や朝鮮語＝韓国語の〈話されたことば〉を初めて見据える

日本語や朝鮮語＝韓国語の〈話されたことば〉には、一体、述語文がどれほど現れ、非述語文がどれほど現れるのだろうか。既存の文法論はもちろんこの答えを知らない。つまり文法論が、〈話されたことば〉に現れる文の姿を知らない。文をめぐるこうした問いへの答えはおろか、事実上、〈話されたことば〉にあって、文はいかなる姿をしているかという、こうした問い自体が立てられることが、なかったのである。主語‐述語をめぐる、統辞論の根幹をなす問いが、問いきられることがなかった。前述のごとく、一つは、文法論は述語文しか眼中になかったからであり、今一つは、〈話されたことば〉を知らなかったからである。そして〈話されたことば〉を知っていると、思い込んでいた。既存の文法論は限界に塗《まみ》れていた。

やがて既存の文法論のそうした限界が、それも理論としての根本的な限界が、劇的な形で白日の下に曝されることとなった。文法論が〈話されたことば〉を知らない——新たなる研究はそのことを鮮明に描き出した。のみならず、研究には驚くべき言語事実が示された。次は研究の新たな段階へと分け入った、記念碑的な一書である：

金珍娥《キム・ジナ》（2013）『談話論と文法論——日本語と韓国語を照らす』

書名でも解るように、談話論つまり〈話されたことば〉についての研究と、文法についての研究が交差する研究であり、かつ日本語と朝鮮語＝韓国語の対照言語学研究である。

同研究が私たちにとって嬉しいのは、日本語の東京ことばの話し手四〇組、八〇人、朝鮮語のソウルことばの話し手四〇組、八〇人、異なり人数計一六〇人という量の、〈自由会話〉を録画録音した言語事実に立脚しており[129]、さらに、全ての話し手の性別、年齢、職業、学歴などの属性も把握されているということにある。つまり〈誰が誰に向かって語ったことばか〉が見えている。異なった年齢層との会話の違いが解るように、二〇歳―二三歳、三〇歳―三三歳、四〇歳―四三歳のデータが収集され、話し手同士の関係も、初対面と親しい友人同士の二種の会話で構成されている。つまり言語場における、その〈誰〉とは、いかなる〈誰〉であるかが、可能な限り把握されている。第1章第3節「日本語は在るのか?――「何々語」の問題群」で述べたことを、思い起こされたい。私たちは「日本語」や「朝鮮語」などと呼ぶが、存在論的な視座から見るとき、研究にあって、抽象的な「日本語」、抽象的な「朝鮮語」など、存在しないのである。言語は均一ではあり得ない。言語は常に具体的な実践である。そこで語られる「日本語」とは、誰の言語なのか? 誰に向かっての言語なのか? 研究はそのことを知っていなければならない。誰が語ったことばかを知らずに、「日本語とは」などと決めつけるわけにはいかない。

〈話されたことば〉のデータの総量自体が多い研究は、日本語でも国立国語研究所の〈話し言葉コーパス〉や朝鮮語の〈二一世紀世宗計画〉のコーパスなど、いくつかある。それらもまた途方もない成果であり、極めて貴い研究の成果である。ただ、それらに収められた〈話されたことば〉は、講演であるとか、テレビのトークショーなどが多く、〈自由会話〉は極めて限られていた。先駆的な談話研究において自由会話の収集もなされたが、話し手の属性を把握しきることが、大変困難であった。この金珍娥(2013)のごとく、ここまでの量で、ここまで厳密に話し手の属性を把握しきった〈自由会話〉の、日本語と朝鮮語の双方を見据えた研究は、これまでなかったのである。研究は、およそ個の研究者がなし得る、限界を超えている。

幾度も強調したように、言語は、誰かが誰かに向かってある場において実現する。その実現の言語場にあって、いかなる話し手が、いかなる聞き手に向かって語るのかを、研究が鮮明に把握した上で、言語がいかに実現するかを、見据える。これを〈話されたことば〉において行うことは、大変な困難を伴う。この困難のゆえに、〈話されたことば〉は正面から見据えられることが、なかったのである。見たくても、それはあまりにも難しかった。

異なった言語を対照するには、その枠組みを作ることから、始めねばならない。日本語と朝鮮語＝韓国語を対照する理論的な枠組みも、同研究は精緻に組み立てようとしている。もちろんこれとて、日本語や朝鮮語＝韓国語の全体像を見てゆくには、言語事実の総量は未だ圧倒的に足りないだろう。研究の枠組みも未だ改善の余地があろう。だが重要なことは、限界が突破されたということにある。〈話されたことば〉を見据えるという、新たなる沃野への道は既に切り拓かれた。あとは、研究が総力を挙げて進みゆけばよい。

(5) 日本語と朝鮮語＝韓国語の〈話されたことば〉の述語文と非述語文

それでは、述語文と非述語文が日本語と朝鮮語＝韓国語の〈話されたことば〉にどれほどの比率で現れるかを、金珍娥（2013）から見てみよう。二人ずつ組みになり、一五分ずつ会話した、最初の五分間のデータである（図34）。まず同じ時間に現れた文の数を計量しているのに、日本語と朝鮮語＝韓国語では文の総数に開きがある。日本語九〇七〇文、韓国語七一〇三文と、日本語の方が韓国語よりも二〇〇〇文ほど、一・二八倍も多く現れていることが、見て取れる。この理由を同書は鮮明に語っている：

日本語の方が韓国語より、相手と重なった発話が多い

つまり、二人の対話において、相手の発話が終わらないうちに、つまり相手の turn が実現している間に、自分の発話を重ねる、つまり自分の turn も同時に実現させている発話が、日本語には非常に多いのであると。相手と重な

日本語

	文の数	比率
述語文	3,894	42.9%
非述語文	5,176	57.1%
総文数	9,070	100.0%

韓国語

	文の数	比率
述語文	3,298	46.4%
非述語文	3,805	53.6%
総文数	7,103	100.0%

%：文の総数に対する述語文と非述語文の割合

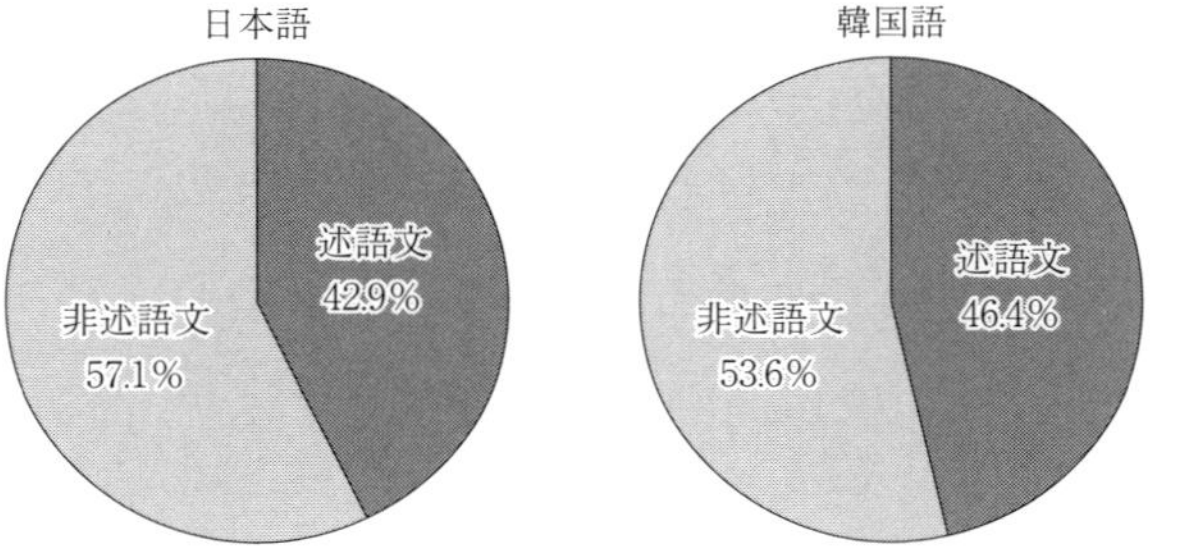

図 34　日本語と韓国語の〈話されたことば〉における述語文と非述語文の現れ
金珍娥（2013: 154）

る発話が、日本語は半分近くを占めるのに対し、韓国語は二割ほどしかないことを、明らかにしている。相手と重なっている発話が多いので、同じ時間でも文は密集し、自ずから全体の文の数も多くなるわけである。金珍娥（2013: 153）は日本語の会話のスタイルを〈共存型〉、韓国語の会話のスタイルを〈独立型〉と呼んでいる。談話構造を支える turn の実現様式が、日本語と韓国語では非常に異なっているのである。ここで重要なことは、こうしたことを、〈ことばがいかに在るか〉を見据える、日本語と韓国語の対照言語学的な研究であるが故に、明らかにし得たということにある。もちろん、こんなことは誰も知らなかった。

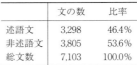

次に、述語文と非述語文の割合である。これはもう驚愕すべき数値だと言わねばならない。非述語文と述語文の割合が、日本語では五七・一％対四二・九％、韓国語では五三・六％対四六・四％：

〈話されたことば〉にあっては、日本語も韓国語も、非述語文が述語文より多く出現するいずれも非述語文が述語文を明らかに上回っている。一〇%近く。〈話されたことば〉なのだから、さもありなんと言うなら、それは結果論である。事実はこうだ。先に述べたように、文法書の文の記述は述語文についての記述が、事実上、ほとんど全てであった。驚愕すべきと言ったのは、文法論のこうした現実に照らしてである。

ソシュール言語学は言った。言語とは本書の術語で言えば、〈話されたことば〉なのだと。〈書かれたことば〉は二次的なものだと。でもソシュールを決定的な淵源とする日本語や朝鮮語＝韓国語の現代文法論は、〈話されたことば〉を知らなかった。それは〈書かれたことば〉を出発点にし、〈書かれたことば〉を基礎に打ち立てられた文法論だった。そしてこうしたことどもが明らかになったのは、ただただ、〈ことばがいかに在るか〉という存在論的な視座から、実際の〈話されたことば〉を照らすことによってなのである。こうした厳然たる事実を、言語学は虚心坦懐に受け止めなければならない。文法論は——書き換えられねばならない。

(6)〈主語‐述語文〉を文の典型と見ることはできない

このように見てくるとき、少なくとも、日本語や朝鮮語＝韓国語にあっては、「主語＋述語」という文の成分が揃っている文を、ア・プリオリに文の代表として扱うことは、言語事実が許さない。〈文〉というものの考察にあたって「主語＋述語」という構造を有する文Sから、出発することはできない。論者の頭の中で作られた主述文を基礎に文を論じ、文法を論じるのは、幻想の形而上学である。

これが、主語が必須であると言われるような、ドイツ語や英語といった言語であったら、どうであろう。ほとんどの文は述語で統括されているだろうか。主語が備わっているだろうか。映画のシナリオのような〈書かれたことば〉に現れる〈話しことば〉の文体でさえ、既にお行儀よく主述文が並んでいるわけではないことに、気づくであろう。間投詞だけの文、副詞だけの文、接続詞だけの文、名詞だけが投げ出されている文、名詞もなければ動詞も現れない文……そうした文が縦横に登場することに驚くだろう。そして実際の〈話されたことば〉を見てみれば、主述文の幻想はいよいよ打ち砕かれるやもしれない。

3 〈省略〉論——言語化されるということ

さて今見てきたような、主語や述語がない文を、言語学が前にするとき、必ずと言っていいほど、出会う主張がある。主語や述語がない文は、主語や述語の「省略」(ellipsis)によるものだ、という主張である。理性的な読者は、既にもうこうした主張が成り立たないことを、見て取っておられるであろう。しかし言語学ではなかなかに頑迷固陋なこうした主張が後を絶たない。主語や述語が現れない文は、主語や述語が「省略」されている文だ——これまた幻想にすぎない。しかも極めて問題の多い幻想である。

(1)「省略」されたことばは何だったのか？ それは本当にことばだったのか？

そもそも「省略」というからには、もともと在ったものが、省かれたものでなければならない。それは本当にもとは在ったのか？ 省略説が言語事実に違背することを知るには、「省略」されたと思われる単語を、実際の談話やテクストの中に戻してやるとよい。日本語や朝鮮語であれば、見るも無残な談話やテクストができあがるであろう。[130]
そもそも「戻す」べき単語が何か、決定づけることさえできない場合も現れるであろう：

「サー・ネイオン。貴殿は素晴らしい外交官だ。犯人の処罰は琉球に任せよう。その代わり暴行に加わった水兵は軍事裁判にかける。米国において婦女暴行罪は決して軽くない。帰国の民を傷つけたことを深くお詫《わ》び申し上げる」

「ペリー提督のご配慮、ありがたく頂戴《ちょうだい》いたします」（池上永一『テンペスト』）

「サー・ネイオン。貴殿は素晴らしい外交官だ。私は犯人の処罰は琉球に任せよう。その代わり暴行に加わった水兵は私が軍事裁判にかける。米国において婦女暴行罪は決して軽くない。帰国の民を傷つけたことを私は深くお詫《わ》び申し上げる」

「ペリー提督のご配慮、私はありがたく頂戴《ちょうだい》いたします」（池上永一『テンペスト』に傍線部を引用者が挿入）

右に引用した小説のテクストに現れた、かの黒船のペリー提督と渡り合っている「ネイオン」は、「孫寧温《そんねいおん》」という名の女性である。女性であることを秘し、科挙試験を驚くべき成績で突破、男性の姿で琉球王朝の官僚となり、上り詰めるという、痛快なる人物である。孫寧温個人は大英帝国女王から「サー」（Sir）の称号まで得ている。さて、主語は。もともとあったはずの主語は。右の例ではとりあえず「私は」としたが、これには何の根拠もない。納得などしてはいけない。琉球王国と米国との外交なので、主語は「私が」ではなく、「本官は」「本職は」？「余《よ》は」？まさか「身《み》どもは」だの「僕《やつがれ》は」などとするわけにもゆくまい。いや複数にして「私たちは」とか「我々は」などとすべきか？　思い切って「琉球王国は」か？　結局、「省略」されたはずの、もとの主語は、もはや誰にも同定することができない。無理矢理挿入しても、はなはだぎこちない。

こうした問題を前に、主語は「一人称の人物」だの「話し手」だのといった概念を持ち込むのは、持ち込んだ時点で、既に言語の平面を逸脱し、言語外現実の平面に逃げ出していることに、気づかねばならない。言語の平面をごっそり抜け出たところで作られている概念装置である。私たちが求めているのは、言語の平面における、文の成分としての「主語」である。「主語」と呼ぶからには、それはことばの形になっていなければならない。「主語」なのであるから。それは言語形式として同定されなければならない。言語内に言語外の「主体」などを持ち込んではならない。

同じく琉球王朝の会議の言語場を描いたテクストではどうであろう：

「（私たちは?・?）これより真鶴の処遇について審議いたします」

「（私たちは?・?）八重山に流すのじゃ」と国母は主張する。

「（私たちが?・?）人柱にして橋を架けるがよい」と聞得大君は提案する。

「（私たちが?・?）出家させましょう!」と国祖母は言う。

「国祖母様の薨去《こうきょ》のときに副葬品として（私たちが?・?）埋葬すればよいのでは?・」

「おのれ国母。あんな粗忽者《そこつもの》を（国母が）私の屍の側に並べようとは!」

「真奈美、あなたも意見を述べなさい」

「えっと。（真鶴は）お咎め無しでよいと（私は?）思います」

「それでは（私は?・?）面白くない。真奈美の意見を（私は）却下する」

「なんでそこまで（あなたさまは?）事を荒立てたいのですか?・」

「（私は?・）退屈だからじゃ」（池上永一『テンペスト』。括弧内は引用者が挿入）

こうした検討をちょっとしてみるだけでも、省略説の恣意性がわかろう。第一に〈省略されたことばは何か?・〉――この問いだけで省略説は音を立てて崩壊する。省略された「主語」とは、「主語」というくらいだから、ことばであるはずなのであるが、そもそもそれは「私は」なのか、「我は」なのか、「わらわは」なのか?〈書かれたことば〉ならこんな問いも立つ、「予は」なのか「余は」なのか。それとも助詞が「は」ではなくて、「私が」なのか?

そしてそれはどうやって定め得るのか？　既に述べたように、こうした場合にもし「私は」ではなく、「話し手」であるとか、「一人称の人物」であるなどと、言い始めるなら、それはもう既に「主語」と呼べるような言語内の対象ではなく、「主体」など、言語外現実の対象を語っていることになる。

第二に、「主語」の想定自体が観察者によって揺れるかもしれない。むしろそうした揺れはいくらでもあり得よう。「省略」されたのなら、少なくとも多くの観察者が概ね同じように辿りつくことばでなければなるまい。「それでは面白くない」などは、「それでは」が「主語」なのか？　「では」などという助詞がついている主語もありなのか？　それとも「それでは（私は）面白くない」なのか？　あるいは「それでは（それは）面白くない」なのか？　「何々すればよい」などは「何々すれば」が主語で「よい」が述語なのか？　それとも「（我々が）」が省略された主語で、「何々すればよい」が述語なのか？　まさか「（我々が）何々すれば（何々するのは）よい」などとなるのか？

「主語」が「省略」されているとする、全ての言説はこうした問いに答えることができなければならない。問いに答えようと、理論を取り繕うためには、省略された対象が、「ことば」でない対象だとか、「ことば」で名づけられる以前の対象だと、するしかあるまい。――その時点でもうその対象は「主語」であることをやめる。それがことばではないのであれば、もう「主語」とは呼べないからである。言語を存在論的な視座から照らすとは、こうしたことを言う。それは本当にことばなのか？

(2) 言語化されるとは、いかなることか

言語学は、こうした省略説の恣意を受け入れるわけにはゆかない‥

言語に形として現れていないものを、「省略」されたものだと言うことはできない

言語に現れていないものを、ア・プリオリに「省略」だなどと、決めつけることはできない。このことははっきりと確認せねばならない。

そして第1節(4)「ユミが本を読んでいる」という文をめぐる検討でも見たように、言語外現実において、ある主体が何かを行ったり、何かしらの状態にあるということと、そうした関係が言語の上で主語と述語という形で現れるかどうかとは、別のことがらである。

言語外現実にあって——再三言うようにもちろん、想像された世界でも構わない、それらを言語外現実というのであるが——そうした言語外現実において、例えば「ケプラー」と名づけられるような主体が、「死んだ」と名づけられるような事態にあいなったということと、たとえそうした事態を直接名づける言語場における表現だとしても、言語として「主語＋述語」の形で「ケプラーが死んだ」という言語の形に現れるということとは、全く別の平面のことがらである。言語外現実において〈ケプラーと呼ばれる主体が死んだ〉というような事態を、言語が「ケプラーが死んだ」と表す保証など、言語内のどこにも存在しない。言語の平面では、そうした事態を単に「死んだ。」と言うかもしれないし、「ケプラーが。」とだけ言うかもしれない。さらにここで言語内のさらに別の階層の問題に踏み込むことが許されるなら、「ケプラー、死んだ。」、「ケプラーは死んだ。」、「ケプラーも死んだ。」、「死んだ、ケプラーが。」などと言うかもしれないし、さらに「やつが死んだ。」、「あいつ、逝っちまったよ。」などと言うかもしれない。言語が実現するとは、こうした事態を言う。これが言語化されるということである。もちろん、涙だけが流され、そもそも何も語られないかもしれない。つまり言語化されないかもしれない。

言語化されたのちに「補い得る要素」は、「省略」されたものではなく、ことばとして生まれなかったもの、そ

もそも言語化されなかったものである

動作のあるところ、動作主体があるであろうという、言語外現実への観点が、常に言語化されるものであるとは限らない。そうした思い込みにはヨーロッパの大言語の主語‐述語幻想といったものが纏《まと》わりついている。文Sがまずあり、NPとVPに枝分かれして——といったあまりにも単純な図式は、言語外現実と言語内のシステムを混同した、こうした主語‐述語幻想の産物である。動作主体が動作を行うといった事象を描くときでさえ、言語化されるのは、常に事象の一部にすぎない。

(3) 世界が「在る」ことを問う言語

そもそも言語外現実においては、言語が名づけ得ない事態も、間違いなく生起する。こう言われるかもしれない——そんな素朴実在論は論外である、だからこそ哲学は問うたのではなかったか、事態は本当に生起しているのか？換言すれば、世界は「在る」のか？　あるいはまた、世界は「在る」と語り得るのか？

なるほど、そういったことを問うためにこそ、とりわけ二〇世紀の思考は言語を問うたかもしれない。問題を言語に照らそうとしたかもしれない。だが、言語からすれば、世界は常に言語の外にはみ出ている。世界を言語が背負いきることは、決してできない。誰かが誰かに向かってある場で語る、それが言語が実現するということだからである。場がなければ、そして場の前提たる〈世界〉がなければ、言語も、ない。世界の内《うち》に言語が生まれるのであって、言語の内に世界が生まれたわけではない。

言語場における言語主体のないところに、言語はない。言語主体は世界のうちに在る存在である。言語もまた、世界のうちに在る。人という言語主体のないところに、言語もまた、ない。〈あなたが言語を語るということ〉は、世界が在ることの証左とは言わぬまでも、世界が在ることを、少なくとも、精一杯、言語が語っている姿である。

世界が「在る」と言語が語り得るかどうかを、言語に問うのは、詮ない仕儀である。一度は問う価値はあるだろう。しかし言語のありようそれ自体には、世界が「在る」と言語が語り得るかどうかについての、責任はない。言語と言語外現実の関わり合いにおける「真偽」を、言語のシステム、言語のありように求めるのは、原理的には意味がない。言語は言語外現実から自由である。世界の、言語に対する縛りは、〈言語場が成立するかどうか〉というただ一点にあるだけである。人が在り、場が在る、そうした一点だけである。それ以外のことは、言語は言語外現実から、世界のうちに、解き放たれている。言語をもって形造られる世界は、言語外現実の単なる反映でもないし、単純な写像でもないし、もちろん常に論理的な姿をとるわけでもない。〈嘘〉も形造るし、言語的な〈矛盾〉をも造形する。言語の造形はことほど左様に、自由である。

例えば真偽。言語と言語外現実の関わりをめぐってのみ言うなら、真偽とは、倫理の問題であって、論理の問題ではない。言語にとっての真偽とは、何よりもそこに生起する意味の問題、人《ヒト》にあっての意味の問題だからである。言語が形造る奔放なる自由さに、真偽の二分法《dichotomy》を被せるわけにはゆかない。真偽の原理を言語のありように求めようとしたり、論理の根幹を言語のありように求めようとすると、文は主述文で、などといった図式的偏狭、荒唐無稽が胎動することになる。論理的なものも非論理的なものも、そして没論理的なものさえ語り得るのが、言語である。論理的なものが核にあって、そうでないものが派生していたり、寄生したりしているわけではない。言語はいつだって論理的な領野にも、非論理的な領野にも、そして論理的か非論理的かさえ不分明な領野にも、世界を形造り得る。そうした奔放さこそが、言語にとっては本質的な働きなのである。

言語と言語外現実との関わりから言うと、言語が言語外現実を名づけようが名づけまいが、言語外現実における事象は常に生起している。つまり言語にとって、言語外現実は必ず在る。言語外現実がなければ、言語場が成立し得ないからである。

そして名づけることを含めて、人が何ごとかを言語化するという営みもまた、生起する事象の中に含まれている：

事象を名づけ、事象を言語によって表象すること、それらもまた世界内の事象の一部である

(4) 言語によって形象化するということ

言語にあって明示的に現れている要素は、表現にとってそれがとりあえず必要だから現れているのであって、現れていない要素は、表現にとって必要ではないがゆえに、そもそも言語化されていないのだと、見なければならない。考えてもみよう、必要なことを必要なだけ述べる、必要なことを必要な言語的装置によって述べる。――言語とはそもそもそうしたものだという考えは、いかにも理に適っている。こうした考え方にあって、何よりも一切の余計な概念操作は必要ないからである。何かを削除する規則を作ったり、何かを加える規則を考案したり、そうした概念操作は無用である。存在論的な視座から言語を照らす。在るものを、そして在るもののみを、在るものと見る。幸いにして、意識や、心理や、意図などといったものとは違って、ことばは誰でも在ることだけはわかる、実体的な形が厳然として在る。言語にあって全てはそうした言語的現実性から出発し得る。ことばとして形に現れているものを、そしてそのように現れているもののみを、現れているものと、見る。いかに欠けているように見えても、いかに余剰的に見えても、それが言語化されている以上は、言語化された総体が表現であり、言語とはそれ以上でもそれ以下でもない。予めどこかにあった「言語」に増減を加えて、それがことばとして現れるわけではない。現れたものを我々は〈ことば〉と呼んできたのである。

4 ことばが話し手の「意図」や「目的」の結果だという目的論的言語観

心的な存在として予め同じように「在った」ものが、言語として顕在化するという考え方がある。こうした考え方についてもここで見ておこう。例えばしばしば言語学でも言挙げされるように、言語で記述できるような「意図」や「目的」といったものが予め存在して、それが脳から外部にことばとして顕れるのだ、といった考え方である。「文」の分類や「行為遂行的」（performative）といったことに目が奪われがちだが、事実上「意図」や「目的」といったものが予め前提とされることになってしまう点で、実は発話行為論などは、その典型的な言説である。Derrida（1977, 1988: 14-15, 2001: 35）、デリダ（2002: 38）は、オースティンの発話行為論を論駁しながら、そこに「〈謂わんと欲すること〉といった諸価値」を言い、「要するに、意図＝志向が依然として組織化の中心であり続けている全領野での目的論的な統括権」を見て取っている。

言語以前のものと、言語として現れたものとの区別は、ここでも重要である。もちろん言語を操る能力と、言語そのものとも別物である。言語として現れたものから、言語以前の未生の対象を恣意的に設定することは、誰にもできない。第1章第1節(3)の言語未生《みしょう》以前論で述べたことと係わって、「話し手の意図」「話し手の目的」といった問題についても、厳密な点検が要求される。話し手の様々な「意図」があるから、話し手は話すのだとか、話し手は必ず何らかの「目的」があって話すのだ、といった言説がこれである。そうした言説は、言語について語られる際には、少なからず顔を出すし、言語学の内部にもしばしば現れる。

先に、必要なことを必要なだけ、と言ったが、それは言語にとって必要なだけと言うべきであって、決して話し手にとって必要なとか、話し手の「意図」や「目的」にとって必要な、などといったものなのではない。言語の実現、ことばとして形にされたものから、話し手や書き手といった発話者の「意図」や「目的」などに遡行しようとするなら、既に研究者は形而上学的な概念操作に陥っている。言語化された形から、意味を主観的に読み取って、その意味の方から――つまりことばの方からではなく――読み取った者のことばで後付けされた「意図」や「目的」といった何ものかを、話し手の言語未生以前に、押し付ける仕儀である。ことばとして対象化されたものからではなく、その対象化されたことばが既に意味となってしまった地点から、物理的なことばとして対象化される以前を、「意図」や「目的」などと名づけ、捏造してはならない。聞き手にあって実現する意味は、話し手が形として直接的に対象化したものではない。ことばという結果に向き合った聞き手のうちにあってのみ生まれ得る、謂わば新たなる創造であり、聞き手における意味の実現なのである。まさにこうした機制に、ことばが意味となる、言語の根底的なダイナミズムが生きている。

ことばからではなく、ことばが意味となった地点から、言語未生以前の地点までを、過不足なく「話し手の意図」「話し手の目的」と「その結果としてのことば」という直線で結ぶ図式が、成り立とうはずもない。その直線には、第一に、もう既に断裂が存在しているからであり、第二に、「意図」「目的」などといったことばで、言語未生以前を括りようもないからである。

第一に挙げた「話し手の意図」「話し手の目的」と「その結果としてのことば」という直線の断裂とは、話し手と、言語として対象化されたことばとの間の断裂、そしてことばと、それを意味として享受する聞き手との間の断裂である。ことばは既に一度、話し手にあっての意味から解き放たれてしまっている。ことばは単なる記号ではなく、物理的な実現だからである。第3章第4節「ことばは、意味となったり、ならなかったりする」や第5章第2節(3)「〈対話〉の対位法的構造――〈話されたことば〉はマルチ・トラックである」における論議も併せて思い起こされたい。そして聞き手にあっての意味は、もちろん話し手にあっての意味と、この断裂のゆえに、全《まった》き同一ではあり得ない。

第二に、「意図」「目的」などといったことばで、言語未生以前を括りようもないと述べた。換言するなら、ことばを発するのに、研究者が常に言語で明示的に記述できるような「意図」や「目的」が、話し手に存在していた保証などない、ということである。よしんば何らかの「意図」らしきものが事後的に見えたとしても、話し手における言語未生以前は「意図」からはいつもはみ出ている。結果ならぬ「結果」としてのことばから、恣意的に「意図」や「目的」へ遡れるという一般化は、明らかな誤謬である。ことばが「話し手の意図」や「話し手の目的」の純然たる結果である保証など、どこにもない。意図的であろうと、意図などなかろうと、意識的であろうと、無意識のうちであろうと、ことばは発せられ得るからである。無意識のうちにも、ことばは形にされ得る、それは私たちが日常でいくらでも経験していることだ。ことばは何らかの「意図」があって発せられるものだとか、何らかの「目的」を達成するために発せられるものだといった言語観は、一部の言語学や一部の言語論に根強い、言語についての〈目的論〉(teleology)、〈目的論的言語観〉(teleological view of language)である。

とりわけ人と人との「会話」や「コミュニケーション」を論じる際の、談話研究や言語論は、その論を進めるにあたって、こうした目的論的言語観に陥らぬための、細心の心配りが必要である。もちろん「コミュニケーション」などといったものに「意図」や「目的」を持ち込んで考察する、一つの手続きとしてであれば、それ自体は、あり得るだろう。しかし「意図」や「目的」などといったものが、ことばから常に明示的に遡れるとするのは、言語場において言語が現れるダイナミズムを、研究者が事後的にひねり出した「意図」や「目的」に収斂させてしまう主観的作為である。明示的に言語化できないけれども、「何らかの意図」とか「何らかの目的」はあったはずだ、とするのも、目的論的言語観の本質において変わるところはない。

念のために付け加えるが、言語による形象化をめぐるこうした原理論をもって、「言語として形象化されるものから、話し手の倫理的な責任は問えない」などと、思考を横滑りさせてはならない。事態はむしろ逆であって、形象化されたことばが、意図的であろうが、なかろうが、意識的であろうが、無意識的であろうがに拘わらず、倫理的な平面にあっては、必要とあらば、責任は問われるのである。その責任は、ことばの領野のみならず、何よりも意味の領野から、問われる。私たちを癒しもし、また、苦しめもするのは、ことばそのものではなく、既に意味となったことばだからである。まさに、いつ、いかなる場において、当該のことばはいかなる意味となるのかが、人々に突きつけられるのである。その意味の領野は、〈倫理〉にあっては、言うまでもなく、人間的=社会的な領野である。

第7章 真偽論・時制論・命名論――言語的対象世界の実践的産出

1 言語外現実――真偽論の陥穽

言語はいかに在るかという言語存在論的な問いから言語を照らすと、言語の構造や機能の問題、そして言語によって表された世界の問題と、言語外現実（extra-linguistic facts）の問題は、異なった次元の問題であることが、鮮明に見えてきた。〈話されたことば〉や〈書かれたことば〉としての、言語としての実現体によって構成され、言語のうちに現れる、言語内的な問題と、言語が物理的に実現する言語場を取り巻くところの、言語外現実の問題とは、明らかに異なった平面の問題である。

言語内の問題と言語外現実の問題のこうした混同は、言語学のみならず言語哲学の書物を繙《ひもと》けば、あまりにも頻繁に遭遇する。これらは厳密に区別せねばならない。なお、再度確認しておくが、ここで言う言語外現実とは、言語が実現される物理的なありようや言語場を含む世界のことである。夢や想像の世界もまた、言語外現実に含まれる。

「『ウェイヴァリー』の著者はスコットランド人である。」という文が言語場において実現する意味と、言語外現実において「『ウェイヴァリー』の著者」が「スコットランド人である」かどうかという問題は、全く別の平面の問題である。換言すれば、ある命題が言語化されている、言語化された命題が存在する、そこに現象している形の問題、それらの形が実現する意味の問題と、それらの形が命題として表すところのものが「真」であるか「偽」であるかとは、全く異なった次元の問題である。

2 〈非文〉と真偽値、〈非文〉と自然さ

「地球は太陽の周りを回る」とか「一足す一は二である」といった文が、「恒久的な真理」を表すといった保証は、言語内のシステムにはない。これらとて、言語外現実にあって、ある条件の下ではいくらでも「真理」ではなくなり得る。このことは、第5章で既に述べた。ここではそうした問題と〈非文〉といった問題との関わりについて敷衍しておこう。

テクストなどの形で既に存在する「文」や、いわゆる「正しい文」だけでなく、〈非文〉という概念装置で言語を考える方法は、生成文法研究が普及せしめた重要な貢献だといえる。「こうすると、この文は非文になってしまう」といった操作は、二〇世紀以降の言語研究を格段に進めた。ところで生成文法の祖たる他ならぬノーム・チョムスキー（Noam Chomsky）が、Chomsky（1957: 1976: 13–14）やChomsky（1965: 1969: 10–11）などで、言語能力（competence）の問題である文法性（grammaticality）と、言語運用（performance）の問題である容認可能性（acceptability）、使用頻度や規範性にかかわる正しさ（correctness）を区別しようとしていたにも拘らず、それ以降の文法研究では、ややもすると〈非文〉の名のもとに、様々なレベルの「不自然さ」が混同されるきらいがあった。少なくとも、文法的な非文と、意味的な非文、つまり意味の上での不自然な文くらいは、区別しておかねばならない。「周り地球はを回る太陽

の。」のようにシンタクスの破壊された文が、典型的な文法的非文である。

ところで「周り地球はを回る太陽の。」は、文法的には非文でも、日本語の文でないとは言えない。「周り」だの「地球」だのといった単語は、語彙的なレベルでは未だ破壊されていないからである。つまり語彙的な単位では少なくとも意味の実現の可能性は失われていない。次は少なからぬ読者が納得するであろう：

周り地球はを回る太陽の。――『ダダイズム詩史』四一七頁より

文全体の意味は鮮明ではなくとも、「地球は太陽の周りを回る。」を裏に想起させるような、怪しげな意味が朧げに立ち現れるかもしれない。何と言っても、ダダイズムである。もちろん『ダダイズム詩史』は本書の創作である。ここで重要なことは、文法的な非文さえも、当該の言語の文たり得るという事実である。日本語の談話の調査では、「に。」「が。」「ね。」「かも。」など、実詞なしで助詞だけからなる文が、三五三〇例の非述語文のうちに、実際に三九例も現れている。[131] そうした文法的な非文は、〈話されたことば〉の実現体たる談話にはいくらでも現れる。それらもまた日本語の確かなる一部なのである。

3 「普通の文」と「普通でない文」は連なった広野に在る

文法的な非文であるにも拘らず、辛うじて意味が立ち現れ得る、「周り地球はを回る太陽の」のような例から、次のような詩の言語への境界はない。狼少年のようになってきたが、今度は本当のダダイスト詩人・李箱《イ・サン》（이상）（1910-1937）の日本語による作品の一部を、李箱［이상《イサン》］（1978）より引く：

人は光よりも迅く逃げると人は光を見るか、人は光を見る、年齢の直空において二度結婚する、三度結婚するか、人は光よりも迅く逃げよ。（李箱「線に関する覚書5」）

ソラは視覚のナマエについてのみ存在を明かにすの（代表のオレは代表の一例を挙げること）（李箱「線に関する覚書7」）

「明かにすの」などは誤植かどうかも判別しがたいであろう。いずれにせよ、既存の多くの言語学が、文法的な非文までとは言わぬまでも、こうした〈詩のことば〉を事実上、端《はな》から除外してかかっていたことは、否めない。理由は二つある。

一つは、視野に入っていないわけではないのだが、こうした詩的言語までをも一度に扱える力量が、言語学にはなかったこと。とりあえず、いわゆる「普通の文」あたりから始めるしか、手立てがないと、思われていた。より正確に言うと、「普通の文」から「詩の文」までを通底する、言語学の、とりわけ表現の位相における原理論が組み上げられていなかったこと。

今一つは、「非文」や「不自然な文」も等しく言語であるという、決定的な認識が欠落していたこと。いわゆる「普通の文」からはみ出る文の存在は知っていても、それは「特殊な」とか「例外的な」とか「詩においてのみ許される」などといった仕方で、排除する思想が支配的であったこと。換言すれば、「普通の文」から「普通でない文」を通底する原理論が厳しく問われないままに、「普通でない文」を暗黙の了解の形で、初めから切り捨ててかかったこと。このことは単語の意味について述べた「常識的な」とか「普通の」とか「一般の」といった概念装置の原理的な弊害も想起させるであろう。

右の二つの理由は互いに溶け合っている。いずれにせよ、言語を考えるにあたって、可能な限り、その全体像から出発しようとする姿勢に、欠けていたのである。少なくとも、全体像に通底する原理論の中に、言語研究のそれぞれの分野を位置づけようとする志向性が、決定的に欠けていた。全体像から「普通でない文」は除外され、全体像から「詩のことば」は「特殊」の名で事実上、覆い隠されてしまい、研究者の意識からはやがて霞んでしまう。かくして研究者は予め閉ざされた箱庭の言語の観察に余念がない。箱庭の言語が言語全体であるがごとくに錯覚しながら。前章ではっきりと見たように、全体像から、そもそも〈話されたことば〉は正視されてもいなかったのであった。

言語をめぐる思考が、細分化され、専門化されること自体は、決して悪いとは言えない。言語のありようを正視する視座から、危惧すべき重要なことは、細分化、専門化された思考が、知らず知らずのうちに「言語とは」とか「日本語とは」などといった、全体像へとすり替わってしまうことにある。文の考察、それも言語の中ではごく限られた文の考察が、まるで言語全体の考察であるがごとくに、振る舞われ、受け取られてゆく。箱庭の言語があたかも全ての基層であるかごとくに、いつしか言語全体へと、溶け出すのである。原理は逆である。「普通の文」——言語学であれ、言語哲学であれ、ここではとりあえず、呼び方はこうしておこう——は、言語として実現する形の、ごく限られた一部なのであって、当該の理論にとって困らない程度に予め刈り込まれ、囲い込まれた、行儀の良い標本の一群である。

実際は、「普通の文」も「普通でない文」も、いつもどこかで連なっている。多くの人にいかにも納得できるような仕方で、意味となる文もあれば、ごく限られた人にはごく自然に意味として立ち現れても、他の人々には意味となりにくかったり、摑みどころのない、茫漠たる意味としてしか実現しなかったりする文もあり、文のごく一部だけが途切れ途切れに意味として実現するような文があったり、ほとんど意味として実現しない文もある。文がいかに意味となるかを見据えるならば、およそ世界に産出されるありとあらゆる文は、こうしたなだらかな連なりの広野に在る。

言語にとっては、そうした連なりの全体としてあり得ることこそが、本質的な機制である。ことばは「エンコードされた」意味を保持しているのではない。ことばは意味を持たない。ことばは意味となる。あるときは鮮明に、あるときは模糊として、あるときは意味として立ち現れもしない。これが本質的なありようであり、原理的な姿である。こうした連なりの広野から、都合の良い一部を切り出してきて、それが全体の根本だとか、本質だとか、典型であるかのごとく、拡散してはならない。

4 〈不自然〉を胚胎する言語——意味の二項対立が融解する

ここではとりあえず「普通の文」と言ったが、それを「私たちが日々生活の中で普通に使う文」とか「日常的な文」だとか「日常の言語」などと言ってはならない。例えば「日常の」会話は、前述のように、「に。」「が。」「ね。」「かも。」など、実詞なしで助詞だけからなる文などを始め、文法家からは相手にしてももらえないような文が、頻出するのであった。文にとっては、自然であることから、不自然であることに至る全てが、日常である。皮肉なことに、この意味では、「日常言語学派」などと呼ばれる学派が好んで扱う「文」などは、はなはだ「非日常」的な言語なのである。

文法的な「非文」、意味的な「非文」もまた〈文〉として立ち現れ得ることを見た。さらに「普通の文」と「普通でない文」も連なった広野にあることを見た。そのことを、言語にとって〈不自然〉なるものという観点から、ここで今一度、確認しておこう：

言語はそれ自体が不自然な姿でも現れ得る

この命題は、互いに断裂しつつも係わり合っている、二つの平面を内に含む。一つは、〈ことばそれ自体が不自然な姿である〉という、ことばの平面。今一つは、〈意味が不自然な姿である〉という、意味の平面である。例えば、「周り地球はを回る太陽の。」「は私食べるをごはん。」のようにシンタクスの破壊された文など、文法的な非文と呼び得る文に現れる〈不自然さ〉は、ことばそのものの平面における〈不自然さ〉がまず際立っている。〈話されたことば〉においては音声における〈不自然さ〉も現れる。

一方、「太陽は地球の周りを回る。」とか「一足す一は一である。」とか「人は死ぬとは限らない。」といった、意味における〈不自然さ〉がある。文法論で好んで取り沙汰される「(永遠の)真理」などといったものに、抵触する文などは、その典型である。

右の一つ目と二つ目は別々に駆動するのではなく、互いに支え合っている。言語場に実現した物理的な実現それ自体のみに、ことばの平面の不自然さを求めることはできない。ことばの平面の不自然さはどこまでも、意味の平面の不自然さに照らして、もたらされるものである。聞き手にあって——もちろん話し手自身でもよい——意味として立ち現れない、つまり意味が実現しないという事態が、ことばの不自然さを発見するのである。「シンタクスの破壊された文」は、意味を手がかりにして初めて、「破壊されたシンタクス」と認定される。ゆえに言った。ことばは意味となる。意味が実現している間は、人は意味を見る。意味が実現しなくなると、人はことばそのものを見る、〈話されたことば〉〈書かれたことば〉そのものを見るのである。第3章第3節(2)「意味が実現しなくなると、ことばが前面に立ち現れる」、また第3章第2節(3)「意味が実現しなくなると、文字が前面に立ち現れる」を想起されたい。ここでも〈話されたことば〉〈書かれたことば〉それ自体と、それらから立ち現れる〈意味〉との間に断裂が存在することが、見える。「ことばが意味を持っている」のでは、決してない。

そして言語にあっては、自然な表現と、不自然な表現との境界は、継ぎ目なしに連なっている。自然不自然の間は、原理的に連なっているのである。自然と不自然を二項対立のごとく扱い、「非文」を語る言語学や言語論は、この点で意味の原理に抵触する。

私たちは、ただただ当該のことばに、多くの人々が慣れ親しんでいるのかどうか、そうした親和性の強弱を、自然不自然の名で呼ぶに過ぎない。大体、幼いこどものことばは、自然なのか？　不自然なのか？　あるいは、誰も知らない「不自然な」ことばが、すぐに流行語となる。人文学の言語場では不自然でも、自然科学の言語場で自然なことばなどいくらでもある。ソーカルではないが、逆もあるかもしれない。ことばの自然／不自然とは、原理的にはそうした親和性の違いに過ぎない。「ら抜きことば」などと言われることばの形も、既に不自然とは「見れない」。ただ論文の記述の言語場なら「見られない」を選ぶなどといった、言語場ごとの選択が要請されるだけだ。非文法的な形も、不自然な形も、それが繰り返されれば、語彙の一アイテムのみならず、文法というシステムまでをも造形するに至るのである。

意味における〈不自然さ〉の例に挙げた、「地球」と「太陽」を取り替えた文を見てみよう。「太陽は地球の周りを回る。」はもちろん文法的な〈非文〉ではない。では意味的な非文なのか？　もちろん意味的な非文などではない。では何が「不自然」なのか？　それは本当に不自然なのか？

私たちが通常、意味の上で不自然だとか、意味の上でおかしいと言っているのは、同時代の認識に根拠を置いた言語外現実に照らして、当該の文の表す内容が、言語外現実にそぐわない、それだけに過ぎない。ガリレオ以前の古きヨーロッパであれば、あるいはもちろん現代でも構わない、大地に立つ人の視覚からだって、いくらでも「太陽は地球の周りを回る」のである。地球儀の周りを、太陽に見立てた発光体を巡らせながら、太陽系を、地球系と言うべきか、想起してみればよい――太陽は地球の周りを回る。言語にとっては、いささかも不自然はない。

「一足す一は二である。」の〈不自然さ〉については、第5章第4節(2)「9が7より大きいことは必然的である。」という文をめぐる「逆整数代数論」の寓話を思い起こしていただければ、これ以上述べる必要はあるまい。〈不自然さ〉が見えるのは、ことばが意味となったものと、言語外現実でのありようとの、違いからに過ぎない。言語をめぐる言説にあっては、言語場から切り離された単位として文を論じることが、原理的な錯誤をもたらすのであった。

言語で表現される内容が、言語外現実に照らして、多くの話し手にとってはいかにもその通りであると思われることがらが、たくさんあるからといって、言語内のシステムの問題と、言語外現実の問題を混同してはならない。言語内の問題と、言語外現実の親和性の問題を混同してはならない。〈言語が事象をいかに表すか〉は、〈言語が表すところのものが、言語外現実に照らして妥当かどうか〉とは別の平面のことがらである。

言語で表されたことがらに真偽値（truth-value）といった価値（value）を付与するのは、どこまでも言語外現実に立つ人間の業《わざ》である。言語学や言語哲学は、こうした自然―不自然の確かなる間《あわい》を、忘れてはなるまい。

ことばが意味になる、その機制を見据える限り、意味に係わる最も深い原理として、真偽の二項対立を置こうとする思考は、原理的に成り立ち得ない。二項対立という思考は、確かに言語学に多くのものをもたらしてくれた。私たちが得たものも、大きい。しかしながら、〈意味〉というものが大きく係わる場であればあるほど、二項対立の思考には、身構えねばならない。言語から立ち現れる意味というものについて、二項対立の思考の有効さが認め得るとするなら、それは厳しく限定された言語場においてでしかあるまい。それとて、最も深いところでは、その二項はきっと融解していることであろう。

5　空想も嘘も矛盾も語る言語——言語が描き出すもの

言語と言語外現実との関わりを見るにあたって、次のことも強調されねばならない：

言語は、言語外現実に存在する事象も、存在しない事象も、描き出すことができる

言語外現実に存在する事象のみならず、存在しない事象も描き得るという働きは、言語にとって本質的な属性であり、働きである。言語の原初的なありかたが、例えば比喩などによって拡大し、今ある言語の属性を獲得したのだなどと、するわけにはゆかない。言語は我々にとって、我々の知が現在知り得る限りでは、言語外現実に存在する事象も、存在しない事象も、共に描き出すことができるという性質を、最初から有している。そして言語によって描き出された事象が、言語外現実に実際に存在するかどうかの基準も根拠も、言語内には、ない。

言語は何よりも想像の事象を描くことができる。「パン。」「神。」「恋。」といった単一の名詞からなる表現もそうだし、「吾輩は猫である。」などといった、文による表現もそうであるし、テクストとして編まれた『吾輩は猫である』といった一巻の小説もそうであるように、言語はいま・ここにない事象を、描くことができる。我々がそれを用いているまさに最初から、言語はそういう性質を本質的に蔵していたのだと、言わねばならない。

こうした本質的な働きに照らしても、ある命題を素材に、「太陽系の惑星の数が云々」とか、「現在のフランス国王の頭は云々」などの「真偽」を語ることをもって、あたかも言語そのものや言語のシステム、言語の働きを論じていると考えるなら、それは大いなる錯覚である：

言語はいわゆる真実も語るし、嘘も語る。言語外現実に存在する事象も語るし、想像の中で作られた事象も語る。

言語は矛盾さえ語り得る

こうして見てきたように、何が「真」で何が「偽」か、何が「真実」かといった問いは、言語学の埒外《らちがい》である。それこそ哲学のなすべきことかもしれないし、それぞれの分野ごとに、また課せられる仕事かもしれない。そしてそうした記述し得る言語を問うのも、哲学の仕事かもしれない。しかし、いかなる学問がそうした問いを扱うにせよ、問いを解く際に、言語内のことがらと、言語外現実のことがらを混同してはならない。厳密を志向する哲学にあってさえ、真偽の二項対立の罠が、深い口を開けて待っている。

6 自らに背理する言語――言語は自らのうちに異質なものを蔵す＝言語の自己背理性

言語は様々な対象的世界を産出するし、言語的な矛盾さえも形造り得るのであった。第2節で触れた、「に。」「が。」「ね。」「かも。」など、実詞なしで助詞だけからなる日本語の文は、出現の頻度はそう多くないことに照らせば、文法的な観点からは、一種の破格に近いものである。言語として実現される形には、自分自身のシステムに入り得ない形さえ現れ得る。誤用、言い間違い、言い間違いの自己訂正、非文法的な文などといったものさえ、言語は自らのうちに実現し得る。

そうした自家撞着《じかどうちゃく》（self-contradiction）、自己背理性《じこはいりせい》といったこともまた、言語にとっては重要な、そして同時に本質的な働きである。場合によってはそうした自己背理性によって言語のシステムが作りかえられてゆく。幾度となく用いられることによって、謂わば形態と機能の自己再配置（self-relocation）が遂げられるのである。

形の〈揺れ〉（fluctuation）として知られる現象は、自己再配置の過程をよく示してくれる。「見られる」「見れる」といった「ら抜きことば」の揺れは、「慣用」と「誤用」の間を文字通り揺れ動き、繰り返されることによって、言語内に新たなパラダイムを造り上げてゆく。チョムスキー（2004: 65）も言うように、そもそも「誤り」とか「誤用」の概念自体が「決して明らかではない」のである。「しだらない」から「だらしない」へと考えられている現象に見える、音の転位は、一種の自己再配置である。中期英語の a napron が an apron（エプロン）と誤解され、新たな単語の形が現れるといった現象は、異分析（metanalysis）と呼ばれている。語彙の変遷のみならず、文法の変遷にも、種々の自己再配置が現れる。再解釈（reinterpretation）や再分析（reanalysis）といった概念で、とりわけシンタクスの変遷の研究で注目されてきた。

いわゆる文法的に適格な文を挙げて、それをア・プリオリに典型的な文であると思い込むのも、やはり危うい。〈話されたことば〉には文法的な〈破格〉（anacoluthon）の文がとりわけ多い。しかし〈破格〉の文とは、言語にとって例外なのでもなければ、特殊なのでもない。言語の本質にとっては、〈破格〉もまた、自己自身の内部に堂々たる位置を占める存在である。〈揺れ〉も〈破格〉も言語の常態なのである。

7　言語存在論が問う時制論

(1)　言語外の時と言語内の時

言語内のシステム、働きと、言語外現実の混同の弊害は、言語に関わる論のみならず、実は言語学の内部のありとあらゆるところにまで及んでいる。先に、第4章第3節では〈話されたことば〉と〈書かれたことば〉を言語存在論的な視座から区別しつつ、それぞれの〈時間〉を論じ、第4章第3節(6)では、言語の存在様式と発話の時の関わりを次のように述べた：

〈話されたことば〉の発話時は、基本的には〈いま・ここ〉のものである。他方、〈書かれたことば〉の発話時は、読み手にとって基本的には常に過去のものである

「基本的には」と付したのは、第4章第8節で述べたごとく、今日の言語場の変容の中で、〈話されたことば〉と〈書かれたことば〉をめぐる時間のありかたも、大きな変容を被っているからである。ここでは言語学内部の、文法論がしばしば陥っている〈時間〉(time)の陥穽についても、触れておくことにする。

「現在」だの「過去」だのと名づけて論じられる時制(tense)論は、当該の言語にあって、「現在」だの「過去」だのを、動詞類の形態論的な形造りとして表し分ける体系が、存在するかどうかが、出発点となる。換言すると、例えばある言語において、「現在を表す形」と「過去を表す形」がシステマティックな範疇をなすようなときに、〈時制が存在する〉と言う。love(愛する)、loved(愛した)。一つの動詞にだけ「過去形」があるなどといったものではなく、こうした形態論的な表し分けのシステムがほとんどの動詞を覆っていなければならない。古典中国語である漢文のように、現在であれ過去であれ、時は表し得ても、動詞類の形が特に変化しないのであれば、その言語には文法範疇としての時制が存在しないということになる：

回也聞一以知十。

回や一を聞いて十を知る＝(顔)回は一を聞いて、十を知ります。(論語・公冶長)

道之不行也、已知之矣。

道の行われざるは、已に之を知れり＝道が行われていないことは、とうに知っています。（論語・微子）

五十而知天命。

五十にして天命を知る＝五十にして天命を知った。（論語・為政）

過去のことを表しているから、「過去形」なのでもなく、過去のことを表す文があるからといって、その言語に必ずしも時制としての過去時制があるというわけでもない。これは時制論の基本である。

ここで形態論的にと言ったが、もちろんこれは言語音の平面でのことであって、文字の平面は原初的にはその反映である。ただし〈書かれたことば〉にあっては、言語音に現れない〈書かれたことば〉においてのみ可能な書き分けも、実現し得る。いずれにせよ、動詞類が形態論的な範疇（category）をなしているかどうかが、最も根幹をなす。

(2) 言語的対象世界に形造られる時間

まず問題はここにある。伝統的には謂わば文法論の中核をなしてきた時制論は、文法的な範疇論、つまり言語内のシステムに関する論であることを、いつしか忘れ、言語外現実の「時」を論じることに、しばしば陥ってしまう。例えば、言語によって「今」と表現された時は、言語内の時間における「今」である。換言すれば、意味によって構成された、言語内の時間である。言語内における「今」という時間は、言語場において話し手が言語を発している言語外現実の時間における「いま」――ここでは仮名で書いておく――とは、異なった平面に位置づけられている時間である。

もちろん、言語内の「今」と言語外の「いま」という二つが、とりわけ〈話されたことば〉においては、微細な原理的時間差は別にして、聞き手の体感的な時間としては、重なることがある。しかしながらこの二つは、原理的に全く異なるものである。言語内の「今」は、言語外現実の「いま」からは解き放たれて、浮いている。言語内における「今」は言語によって対象化された世界の「今」であり、言語外における「いま」は話し手や書き手がまさに発話を行っている物理的な世界の「いま」である。前者は言語によって意味の中に産出された対象世界、後者は言語が実際に実現する現実の世界にある。つまり言語は、言語的な対象世界としての時間も産出するのである。もちろん発話者や受話者のうちにあって：

言語内の時間の「今」　——言語的な意味の対象世界に作られた時間
言語外の時間の「いま」——言語場が存在する物理的な時間

言語外現実で過去かどうかといったようなことは、言語内のシステムである時制にとっては本質的なことではない。例えば、言語外現実における過去のことを表すために、言語内のシステムにおいて過去時制を用いるわけではない。言うならば、過去形は、過去のことを表すのではなく、ことを過去のものとして表すのである。

日本語圏で書かれた出色の英語文法論、安藤貞雄（2005: 97-98）が言うところの、英語における過去時制の、「未来から見た過去」（past in the future）の用法などは、典型的な言語的対象世界における「過去」である。「ＳＦなどで、未来に起こると想定される出来事を過去形で表現する」とされている。同書ではLeechの書から次の用例を挙げている：

In the year A.D. 2201, the interplanetary transit vehicle Zeno VII made a routine journey to the moon with thirty people on board. ——Leech（1987）

西暦二二〇一年、惑星間輸送船ジーノ七号は、乗客三〇人を乗せて月への定期飛行を行った——日本語訳も安藤貞雄（2005: 97–98）

「未来から見た過去」いう面白い名づけが与えられた、こうした例は世界のテクストに枚挙に暇がない。ところで、こうした議論をする際に、押さえるべき重要なことは、この「未来」は言語的対象世界における「未来」なのであって、言語外現実の「未来」とは、原理的に何の関係もない、という点である。それが証拠に、言語外現実が「西暦二二〇一年」を超えた年に、この同じテクストが読まれるなら、それは「未来から見た過去」ではなく、実際の「過去」となってしまう。

つまり言語的対象世界における時間は、言語外現実の時間からは、どこまでも自由なのである。「惑星間輸送船ジーノ七号」の西暦二二〇一年といった「未来」では体験のしようもないだろうが、かのジョージ・オーウェル（George Orwell, 1903-1950）の小説*1984*（1949）の年号や、フィリップ・K・ディック（Philip K. Dick, 1928-1982）の小説*Do Androids Dream of Electric Sheep?*（アンドロイドは電気羊の夢を見るか？）（1968）に現れる日付 "January 3, 1992" などに触れた読者にあっては、言語的対象世界における「未来」が言語外現実において「過去」となってしまっている言語場を、身をもって体験したであろう。(132)

こうしたことだけでも鮮明に解るだろう。言語によって対象化された世界は、言語外現実の時間とは全く別の、それ自体の時間を有していること。なおかつ、その時間の確かさはいかにも柔軟で、言語外現実の時間とは比べようもなく、自在なる可塑性を有していること。そして今一つ——テクストの過去は、「未来から見た過去」などではなかったこと。

誤解のないように付け加えるが、安藤貞雄（2005）は極めて良質な文法論の成果であって、英語圏の文法論にも引けはとらない。それどころか、むしろ英語でない言語によって、非英語圏の読者に語っているという点で、現在望み得る、ほとんど最高の水準にある文法論の一冊だと言ってよい。時制論においても様々な言語事実の指摘は緻密である。それでも言語内と言語外の時間は混同されてしまう。言語哲学の最前線の議論で、言語内の問題と言語外の問題が混同されてしまっていたように。

(3)〈発話時〉とは何か――〈発話時〉論の陥穽

いわゆる「発話時」（point of speech）を基準にする時制論の危うさは、言語的対象世界と言語外現実を混同し、いつしか言語外現実たる発話の時に基準点を設定してしまうことにより、もたらされる。言語場の時空を基準にする、ダイクシス（deixis）＝直示といった思考の延長に、言語内の時制を考えてしまうのである。そこでは、言語によって造られたはずの時間が、言語外現実を起点にして論じられてしまう。多くの言語学で言われるような「発話時」は、実際に発話した時であるはずがない。もちろん〈話されたことば〉にあっては、言語内で語られる「今《いま》・此処《ここ》」は、言語外の〈いま・ここ〉と体感的には概ね一致する言語場も少なくない。つまり〈話されたことば〉にあっては〈いま・ここ〉性が強く作用していて、ダイクシス的な働きがある程度までは有効ではある。しかしながら、〈書かれたことば〉にあっては、「発話時」という概念そのものが効力を失うのである。書かれた時がまさにテクストの生産時、つまり〈発話時〉に他ならないからである。

そしてテクストの中では自由に時が与えられ、会話文も現れ、テクストの中にも擬似的な〈今《いま》・此処《ここ》〉が造られて、二重にも三重にも発話時が多層に組み上げられ得る。そうしたありようも「発話時」論からは見えない。こうして〈話されたことば〉と〈書かれたことば〉は区別されることもなく、「発話時」の幻想がア・プリオリに位置を占めることになる。

例えば、サッカーを見ていて、「ああ、これで勝った。」という発話を発することと、実際に勝ったかどうかという、言語外現実のありようとは、原理的には関係がない。「ああ、これで勝った。」という発話を形造る文の述語形式が、当該の言語の時制システムの中で、「過去」時制というカテゴリーに属するものであるかどうかが、問題になるだけである。話し手は事象を、言語表現のうちに「過去」のものとして、あるいは既に終わったこととして、描き出す。そのことは言語外現実の「時」とはいささかの関わりもない。

言語外現実において「勝った」かどうかと、「勝った」という言語的な実現体をなす言語内のシステムとを、結び付ける交点は、言語外現実において当該の発話を発する〈時〉、即ち「発話時」という言語外現実上の時間にあるのではない。およそ発話が実現する際には、〈発話する時〉としての〈発話時〉は物理的に常に存在する。〈発話時〉は言語外の物理的な時間の中に定位するのである。言語を現実のうちに言語としてあらしめる時だからである。

これに対して、「勝った」といった形で表すか否かを定める基準時は、いかに〈いま・ここ〉に近づこうとも、言語内に位置づけられている。話し手が基準として想定する、例えば「今」といった〈時〉は、どこまでも表現された世界のうちの中に定位する〈時〉である。最初から最後まで言語的対象世界のうちに構成される時である。

このように異なった次元の〈時〉が、〈話されたことば〉の実現にあっては、たまたま〈発話時〉と一致していたり、重なっていることが多いだけなのである：

　〈発話時〉は話し手が言語を発する物理的な時間として定位する

　言語内のシステムの時制を定める〈基準時〉は、言語的対象世界のうちに定位する

〈話されたことば〉にあって、言語場における物理的な〈発話時〉と重なっていたはずの〈いま〉は、〈書かれたことば〉に現れるやいなや、テクストが生産された物理的な〈発話時〉から引き離される。「今、私はあなたにこの手紙を書いています。」と書かれた「今」は、この発話が〈書かれたことば〉として形造られた発話時とは、常に異なった時間である。〈書かれたことば〉にあって、人は容易にこのことを理解するであろう。書かれた「今」、「今」と表現された〈今〉とは、読み手が読んでいる〈時〉に照らすと、常に過去だからである。

〈話されたことば〉と〈書かれたことば〉の時の違いについて、言語学はただぼおっと過ごしていただけではない。鋭い思考も少なくなかった。例えばÉmile Benveniste（1966: 237-250）、エミール・バンヴェニスト（1983: 217-233）は、フランス語の動詞の時制の体系を「歴史の言表行為」（仏 l'énonciation historique）と「話《わ》の言表行為」（仏 l'énonciation de discours）という二つの平面（仏 plan）から、とりわけ無限定過去《アオリスト》（仏 aorist / 英 aorist）と呼ばれる形式の使用に注目しながら、面白い議論を展開している。そうした着目が、もし言語の存在様式と、言語の表現様式を厳密に区別し、言語外現実の時間と、言語的に造られる対象世界の時間とを鮮明に位置づけながら展開されれば、さらに立体的で明晰な像が結ばれ、そこから私たちの学び得るものは、いよいよ豊かになるであろう。

(4) 言語場における〈いま・ここ〉の入れ子構造

さて右の議論で重要なのは、〈書かれたことば〉だけでなく、〈話されたことば〉にあっても、原理的には話された〈いま〉は〈今〉と表現されているだけであって、それがたまたま言語場における物理的な〈発話時〉と重なっているに過ぎないのだという点にある。このことは時間的、空間的な同定のいずれにも通底する：

〈話されたことば〉が言語場において実現する〈いま・ここ〉と、〈話されたことば〉のうちに言語的対象世界と

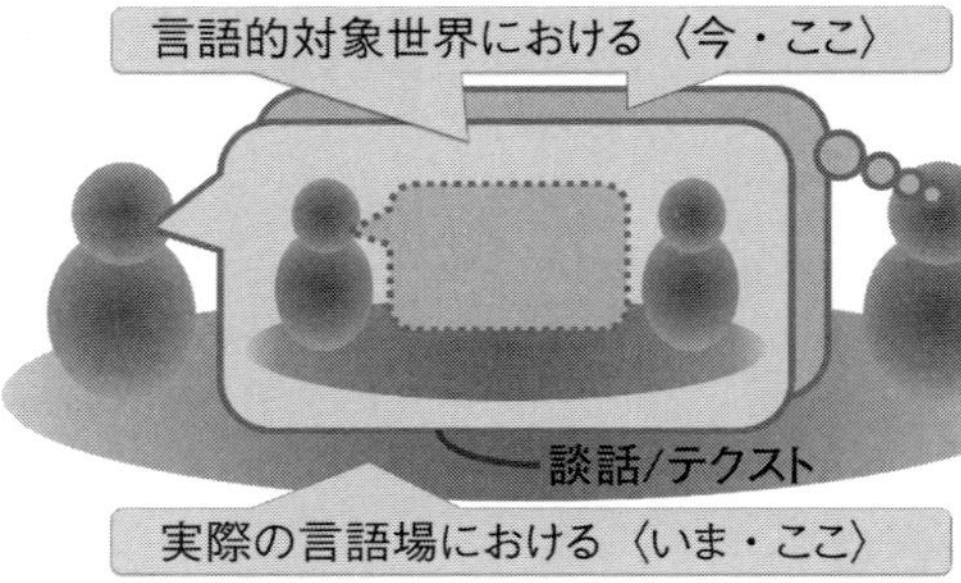

図35　言語場における〈いま・ここ〉の入れ子構造

して表わされる〈今《いま》・此処《ここ》〉とは、原理的には異なったものである

こうして見ると、〈いま・ここ〉といったことばが示すものは、〈話されたことば〉、〈書かれたことば〉を問わず、実際の言語場と、言語内において談話やテクストの形でことばによって造形される言語的対象世界が示すものとが、事実上、入れ子構造（nest structure）をなしていることになる（図35）。

もちろん、言語的に対象化された世界のうちで、劇中劇を取り入れたり、あるいは引用の構造を用いるなどによって、入れ子構造は三重、四重にも造形することができる。今日のTAVnet空間におけるSNSなどに見られる、引用のありようは、〈書かれたことば〉における、まるでアナーキーとも言うべき、増殖する入れ子構造の世界である。引用されたテクストがさらに引用され、それがまた引用される。a citation-within-a-citation-within-a-citation…。それは〈引用のマトリョーシカ構造〉（Matryoshka doll citation structure）とでも呼び得るほどである。ことばがそうした入れ子の内に組み込まれるとき、発信者と受信者それぞれのうちに形成される言語的対象世界が異なっており、それゆえ、それぞれの〈イマ・ココ〉が異なってくることも、これまで述べた通りである。〈イマ・ココ〉が異なっているということは、言説内部の時空間を支配する、重要な根拠が異なっているということでもあって、それぞれの談話やテクストにおいて形成されるあらゆる意味という意味に、そうした時空間の違いが係わりを持ち得るということでもある。とりわけ時空間を直接表す表現や、それに準ずる例えば人称代名詞、指示代名詞などの使用には、緊張感をもって身構えねばなるまい。「こんなやつは」などと罵倒しても、気がついたら、人は全く別の誰かを想起しているかもしれない。

言語のこうした入れ子構造は、コンピュータ・プログラムにおける入れ子構造などとは本質的に異なっている。コンピュータ・プログラムにあっては、結果における問題は、基本的には入れ子構造の入れ子づけ（nesting）を誤ったときにしか現れないのに対し、言語のこうした入れ子構造は、どの入れ子、どの階層の談話やテクストにあっても、それぞれの発信者と、複数でもあり得る受信者ごとに、意味の上で造形される言語的対象世界が、常に異なっており、入れ子間の闇は深く、問題はいつでも深刻な形で噴出し得るのである。

(5) 言語外の時と言語内の時の〈形〉

先の、サッカーを見ながらの、「ああ、これで勝った。」という発話が、文法家の心を引く真の秘密は、言語外現実ではまだ「勝った」とは言えない事象を、話し手が「ああ、これで勝った。」と言う、つまり「過去」でないのに「過去」時制で言うということのみにあるのではない。言語は、極端な言い方をすれば、入れ子の内部では、もともと何と言ってもよいのである。文法家にとって面白いのは、その言語内のシステムの中で「ああ、これで勝った。」という形を多くの話し手が選択するということにある。表現のそうした習慣、言語内のシステムにおけるそうしたありようが面白いのである。

朝鮮語＝韓国語でも同様である。バスで目的地に近づいた。案内している人物が言う。「자《チャ》、다《タ》 왔《ワッ》어《ソ》요《ヨ》.」（さあ、全部来ました＝さあ、着きましたよ）——まだバスは着いていない。過去のことだから、過去形を用いるわけではない。それを過去のこととして語る形として、過去形を用いるのである。この言語では、多くの話し手が、こうした言語場ではこう言う、そのことが面白いわけである。ちなみに、同じ「오《オ》다《ダ》」（来る）という動詞の非過去形で「자《チャ》、다《タ》 와《ワ》요《ヨ》.」（さあ、全部来ます）などとは言わない。「도《ト》착《チャッ》 하《カ》다《ダ》」（到着する）という動詞であれば、日本語と同じように、「이《イ》제《ジェ》 도《ト》

착《チャッ》 해《ケ》요《ヨ》.」（非過去形：もう到着します＝もう着きますよ）と言える。言語外現実と時制とが、同一言語内の語彙の違いによってさえ、既に並行的でないことが、見て取れよう。

言語外現実で「勝った」＝「이겼다《イギョッタ》」のかどうかとは、言語にとっては何のかかわりもない。言語外現実では、そもそもゲームは雷雨で中止になって「勝った」「負けた」さえ存在しないかもしれないではないか。そんなことは言語の分析には何の関わりもない：

　　言語で表現される内容それ自体と、表現された内容が、言語外現実に照らして真かどうかという問題とは、全く別のことがらであり、並行的な連関はない

言語で表される意味と、言語外現実とが並行的でないだけでなく、〈時〉に係わって、言語として実現する形それ自体の体系と、言語外現実とも並行的とは限らない。日本語の「勝った」「食べた」と、「た」で表していることがらも、歴史的な変遷を辿れば、「き」と「けり」などといった二種のいわゆる「助動詞」が見えて来て、「過去」も言語内のシステムでは一筋縄ではゆかない。

英語のいわゆる規則動詞では、「現在形」が形の上では基礎的な形であり、「過去形」はそれに -ed などといった接辞を加えて、作られる。play > played。「現在形」が無標の形、「過去形」が二次的、派生的な有標の形となっている。こうしたことをもって、言語外現実における「現在」が基礎的なもの、基本的なもので、「過去」が二次的なもの、派生的なものであることの、言語的な反映なのだ、といったような並行性へと短絡させるのは、危険である。

朝鮮語であれば、「現在形」に相当する「非過去形」と呼ばれる形が、接辞の加えられた有標の形となっている。가다《カダ》 ka-ta（行く：不定形）> 간다《カンダ》 ka-n-ta（行く：非過去）。現代朝鮮語の非過去形 간다《カンダ》 ka-nta は、一五世紀には가ᄂᆞ다《カナダ》

ka-ne-taという有標の形に遡る。形造りの元になっているka-taという無標の形の方は、前節のバンヴェニストの仕事でも触れた、アオリスト（aorist）的な一種の不定過去形用法に多く用いられる。例えば新聞の見出しの「시인《シイン》, 겨울《キョウル》 홋카이도를《ホッカイドルル》 가다《カダ》.」「詩人、冬の北海道を行く。」や、記録で「나《ナ》 7월《チルォル》 7일《チリル》 이곳에《イゴセ》 오다《オダ》.」「我、七月七日、ここに来る。」のごとく。そこでは日本語の「行く」「来る」という形と同様、実際には過去の意味を実現している。形態論的に「現在」を表す形が基礎的な形なのではなく、有標の形、つまり派生的、二次的な形なのである(133)。

形そのものと、言語外現実とも、言語によってはこうして捻れていて、決して並行的なものとは言えない。言語から言語外現実や、さらには文化などといったものまで短絡的に結びつけようとしたり、ましてや言語から出発して、言語だけを根拠に、言語外現実や文化などを論ずるのは、やはり危険なのである。

こうした存在論的な視野に立って、日本語や朝鮮語＝韓国語の時制論は一体いかに組み上げるべきかという、文法論における時制論の実践については、野間秀樹（2012a）に譲り、ここでは以上のような「発話時」論の陥穽を指摘するに留めよう。

8 命名論――名づけから言語的対象世界の実践的産出へ

言語をめぐってこのように見てくると、言語存在論の観点から、どうしても〈命名〉（naming/명명《ミョンミョン》）といった働きについて一度は押さえておかねばならない。ここで述べるのは、特定の科学分野などにおけるnomenclature、即ち「用語体系」「命名法」「命名規則」といったものではない。「固有名詞学」などと訳されるonomasticsも係わりがあるが、ここで問題にするのは、さらに広く、ある対象に対してことばを与えるという、言語一般における働きである。

(1) 言語による〈名づけ〉

これまでもしばしば命名について言及してきたように、言語は、言語外現実のある対象について名づけを与える。ある対象と言ったが、これは何かしら鮮明な輪郭を有した対象である必要はない。ある対象にNという名を与える、そのNは誰が見てもはっきりとここからここまでがN、といったものである必要はない。常にそうであるなら、そもそも nomenclature の半分は不必要になるだろう。言語内による言語外への名づけが、原理的に数学で言う「写像」的な関係にある必要もない。もちろん、名づけられた対象が、言語外現実に、「実際に」存在するものでなくとも、一向に構わない。「幽霊」であろうが、「クラインの壺」であろうが、「逆整数代数論」であろうが。

こうした名づけをめぐる問題には、観念的な形而上学が忍び入り易い。名づけとは言語外と言語内のまさに狭間に立ち現れる架橋的問題だからである。例えばハイデッガー（1996: 16）のように、「名指すということは、名や題を与えることでも、語彙をいくつか使いこなすことでもなく、語というものの中へと呼び入れる（ins Wort rufen）ことなのである。名指すとは呼ぶことである。」などと言ってしまったのでは、既に言語外現実の平面と言語内の単語というデバイスの平面、さらには言語によって形造られるところの平面とが、混濁してしまっていることに、気づかねばならない。「語というものの中へと呼び入れる」と語られる言語的な対象世界を、あたかも詩を読むときのように、想起することはできても、現実のことばそのもののうちには、何ものも「呼び入れる」ことなどできない。たとえ比喩的にでさえ、である。名づけをめぐって、Heidegger（1959: 205-225）、ハイデッガー（1996: 265-294）が[134]ドイツ象徴主義を代表する詩人、シュテファン・ゲオルゲ（Stefan George, 1868-1933）の詩「語《ことば》」（Das Wort）の一節「語《ことば》の欠けるところ、ものあるべくもなし」（Kein ding sei wo das wort gebricht.）（名詞の頭の小文字表記も原文のママ）を情熱を持って引き、あるいはまた「死」といったモチーフを敷き詰めながら、Heidegger（1976: 26-27）、ハイデッガー（1996: 20-21）が次のように語るとき、そこで語られるのは、詩のごとき美しさに彩られてはいても、言語にとっては、もはや観念の伽藍に造られた、空洞の形而上学でしかない：

> 事物を名指して呼ぶという活動が、事物を呼び寄せたり去るように呼びかけたりするように、世界を名指す言《こと》の活動（das Sagen）も、世界を言《こと》へと呼び込んだり、言《こと》から立ち去るように呼びかけたりするものである。この言《こと》の活動は世界を事物に委ね、同時に、事物を世界の輝きの中に移し入れて守るのである。世界は事物に有るという性質を与え、事物の方ではその現前して有るという委ねられた性質を発揮することによって世界を実現してゆく。世界は事物が有ることを許すのである。

これが文学論であれば、私たちはロマン主義的なあるいは象徴主義的な時代の残り香を胸一杯に享受すればいい。しかしながら言語を正視し、問おうとする厳密な階梯を望むなら、理路を象徴で溶かしながら形而上学が流れ込む、こうしたことばの群れで綴られる言説には、厳しく身構えねばならない。ことばによって言語外現実を名づけ、分節する営みを、人間の世界認識そのものや、さらには世界や事物の存在そのものとただちに接合させようとするこうした仕儀が、言語論には後を絶たないのである。そうした志向性は常に冷静に見つめ直さねばならない。

さて言語外現実への名づけの例は、日本語であれば、「頭」「石」のような具体名詞、「雨」「風」のような現象名詞、「恋」「革命」のような抽象名詞、「二」「〇」のような数詞、「行く」「読む」のような動詞、「美しい」「哀しい」など形容詞を、すぐに挙げることができよう。

名づけの現実的な最小単位は、概ね、〈単語〉である。いわゆる一語文の形をとって、それ自体で談話やテクストとして現れ得る、通常の最も小さな単位が単語だからである。つまり単語がそれ自体で談話やテクストとして出現し得るがゆえに、最小単位は〈単語〉だと言うことができるわけである。語彙論的、文法論的な単位論からは単語と見ることができても、一語文として現れたその〈単語〉は、文法的な平面ではもちろん既に〈文〉の資格を有しているものである。

現実的な単位であることを超えて、理論的に分け入る分析的な単位としては、〈形態素〉を挙げることができる。形態素は、前述のように、意味を実現し得る、最小の言語音の単位である。名づけの単位を議論するのに、言語によっては、単語より形態素がより適切なこともある[135]。形態素より小さな単位、例えば〈音素〉は、単語の意味を区別はしても、それ自体が意味を実現する単位ではないので、名づけの単位としては働かない。もちろん /i/（胃）、/e/（絵）のように、一つの音素が一つの形態素を構成することもある。こうした場合も、それは音素の平面ではなく、形態素の平面で意味の実現に係わっているわけである。

右に挙げたような名詞、動詞、形容詞などの単語は、文法論では「実質的な意味」を担うなどと言われてきた。こうした「実質的な意味」を担うとされる一群がある一方で、「実質的な意味」がいささか希薄化してしまったような一群がある。「ゆっくり」「ゆらり」などはまだ「実質的な意味」が見えるかもしれない。「ちょうど」「すでに」「たぶん」のような副詞になると、「実質的な意味」はさらに希薄化しているようである。「しかし」「そして」のように接続詞化したものも、「実質的な意味」を認めるのが、随分難しくなる。換言すれば、言語外に何かしら対象として指し示し難くなる。格助詞と呼ばれる「が」「を」といった形態素も、「実質的な意味」は希薄であろう。「食べ－た」「書い－た」に現れる「た」といった形態素なども、「実質的な意味」はなかなかに希薄と言うべきか。

言語によっても「実質的な意味」の顕れかたはいろいろである。英語の数詞 one は「実質的な意味」は濃厚、そこから育った冠詞の an や a は、幾分は希薄になろうか。in や at といった前置詞も相当に希薄、play-ed の -ed や playing の -ing といった形態素となると、いよいよ希薄である。それでも「実質的な意味」が希薄に見える単語も、何かしらの〈名づけ〉を行っている。

こうして見てくると、面白いことがわかる。接続詞や格助詞などは、言語外現実の中への指し示しや照応は恐ろしく希薄化している一方で、言語内のシステムを支える働きは、ことのほか鮮明である。例えば接続詞「しかし」は、言語内の「しかし」の前で述べられたことがらを受けて、後ろにそれと対立したことがらを言語内でこれから述べるよ、というマーカーになっている。極端な話、「しかし」の前はあまり聞いていなくても構わないほどである。つまりこうした単語、形態素は、言語外のことがらとの係わりよりも、言語内のことがらとの係わりが遥かに濃厚なのである。このように、言語は言語外現実とある程度写像的な照応関係を取り結ぶ〈名〉を生成するだけでなく、言語外との直接の照応関係や写像的な関係が希薄化した〈名〉、言語内のシステムを維持運営する、つまり言語の内的な機能を主に司っているように見える〈名〉も、自己の内に胚胎する：

言語は、言語の内的な機能と係わりの強い〈名〉を自らのうちに胚胎する

「AとB」と言うときの「と」などはこの典型である。言語外現実のある対象をA、かたやある対象をBと名づける。それら二つの対象は言語外現実では別々であり、それら二つを一つに括るのは、ただただ言語内の装置「と」によって行われる。言語外現実にAがあり、Bがある。それらを括る「AとB」は、どこまでも言語内の世界において形成されるのである。英語 "She said that ..." の被引用部を導く接続詞 that なども同様に、言語の内的な機能を主に司る典型である。言語によってもこうした一群の単語や形態素の性質は異なり得るし、そのカテゴライズもまちまちである。〈実詞〉(full word/ 仏 mot plein/ 独 Vollwort / 실사《シルサ》) あるいは〈内容語〉(content word/ 独 Inhaltswort/ 내용어《ネヨンオ》)、〈語彙的単語〉(lexical word/ 仏 mot lexical) と呼ばれる単語に対して、しばしば〈虚詞〉(empty word/ 허사《ホサ》)、〈機能語〉

(function word/ 仏 mot fonctionnel; mot-outil : 道具語 / 独 Funktionswort / 기능어《キヌンオ》)、〈文法的単語〉(grammatical word/ 仏 mot grammatical/ 문법적 단어《ムンポプチョク タノ》) などと言語学において呼んできたのは、こうした一群である。

哲学者、フランツ・ブレンターノ(Franz Brentano, 1838–1917) の流れを汲むと言われる、スイスの言語哲学者アントン・マルティ(1847–1914) は、二〇世紀の初頭、その著 Anton Marty (1908; 2015: 204–) で、言語材の意味における違いから、それだけで意味をなす Autosemantie(独) つまり「自義」と、他と共にあって意味をなす Synsemantie(独) つまり「共義」を区別することを説き、それだけで意味をなす単語を Autosemantikon(独)「自義語」、それ自身は実質的な意味を有さないが、自義語と結びついて意味を表すようになる Synsemantikon(独)「共義語」と呼んだ。[136] これもまた言語における名づけの働きに係わるものだと言える。

日本語圏にあっても江戸後期の文法家・鈴木朖《すずきあきら》(1764–1837) は、その『言語四種論《げんぎょししゅろん》』(1979; 原著 1824) において「言語《コトバ》ニ四種《クサ》ノ別チアル事」を掲げた。まず「體ノ詞《コトバ》」、そして世には「用ノ詞」と言う「形状《アリカタ》ノ詞」と「作用《シワザ》ノ詞」。これらは「活用ノ詞」「活語」とも言う。そして「テニヲハ」である:

> 三種ノ詞ハサス所アリ、テニヲハ、サス所ナシ。三種ハ詞ニシテ、テニヲハハ聲ナリ。三種ハ物事ヲサシアラハシテ詞トナリ、テニヲハ、其詞ニツケル心ノ聲也。詞ハ玉ノ如ク、テニヲハ、緒ノゴトシ。[137]

「サス所」あることばと、「サス所」なき「心ノ聲」。「右言語ノ四種ニワカル、事ハ、大方萬國ノ言語ミナカハリナシ。但シ外國ハ、我御國ノ如クナル精《クハ》シキテニヲハナキ故ニ、タヾ其趣ノミノ別チナリ」[138] などとまで言っている。その流れを引き受けた時枝誠記(1941; 1979: 229–) の文法論における「詞」と「辞」もまた、言語におけるこうした名づけの働きの差を濃厚に有するものである。[139]

「サス所」なき「心ノ聲」を、一七世紀フランス語圏の文法学者C・ランスロー（Claude Lancelot, 1615-1695）と論理学者A・アルノー（Antoine Arnauld, 1612-1694）による、『ポール・ロワイヤル文法』（*Grammaire de Port-Royal*）と呼ばれた文法書であれば、「我々の思考の対象ではなく、我々の思考の形態を表す」と言い、それらは「我々の精神作用のみを表している」のであって、「我々の精神以外の世界で」それらに「対応するような事物は存在しない」と言ったであろう。[140] かつて「心ノ聲」や「精神作用」と呼ばれたこうしたことどもを、今、言語に即して歩みを進める私たちは、無限定に「心」一般や「精神」一般に溶かし出さぬよう、慎もう。ことばによる、言語的な働きを考察しているのであるから。

(2) 言語内の〈名〉の、言語外的な対象への係わり＝命名の第一の働き

ここでは「実質的な意味」ととりあえず言ってきた。その「実質」性とは、換言すれば、言語内の〈名〉の、言語の外的な対象への係わりの濃さだと言える。外的な対象との係わりが強ければ、つまり外的な対象を想起しやすければ、あるいは係わりが直接的な照応を見せれば、「実質的な意味」が濃厚に立ち現れ、係わりが弱ければ、希薄化して見えるわけである。

係わりの密度に濃淡はあっても、言語に現れる〈名〉は、総じて、次の係わりを示していることになる。これが命名の第一の働きである：

言語内の〈名〉の、言語外的な対象への係わり

そしてここにおいて重要なことは、言語に現れる〈名〉の、言語の外的な対象への係わりの〈密度〉といったもの

は、濃密から希薄へと、一種なだらかな濃淡を見せている、という点である。この濃淡は、単語ごとにその濃度が決まっているわけではない。原理的には、その単語が、実際にいかなる言語場においてどのような談話やテクストのうちに現れたかによって、濃淡が異なって立ち現れるものである。

「お、あれ見て」の「あれ」は言語外的な対象との照応は鮮明、係わりは濃厚、「こりゃちょっとあれだな、いまいちだな。」の「あれ」は、言語外的な対象との照応はいささか不鮮明、係わりは幾分希薄、といったところであろう。「あれ、あれ、泣けるね、これは。」の間投詞的な「あれ」となると、いよいよ希薄である。こうした場合に、「同音異義」だから比べられないとするのは、逆であって、まさに言語の外的な対象との係わりの差が、「同音異義」を析出するのである。「課長、いる?」の「課長」は言語外的な対象との照応は鮮明、これに比べると、「あれ、資料がない」「課長～!」の「課長」は、より希薄化しているかもしれない。「課長って呼ぶなよ、もう課長じゃないんだから。」のごとく、どんな単語でもひとたび引用や否定の構造、つまり他の階層に組み入れられると、言語の外的な対象との係わりよりも、引用や否定という言語内のシステムへ定位された項という働きに重点が置かれ、言語外的な対象との照応は間接化し、従って希薄化する。

(3)〈名〉を精霊と交換する森《ジャングル》

〈固有名〉はしばしば人間の個としての存在の深いところに結びついていることもあって、言語をめぐる言説において〈名〉のうちの固有名詞、とりわけ人名については、何かしら特別な扱いを受けてきた。多くの論者が固有名についての思いを語っている。

ところで、それら多くの論者とは異なった観点から、固有名について見てみよう。ピダハン語(Pirahã language)を話す人々を描いた、Daniel L. Everett(2009: 9)をダニエル・L・エヴェレット(2012: 19-20)から引く:

ピダハンは折にふれて名前を変える。たいていはジャングルで会った精霊と自分の名前を交換するのだ。

もしこれが物語《フィクション》のテクストであったなら、多くの小説家がこの書き手の想像力に狂おしいほどの嫉妬を抱いたであろう。幸いなことに、そして驚くべきことに、これはアマゾンの先住民Pirahã（ピダハン）についての言語学者の報告である。四〇〇人を割るという、「どの顔も笑みに彩られ」た人々の、「現存するどの言語とも類縁関係がない」言語、「直接的な体験でないこと」は話さないとされる言語についての記述である[141]。ピダハン語は、言語学の内部、とりわけ音論や文法論において様々な面白い問題への導火線の一つとなっている。

右の僅か一行のテクストには、人名という固有名が、「固有の」名として特定の個人に貼り付いているわけではないことが、描かれている。それだけではない。そこでは〈名〉が他者から与えられるものでもなく、〈名〉は何と他者と交換し得るものであることが、描かれている。それも「精霊」（spirits）とである。

固有名が、父母を受け継いだり、祖を受け継いだりする。ドナルドの息子、McDonald マクドナルド。アーサーの息子、MacArthur マッカーサー。あるいは、ソシュール家のフェルディナン、フェルディナン・ド・ソシュール、ビンチ村のレオナルド、レオナルド・ダ・ビンチのように、家名や地名をうちに含みもする。私たちに馴染みの深い言語には、そうした固有名のありようをいくらでも目にすることができる。さらにまた名は、人の成長と共に、新たに与えられもする。鬼武者が源頼朝となり、テムジンはチンギス・カンとなるであろう。また名は死してのち、与えられるものでもある。朝鮮王朝の始祖・李成桂《イ・ソンゲ》（1335–1408）は死を迎えたのちに、太祖と呼ばれ、近代・大韓帝国に至っては、太祖高皇帝となった。いかに名が変わろうとも、名は個に貼り付いている。しかしながらピダハンの人々にとって、名は精霊と交換し得るものなのである。言語にとって、ここで精霊を非難する謂われは、いささかもない。

キリスト教圏ではしばしば天使の名を子にもらうのである――英 Michael マイケル、仏 Michel ミシェル、仏女性形 Michelle、独 Michael ミヒャエル、露 Михаил = Mikhail ミハイル――ただ、少なくとも『旧約聖書』のヘブライ語名には遡り得る大天使ミハイルと、名を交換したりはしないだけだ。ピダハン語をめぐる右の記述には、言語の〈名〉と言語外現実との係わりが、その本質においていかに移ろい易いものであるかが、また〈名〉というものが言語外現実の平面とは別の平面で動いていることが、象徴的に描き出されている。ダニエル・L・エヴェレットがコーホイという名のピダハンの一人にいつものように名を呼んで、声をかける。コーホイは答えない。再度呼んでも返事をしてくれない。そこでなぜ口をきいてくれないのかを、コーホイに尋ねると、答えはこうだ：

おれに話しかけてるのか？　おれの名前は *Tiáapahai* ティアーアパハイだ。コーホイはここにはいない。おれは以前コーホイと呼ばれていたが、そいつは行ってしまって、いまここにはティアーアパハイがいる[142]

言語内の様々な形態素、単語、〈名〉は、言語外現実と常に写像的な関係を結んでいるわけでもないし、実は固有名といえども、言語外現実の存在に常に貼り付いているわけではない。人はしばしば己れの〈名〉のために生き、〈名〉のために悩み、〈名〉のために死ぬ。而して全ての〈名〉は、人の固有名であってさえ、言語外現実とは異なった平面に生息するのである。

(4)〈名〉は、言語外的な対象を言語内へ定位させようとする＝命名の第二の働き

ところで、言語の外的な対象との係わりが淡い単語も、その淡さを見てゆくと、外的な対象との係わりが絶無ということは、簡単には言えそうもない。これも重要なことである。係わりは、なぜかどんな場合でも、うっすらとはあ

るように見える。理由は簡単である。〈名〉を与えるとは、〈言語外の何ものかを言語内に定位させること〉に他ならないからである。言語外の対象に対して、言語内において〈名〉を与える、このことが繰り返されることによって、逆に言語内の〈名〉は、たとえ言語外に確たる対象が見当たらなくとも、言語外に何らかの対象を定位させんとする。ただし、どこまでもこれは言語内においてそういう働きを見せているだけであるが。

言語内の名づけが言語外の何らかを定位させようとする働き。甚だしくは、先に引いた、「人は光よりも迅く逃げると人は光を見るか、人は光を見る、年齢の直空において二度結婚する、三度結婚するか、人は光よりも迅く逃げよ。」（李箱《イ・サン》「線に関する覚書5」）における「年齢の直空」のような、言語内で意味を結びにくいことばであっても、人は何かしら言語外の対象を意味のうちに定位させようとしてしまう。

原稿は一九三〇年に書かれたとされる、Ludwig Wittgenstein（1964; 1984; 2012: 94）、ウィトゲンシュタイン（1978: 113）はこう問うた。ここでは言語に係わる問いとしてだけ、見つめることにしよう：

> 机の上に置かれた歯の痛みやティーポットの痛みを私は想像できるであろうか。例えば、ティーポットが痛みを持つ、というのはただ真でないだけであって、それは想像可能である、と語るべきであろうか。

机の上に置かれた歯の痛み――もちろん「想像可能」である。それはほとんど詩の一歩手前である。私たちは〈机の上に置かれた歯の痛み〉という名づけを手掛かりに、何某《なにがし》かを意味のうちに造形せんとする。それがはっきりとした輪郭を有するかどうかは、言語にとっても、意味にとっても、本質的なことではない。もちろん像が結ばれるかどうかも、本質的なことではない。輪郭はあるいは鮮明に、あるいはまた霞んでいるであろう。像はくっきりと浮かび上がるやもしれぬし、端《はな》から像への志向さえ芽生えないかもしれない。それはそのことばの受話者ごとに、そして同じ受話者であったとしても、また言語場ごとに、いつも異なり得るのであって、かく異なり得ることこそが、言語にとって、言語による意味にとって、もっとも根幹の条件であり、原理なのである。

思い切り枝葉を切り取って、こう言おう。我ら人にあって、ことばが意味となるまさにその際《きわ》に、〈名〉は一方で言語外の対象を言語内に投影し、意味のうちに定位させようとする。また一方で言語内の〈名〉は言語外への対象を求め、意味のうちにこれまた定位させようとする。〈名〉によって語る営みは、言語外から言語内へ、言語内から言語外へという、螺旋的な機能ぶり（functioning）を見せながら、意味のうちに像を結ばせんとする。謂わば、言語外から言語内への写像的な照応を手がかりに、言語内から言語外への逆写像的な照応の光が照射されるのである。Wittgenstein（1958; 1965: 1）、ウィトゲンシュタイン（2010a: 7）は言う：

「長さとは何か」「意味とは何か」「数1とは何か」等々、こういった問は我々に知的けいれんを起させる。それに答えて何かを指ざさねば（ママ）ならないのに、何も指ざすことができないと感じるのだ。（哲学的困惑の大きな源の一つ、名詞があればそれに対応する何かのものを見付けねばこまるという考えに迫られるのだ。）

「名詞（a substantive）があればそれに対応する何かのものを」求めるのは、哲学者だけではない。人は名詞があるところ、いや、名詞だけではない、ことばのあるところ、言語外への逆写像的な照応の光を照らそうとする。而してその何かが求められる場は、言語外現実ではなく、言語を手掛かりに造られる、言語的な対象世界なのである。像は結ばれるかもしれないし、結ばれないかもしれない。そしてしばしば像は、結ばれるようであり、結ばれぬようでもある。しばしば像はまるで霧の中にある。例えば詩が詩として屹立するのは、実にこうした働きに拠る。詩が詩の高みを誇る支えは、鮮明なる意味の孤高を形造る点にのみあるのではない。意味となる、意味とならない、その間《あわい》もまた、詩の高みを支えるのである。これは意味なのか？　そうした戸惑いは、私たち人にあって、まさに言語内の〈名〉が、言語外への照応を求め、彷徨するありようである。〈名〉の定位すべき地点を求めて。

(5) 名づけから言語的対象世界の実践的産出へ

名づけによって言語外の世界に名を与え、名づけによって今度は言語内の世界に名を定位させ、言語内の世界を構築する虚詞的なデバイスをも自在に編み込み、駆使しながら、意味のうちに言語的対象世界が産出されてゆく。私たちの胸を高鳴らせ、鼓舞し、あるいは慰めるのは、ことばそのものではなく、私たちのうちにあって、意味となったことばである。

〈話されたことば〉であれ、〈書かれたことば〉であれ、それらが意味として実現するとき、言語は言語外現実の単なる写像などではなく、また写像の変形などでもなく、言語外現実とは全く別の平面における対象的世界を造形する。今述べたように、そうした対象的世界は、しばしば霧の中の像でもある。

〈いま・ここ〉で実践される〈話されたことば〉であれば、そうした対象的世界は言語場に直接結びついているように見えることも、少なくない。「これ」「それ」「わたし」「きみ」などという言語内の代名詞で示される対象も、言語場における対象との係わりは、相対的には鮮明である。言語場で、話し手にも聞き手にも、「これ」も「わたし」も多くは見えているからである。このように、録画や録音などではなく、〈いま・ここ〉で実践される〈話されたことば〉であれば、言語的な対象的世界と言語場における様々な事物との係わりは、鮮明であることが、多い。逆に〈いま・ここ〉で実践される〈話されたことば〉であっても、そこに「あいつが言うにはね、……」とか、「……ってことらしいよ」などのように、〈引用〉という装置で語られる世界が登場すれば、そうした直接性を超えて、被引用部には文字通り言語的対象世界が主として描き出されることになる。

〈書かれたことば〉においては、〈書かれたいま・ここ〉は読み手にあっては既に過去の時間であるが、前節〈時制論〉で見たように、読み手における言語的対象世界の平面には新たなる時間の平面が創り出されている。赤加賀智《あかかがち》即ち真っ赤な酸漿《ほおずき》のごとき八俣大蛇《やまたのおろち》の眼、シンデレラの靴、限りなう心を尽くしきこゆる人によう似たてまつれる、源氏の垣間見た女子《をむなご》、アラジンの魔法のランプ、アルプスの峰からハンニバルと三七頭の象が見る昴《すばる》の星座、素服纏《しろぎぬまと》いし孝女沈睛《シムチョン》の、いざ身を投げん逆巻く印塘水《インダンス》の海、そして今、姉さんが幼い妹に語っている、今日のちっちゃな出来事……、世界に産出された膨大な〈物語の談話〉、〈物語のテクスト〉は、例えば言語的対象世界の小宇宙群である。

言語は、〈話されたことば〉が実現し、〈書かれたことば〉が実現し、意味が立ち現れるまさにその時間に、その言語場にあって、言語的対象世界を実践的に産出するのである。司馬遷《しばせん》が書き記した物語は、たとえそれが全く同じテクストとしての〈書かれたことば〉であっても、数え切れないほどの、その〈書かれたことば〉が実践される言語場、即ち読まれる言語場にあって、数え切れないほどの異なったありようで、言語的対象世界を産出するであろう。

ここで述べているのは、テクストの〈読み〉といった、読書行為についての読書論ではない。単にテクストが数多くの〈読み〉の中で異なった意味を実現するといったことを述べているのではない。人文思想が〈読み〉についてそうした認識に至るまでにも、多くの年月を要したと言えるが、ここで重要なのは、〈書かれたことば〉に限ってみても、そうした〈読み〉の瞬間に何が起こっているのか、という点である。テクストを〈読む〉ことによって、「テクストが新たな意味を持つ」のではない。「テクストがテクストとして構成される」わけでもない。「テクストが新たに生き返る」わけでもない。「テクスト空間」のごときものがテクストの側に成立すると、錯視してはならない。意味はテクストの側《がわ》にあるのではない。テクストの物神化に陥ってはならない。意味は人の側にある。テクストを〈読む〉ことによって、どこまでも、〈テクストは人にあって意味となる〉のである。それも言語的対象世界を実践的に産出するという仕方で。そして幾度も述べたように、テクストは意味とならないかもしれない。実践的に産出するというのは、まさに読みつつある時間のただ中で、読むという営みの中で初めて、対象世界の造形が行われるからである。

言語的対象世界は、名づけに始まる言語の言語外現実との係わりを手がかりに、名づけによって言語的な意味の世界に名づけられた対象を定位させ、言語内の様々な虚詞的デバイスをも駆使しながら、定位された対象を自在に変容させ、意味の世界に造形してゆく。言語的対象世界は、言語場ごとにその都度、創り上げられては消え、創り上げられては失われる。言語的対象世界は、物理的な形として造形されたり、残ったりするわけではない。〈書かれたことば〉のごときものではない。言語的対象世界は、常にことばが意味となる言語場、言語が実践される言語場において立ち現れるのである。まさにこの点で、言語的対象世界の産出は常に実践的な産出である。(143) 築かれさえすれば、しばし長くそこに姿を留める、建築的な産出とは異なっている。右に述べたように、ここでしばしば思考は過《あやま》つ。誤ってはならない。記号的な世界が建築的にテクストのうちに造られるのではない。言語的対象世界は人のうちに実践として産出されるのであり、ものとしての文字列の形の染みが、記号的なテクスト世界へと変容するわけではない。文字列の形の染みは、永きにわたって、染みのままである。言語場が失われてなお、そこに残る何ものかがあるとしたら、ただただ、貯蔵された音声の形をとる〈話されたことば〉か、文字の姿をとった〈書かれたことば〉である。意味は失われゆき、言語的対象世界は幻のごとくである。そうした幻は〈記憶〉の名でも呼ばれるであろう。〈記憶〉から先には、もう言語学は踏み込めない。少なくとも現段階の言語学は。限られた時の間であっても、確かなる姿で留まり得るのは、〈ことば〉である。〈ことば〉は言語学が扱い得る。留まり得た〈ことば〉は、あるいはその身体を風化に曝しながらも、幸運が訪れるならば、新たなる言語場を得て、新たなる聞き手、新たなる読み手のなかで、また異なった言語的対象世界を産出するであろう。砂漠に埋もれた西夏文字のテクストがそうであったように。

(6) 言語外現実と言語内のシステム、そして言語的対象世界

整理しよう。(一) 当該の言語場における言語外現実、(二) 音韻や語彙や文法など言語内のシステムそれ自体、(三) 言語を経験しながら造形される言語的対象世界、この三つは互いに異なったものである。言語学や言語哲学、言語をめぐる人文思想の広きに渡って、これら三つの世界はしばしば混同され、そうした混濁のうちに数多の言説が浮遊している。

例えばまたジョン・R・サールの言説を見よう。「文の言葉どおりの意味とはその文がいかなる文脈からも独立に有している意味であると解釈することができるという見解」を批判する章、John R. Searle (1979; 1985: 117-136, 1982: 139-159)、サール (2006: 191-219) である。ここにはサールのみならず、言語学者や言語哲学者がしばしば陥る典型的な混濁の様子がありありと見える。

本書のこれまでの議論で既に明らかなように、もちろん「文の言葉どおりの意味」(the literal meaning of the sentence) などというものは、あり得ない。それは研究者のドグマ的な思い込みに過ぎない。さらに「いかなる文脈からも独立に有している意味」などというものも、存在しない。これらの点ではサールが述べようとしていることは、一応正しいように見えるかもしれない。しかし言語存在論的な視座から照らすとき、せっかくのサールの議論の前提もまた過程も、したがって表面ではなく真の結論も、完全に理論的、認識論的な混濁に陥っていることがありありと見える。

早くから第1章第5節で見たように、言語存在論的な視座からは、言語で示される真の〈文脈〉と、言語場に伴う様々な諸条件とを——例えば話し手の目の前の時空の条件から、直接は見えない、文化や歴史といった、話し手が背負っている大きな条件に至るまでの諸条件とを——、区別せねばならないのであった。そうしないと言語の役割など見えはしないのであった。何が言語によって示され、何が示されていないかは、言語を考える根底的な基礎であった。

サールの言う「文脈」は言語で明示された〈文脈〉と、非言語的な「文脈」つまり言語で示されていない言語場の様々な諸条件を、全く区別していない。論を進めるのに困窮すると、言語で「文脈」を付け加えようとする。「しかじかの特徴をもつ猫が、かくかくの時刻および位置において、しかじかの特徴をもつマットの上にいる」などという文を見せ、「文は、指標的な諸特徴だけでなく、それらの指標的な要素の寄与によって個々の特定の発話の際の特定の文脈にくぎづけされる」などと言う。サール（2006: 197）。もちろんそんなことで文はくぎづけになどされない。いくら記述を精密に長くしようとも、文を前に発話者や受話者が造形する意味、即ち言語的対象世界と、実際の言語外現実、非言語的な世界とは、最も深い原理なところで、照応などしていないからである。こうした乱暴な「文脈」論の濫用は、サールだけでなく、「文脈」を語る、多くの言説に見出せる。

次にサールは、多くの言語学者や言語哲学者がそうするように、"The cat is on the mat."（猫はマットの上にいる。）という一文を取り出して来る。なおかつ猫がマットの上にいる様子を描いた絵を持ち出し、議論する。そして文の「真理条件」を云々する。果ては「だが今度は、問題の猫とマットとが、精確に絵が描かれたとおりの関係をなしてはいるものの、宇宙空間において、それもおそらくは銀河系から完全に外に出て、自由に浮遊しているとしよう」などと言い出すのである。こうした進め方は、言語哲学の多くの言説に現れる。しかし言語によって語られる内容が、言語外現実に対して照応していなければならないという責任は、言語内の何ものにもない。音韻にも語彙にも文法にも。その対応関係や照応関係自体を言語に問うのは、原理的にナンセンスである。幾度も強調したように、言語は嘘も矛盾も語り得る。言語の横に示される絵には、マットの上に虎が寝ていようが、男が寝ていようが、何の問題もないのである。発話者である幼児が、虎だか猫だか解らぬ可愛い生き物を前に、「猫がマットの上にいる」と言おうと、発話者である妻が、マットの上で寝ている夫へ、愛情を込めて「猫がマットの上にいる」と言おうと、一緒にいる弟からは見えないのに、発話者である姉が嬉しそうに、「猫がマットの上にいる」と言おうと、言語にとっては何の問題もない。先の第6章第1節⑷の「ユミが本を読んでいる」という文を覚えておられるであろうか。内緒だったのだが、実は「ユミ」は読書が大好きなフクロウの名前である。そう、言語にあっては、鳥が読書に勤しもうが、大海原に舞う龍が、J・S・バッハの「G線上のアリア」を演奏しようが、そのバイオリンのG弦が切れているのに、音楽が流れようが、いささかの問題もない。曲は聞こえて来る。ここは隠喩だの、フィクションだの、知覚だの、そうした概念装置を持ち出す必要もないし、持ち込んではならない領野である。それらの発話は言語と言語外現実との係わりの原理において、何らの問題もないのである。意味は固められていない。ことばはいつも意味に開かれて、自由である。

換言すると、言語外現実と言語的な対象世界との係わりの原理において、文はいかなる言語的文脈からも、いかなる非言語的「文脈」からも独立に、何らかの一定の意味を維持し続けることなど、できない。ことばそのものが同じ形をしていても、文そのものが全く同じ形をしていても、そこに意味が実現するとき、それら意味たちは決して同じではない。同じ言語場は二度と世界になく、全く同じ意味は二度と世界にない。ことばそのものは、意味を持たないのである。ことばそのものに意味はなく、ことば通りの意味（literal meaning）などというものも存在しない。意味はことばの側にあるのではなく、人にあって初めて立ち現れるものであるから。

では「ことば通りの意味」とは何か？「文字通りの意味」とは？　言語学の術語で問うてもいい。「辞書的な意味」(lexical meaning/仏 sens lexical/独 lexikalische Bedeutung/露 лексическое значение/어휘적인《オフィジョギン》 의미《ウィミ》)とは？　実は言語的対象世界においてたまたま多くの場合に共通すると思われているようなところを、こんなふうに「ことば通りの意味」などと呼んでいるに過ぎない。この「たまたま共通すると思われているようなところ」を、「最大公約数」などといった比喩で語り得ないほどに、そこにおける「共通性」の輪郭は朧《おぼろ》である。そして常に揺れ動いてもいる。当然である。世界にあってことばが実現するたびに、意味に係わる座標系のあちらこちらに、新たな意味が印づけられ

るのであるから。同じ単語についてであっても、語彙論の実践たる辞書の記述が、辞書ごとに異なることは、そうした「共通性」の、即ち「ことば通り」といった幻想の、朧さの現れの一つに過ぎない。ここで辞書的な意味の記述を否定しているのでないことは、確認されねばならない。重要なことは、いついかなるときも、「ことば通りの意味」「文字通りの意味」「辞書的な意味」といった、定まったものがあるわけではないということ、そしてそれらは実は実際の言語場において用いられることによってのみ実現した意味たちを言うのだという点にある。もちろん辞書の語義の記述の意義は決して失せない。それは経験的な、あるいは記憶における集積から、語義の記述ということばをまた新たに造り上げる、貴い営みである。

ことは語彙に限らない。文法でもそれが文法論として言語化されると、様々な概念装置には同様の朧さが発生論的に装塡されることになる。「命令文」だの「疑問文」だのと呼ぶものも、当該の形式が、たまたまその時期にその言語が行われる多くの言語場で、「命令」や「疑問」を表すことが多いがゆえに、文法家たちがそう呼び習わしているに過ぎない。この点の誤認も世に充満している。「平叙」や「疑問」は決して文に固有の意味なのではない。「平叙文」は「平叙」を表す文なのではない。逆である。文法論的な観点からとりあえず「平叙」と名づけ得るような意味を実現することが多いがゆえに、それは「平叙文」と呼ばれてきたのである。「平叙文」が依頼を表そうが、命令を表そうが、そんなことはいくらでもあってよいことである。「平叙文」がなぜ「疑問」や「命令」を表わすのか、などという問いは、問いの立て方が誤っているわけである。言語行為論や語用論はこの種の転倒した問いに溢れている。「平叙文」を見て「平叙」が「文のことば通りの意味」だと考えるのは、結果を見て、それが不変固有の性質だと思い込んでいるに過ぎない。原因と結果の取り違えである。平叙を表すことが結果として多い形式が、そこでは平叙文と呼ばれるのである。

だからサールのように、「私の足を踏んでいらっしゃいますよ」という「言明」が、「断言型発話を行っているだけではなく、足の上からどくよう間接的に依頼しており、ことによると命令さえしている。こうして断言型の発話はまた間接的な指令型発話でもあることになる。このような発話がうまくいくのはどうしてなのか」などと問うのは、そもそも問いの立て方が誤っている（サール（2006: ix））。そもそも「断言」と「指令」は別の平面にある概念である。人は発話を「断言」しながら、あるいは断言の度合いをコントロールしながら、「指令」をすることができる。「こっちが良い。」という断言が「こっちを選べ。」という指令になるなど、言語にあってはごく自然なことである。つまり、もともとことばそのものを断言的に言うかどうかといった平面と、受話者に対して「指令」的な働きかけや述べ方をするかどうかの平面は、別であって、発話には常に少なくともその二つの平面がついて回ると言ってよい。発話ごとに、それぞれの平面での密度の濃淡が異なるだけである。

たった一つの名詞からなる「雨。」という一語文によってさえ、人は「あ、降ってきた」というような驚きを受話者に見せることもできるし、「出かけるの、やめようよ」というような、受話者に対する提案を表すこともできるし、「傘をお持ちになって」というような、柔らかな命令を受話者に示すこともできる。もちろんこれは「雨」ということばに固有の、「文字通りの意味」などでないことは、言うまでもない。言語場それぞれにおいて実現する意味、それも文が発話として実現する際に、〈受話者に対する発話者の働きかけの平面に不可避的に立ち現れる、発話者の態度〉に他ならない。さらに「雨！」「雨…。」「雨…？」などと、「言明」の平面でも断言したり、推量的に述べたり、疑念的に述べたりという、〈ことがらに対する発話者の態度〉も併せて示すことができる。発話者のこうした様々な態度の現れを、文法論ではモダリティ（modality／仏 modalité／独 Modalität／露 модальность／모달리티《モダルリティ》：양태성《ヤンテソン》：법성《ポプソン》）と呼ぶ。日本語での定訳はないが、「法性」「様態」「様態性」「様相性」などと訳されている。モダリティもまた、言語場において立ち現れるものである。

文が実際に発話として実現する際、不可避的に立ち現れる、受話者に対する態度や、ことがらに対する態度といった、前述のような性質に、文法論は積極的に着目してきた。例えば、Charles Bally（1932; 1965^4: 36）、シャルル・バイイ（1970: 28）が dictum（事理）と modus（様態）を切り分けようとしたのも、このことに係わるものであった。文法家ごとに主張には幅があるものの、発話におけるこの種の問題は、欧米の言語学における様態（modality）論や日本語文法論における陳述性（predicativity）論争として今日まで活発に議論されてきている。[144]「単語」も「文」も、ことばは意味を抱えて、脳の中に標本のごとく鎮座しているわけではない。それらが発話として実現する際には、一体何がことばそれ自体であって、何がことばとは離れた言語外現実であって、さらに一体何がことばによって対象化された世界であるのかを、絶えず見極めねばならない。非言語的な世界と、言語によって造られる世界は、どんなに似ていることがあろうとも、決して同じではない。

この点で、言語的対象世界と言語外現実とを混同すると、まさにサールが延々と語っているような混濁の言説に陥ってしまう。サール（2006）はどうしても「私は、文が言葉どおりの意味をもたないと言っているわけではない」（p.213）と言わざるを得ない。サールたちの言語行為論は、「文」を土台に据え、出発点として、「発語内行為の五つの一般的なカテゴリーが見出される」（p.viii）などとあれこれの概念装置を作り出すのであった。もし文が「言葉どおりの意味」を持たなければならないのであれば、言語行為論は「文」という理論的土台から崩壊してしまうのである。あちらこちらで面白い着想を私たちに見せてくれるサールの議論も、言語存在論的な視座から照射した跡には、残念なことに、ほとんど形而上学的な、折れた柱ばかりが立ち尽くしている。

(7) 言語存在論と認識論の臨界

名づけ、即ち世界に対して言語によって名を与えることは、世界を言語によって認識する方法でもある。ただしこれはどこまでも言語的な認識なのであって、人が世界を認識する方法の全てではない。例えば視覚や触覚などといった多様な非言語的な方法による世界認識の方法が、言語的な認識と溶け合いながら、行われる。非言語的な方法と言語的な方法に互いに絡み合って駆動する。

人は、頬に落ちる水の冷たさに、空を見上げるであろう。そこに「雨」という呟きが漏れるかもしれない。「冷た……」という呟きが溢れるかもしれない。そうした呟きは、〈ことば〉である。世界への〈名〉が駆動する瞬間である。例えば〈命題〉(proposition) などと呼ばれる言語的造形の基礎的な単位が、立ち現れる瞬間である。〈知〉(knowledge) と呼ばれてきたものへ、〈ことば〉になっていなかったものが、〈ことば〉の形で組み入れられんとする瞬間である。即ち、言語による認識 (cognition/仏 connaissance/独 Erkenntnis/인식《インシク》) の濫觴《らんしょう》である。

一方で、呟き以前の、謂わば溶質と溶媒が溶け合った感性的な対象から、理論的に〈ことば〉を取り出す方法を、私たちは未だ知らない。頭の中で鳴っているであろう /ame/ という「音《おん》」が、〈ことば〉であると感じられるのは、そうした音を意識的に、自覚的に、頭の中に鳴らしているときなどであろう。テクストを書く際に、頭の中で音を鳴らし、頭の中で〈テクスト未生《みしょう》以前のテクスト〉を造形しようとしている営みのように。思いを打ち明けようとする少女が、頭の中で音を鳴らし、頭の中で〈談話未生以前の談話〉を造形しようとしている営みのように。でも、それは未だ〈ことば〉ではない。明らかに言語的な働きとして経験的に触れ得る営みではあっても、存在論的な視座からはこれを、実現された〈ことば〉と同質のものとすることはできない。私たちは第1章第1節(2)(3)においてこのことを強く戒めたのであった。

認識論にあっては、言語的な認識と、非言語的な認識を区別しなければならない。ここで重要なことは、言語未生以前にあって、それを言語的か非言語的かを区別する、決定的な手立てが見つからない限り、〈認識〉の全てを言語に背負わせるのでは、言語にとっては言われなき負担を強いてしまうということにある。言語がなければ、世界を認識できないとか、言語がなければ、世界はないなどといった奈落へ落ちてはいけない。そこではまだ、〈ことば〉は取り出されていないのである。

〈認識論〉（epistemology/仏 épistémologie/独 Erkenntnistheorie/인식론《インシンノン》）は言語による造形であり、言語化された理《ことわり》を言うであろう。それは認識について語られた〈ことば〉であって、認識のメカニズムそれ自体ではない。あたかも、言語の在るところ、そこに文法は内在するが、文法論が常に在るわけではないのと、よく似ている。人の在るところ、そこに認識は行われるが、認識論が常に在るわけではない。認識論を語るとき、〈認識は言語によって〉というア・プリオリから出発するのは、危ない。〈知は言語によって〉というア・プリオリからの出発も同様である。世界認識が言語的な方法と非言語的な方法が絡み合い、溶け合いながら行われるのであれば、当該の認識論は言語的な認識に限るところから出発するのかどうか、という前提が必要であって、その際には、〈何が言語的な認識なのか〉という問いを問いきることが、求められる。このことを換言すれば、言語未生以前論へどれだけ肉迫し得るかが、問われるのである。そのためにこそ、〈言語はいかに在るか〉という問いが、ここでもまた決定的な鍵となる。言うまでもなく、〈ことばは意味を持っている〉といった誤謬の生息する余地は、そこにはない。

第8章

動態としての言語・動態としての意味

1 〈言語静態観〉の桎梏

言語を語っていると、言語があたかも不変の固定した対象であるかのごとき思考に陥ることがある。言語を動態ではなく、静態と見てしまっている、そうした思考を〈言語静態観〉と呼ぶことにしよう。言語がいかに在るかを問う言語存在論的な思考は、そうした言語静態観とは、袂を分かつことになる。そもそも全く同一の言語が、異なった言語場において、異なった時空間において、常に同じように実現するというア・プリオリな前提自体が、言語にとってはいささか無理のある前提なのだと言わねばならない。今述べたことを、言語を語るほとんどの論者は、おそらく否定はしまい。ここで重要なことは、言語静態観への批判に人は皆応ずるのに、具体的な思考がいつしか言語静態観に陥ってしまうということにある。言語静態観への批判の眼差しは、思考の出発点だけではなく、むしろ思考の長い過程に注ぎ続けられねばならない。

言語は生まれ、死んでゆく。もちろんこれは一つの比喩である。より冷徹に言い換えれば、言語は常に動いている。

何よりもまず、ことばとしての〈かたち〉が、言語が行われた結果として、常に動いている。語彙が変化し、文法が揺れ動く。語彙は文法と化し、文法装置も痕跡となって消え失せる。[145] 語彙や文法、そして表現のありようは言うに及ばず、/a/、/i/、/u/ など、単母音、言語音の最も小さい単位でさえ、ごく短い時間のうちに失われ、変容し得るのである。現代朝鮮語＝韓国語でも、二〇世紀の中ほどに一〇個あったとされる単母音音素が、現在では事実上、七つを数えるだけになっている。多くの人の一生より短い、ほんの五〇年ほどの間にである。[146] 言語は動態である。今そこに在る言語は、生きているものであり、人間とは異なった仕方で、移ろいゆき、老い、死にゆく存在である：

世界と同様に、言語それ自身も、猛烈な変容を生きる存在である

言語そのものが絶えざる変容のただなかにあることは、いくら強調しても強調し過ぎることはない。世界、つまり言語が行われる世界、我々が生きて死んでゆくこの世界が変容するだけでなく、そうした世界を名づけ、語る言語それ自体も変容する。そうした現実を忘れ、〈ことば〉は常に同じ意味を実現するという前提を無防備に信じ、世界から切り離された、ある特定の文をあげつらって論じ得るなどということ自体が、言語にとっては少なくとも〈原理的に〉成立し難いことである。

ソシュール言語学は通時態から共時態を取り出した。そのこと自体はよい。第1章第3節でも触れたように、それはどこまでも理論的な、かつ方法論的な枠組みとして取り出したのである。共時態こそが言語学の対象であると、位置づけたのであった。言語において通時から共時を切り出すのは、歴史言語学こそが言語学である観を呈していた、一九世紀以来の言語学に対するソシュールの闘いの、戦略的な切断である。「共時言語学」という思想の隘路や限界よりも、その後の成果をこそ、まず酌み取るべきであろう。しかしながらソシュール一九一六年、『一般言語学講義』

は既に一〇〇年を経験した。むしろ今、私たちの前に存在するのは、今日の母音/a/は、明日はもう違っているかもしれないといった現実的な切断、今日の/siawase/（幸せ）といった単語がもたらす意味は、明日はもう全く違っているかもしれないといった現実的な切断、即ち時の中に実現し得るリアルな切断である。間違っていけない。現実の生きた言語が、通時的な性格から完全に切り離された存在、非歴史的な存在、非時間的な存在として在るわけではない。

ソシュール言語学は二〇世紀言語学の圧倒的な主流となったが、言語静態観が強調されるその共時言語学への批判も、また息づいていた。「言語変化」ではなく、「言語変化という問題」を主題にした、例えばコセリウ（2014）にその優れた一例を見る。「言語の特性が動的である」（p.8）と見ることからもたらされる、多くの知見を同書から得ることができる。もちろん動態として言語を見る思想は、例えば原著のドイツ語版が一八三六年に刊行された、フンボルト（1984: 73）の、「言語というものは、その実際の本質に即して捉えて見ると、実は、終始中断することなく、あらゆる瞬間ごとに移ろい続けてゆくものである」「言語そのものは、出来上った《ヴェルク》作品（エルゴン）ではなくて、活動性《テーティッヒカイト》（エネルゲイア）である」といった言などにも見られるものでもあった。

私たちにとってここで大切なことは、「日本語」だの「ドイツ語」だの、「〇〇語」と呼ばれるようないわゆる個別言語が、〈動態として在る〉ことを確認するに留まるのではない。そのこと自体は今日の言語学でもそれぞれの仕方で共有されている。更に進んで、そうした動態としての言語というありようを基礎づける一切が、これまで述べてきたように、なべて〈言語場における個の言語的実践〉にあることの確認にある。コミュニケーションなどが成り立たなかったり、ことばが通じなかったり、異なった言語が交わり合ったり、人によって意味が成り立ったり、成り立たなかったりもする、言語場における多様な生身の実践に、である。

これも今日広く共有されつつあるが、動態としての言語の確認の一つとして、言及はしておこう。命題の真偽などを問うている今も、数多くの言語が死滅しつつある。Moseley (ed.)（2010）や Austin & Sallabank（2011）など、多くの著作が危機言語の実態を報告している。六〇〇〇から八〇〇〇ほどはあると言われる言語のうちの、ほとんどは話し手が限られており、多くの言語が日々失われてゆく。言語は姿を変えるどころか、言語は話し手の消滅とともに実現の可能性そのものが失われるのである。当該の命題が明日は消えゆく言語で、語られているものであったら？　当該の命題は「真偽」などを問う以前に、明日はそもそも意味として実現さえしないのである。意味を紡ぐ主体が、存在しなければ、意味は実現しない。これが言語場の厳然たるリアリズムである。

2　間言語的煩悶——言語の間で動くものたち

言語をとりわけ知といったものとの係わりにおいて考えるとき、私たちは知についての問いそのものを限界づける、〈個別言語の桎梏〉或いは〈母語の桎梏〉といったものに遭遇する。これは謂わば間言語的煩悶である。

こんな例から考えてみよう。日本語話者や朝鮮語＝韓国語話者がマルティン・ハイデガーの〈存在論〉を読むとき、一つ驚嘆すべきことがある。それは〈存在〉というものを考えるその論考の、相当に大きな部分が、〈存在を表すことば〉それ自体についての考察で占められているという点である。例えば、Heidegger（1983: 56–99）、ハイデッガー（1994a: 92–126）『形而上学入門』における「「ある」（ザイン）という語の文法と語原学とによせて」から延々と繰り広げられる、ドイツ語のsein《ザイン》動詞の分析がそれである。主著『存在と時間』にも見える。Heidegger（1977: 71–80, 204–213, 419–428）、Heidegger（2006: 52–59, 153–260, 316–323）、ハイデッガー（1994b: 130–143, 332–344; 1994c: 195–208）。

sein は英語の be 動詞にあたり、「ある」「いる」のみならず、「…である」を意味し得る動詞で、その不定法の形である。そのまま名詞としても用いることができ、ドイツ語の正書法の習慣に倣って、語頭を大文字で Sein と書くと、まさに「あること」あるいは「存在」といった意味を実現し得る。『存在と時間』の原題にも、*Sein und Zeit*

(*Being and Time*/ 仏 *Être et temps*) のごとくこの Sein が用いられている。

相当量の紙幅を費やして考察される、独語の sein 動詞、そして繋辞《コピュラ》へのハイデガーの執拗な問いかけを見るにつけ、〈いかなる言語で語るのか〉ということがもたらす、問題の深刻さが浮かび上がってくる。先にも見た Benveniste (1966: 63-74)、バンヴェニスト (1983: 70-82) は、ギリシア語がたまたま動詞 *εἶναι* (einai: 不定法の形)「ある」を持っていて、さらにその統辞法や派生によって「(存在する) 物」「(存在する) 人」などといった、多様な概念を現す名詞の諸語形を造り得る言語であったことから、「存在」に関するギリシアの全形而上学が生まれ、展開し得たのだと力説している。

ここでは「ある」や「である」を言うことばの働きについてだけ少し見ることにしよう。印欧語族の中の同じゲルマン語派の独語の sein 動詞と英語の be 動詞の距離はそう遠くない。印欧語族イタリック語派の仏語の être とて、そう大きく離れているとは言えない。つまり「存在」を語る際に、これらの言語の動詞群は、ある程度は並行的に考えることができる。従って考察の対象が似ているだけでなく、その対象を考察する順序も、並行的であってよい。

これが同じ印欧語族でもスラブ語派の露語となると、いささか距離が目立ってくる。〈話しことば〉の文体では、AとB二つの名詞による文「AはBだ。」の「だ」は普通、言語的な形には現れず、「A B.」と言う。〈書かれたことば〉における表記には必要なら何と「A—B.」のように、тире (tire: チレー=ダッシュ) と呼ばれる符号「—」を用いる約束である。疑問文「AはBか?」でも同様で、「A B?」となるだけである。平叙文と疑問文の区別はイントネーションで行う。しかし〈書かれたことば〉における「A—B.」の符号自体は音を持たない。つまり〈話されたことば〉においてはこの符号「—」自体に対応する音の形が存在しない。謂わば「存在しないコピュラ」ということになってしまう。写像をなすべき、コピュラとしての元《エレメント》がそこには見当たらない。それが過去時制をとって「AはBだった。」となると、今度は「だった」が言語形式として現れる。さらに名詞Bが主格の形ではなく、「…で」

「…として」の意に多く用いられる具格（instrumental case）＝造格（творительный падеж）をとる。謂わば「…として＋あった」「…で＋あった」となるわけである。日本語の「…で＋ある」に照らしても、面白い。なお「AはBである」という、〈書きことば〉的な定義文では、不変化の動詞есть《イエースチ》（est'）を用いたり、「現れる」の意の動詞являться《イヴリャーッツァ》（javljat'sja）と具格＝造格の名詞との組み合わせで表すことも、行われる。[147]

露語ではこのようにBに立つ名詞が、恒常的な性格ではなく、限られた時間内の一時的な性格を表す場合に、具格＝造格をとることが、知られている。ヤーコブソン（1986: 94-109, 独語初出は1936）は格の一般理論を扱う中で、こうした具格を「役割の具格」と呼び、「対象の特定的機能、あるいは（獲得されたまたは手離しうるような）一時的、臨時的具有特徴が問題になっていることを述べる」としている。[148] チェコ語などでも同様の現象が見られる。

独語や英語を少し離れた露語やチェコ語における、コピュラをめぐるこうした出現と非出現のありようを、論理学を語る者が正視するとき、その人に与える衝撃は、決して小さくないはずである。まさか論理学は「偉大なる」自らの母語にのみ存するわけではあるまい。論理学や哲学は「命題」を語るに、「AはBである」といった最も簡素な言語形式から出発する。而してまさに「命題」を構成するほとんど最小の形式と言ってよい装置について、同じ印欧語族の中の言語たちでさえ、言語を超えた安易な一般化に抗うのである。「AB.」「A—B.」何よりも言語のありよう自体が、つまり〈言語はいかに在るか〉ということ自体が、激しく抵抗する——あなたの語っている論理や命題といったものは、あなたの言語だけのものなのか。それを「世界」のうちに、「人間」のうちに一般化するのか、と。

これが日本語となると、語彙的な違いも、統辞論的な違いもますます際だって、更に距離が離れてしまう。「ある」と「いる」も違うし、「である」も別である。「ある」と「いる」の点検を別途行わねばならなくなる。もう考察の順序さえ、独語とは異なってくる。「である」は「で＋ある」という内的な構造を有していて、これも悩ましい。文体が〈話しことば〉になると、「である」はいよいよ複雑である。「AはBだ。」かもしれないし、「AはB。」かもしれないからである。実は、〈話しことば〉の文体に限らずとも、「春はあけぼの。」などという文もあって、ますます問題は別の領野にまで拡大する。

面白いことに、日本語の「AはB。」に動詞類、即ち用言は現れていない。だがこの文を過去時制にしようとすると、どうしても「AはBだった。」などと用言を用いるしかない。この点だけではまるで露語のようである。しかし露語に助詞「は」はない。では日本語ではこうした「は」がコピュラなのか？

この日本語の「は」など、テニヲハをコピュラと見るという面白い着想が、他のユニークなアイデアに混じって、浅利《あさり》誠《まこと》（2008: 285-291）に見えている。だが結論的に言って、この助詞の「は」をコピュラと見ることはできない。一般言語学を産んだ、英独仏語などを始めとする西欧の大言語では、文の述語として用いられる動詞の形、即ち定動詞（finite verb）は、屈折即ち語形変化し、人称、数、時制、法などを否応なく示す。この定動詞と不定動詞（non-finite verb）、とりわけ不定法（infinitive）との違いはコピュラ論においては決定的に重要である。ハイデガー（1994a: 98）は「ある」という語の「文法と語原学」の冒頭において、不定法 modus infinitivus を「動詞がその意味づけのはたらきと方向とを営み示す仕方における無限定性、無規定性の様式」という形で論じている。「ある」という語の「語原学」に先立って、文法論のなかの形態論のうち、ハイデガーが不定法を論じていることは、大切な意味を持つ。注目しよう。「人称、数、時、態、法をともに現前へともたらす」（同書 p. 114）。

つまり be 動詞の類が文に位置を占めるとき、英語の be や独語の sein は、否応なく is, are, …、ist, sind… といった定動詞として現れざるを得ないのであって、西欧の大言語で言うところの――つまり言語学の本拠地で言うところの――コピュラは、〈ある〉ことのみを示すのではなく、〈ありよう〉も併せて示すのである。〈繋ぐ〉のみならず、〈繋がれるありよう〉も併せて示す。言語的な時間の中に否応なく位置づけられ、かつ、それは発話者の主観的な思いを表すムードの体系の中に、しっかりと位置づけられるのである。これがコピュラのコピュラたる所以である。

この点で、浅利誠（2008: 285–291）で展開されるテニヲハを繋辞とみなすという着想は、既存の言語学をはみ出す面白さがあるのだが、弱い。言語学者は端《はな》から頑なに認めないであろうから措くとして[149]、ここは言語学を離れ、哲学者ハイデガーの思考に沿ってみても、テニヲハは「人称、数、時、態、法をともに現前へともたらす」とは言えない。テニヲハは時制の対立も有さず、ムードの諸形式も持たないのであって、そもそも動詞類ではない。

存在を表す単語や措定辞は、では朝鮮語＝韓国語はどうなのかを見ると、さらに面白いことになる。少なくとも現代語においては、있다《イッタ》（ある・いる）と-이다《イダ》（…である）は論議の出発点から別の単語である。二つは活用のありようも異なっている。前者はその名も〈存在詞〉、後者は〈指定詞〉と、品詞も異なっている。指定詞は日本語の「だ」「である」のような措定辞ないしは同定詞 identifier である。朝鮮語から見れば、独語や英語の話者よ、「ある」と「である」の区別もついていない言語で、存在だの同定だのを語るのか、と言いたくなるやもしれない。ところでいわゆる語彙的な意味からは、있다《イッタ》は、「ある」と「いる」の両方を表すが、これがひとたび尊敬形になると、「おありだ」は있으시다《イッスシダ》、「居らっしゃる」は계시다《ケシダ》のごとく、何と別な単語になってしまう。第7章第8節(6)の註(144)でも見たように、大体〈尊敬法〉があり、「尊敬形／非尊敬形」という形の対立が存在すること自体が、日本語や朝鮮語と、独英仏露語などとは異なっている。措定辞「…である」「…だ」[150]をめぐる日本語と朝鮮語の違いについては、野間秀樹（2014a: 150–158）も参照されたい。

要するに存在論を語る根幹をなす「ある」「いる」という単語のありようや[151]、措定辞「である」自体のありようが、場合によっては言語ごとに著しい異なりを見せる。このことは知、そして翻訳をめぐって、いきなり翻訳の不可能論を言い立てずとも、決して看過できないどころか、間違いなく本質的なことがらである。言語存在論において、実はその中核から〈翻訳論〉は決して遠い位置にあるわけではない。さらに言語の表現様式論や対照言語学にとっては極めて重要で、また言語哲学や言語と知の関わりにあっては、本質的でかつ決定的な問題である。多くの言語を貫く通言語的（cross-liguistic）な明晰性と、レトリックの狭間を見ても、問いは尽きない――哲学が日本語や朝鮮語＝韓国語も視野に入れた上で、「言語的転回」を行うと、一体どうなったろう。それでも同じ道筋を歩んで来たのか？　そこには個別言語の桎梏、乃至は母語の桎梏が見え、間言語的な煩悶が訪れる。

　学問的な術語を語る、多くの論考がそうするように、ハイデガーの分析もギリシア語に及ぶ。同書では存在を表すことばのみならず、「現象」「ロゴス」などを始め、存在に係わる様々なことばそのものについても、多くのことが語られている。Heidegger（2006: 28-34）、ハイデガー（2013a: 176-200）。面白いことに、ことばそのものへの拘泥は概念の核を構成する実詞のみならず、英語の as に相当するドイツ語の als「…として」といった、実詞ではない、虚詞的な単語にも至っている。虚詞 als はやがて Als と大文字で書き始められて、ついには実詞化される。Heidegger（2006: 157-160）、ハイデッガー（1994b 上：339-344）。学問にあって、基礎的な概念についてことばの観点から一瞥しておくことは、もちろん穏当な道程である。それはいい。その際の概念を表すことばは、通常は実詞なのである。ところが、ここでは言語内のシステムを主に司る虚詞にまで、思考の触手が延ばされ、虚詞は実詞として対象化され、「実存論的＝解釈学的な《として》」と「言明の命題論的な《として》」に区別される。既に半ば文法論の、即ち、言語内のシステムを語る理論の、平面に踏み入っている。そこでは言語的対象世界を形造る装置としての虚詞が、実詞に格上げされ、実詞化されたシニフィアン signifiant《として》は、「実存論的＝解釈学的な《として》」と「言明の命題論的な《として》」という形で言語的対象世界を構成するのに参画する。そして実詞化された《として》は、いつしか言語外現実へと、自らのシニフィエ signifié を探し求め始めるのである。より正確に言えば、実詞化された《として》を前に、読み手がシニフィエを求め始める。それが実詞の実詞たる所以だからである。

　ハイデガーの手続きからもたらされる事態は、順当で厳密を求める意志の他方で、理論の構築にとっては形而上学が忍び入る危険を孕む。何よりもそれら論考が問題に据えんとする「存在」をめぐる課題は、言語内の文法というシステムではなく、言語外に属する存在という課題であり、第7章第8節(1)で見たゲオルゲの「語《ことば》の欠けるところ、ものあるべくもなし」という詩句に象徴される論に立っても、〈言語外現実〉と〈言語内のシステム〉との狭間の、あるいはまた〈言語内のシステム〉とそれによって造形される〈言語的対象世界〉との狭間の、架橋的領野に属する課題だからである。それらが〈言語的対象世界〉における物語として語られてはいけない。

そもそもハイデガーのように、存在を考えるのに、〈存在を表すことば〉である sein の、存在の動詞と措定の動詞との切り分けに大変な労力を払うということは、日本語話者や朝鮮語話者からすると、大変奇妙なことである。いったい、ドイツ語、英語、日本語、朝鮮語＝韓国語と、こうして三つ、四つの言語を見渡しただけでも、〈存在〉を考えるのに、〈存在を表すことば〉をいかに語りきれば、言語を超えた普遍性や通言語性を獲得できるのかという、素朴な疑念が生じよう。sein から〈存在〉を語るからには、ドイツ語的なバイアスがかかっているのではという疑念も簡単には消えない。我々が知りたいのは、ドイツ語という言語内の sein や Sein のありようではなく、まさに言語外現実としての存在のありようだったはずである。〈ことば〉を語ることは、油断すると、言語的対象世界を語ることに陥る。だから「「存在」という語の空虚な図式から去ろう！」[152]などと言われても、ハイデガーの思考のうちにあって、言語外現実を見つめる課題であるはずの〈存在〉といった問題に、いつしか言語内の問題が忍び込んでいるのではという疑念は、そうた易くなくならない。〈存在〉という命名（naming）やレッテル貼り（labeling）の問題を避けて通れないとしても、やはり特定の言語の分析から、言語を跨《また》いだ〈通言語性〉や〈普遍性〉にどれだけ肉迫できるのかは、絶えず問いとして抱いておかねばならない。ハイデガーの著作のみならず、〈個別言語の桎梏〉が惹起する間言語的煩悶は、知の原理的な層において漂い続けるのである[153]。

この地点から私たちはいきなり無限定な虚無的相対主義に暴走する必要など、全くない。例えば〈普遍性〉といったこともまた、言語ごとどころか、個ごとに、もともと異なっていることが、出発点である。さすれば、そうした出発点から、希望を持って、〈普遍性〉であれ何であれ、共に見遣ればよい。希望に現実性を与えるものこそ、言語に対する武装、より柔らかく言うなら、言語に対する慮りなのである。言語を考える際に、決して単一の言語だけを考えていてはならない。個が一人で在るわけではないのと同様、言語もまた一つで在るわけではない。慮りが要る。そこに言語が在れば、必ずその言語と交わりながら、隣に言語が在る。いずれの言語も絶えず動きながら。言語は常にそのようなありかたをしてきたのである。常にこうした間言語的な煩悶＝歓びと共に歩むこと、そのことが私たちの思考を、生を、打ち鍛えてくれるであろう。

3　動態としての意味、〈意味同一性〉という物神化

第3章とりわけその第6節で述べたことに立つならば、事実上、言語学や哲学を問わず、意味についての既存のほとんどの論考の前提を覆すことになってしまうであろう。それは、コミュニケーションということを論ずるほとんどの論考が、「意味は伝わるものである」という前提から出発しているからである。換言すれば、「話し手の発する意味と、聞き手の受け取る意味は同一である」という、〈意味同一性〉の前提から出発しているからである。あるいはそう言明せずとも、思考の手続きの中にそうした前提が忍び込むという点においてである。例を挙げよう。意味とは何かを論じた、廣松渉《ひろまつわたる》のテクストである。傍点は全て本稿の引用者による：

このことは、同一人物においてすら、時と所によって、心像＝意味が一定しないという結論にまで推及されかねない。同一の語が同一の意味をもつとするとき、謂うところの「意味」は、たんなる心像、単なる心的イメージではなくして――ここでは意味＝事物説は論外である以上――「観念」とでも呼ばるべき特別な或る心的形像で

なければなるまい。（廣松渉 1979: 111）

「同一の語が同一の意味をもつ」と述べる、こうした考え方は、廣松渉に留まらず、若干のヴァリアントはあっても、多くの論者に見られるものである。そして言明されずとも、暗黙裏にそうしたロジックで進められるとき、ことはいよいよ危なくなる。同じことばが、同じ意味を持って動き回る、この〈意味同一性〉という思考の裏には、おそらく言語が出現して以来生き続けている、〈ことばの物神化〉を支える〈態度〉が棲みついている。

廣松渉のような謂わば伝統的な思考だけではなく、あるいはもっと先進的な思考にも、こうした〈意味同一性〉が見て取れる。言語と意味についての思考の中では、その広さと深さで群を抜いている一人だと思われる、ジャック・デリダにあっては、こうした〈意味同一性〉は最も深いところまで下降し、極限まで徹底して検討される。いわゆるデリダ＝サール論争を扱ったデリダ（2002）には、デリダとサール双方がこうした思考から逃れ得ていないことが、見えてくる。第5章第5節(6)や第7章第8節(6)で見たように、サールのような言語行為論にあっては〈意味同一性〉は疑い得ない公理のごときものである。そうでないと理論自体が成り立たない。デリダはそう単純ではない。

デリダ（2002）などに現れる思考を、脈所を見事に心得た、高橋哲哉（2003: 140-177）の助けも借りて見てみよう。「言語表現としてのパロールは、それが反復可能であるかぎりでのみ存在しうる」という言説の形で浮かび上がり、さらに「〈いま〉〈ここ〉で語っている主体の現前性が変容したり消失してしまった以後も、また発話の瞬間に現前していたとされるオリジナル・コンテクストが失われてしまった以後も、依然として保持される」という形で展開される。そして「この反復可能性が、パロールにとって外的な単なる偶然的可能性ではない」、「主体やオリジナル・コンテクストの不在において空虚に反復されうる可能性は、パロールとエクリチュールを含む言語一般の可能性の条件」であると一般化されてゆく。「くりかえし読まれ、反復して機能する言葉」とは、要するに、同じ意味がありとあらゆる言語場、主体が死に絶えた後においてもなお可能であるという、デリダの言う「反覆可能性」(itérabilité)と読むことができる。結論への志向性はともかく、その手続きは、〈同一のことばによって同一の意味が反復して実現し得る〉という思想に支えられているのである。

デリダ(2002: 22)はこう述べている:

> こう言ってよければ、私の「書かれたコミュニケーション」がエクリチュールという自身の機能をもつ、つまり自身の読解可能性をもつためには、それは、所定のあらゆる受け手一般が絶対的に消滅してもなお、読解可能にとどまらなければならない。私の「書かれたコミュニケーション」は、受け手の絶対的な不在、ないしは経験的に規定可能な受け手の集団の絶対的な不在において反復可能《レペタブル》――反覆可能《イテラブル》――でなければならないのである。こうした反覆可能性〔itérabilité〕(〈再び〉を意味するiterはサンスクリット語で〈他〉を意味するiteraに由来するという。以下のすべては、反復を他性に結び付けるこのロジックの開発として読むことができる)は、エクリチュールのマークそのものを構造化しており、そのうえ、いかなるタイプのエクリチュールであろうと(旧来のカテゴリーを用いれば、絵文字、象形文字、表意文字、表音文字、アルファベット文字、それらのいかなるタイプであろうと)関係が無い。受け手の死を超えて構造的に読解可能――反覆可能――でないようなエクリチュールはエクリチュールではないだろう。[154]

「受け手の死を超えて構造的に読解可能――反覆可能――でないようなエクリチュールはエクリチュールではない」という右の命題に対して「最終的な異議を検討する」と述べるデリダは、言語一般にこの命題による手続きを拡大してゆく。こうした構造的な反覆可能性に注目するデリダは、その最終的な目標の在処《ありか》とは裏腹に、検討の手続きにはさらに、「コード」を言い、「コードのプロトコル」に触れ、そして「マーク」を繰り返し口にしている。「コード」

とその「プロトコル」に支えられて構成される「マーク」。そこに〈同一のことばによって同一の意味が反復して実現し得る〉という思想が、忍び込む。「書くとは、一種の機械を構成するであろうマークの生産であり、今度はこの機械が生産するものとなるだろう」、そして「すべての記号は、所与のいかなるコンテクストとも手を切り、絶対的に飽和不可能な仕方で、無限にコンテクストを発生させることができる。」とデリダ（2002: 23, 33）が言うとき(155)、「記号」は無限回数の言語場に開かれているということを述べているのであって、そこには同一のことばによる同一の意味の反復といった眼差しが、どうしても見えてくる。

デリダが反復可能性に着目したのは鋭い。エクリチュールから出発し、「反復」に「反覆」を見てとって、それが「他性」と係わることを喝破していることが、何よりもまず鋭い。さらにデリダ的な観点からは、ことはパロール、エクリチュールを問わないのだとする点が、これは決定的な留保つきでだが、面白いのである(156)。而してデリダはこれを「記号」一般に拡大した地平で語っている。「記号」への位置づけはさらに経験とか行為といったものを照らすなどにまで、際限なく拡がろうとする。けれども言語存在論的な視座から照らすとき、パロールとエクリチュールに通底すると見たからといって、そのことをただちに「記号」一般へと溶解させてはならないのであった。また逆も同様である。言語ではない何某《なにがし》かの記号に備わる性質が、言語に常に備わっているとは限らない。ソシュール、デリダを問わず、言語は記号だと言えるとしても、記号の全てが言語であるわけではない。記号と言語を結びつける式は、性質の断裂を接合する、比喩の衣装を常に纏《まと》っている。デリダは〈意味するもの〉と〈意味されるもの〉の結びつきを問い糺し、「記号」をも問い糺す。その意志は素晴らしい。しかしその手続きにおいては、却って、記号と言語が接合されてしまう。

「書くとは、一種の機械を構成するであろうマークの生産であり、今度はこの機械が生産するものとなるだろう。」

――「一種の機械」といった比喩的名辞がロジックの跳躍点になっているこうしたテクストには、詩を味わっているのでないかぎり、幾重にも注意が必要である。こうした跳躍にはデリダの〈マークの物神化〉つまり〈エクリチュールの物神化〉が透けて見えてくる。論理の不用意な流れ出しを防ぐために、今「マーク」は言語的なマークに限っておこう。「構成されたマーク」とは、書かれたのちには、物理的な形に過ぎない。「マーク」はいかに在るのか？　マークがマークとして在るとは、常に〈何らかの物理的な身体を有した形で在る〉ことに他ならない。一切のエクリチュールがそうである。しかし「今度はこの機械が生産するものとなるだろう」とデリダは書く。もちろん言語存在論的な視座からは、「一種の機械」は、「生産」などしない。いかに可能性を秘めていても、それ自体としてはものでしかない「一種の機械」＝エクリチュールを、目覚めさせ、駆動させるのは、常に言語場における読み手であり、書き手であるから。なるほどデリダは主体（仏 sujet）の権威や主体の「現前性」の権威を破砕せんとする。而してその階梯には、こうして「一種の機械」を言語場における人の存在なしに駆動させる、〈自動機械〉が据えられるのである。主体を放逐するために、物理的な存在たるマークを、エクリチュールを、ことばを、主体なしに、あたかもそれ自身で駆動する〈自動機械〉と見てしまう。こうして理念と現実が転倒する。人が駆動させているものを、ものが駆動しているかのごとくに、いつしかすり替える自動機関《からくり》。エクリチュールという絡繰《からく》りの前に、人は悼《いた》み慄《おのの》き、そして主体は無化されるのである。デリダにしてなお徘徊するこうした〈ことばの物神化〉は、デリダのみならず、デリダが批判もした、まさに構造主義、そしてソシュール言語学の生霊《いきりょう》である。「所与のいかなるコンテクストとも手を切り、絶対的に飽和不可能な仕方で、無限にコンテクストを発生させることができる」のは、自動機械が自ら駆動することによってではなく、もちろん人がそれを可能にする。〈記号がコンテクストを発生させる〉などという事態は、少なくとも言語についてはあり得ない。エクリチュールがいかに在るかを、そんなふうに語ってはいけない。「チューリップが熱狂を発生させる」と、言っているようなものだからだ。熱狂したのは、人であって、チューリップは一七世紀も今も、オランダでもアジアでも、何事をも語らず、おそらく静かに佇《たたず》んでいるだけである。記号がコンテクストを発生させるように見える瞬間とは、いつも人の対峙が始まる瞬間に他ならない。主体の現前性への慄きは、物神化されたことばへの慄きである。言霊はこうして西洋形而上学をも貫く。

危うさはこんなところにも現れる。デリダはエクリチュールの例に「絵文字」を挙げている。どこからどこまでも絵文字の（pictographical）性質としているかにもよるが、もちろん絵文字はこれまで述べてきたような、言語に則した〈文字〉ではない。携帯デバイスの上に浮かび上がる「絵文字」は、言語存在論を待たずとも、伝統的な言語学にあってさえ、「文字」とは区別されるものである。ある〈かたち〉によって単に何らかの「意味」らしきものが想起可能だということだけでは、それは「記号」ではあり得るかもしれないが、〈文字〉ではないのである。言語を、一九世紀的な「意識」一般に溶解させてはならないのと同じように、文字と絵文字は、少なくとも厳しく区別して扱わねばならない。そして絵文字はエクリチュールとは区別される。私たちの扱う意味とは、言語に即した意味であって、絵文字から喚起されるところのものは、今は区別しておかねばならない。言語的な意味を、非言語的な「意味」へと溶かし出してはならない。

結論だけ述べよう。デリダの言う反復可能性を支えるのは、〈同一のことばによって同一の意味が反復して実現し得る〉ということにあるのではなく、逆に、〈同一のことばによって、ほとんど無限回と言ってよい言語場の中のそれぞれで、異なった意味が実現し得る〉ということに存する。より簡潔に言えば、〈同じことばが、異なった言語場における人々にあって、それぞれ異なった意味となる〉という機制こそ、個のことばが他と共にされることを支えるのである。宮﨑裕助訳のデリダ（2002: v. 56）が用いた見事なことばを借りれば、まさに他の言語場において既に実現したことのある意味を〈覆し得ること〉、この意味での〈反覆可能性〉にあると言わねばならない：

同じことばが言語場ごとに異なった意味となる

このことによって〈自らのことばが他のことばとして在る〉ことが可能になる

ことばは意味を伝達するのか？　もはや答えは鮮明である。ことばは意味を伝えない。より正確に言えば、予め存在していた出来合いの意味をことばが伝えるわけではない。ことばは発し手と受け手のそれぞれにおいて意味となるのである。それも異なった意味として。既に実現された意味は、絶えず覆され、上書きされ続ける。ここにおいて意味（独 Bedeutung）と意義（独 Sinn）の区別は揺らぎ始め、外延＝明示的意味（仏英：denotation）と内包＝共示的意味（仏英 connotation）の境界も融合し始める。[157] 不変の意味を持ったことばをやりとりするのではない。ことばとして対象化されるのは、〈意味の可変性に開かれたことば〉なのである。言語論は〈ことばの物神化〉を背負った〈意味同一性〉とは訣別せねばならない。

　話し手と聞き手それぞれの意味の差は、あるいは、あまりに微細なもので、「同じ意味」と言われるほどであろう。あるいはまた、意味の差が著しく、場合によっては意味の実現さえ阻むほどかもしれない。「言葉が意味を伝える」という考え方は、話し手と聞き手の意味の差がコミュニケーションの場において問題視されない場合を、暗黙の前提としてしまっている。そして言語と意味をめぐる多くの問いは、こうして「話し手と聞き手の間にどうして意味が伝わるのか」即ち「話し手と聞き手の間でなぜ同じ意味が実現するのか」という問いの形で提起されてきたのである。そこでは前提も誤っているし、問いもまた誤っている。

　ことばが実現するとき、幾度も強調したように、意味は世に言う言い方をするなら「伝わる」こともあるし、「伝わらない」こともある。「伝わった」かどうか自体が不分明な「伝わり方」もある。言語はそもそも、その言語を知らないものには、意味は「伝わらない」。正確に言うなら、〈意味とならない〉ものである。もちろん同じ言語の話し手であっても、意味はあるときは伝わりもするし、あるときは伝わりもしない。[158]

言語場において立ち現れる意味の振幅は、同一の言語場が世界には再び出現し得ないということ、同一の発話者と受話者が再び同一の言語場に立ち得ないということに、その発生論的な拠り所を有する。私とあなたが異なる――これが全ての始まりである。言語にとっても、意味にとっても。そして言語論においても、意味論においても。そして言語の本源的な〈共生性〉といった性質も、ここに始まる。

同じことばが言語場ごとに異なった意味となる。このことが、〈自らのことばが他者のことばとしても存在し得る〉ことを支える。ことばと意味の原理的な共生性を支えている。ことばによって出来合いの意味をやりとりするのではなく、人がことばによって意味を紡ぎ出す。世界内における個人史の違い、思想と感性の違いを背負っている個が、意味を紡ぎ出す。人間の中に、意味が立ち現れる。ことばという形を手がかりに、人は言語的対象世界を造り上げる。言語場に立つ発話者と受話者それぞれが造形する言語的対象世界は、こうして常に異なっている。

ことばは境界づけられた形である。言語音にせよ、文字にせよ、対象化されたことばは、常にそれなりの輪郭を持った〈かたち《ゲシュタルト》〉、境界づけられた〈かたち〉である。境界づけられた〈かたち〉が、境界のぼんやりした〈意味〉となる。振幅する〈意味〉となる：

> 意味は造形されつつ、振幅する。意味は振幅することによって、他者と自己の間に存在が可能なのであり、反復＝反覆が可能なのである

言語のみならず、言語的な意味もまた、原理的に動態なのである。

言語場の構造自体に着目しても、既に見たように、対話といった言語場にあってさえ、実は言語場は多重化されているのであった。話し手が自らのことばを聞く言語場、聞き手が話し手のことばを聞く言語場、それらがあたかも一

つのより大きな言語場の中に包まれている。そうした複層的な言語場にあって、話し手と聞き手それぞれで実現する意味は異なって現れる。次のような発話が言語場の中に存在し得ること自体が、そうした事情を物語っている——私はそういう意味で言ったんじゃないよ。

意味というものが対話の言語場において不変であるなら、右のような発話の存在理由はなくなってしまう。およそ言語的な意味を問うなら、意味のあるなしではなく、意味が〈いかに在るか〉を問わねばならない：

> 意味は時としてわがままにずれるのではない。意味は生起するたびに常にずれている
> そのことがことばの意味にとって本質的なありようである

自らと他者は常に異なる存在である。であるとするなら、そもそも自らのことばが自らにおいて実現する意味と、他者において実現する意味が同一であろうはずがない。言語存在論に係わるはずの多くの思考は、このことを見ない。言語が〈いかに在るか〉を、見ないからである。言語存在論に関わるはずの多くの思考は、生きた生身の人間から、言語を切り離してもなお、言語が存在し、機能していると、ともすると錯覚する。言語は人間から切り離されてもなお、浮遊する存在なのではない。浮遊し得るのは、ことばの形そのものだけなのである。そしてことばの形そのものは、未だ意味ではない。意味となるかもしれないし、意味となる言語場には永遠に出会わぬ〈形〉かもしれない。そこに言霊を見て、慄く必要はない。

デリダの言う、反覆可能性を支えるのは、エクリチュールそれ自体でもパロールそれ自体でもない、他ならぬエクリチュールを読み、パロールを聞く者の存在が支え、彼らの営みが可能にするのである。反覆されるパロールとエクリチュールという、位相の全く異なるありようを、融合させ得るのは、ただただ言語場を創り上げる言語主体たち、

人という存在である。〈話されたことば〉と〈書かれたことば〉の言語場における人という存在が、反復可能性を支えている。ことばとしての一つの実現形態が、いかようにも可変的な意味をもたらすこと、このことこそ、あらゆる言語的意味の生成を可能にする原理だと言わねばならない。

　言語的対象世界、人と人との、その世界像は、ややもすると、互いのうちで絶望的に異なっている。しかし私たちはニヒリズムへと彷徨する必要はない。なぜと言って、互いの世界像は、異なりながらも、あるときはまるで同一の世界であるがごとくによく似ているではないか。そこにはしばしば共感さえ立ち現れている。ことばによって笑い、涙する。それを共同幻想などということばで片付けることはできない。それは言語的な意味というものの圧倒的な現実なのである。ことばを手がかりに造られた意味が、言語的対象世界が、人にあってそれぞれ互いに異なることは、結論ではなく、幾度も言うように、出発点である。出発点である以上、そこに満ちているのは、絶望ではなく、希望である。

4　〈教え＝学ぶ〉言語——言語の本源的な共生性

(1)　言語は他から学び、他を教えるものである

　言語が動態であり、意味もまた動態であることを見た。そうした動態性を支える、言語のいま一つの重要な秘密も、見ておかなければならない。それは言語が、教え、学ばれるものだということである。これはいわゆる「国語」を教えるとか、「外国語」を教えるなどといった意味だけではない。公的な教育、私的な教育を問わず、いわゆる言語教育での教え、学ぶという意味だけではない。ここで問題にしているのは、私たちの母語は、全て、教え、学ぶ過程として実現するものだ、ということである。それぞれの言語場において言語が実現することそれ自体が、絶えざる教え

と学びの中に、言語を実現させるという営みに他ならない。ことばを発し、ことばを享受する全てが、多かれ少なかれ、教えという契機をうちに含み、学びという契機をうちに孕む営みである。言語はあたかも呼吸のように営まれるが故に、教え＝学ぶというこうした契機は、隠された秘密のごとくに振る舞う。言語が動態として現れることは、言語のこうした契機が支えるものでもある。

幼児にことばを教えたり、幼児がことばを学ぶものだということは、誰もが知っている。言語が学校や教室で教え、学ぶものだということも、知らぬ者はいない。だが私たちがいわゆる言語形成期を終えてもなお、日常の中で、話し、聞き、読み、書くこと自体が、教える営みであり、学ぶ営みであるということについては、あまり語られない。むしろこうした契機に関心を払う言説は、実は遥かに少ないと言える。教え＝学ぶという契機は、言語をめぐる言説においては、しばしば置き去りにされている。

そうした中でこの契機に思いを巡らせていると思われる、いくつかの論考がある。Willard van Orman Quine（1960; 2013: 12, 1977: 41）、W・V・O・クワイン（1984: 20）はこう述べている：

> われわれをコミュニケーションの中で互いに結びつけている一様性の背後には、混沌とした私的で多様な結合関係が存在するのであり、その結合関係は、各人に応じてそれぞれ進化し続けている。われわれのどの二人も言語を同じように学ぶことはないし、生きている間はある意味では言語を学び終えることもないのである。

「われわれのどの二人も言語を同じように学ぶことはないし、生きている間はある意味では言語を学び終えることもない」という観察は、言語に関する私たちの経験的な事実に沿っているし、かつ言語のありようを考える貴重な胚珠を宿している。「われわれのどの二人も言語を同じように学ぶことはない」という事実の向こうには、「われわれのどの二人も意味を同じように造形することはない」という地平が見えるはずなのだが、残念ながらクワインはここから先へは私たちと道を共にしない。ただ、分析哲学の雄たるクワインが「生きている間はある意味では言語を学び終えることもない」という観察をしていることの意義は、決して小さくない。言語場からセグメントとして切り出され、プレパラートに作られた〈文〉が眠る標本室に蹲《うずくま》っているのではなく、この観察は、少なくとも、標本室の窓からは、言語場が生きて動く広野を見ている。

私たちがことばの名で、あたかも無機的な対象のように扱っているもの、そうしたことばは、自らのうちにあっては、常に他者から学んだものであり、また他者から学びつつあるものである。一定不変の自己同一性を誇るがごとくに扱われることば、そのことば自体が、〈他者のことば〉という契機を内包するものである。あるいは母という名の他者、あるいは父、あるいは姉であり、兄である、そして無数の他者から学んできたことばを、自らが発する。同じ単語も数多の他者から学んできたのであって、経験した数だけの言語場が存在したのだと言わねばならない。〈ことばを学び＝教える〉ということを、もののやりとりのごとくに考えてはいけない。〈ことばを学び＝教える〉とは言語場においてことばを実現させ、意味を実現させるありようそのものを、学び＝教えるということだからである。ことばの形だけを教えるのではなく、学ぶのでもなく、それらの形が〈かたち〉として立ち現れ、〈意味〉として実現し、何らかの〈機能〉を幹《つかさど》るありようを、学び＝教えるのである。

ある言語場においてことばによって何かを語るということは、そのことばの〈形と意味と機能〉の経験を共有化することでもある。ことばの用法も経験の中で絶えず上書きされる。ことばに意味を造形する経験も、しばしば造形の失敗を繰り返しながら、絶えず上書きされる。そして記憶にもことばは絶えず上書きされてゆく。卒業と共に、経験の中で繰り返されない同級生の名は、忘れられてゆくが、卒業の後もことばの〈形と意味と機能〉の経験が反復される同級生の名は、いつまでも覚えていて、また自らの使用にも供される。

〈ことばを忘れない〉ということは、言語をめぐる言説ではあまり注目されないけれども、実は重要である。母語でない言語はもちろん、母語にとっても、〈ことばを忘れない〉ということは、〈ことばが使える状態を維持する〉ことであり、〈ことばが意味となる営みを可能にしておく〉ことだからである。言語内のデバイスのうち、文法のように半ば自動化されるまで習得されている対象では、そう目立たないが、語彙のようにアイテム化されて獲得される傾向の強い対象については、〈ことばを忘れない〉でいるということは、人の言語使用にとって緊要な日常的過程である。母語であれば、体系としての基本的な文法は忘れにくい一方で、語彙の方は、使われなければ、遥かに忘れ易い。とりわけ人名などの固有名は、接しては、その一方で忘れられる、語彙の典型的な一群である。「あ、あれ誰だったかな」とか、「あの映画、題名は何だったかな」、「あ、この曲、何て言ったかな」といった思いがよぎるのは、私たちが日常的に遭遇する場面である。

私たちが〈ことばを忘れない〉ことは、何よりも実際の言語場の中で当該のことばに出会うという経験が、支えている。それも繰り返し出会うことが、その支えの最も強力なものである。例えば顧客の名を記憶するための、営業担当者やホテルパーソンの営み、〈書かれたことば〉の人名のリストを用いて生徒の名を記憶しようとする教師の営みなどは、このことの目的意識的な実践の一つである。要は自らの営みでなくとも、他者がそのことばを言語場の中で自らに出会わせてくれればよい。そうした出会いはとりもなおさず、そのことばとそのことばの形と使用を言語場の中で示してもらうこと、即ち、〈教えてもらって、学ぶこと〉に、他ならない。明示的意味（denotation）や概念的意味（conceptual meaning）と呼ばれてきた意味は絶えずこうして上書きされ、共示的意味（connotation）は言語場ごとに拡大する。ことばを発する自己も、言語場においてそのことばの形とことばの使用の検証の営みを行っていることになる。ことばが不自然であったり、意味を結ばなければ、言語場ではしばしば他者からことば自身を問題にされもするわけである。こうした、〈言語場におけることばの経験の共有と蓄積〉、これはまさに〈教え＝学ぶものとしての言語〉の実践的過程である。それゆえ「生きている間はある意味では言語を学び終えることもない」。

言語における教え＝学ぶという契機を正面から見据えようとした論考に、柄谷行人（1986）がある。ヴィトゲンシュタインが「われわれの言語を理解しない者、例えば外国人は」（『哲学探究』20）といった例を挙げていることに注目し、柄谷行人（1986: 5–6）はこう述べている：

「われわれの言語を理解しない者、例えば外国人」は、ウィトゲンシュタインにおいて、たんに説明のために選ばれた多くの例の一つではない。それは、言語を「語る―聞く」というレベルで考えている哲学・理論を無効にするために、不可欠な他者をあらわしている。言語を「教える―学ぶ」というレベルあるいは関係においてとらえるとき、はじめてそのような他者があらわれるのだ。私自身の〝確実性〟をうしなわせる他者。

こうして教え＝学ぶという契機を導入することによって、柄谷行人は言語がむしろ通じないものであるという、決定的な認識から出発する。この点で、言語が通じるものであるというア・プリオリを疑う根拠地から、言語を見ることが、可能になるのである。

いつでも、そしてどこにあっても、あらゆることばは、幼き自らが当該の時間までに他者から学び、他者に教えてきたことばである。発することば自身が、常に、既に数多の反覆を経てきたものである。言語の起源ははかり知ることができない。而して自らの言語の起源は誰もがうっすらと思い描き得る。他者としての乳飲み子を見遣ることで、それは知れる。遠き日に、乳飲み子であった自らの歴史、幼き日に遊んだ自らの歴史には、教え＝学ぶものとしてのことばが点景として鏤《ちりば》められているであろう。

あらゆる言語場が世界のうちに在る限り、あらゆることばもまた、世界のうちに実現する。言語の起源に立ち会うことはできないが、言語の今は常に自らが創っている。あらゆる〈話されたことば〉、ありとあらゆる〈書かれたことば〉は、他者との係わりのうちにのみ、位置を占める存在である。その係わりとは、常に二重の係わりである。一つは、言語を用い得るということ自体が、教え＝学ぶという永き係わりに培われたものであるということ。いま一つは、言語場における言語の実践それ自体が、その言語場における他ならぬ教え＝学ぶという係わりであるということ：

言語は他者との二重の係わりのうちに在る
言語を発し得ること自体が、教え＝学ぶという永き係わりに培われている
言語を発すること自体が、教え＝学ぶという新たな係わりの実践である

教え＝学ぶという係わりをめぐるこの二重性は、言語にとって本質的なものである。言語場において実現されたことばは、たとえたった一つの単語からなることばであっても、二つの性質を本質的に持つ。第一に、ことばは、教え＝学んだ、形と意味と機能の経験という、過去の言語場における他者との係わりをうちに蔵しているという性質。第二に、ことばはまた新たな言語場における教え＝学ぶ係わりを自《おのずか》ら求めるという性質。第一の係わりは言語の能力を支え、第二の係わりは言語の遂行からもたらされる。個にあっては、第一の係わりは生まれてからこれまでの実践に基礎づけられ、第二の係わりはいま・ここでの実践に基礎づけられる。第一の係わりは反復に支えられ、第二の係わりは反覆を執行する。第二の係わりは言語の新たな書き換えである。

言語的な実践とは、単に人から人への一般的な係わりを意味しない。互いの知覚の圏内に入る、といった生物的な係わりでもない。言語の実現、ことばが言語場に形として現れるということ、言語が言語場に行われる、即ちまさに

言語がそこに〈在る〉いうこと、そのこと自体が、原理的に、人と人とのこうした教え＝学ぶという人間的＝社会的な二重の係わりの果実であり、花であり、また同時に種子なのである。(159)

あらゆることばは社会的な存在である。ことばは他者とことばを交わすことができるがゆえに社会的な存在なのではない。自らがことばを発し得るということ自体が、既に社会的なのである。そしてことばを発する営み自体もまた、社会的である。それも単なる価値の交換のような社会性ではなく、〈教える〉〈学ぶ〉といった契機を内包する、いかにも人間的な社会性である。言語の間主観性《かんしゅかんせい》といったものを語り得るとしたら、その基礎はここにある。

言語は社会的なものだと人は言う。社会的なものとは、集団的なものであることだけを意味しない。社会的とは、たとえいかに画一的な性質を要求される集団であろうと、個が互いに同じではないことの謂いである。人が互いに異なり、その言語が異なる。ことばが人ごとに異なって、そして意味もまた、人ごとに異なって実現する。繰り返そう。私とあなたが異なる――これが全ての始まりである。それが言語の本源的な共生性の根拠である。

言語の能力。ことば自体が、他者との係わりという膨大な変数に満ちたありようの中に、培われたものである。言語の実践。さらにそうした変数に溢れた言語の可能性を用いて、ことばによって語ること、ことばを形にして発すること自体が、意識的にせよ、無意識的にせよ、未だ実現していない、またしても他者との、膨大な変数に満ちた新たなる係わりへと、触手を延ばす営みである。言語能力と言語実践の変数の海にあって、言語的意味は振幅せざるを得ない。自らが用い得ることばの形は同じでも、その使用の経験の蓄積は人ごとに皆異なっている。ことばの形自体はたとえ同じであっても、ことばが係わりのうちに実現する以上、意味は常に係わりの向こうにある。言うまでもなく、係わりとは、対他的なありようであって、予め形の定まらぬものである。そのことばがいかに教えられ、学ばれるかは、いつも即興的で、未知のもの、その時々に揺れ動くものである。私たちはことばによって〈既に在る意味〉をやりとりしているのでは、決してない。意味とは〈いま・ここに・新たに・実現する意味〉のことである。〈既に在る意味〉が受け渡されるのではなく、意味は常に〈係わり〉という不定の形の向こうにあって、意味にとっての振幅はいよいよ本源的な性質である。この点で、ことばを結節環として築かれる係わりの向こうに、大いなる幸運と共にあるいは実現するかもしれないもの、それが〈意味〉である。〈意味〉——それはいつも可能性の方に立ち現れる。

さらに言えば、母語と非母語を問わず、私たちが他者のことばを学ぶ根拠、学びたい根拠といったものも、まさにこうした〈言語がいかに在るか〉という問いから照らし出される、言語の本源的な共生性といったありようのなかに、存する。(160)

あとがき

言語はいかに在るのか？　本書はこうした問いから出発し、歩んできた。言語の存在様式論と表現様式論を区別し、ことばが意味となったり、意味とならなかったりするありよう、文字が意味となったり、意味とならなかったりするありようを見据えながら、位置づけ直すこと。言語の存在様式としての〈話されたことば〉と〈書かれたことば〉が、一体いかに異なっており、それらはいかなる関わりの中にあるのか、その謂わば位相的な鏡像関係を、言語場の人類史的な変容の過程も念頭に置きながら、描き出すこと。言語場論に立脚し、〈話されたことば〉の実現体たる談話と、〈書かれたことば〉の実現体たるテクストの構造を照らすこと。言語がいかに在るかを見据える中で、文字の誕生、即ち〈書かれたことば〉の誕生から同時代のＩＴ革命に至る、メディアを支えとする言語場の猛烈な変容を直視し、そのことが言語の存在様式と表現様式へ、いかに関わっているかを考察すること。〈話されたことば〉と〈書かれたことば〉を見るにあたって、訓民正音＝ハングルという知の導体の存在を位置づけること。〈話されたことば〉と〈書かれたことば〉の相互浸透のありようを見ること。言語はいかに在るのかという問いから、言語内の表現のありようを照らす、〈文脈論〉〈引用論〉〈命名論〉〈言語化論〉〈言語的対象世界論〉といった、いくつかの問題群の手がかりを獲得すること。言語を語るにあたって、西欧の学問であった言語学を、日本語や朝鮮語＝韓国語の視座からも照らし返すこと。浅学非才の身であってみれば、こうした巨大なことがらの全てを一冊の書物で充分に描ききることは、もとより叶わない。

言語学はかつて、哲学の、美学の、文献学の、記号学の、情報工学の、心理学の、教育学の、社会学の、歴史学の、人類学の、あるいはまたその他の学問の一部として語られた。いかなる位置づけを試みるにせよ、その基礎において、《言語はいかに在るのか》という問いは、問われねばならない。本書の願いは《言語はいかに在るのか〉という問いが何よりもまず、拓かれることにある。形而上学的な思弁の世界を抜け出て、記号論的な平面を超え、関係論的な空《むな》しさに溺れず、生きた現実の存在論的な視座から言語を照らす――このことを貫くならば、言語をめぐる豊かな問いが、更にあちらこちらに湧出《ゆうしゅつ》するであろう。そうした問いの群れの蜂起の向こうに、やがて言語の幻想の形而上学が崩落する。問いは拓き得たであろうか。

本書は、言語を存在論的な視座から照らす、その基礎論、原理論であった。本書では踏み込んでいない、〈文法論〉などを始めとする、日本語学や朝鮮語学＝韓国語学、そして日韓対照言語学などにおける実践論、即ち日本語や朝鮮語＝韓国語の様々な言語事実についての具体的な言語学的研究は、文献一覧に挙げた、『韓国語教育論講座』全五巻（くろしお出版）を始めとする、他の拙論、編書をご覧いただければ幸いである。本書で僅かに触れたハングル＝訓民正音をめぐる様々な問題、言語音と文字、漢字やローマ字など文字論的な問題、言語と知といった問題については、『ハングルの誕生――音《おん》から文字を創る』（平凡社）を、対照言語学的視座から日本語を見る楽しみについては、『日本語とハングル』（文藝春秋）を、更にまた、人類史的な言語危機段階にあるとも見える今日、言語存在論を踏まえた、言語学習＝言語教育がいかにあるべきかという問いについては、『韓国語をいかに学ぶか――日本語話者のために』（平凡社）を、それぞれ参看していただければ、嬉しい。

本書の萌芽は、東京の東洋文庫の研究室における、言語学者・故河野六郎先生との、短くも凝縮された貴い時間の中にある。朝鮮語＝韓国語の名詞分類を論じた拙稿を前に、「この、〈ことばが意味になる〉というのは、面白いね」と語ってくださったこと。教えは、いつまでも心に沁みている。

本書が世に出るには、ソウル大学校言語学科教授、韓国の国立国語院院長、ハングル学会会長を歴任なさっておられる権在一《クォン・ジェイル》先生、延世《ヨンセ》大学校言語情報研究院院長、国語国文学科教授の徐尚揆《ソ・サンギュ》先生、東京大学大学院教授であられる生越直樹先生のご尽力を賜った。また名古屋外国語大学学長、東京外国語大学前学長の亀山郁夫先生、東京外国語大学大学院教授の川口裕司先生、そして海山文化研究所の金禮坤《キム・イエゴン》先生のご厚誼に心よりお礼を申し上げたい。その篤き教えに、梅田博之、姜信沆《カン・シナン》、李基文《イ・ギムン》、大村益夫、成百仁《ソン・ベギン》、菅野裕臣、藤本幸夫、西谷修といった先生方、そして故千野栄一先生、故安秉禧《アン・ビョンヒ》先生、故志部昭平先生のお名前もここに記させていただきたい。

東京大学出版会という素晴しき場へと至り得たのは、ただただ、同会の専務理事であられた竹中英俊氏と、多摩美術大学教授、西岡文彦先生のお導きによる。お二方の折に触れての励ましにも感謝申し上げたい。

我がもとで学んでくださった地平を、もはや遥かに超えておられる金珍娥《キム・ジナ》、高槿旭《コ・グヌク》、辻野裕紀といった諸兄姉のご助力も、忘れられない。

本にしてくださった東京大学出版会専務理事・黒田拓也氏と第二編集部長・山本徹氏に初めてお目にかかったのは、たまたま講演のために滞在した、臨津江《リムジンガン》＝イムジン河に接する、韓国の坡州《パジュ》出版都市においてであった。「坡州북소리《プク・ソリ》」というブック・フェアでの縁《えにし》であった。「プク・ソリ」は「太鼓《プク》の音《ソリ》」と「本《プク》の声《ソリ》」の両義をもたらすことばである。編集を預かってくださった山本徹氏の、誠心誠意の熱情を得て、著書、言語未生以前のささやかな思いは、声《ソリ》という確かなる存在のかたちを得た。

最後に、本書を共にしてくださった皆さんに、熱き思いで、心の底からのお礼を申し上げたい。

二〇一八年一〇月

野間秀樹

本書は基本的には全体を新たに構成し、書き下ろしたものであるが、一部の章と節では、次のような初出の文献を改稿して再録した。第2章第4節は野間秀樹（2010）などで展開した論の一部からの要約的な記述となっている：

「言語存在論試考序説Ⅰ——言語はいかに在るか」、「言語存在論試考序説Ⅱ——言語を考えるために」野間秀樹編著（2008）『韓国語教育論講座　第四巻』東京：くろしお出版

「文法の基礎概念」、「文をめぐって」、野間秀樹編著（2012）『韓国語教育論講座　第二巻』東京：くろしお出版

『ハングルの誕生——音《おん》から文字を創る』（2010）東京：平凡社

なお本書の刊行にあたっては韓国国際交流財団（Korea Foundation）から出版助成を得た。

著者紹介
言語学者．著書に『ハングルの誕生——音《おん》から文字を創る』（平凡社．アジア・太平洋賞大賞），『韓国語をいかに学ぶか——日本語話者のために』（平凡社），『日本語とハングル』（文藝春秋），『한국어 어휘와 문법의 상관구조』（韓国語語彙と文法の相関構造．ソウル：太学社．大韓民国学術院優秀学術図書），編著に『韓国・朝鮮の知を読む』（クオン．パピルス賞），『韓国語教育論講座』全５巻（くろしお出版）など．大韓民国文化褒章．ハングル学会周時経《チュ・シギョン》学術賞．東京外国語大学大学院教授，ソウル大学校韓国文化研究所特別研究員，国際教養大学客員教授，明治学院大学客員教授を歴任．リュブリアナ国際版画ビエンナーレ，ブラッドフォード国際版画ビエンナーレなど美術家としての活動もある．現代日本美術展佳作賞．

言語存在論

2018 年 11 月 15 日　初　版

［検印廃止］

著　者　野間秀樹《のまひでき》

発行所　一般財団法人　東京大学出版会

代表者　吉見俊哉
153-0041 東京都目黒区駒場4-5-29
http://www.utp.or.jp/
電話 03-6407-1069　Fax 03-6407-1991
振替 00160-6-59964

組　版　有限会社プログレス
印刷所　株式会社ヒライ
製本所　牧製本印刷株式会社

ISBN 978-4-13-086054-3　Printed in Japan

索　引

人名索引

さ　行

た　行

な 行

は 行

ま 行

や 行

ら 行

わ 行

欧 文

事項索引

か　行

さ　行

た　行

な　行

は　行

ま　行

や　行

ら　行

わ　行

註

1) 言語哲学の立場から、飯田隆《いいだたかし》（1987: 11-12）は興味深い述べ方をしている。哲学は「思考についての思考」であるとしたのち、「未だに多くの人にとって、思考とは、自分の心の中で生ずることである。そして、そうした人々は、自分が何を考えているかは、「内省」という、本人だけに可能な手段によって明らかになるはずだということに疑いを抱いていない。」「思考についての現代的観点は、こうしたことをすべて否定する。思考とは、心の中で生ずることではない。自分が何を考えているかについて、その本人が特権的な知識をもっているわけでもない。」「思考は（少なくとも概念的思考は——もしも概念的以外の思考の形態があるとするならば）、言語を使用する能力を行使すること以外の何ものでもない。したがって、何が考えられているかは、心の中に見いだされることではなく、その考えられたことの言語的表現がどのように用いられているかを見ることによって明らかになることである。」日本の国語学を見れば、山田孝雄《やまだよしお》（1922, 1924^3: 1）の次のような言に突き当たる。「凡そ言語といふものは思想を内容とし声音を外形としたるものなり。この故にその思想のみの研究も声音のみの研究も言語の研究には関聯する所甚だ密接なれど、しかも思想又は声音は直に言語にあらず。（中略）言語の研究には言語学あり。」

2) フンボルトの「内的言語形式」から出発し、これを論じたものに、金子亨《かねことおる》（2009）がある。チョムスキー言語学の影響下にある論考である。

3) Fodor（1975）では、人間にはあらゆる自然言語と区別される、思考のための生得的な（innate）心的言語 “mentalese” が備わっており、心的言語の内で思考し、また心的言語によって言語を学ぶのだとする。生得説という考え方などを始め、チョムスキー言語学の影響が見てとれる。

4) Martin Heidegger（1959: 9）、日本語は引用者訳。日本語版ハイデッガー全集、ハイデッガー（1996: 3）の「言葉」には「人間は語る。我々は、覚めていても、夢を見ていても語っている。」とある。

5) ハイデッガー（1996: 32）。〔 〕内は訳者によって付された補足的説明。原文は Heidegger（1959: 30）。

6) メルロ＝ポンティ（1993: 5, 121-122, 126）。Maurice Merleau-Ponty（1964: 226, 258, 1973: 5, 99）。ここで「風」と訳されているのは、仏 un «souffle»、「息」、a “puff of air”、「空気の一吹き」。1949-1950年度の講義を収録したものである。なお、メルロ＝ポンティ（1967, 1973, 1993）には言語存在論的な観点から示唆的な内容も少なくない。またメルロ＝ポンティを論じた野家啓一《のえけいいち》（1993: 81-119）は、「何よりも言葉はその具体的現実性において把捉されねばならず、その意味からも言葉を語るのは孤独な心的生活を営む内面的人間などではなく、あくまでも「世界へと身を挺している主体（un sujet voué au monde）」でなければならないのである」という言など、学ぶべき貴重な指摘が多い。

7) 単音に強さや高さ、長さといったいわゆる超分節的な要素が「かぶさっている」というよりは、音そのものが実現するとは、強さや高さ、長さといった prosodic な要素と共に実現することを意味する。強さや高さ、長さといった prosodic な要素ぬきの音などあり得ないわけであって、むしろ逆に、そうした性格を音の連続体の中から〈要素〉として取り出したのが、言語学における prosody なのだと言わねばならない。音論における分節音素と

超分節音素については、野間秀樹（2007bc）「音声学からの接近」、「音韻論からの接近」を参照のこと。またここでは〈話されたことば〉を一挙に音素といった単位への分節として述べているが、言語の本質的な性質として、フランスの言語学者アンドレ・マルティネ（André Martinet, 1908–1999）が述べた二重分節（double articulation）という考え方にも耳を傾けたい。マルティネ（1975: 1–42）によって日本語で読める。なお、そこでも「かぶせ音素的」（suprasegmental）を避け、韻律（prosody）の術語を推奨している。

8） Noam Chomsky（1965; 1969: 4）、チョムスキー（1970: 4）、촘스키《チャムスキ》（1975: 2）参照。なお朝鮮語では performance を〈언어수행《オノスヘン》〉［言語遂行］と訳すことが多い。

9） チョムスキー（1970: 4）、Chomsky（1965; 1969: 4）、촘스키《チャムスキ》（1975: 2）。

10） また Wilhelm von Humboldt（1988b: 49）参照。

11） Noam Chomsky（1965; 1969: 3）、チョムスキー（1970: 3）、촘스키《チャムスキ》（1975: 1）。

12） コーパス言語学は、英語圏から急速に発展した。朝鮮語学においても 1990 年代頃から日本語学以上に活発な成果を上げている。とりわけ延世《ヨンセ》大学を中心とする研究は、研究書、辞書など多くの成果をもたらしている。

13） 言語史料を基礎にする歴史的な言語研究は、例えば日本語や朝鮮語＝韓国語にあっても、その方法論から言語事実主義的な研究が中核とならざるを得ない。これに対して現代語の研究は、研究者自身が「理想的な母語話者」として自らを位置づけ得ることになり、理論的な方向へ傾きがちである。とりわけ韓国の朝鮮語研究は南基心《ナム・ギシム》（1936–）など優れた研究者たちが米国の研究方法論を積極的に取り入れたこともあって、生成文法や生成音韻論の影響が大きかったと言える。また米国における日本語研究も例えば黒田成幸《くろだしげゆき》（1934–2009）、久野暲《くのすすむ》（1933–）といった研究者たちが生成文法の影響下で日本語研究を切り拓くこととなった。日本における現代日本語の研究にあっては、伝統的な国語学の流れが確固としてあった一方で、例えば寺村秀夫《てらむらひでお》（1928–1990）といった新しい発想の研究者が現れた。また奥田靖雄《おくだやすお》（1919–2002）を中心とする、言語学研究会と呼ばれる学派の存在は、1980 年代以降の日本語研究を言語事実主義的な方向へと定めたと言ってよい。現代の日本と韓国における朝鮮語の文法研究については、野間秀樹（2005）を参照。日本語圏、朝鮮語圏とも、英語圏やロシア語圏と同様、いわゆる少数言語の研究や方言研究など、記述的な言語研究も、分野によって太さは様々であるが、脈々として続けられて来ている。

14） 河野六郎《こうのろくろう》（1987ab, 1980）、河野六郎（1994）、河野六郎・西田龍雄《にしだたつお》（1995）。

15） 亀井孝・河野六郎・千野栄一《ちのえいいち》編著（1988–1996）及び河野六郎・西田龍雄・千野栄一編著（2001）。欧米にも大部な言語学辞典はあるが、その密度と質において、この『言語学大辞典』は日本語圏の言語学の高みを示す記念碑的な辞典だと言える。

16） 言語場は、野間秀樹（1990b: 3–4）、Noma, Hideki（2005a）、노마 히데키［野間秀樹］（2002: 263–264, 2006）に述べた考え方に基づくものである。〈話されたことば〉と〈書かれたことば〉をめぐって、ことばを学ぶことの根拠を問うた試論、野間秀樹（2007a: 18f, 28–44）の議論も参照されたい。三尾砂《みおいさご》（2003: 23）も参照。「あるしゅんかんにおいて、言語行動になんらかの影響をあたえる条件の総体を、そのしゅんかんの話の場という。」（かな表記は原文のまま）。同稿は、『国語法文章論』（1948, 三省堂）が初出である。また岡智之《おかともゆき》（2013）は「場所の言語学」を提起、認知言語学と交差しながら、日本語の格をめぐる問題なども扱っていて、興味深い。

17） 言語場についての朝鮮語＝韓国語の術語は、日本語では漢語に相当する漢字語を用いて〈언어 장《オノジャン》〉（言語場）とするか、あるいは和語に相当する固有語で〈말글터《マルグルト》〉とする。このときの〈말《マル》〉は〈話されたことば〉、〈글《クル》〉は〈書かれたことば〉、〈터《ト》〉は〈場〉の意で

ある。漢字が出現するまで、朝鮮語圏には文字がなかったと思われるので、〈글《クル》〉は起源的には漢字語であった可能性があるが、現在では固有語と見做されている。

18）『分析哲学の起源——言語への展開』の書名を持つダメット（1998: 5-17）、Dummett（1993; 2014: 5-13）は、哲学の「言語への転回」（linguistic turn）の「最初の明白な例」として「文脈原理」を据えている。ダメットによる「文脈原理」の評価をめぐる、ダメット（1998: 148-149）の岡本賢吾《おかもとけんご》の訳註も興味深い。また野本和幸《のもとかずゆき》・山田友幸《やまだともゆき》編（2002: 8）の記述を参照。本文に引用した日本語訳も、同書による。野本和幸は、フレーゲの「文脈原理」を「語から文への重心移動の表明」と位置づけている。Frege（1997: 90, 108）の英訳では、同原理が、“The meaning of a word must be asked for in the context of a proposition, not in isolation;” “But one must always keep in mind a complete proposition. Only in a proposition do the words really have a meaning.” とあり、独語 “ein Satz”「（一つの）文」が “a proposition” とされていることにも、留意。フレーゲの「文脈」（独 Zusammenhang：連関、繋がり、脈絡）と係わって、「意義と意味」を論じた Frege（1997: 151-171）、フレーゲ（1986: 1-44, 1988: 33-63, 1999: 71-102）も参照。

19）オーストリア＝ハンガリー帝国、ウィーン出身の Wittgenstein の名は、日本語では「ヴィトゲンシュタイン」あるいは「ウィトゲンシュタイン」「ヴィットゲンシュタイン」などと書かれる。なお標準ドイツ語だと “w” は［v］。朝鮮語では「비트겐슈타인《ビトゥゲンシュタインン》」で［v］から採っている。『論理哲学論考』が元々独英対訳で刊行されている点は、興味深い。引用文はウィトゲンシュタイン（2001b: 69）の山元一郎《やまもといちろう》訳による。原文 Wittgenstein（1922; 1981: 50-51）は、“Nur der Satz hat Sinn ; nur im Zusammenhänge des Satzes hat ein Name Bedeutung.” “Only the proposition has sense ; only in the context of a proposition has a name meaning.” ウィトゲンシュタイン（2003: 29）の野矢茂樹《のやしげき》訳では「命題のみが意味をもつ。名は、ただ命題という脈絡でのみ、指示対象をもつ。」ヴィトゲンシュタイン（2010b: 80）の木村洋平《きむらようへい》訳では「命題だけが意味をもつ。命題との連関においてのみ名は役割をもつ。」

20）김주원《キム・ジュウォン》［金周源］（2005）参照。

21）身体が主体と客体の謂わば中間的な存在であることは、実は様々な点で言語内にも強く反映されている。一例として、日本語や朝鮮語において、他動詞が、身体の名称を表す身体名詞を対格対象語、いわゆる目的語にとった「顔を上げる」「眼を閉じる」「口を開ける」「身をよじる」といった〈身体名詞＋を＋他動詞〉の型の〈身体動詞単語結合〉は、主体が他に対して働きかけた動作の結果が、主体自らに返って来るという、再帰的な意味を実現する傾向が著しく強い。これは動作の主体と客体との係わりの点から他動詞を見たとき、例えば動詞のアスペクト論的な性質や、動詞が取る副動詞形の意味の実現などを始め、他の他動詞とは大きく異なった性格を見せる一群である。野間秀樹（1993: 129-131, 144-145）参照。

22）本章で議論しているような〈話されたことば〉と〈書かれたことば〉の概念については、野間秀樹（1990b: 1-7）、노마 히데키［野間秀樹］（2002: 73-74, 2006: 108-119）、Noma（2005a）、そして金珍娥《キム・ジナ》（2004b, 2006, 2013: 10-39）を参照。

23）例えば山田孝雄《よしお》（1922; 1924[3]: 1-4）は、「人の思想を声音にてあらはせるものを言語といひ、之を文字にて書き綴れるを文章といふ。」とする。本書でいう〈言語〉、〈話されたことば〉、〈談話〉のいずれも「言語」、〈書かれたことば〉と〈テクスト〉のいずれも「文章」と呼んでいるようで、明示的な区別はない。佐久間まゆみ（2002: 119-120）では「文章と談話は、それぞれ、日本語の文字言語と音声言語によるコミュニケーションの唯一の

実現形態であり、最大かつ最も具体的な言語単位である。」（傍点は原著ではゴシック）とし、音声言語が実現した談話、文字言語が実現した文章という形に、2つを実現形態としてはっきりと区別している。金珍娥（2013: 10–39）が〈話されたことば〉〈書かれたことば〉と、〈談話〉〈テクスト〉の区別についての諸家の言説を整理している。

24） Garfinkel（1967; 1984）、ガーフィンケル他（1987）等のエスノメソドロジー（ethnomethodology）でも会話分析の1つの指標として、表現と社会集団との関連を指摘するのに文体を利用している。

25） 朝鮮語＝韓国語でも言語の存在様式としての〈話されたことば〉と言語の表現様式としての〈話しことば〉を区別せずに「口語」（구어《クオ》）、同じく、〈書かれたことば〉と〈書きことば〉を区別せずに「文語」（문어《ムノ》）と呼ぶことがあるが、これも避けるのがよい。

朝鮮語では、一般に「ことば」を「말《マル》」と言い、〈書かれた文章〉を「글《クル》」と呼ぶことがある。これらはいずれも、日本語で言えば漢語や外来語ではない和語に相当する、朝鮮語の固有語と考えられている単語である。これらを用いて〈話されたことば〉と〈書かれたことば〉を「말과《マルグァ》 글《クル》」、などと言うこともできて、誤解さえなければ、便利なことばである。ただし、この術語も明確に定義して用いないと、受け取る側で、「ことばと文」とか「ことばと文章」などのように曖昧に受け取られる恐れは、なしとしない。注意が必要である。

노마히데키［野間秀樹］（2002: 73）などと同様、本書では〈話されたことば〉を「말해《マレ》진《ジン》 언어《オノ》」（＝話された言語）、〈書かれたことば〉を「쓰여진《スヨジン》 언어《オノ》」（＝書かれた言語）と呼んでいる。

26） 言語の存在様式と文体の区別については、本書とは考え方が異なるが、チェコ、プラハ学派の学者、ヨゼフ・ヴァヘク（Josef Vachek, 1909–1996）が、“spoken language”と“written language”の区別、“spoken utterances”と“written utterances”の区別を力説しているのは、重要である。1930年代の論考も含むVachek（1973, 1989）を参照。

27） Saussure（1916; 1972: 23–32）、ソシュール（1940; 1972: 19–28）、Saussure（1931; 2001^{3}: 9–18）、Saussure（1959; 1966: 7–15）。

28） ここで扱った問題をめぐって、互《たがい》盛央《もりお》（2009: 442–448）の議論を見よ。バイイ＝セシュエによる『一般言語学講義』と、他の講義記録を照らし合わしながら、デリダのソシュール批判について詳述していて、貴重。ソシュールの語った〈話されたことば〉としての講義、それを聴いて書いた〈書かれたことば〉としての複数のノート、さらにそれらを編纂して書物とした〈書かれたことば〉としての『一般言語学講義』。そしてそれらの他言語への翻訳。〈話されたことば〉と〈書かれたことば〉をめぐる問題自体が、まさに〈話されたことば〉と〈書かれたことば〉を往来してきたのであった。

29） 〈暗黙知〉（tacit knowing）はハンガリー出身、ドイツを経て英国で活動したマイケル・ポラニー（1891–1976）がMichael Polanyi（1966; 2009）で提唱した。「私は人間の知を、〈私たちは語れる以上のことを知ることができる〉という事実から再考したい。この事実は充分に自明である。しかしその意味するところを正確に述べるのは、容易ではない。」（同p. 4：引用者訳）。Michael Polanyi（1958; 1962, 1966; 2009, 1969），マイケル・ポラニー（1985, 1986），また野中郁次郎《のなかいくじろう》・紺野《こんの》 登《のぼる》（2003）参照。

30） 「正音エクリチュール革命」は野間秀樹（2007a: 27–28, 2009a, 2010）で用いた術語。「正音」は「訓民正音」を略してこう呼ぶ。「エクリチュール」はことばを考えるにあたって、人文思想などでは広く用いられる術語であると同時に、誤解を招き易い術語でもある。フランス語エクリチュール（écriture）［ekrityr］は、「書かれたもの」、「書くこと」の意。

「書く」を表す動詞 “écrire”［ekrir］（エクリール）の派生語である。「文字」、「文字体系」、「筆跡」、「文体」などの意でも用いられている。Saussure（1916; 1972: 44）の小林英夫訳、ソシュール（1940; 1972: 39）では「書」と訳されている。英語では “writing” や “script” などとも訳される。日本語でも「エクリチュール」という外来語として、極めて多様に用いられている。しばしばパロール（parole）［parɔl］に対する概念としてエクリチュールの術語が用いられる。「話す」は “parler”［parle］（パルレ）。本書ではエクリチュールを「書かれたもの」「書くこと」、「書く営み」ほどの意で用いている。ジャック・デリダ（Jacques Derrida）の “L'écriture et la différence” が英語では “Writing and Difference”、日本語では『エクリチュールと差異』、韓国語では「글쓰기와《クルスギワ》 차이《チャイ》」と訳されている。韓国の人文思想では “écriture” は「글쓰기《クルスギ》」、逐語訳すると「文（ふみ）書き」、あるいは「글《クル》」つまり「文章。書かれたもの」と固有語で訳されることが多い：

〈書かれたことば〉	〈エクリチュール〉
written language	writing
쓰여진 언어	글쓰기
書かれた実現形態	書かれたもの。書く営み。体系

31）　酒井直樹《さかいなおき》（1993, 2002）は 18 世紀の日本語圏における漢文訓読の問題を見据えている。基本的には記号論的、テクスト論的な枠組みで語られているのだが、そこには言語存在論的な関心が充溢していて、学ぶべきものがとても多い。

32）〈ゲシュタルト〉（独 Gestalt）はドイツ語で「形態」の意。本書では、〈還元された個々の要素を合わせることでは得られないような、知覚しうるまとまりとして統合された形〉ほどの意味に用いている。術語自体は、ヴェルトハイマー（M. Wertheimer）やコフカ（K. Koffka）、ケーラー（W. Köhler）らのゲシュタルト心理学（Gestaltpsychologie）に借りたものである。言語学の論著も多い心理学者・佐久間《さくま》鼎《かなえ》（1888–1970）は「ゲシタルト」とする。佐久間鼎（1946: 62）参照。英語圏でも英語に訳さず、そのまま Gestalt と言う。知覚の上で形態の全体性が失われることをゲシュタルト心理学では〈ゲシュタルト崩壊〉（独 Gestalt-zerfall）と呼んでいる。ゲシュタルトの概念は今日の認知言語学（cognitive linguistics）などでも用いられ、言語学にも面白い知見をもたらしてくれている。認知言語学は言語研究以上に言語教育での有効性が期待し得ると思われる。山梨正明（1995, 2009）、河上誓作《かわかみせいさく》編著（1996）、辻幸夫《つじゆきお》編（2003）などを参照。〈ゲシュタルト〉としての〈かたち〉と〈形〉一般の区別については、野間秀樹（2010: 262–265）も参照されたい。

33）　言語学では、言語音（speech sound）をめぐる問題は音声学（phonetics）、音素をめぐる問題は音韻論（phonology）、音素と形態素の係わりをめぐる問題は形態音韻論（morphophonology）、形態素をめぐる問題は形態論（morphology）で扱われる。音素（phoneme）はことばの意味を区別し得る言語音の最小の単位、第 1 章第 1 節(8)参照。形態素（morpheme）はそれ自体で意味を実現し得る言語音の最小の単位。日本語東京方言であれば、/a/、/i/ などの母音、/m/、/s/ などの子音は音素、/ai/（愛）、/i/（胃）、/ami/（網）、/asi/（足、葦）、/si/（死、詩）など、音素単独やその組み合わせで意味を実現し得る形は、形態素である。音素や形態素の実際の物理的、聴覚的な音の性質については音声学で扱う。音声学や音韻論の書物は多いが、形態音韻論について日本語で解り易く説かれた書物はほとんどない。音と文字の係わりを考えるには、形態音韻論についての理解が不可欠である。野間秀樹（2012d）でその概要を得ることができよう。形態音韻論はロシアの言語学者、プラハ学派のトルベツコイ（N. S. Trubetzkoy; Трубецкой, 1890–1938）の創始になる。独語で書かれた Trubetzkoy（1939; 19582; 19897）とその日本語訳トルベ

ツコイ（1980）、英訳 Trubetzkoy, N. S.（1971）参照。

34） フランス語学を覗くと、リエゾンの定義をする際に、例えば les amis（友人たち）における定冠詞 les の最後の「黙字」s が発音される現象であるなどといった説明に、しばしば出会う。リエゾンやアンシェヌマンは、言うまでもなく、音の平面における現象であって、リエゾンを定義するのに、文字の平面における「黙字」を持ち出すのは、音と文字との完全な混同である。定義はまず音の平面だけで行い、次に文字の平面との係わり、つまり〈音の平面におけるこうした動的な現象を文字という静的な平面でいかに表すか〉という問いへと進むべきであろう。そうしてこそ「黙字」の意義が見えるであろうし、学習者も面白い。音の平面と文字の平面を徹底して区別する言語存在論的な視座から照らすと、こんなところにも興味深い問題が見えてくる。

35） 李基文［이기문《イ・ギムン》］（1961; 1972: 143）また李基文（1975: 163）参照。15 世紀文献における傍点表記は、『訓蒙字会』なども含め、崩れた痕跡が見られないのに対し、16 世紀も末葉になるに連れ、乱れてくることが述べられている。

36） 朝鮮語＝韓国語は音と音が出会った際に、別の音に変容する現象が甚だしい言語である。例えば /ip/（口）+/man/（…だけ）が /imman/ と発音されるように、口音《こうおん》 /p/ は、/m/ など鼻音《びおん》が後続すると、自身も鼻音 /m/ に必ず取って替わられる。これを口音の鼻音化という。特定の条件の下で音韻論的な変容（phonological alternation）、音素の交替が起こるわけである。朝鮮語は音のこうした変化が日本語に比べると大変激しい。そして音のこうした変容を文字の平面でいかに表すかという問いこそ、文字論にとっても、〈話されたことば〉と〈書かれたことば〉の存在論的なありようを照らすにあたっても、不可欠の問題となるのである。こうした問題についての詳細は『韓国語教育論講座第 1 巻』、野間秀樹（2007cde: 221-329）、音声学、音韻論、形態音韻論の論考を参照。朝鮮語の様々な音の変化を学習者のために解り易く整理したものは、意外に多くない。野間秀樹・金珍娥（2012: 208-231）、野間秀樹・金珍娥《キム・ジナ》・高槿旭《コ・グヌク》（2018: 162-178）を見よ。

37） 権斗煥《クォン・ドゥファン》（2010）「豊山洪門所蔵英・荘・正祖三代御筆札」第 61 回朝鮮学会公開講演、朝鮮学会。

38） 西夏文字については、河野六郎・千野栄一《ちのえいいち》・西田龍雄編著（2001）、西夏文字、女真文字、契丹文字などアジアの文字の解読については、西田龍雄（2002）など西田龍雄の一連の著作、またインターネット西夏学会参照。http://www.aa.tufs.ac.jp/~mnaka/tangutindex.htm

39） Ш. В. Дзидзигури（1968: 5-12）、また町田和彦《まちだかずひこ》編（2011: 229）参照。

40） 朝鮮語のエクリチュールの創製と、〈書かれたことば〉が創り上げられることの意義といったものについては、野間秀樹（2010）、またその韓国語版（2011）、さらに野間秀樹（2007a: 1-50）を参照。

41） 野間秀樹（1990: 2-3）では、次のように述べた。本書で述べていることの謂わば原初的な形であるので、ここに引用する：

さて、意味の問題を考える際に、確認すべきことが一つある。我々はしばしば〈単語は意味を持っている〉と考える。しかしこれは正しくない。実際には単語は音形それ自体ではなんらの意味も持たぬものである。一定の音形を有する単語は、一定の言語的な〈場〉のうちで、聞き手が読み取って初めて意味として実現する。最も典型的には、書かれた言語のことを想定すればよい。書かれた文字はそれを読むもののうちでのみ意味となるのであって、書かれた文字はよしんば単語としての一定の音形の写しを有していたとしても意味を持っているわけではない。話される言語においてもことは同様である。[pada] という音形が朝鮮語話者たちの間でやりとりされたとすると、彼らにとってこの [pada] と

いう音形は紛れもない単語であり、意味として実現しうる。しかし、そのやりとりに同席した日本語しか解さない者にとっては、この［pada］がたとえことばであることはわかったとしても、意味ではないのである。この場における［pada］は、一方で意味となり、他方では意味とならなかった。しかし単語ではあったのである。このように、単語は、これを読み取る者のうちで初めて意味として自己を全うする。意味はどこまでも人間の意識的な営みのうちにのみ存在しうるのである。単語は意味を持たない。それは意味と〈なる〉のである。

42）「意味づけ論」という形で提起している深谷昌弘・田中茂範（1996）は、言語的な意味について、「コトバには意味はない」「コトバは意味づけられて言葉となる」とする地平から出発している点で、既存の多くの意味論と決定的に袂を分かつ。同書では「コトバに乗せて意味を交換すること」をコミュニケーションとする「構造主義言語学」への批判的視座も獲得されている（p. 46）。

43）　プラトン（1967: 133–135）。Plato（1914; 1917; 1999: 560–565）による英訳では、“You have invented an elixir not of memory, but of reminding;”（あなたが作ったのは、覚える霊薬ではなく、思い出す霊薬なのだ）。このelixirと訳されている単語は、人文思想や文学論でしばしば語られることになる、ギリシア語のパルマコン φάρμακον（希 pharmakon）。毒ともなり薬ともなる両義的な単語である。Ivan Illich & Barry Sanders（1988: 25）ではここを a drug for recollection としている。I・B・イリイチ，サンダース（1991; 2008: 32–33）。また想起論もプラトン論の焦点の1つとして知られる。Marshall McLuhan（1962, 1966, 2011: 28–30）、M・マクルーハン（1986: 40–43）、Walter J. Ong（1982, 2002, 2012: 78–79）、W.-J. オング（1991: 167–168）、ジャック・デリダ（2002: 24, 2013）、高橋哲哉（2003: 65–67）も参照のこと。

44）　東《あずま》浩《ひろ》紀《き》（1998）参照。

45）　金《かな》森《もり》修《おさむ》（2000）はソーカル事件を含む「サイエンス・ウォーズ」を丁寧に扱っていて、言語存在論的な観点から見ても、貴重。そこで触れられているあれこれの「戦場」＝言語場にあっては、〈ことばが意味となる機制〉によって、伏在する地雷原のごときものが、形作られている。また Sokal, Alan D. & Jean Bricmont（1998）、アラン・ソーカル＆ジャン・ブリクモン（2012）。

46）　英語は Saussure（1959; 1966: 66）。独語版 Saussure（1931; 1967^{2}; 2001^{3}: 78）では “etwas im Geist tatsächlich Vorhandenes” としている。「実際に現有する精神における何ものか」。

47）　文字の形態や種類などは文字学、文字の原理論は文字論と、区別することがある。文字に係わる論考は洋の東西を問わず、膨大。現代の言語学的なまとまった文字論としては I. J. Gelb（1963）が先鞭をつけたと言える。同書 pp. 1–23 では文字分類の枠組みも提示しており、後発の論考はこの枠組みを修正することになる。文字の本質を考える、言語学的な立場からの原理論としては漢字なども深く見据えた河野六郎（1977, 1980, 1994）が一つの到達点をなし、決定的に重要。人文思想からはジャック・デリダの一連の著作、とりわけ Derrida（1967）がソシュール言語学との係わりで原理論を考えるにあたって、言語学的とは言い難いが、面白い。日本語訳が早く、デリダ（1972）、英訳 Derrida（1976）、独訳 Derrida（1983）。また後に第8章第4節で触れるが、〈テクストの自動機械論〉とも言うべき、デリダの思想の陥穽が鮮明に現れている Derrida（1977, 1988, 2001）、デリダ（2002）も重要。Roy Harris（2002）はソシュールの音声言語第一主義への批判として文字に係わる西欧の諸言説を検討している。ただし立場は writing の意義を力説する、一種のコミュニケーション主義言語論である。世界の文字のそれぞれの性質や分類などについては

Peter T. Daniels, William Bright (eds.)（1996）などがあり、文字についての辞典、河野六郎・千野栄一・西田龍雄編著（2001）が網羅的な集大成。世界の文字を知るための、日本語で読める、より簡便なものとしては西田龍雄編（1981）、町田和彦編（2011）、庄司博史編（2015）などがある。漢字やハングルについての文献案内としては野間秀樹（2010: 301-316）を見よ。

48）東アジアの〈書かれたことば〉における王羲之や「蘭亭叙」の君臨のさまは、中国語圏、日本語圏はもとより、朝鮮語圏でもほとんど絶対的なものがある。一例として、阮堂（완《ワン》당《ダン》）、秋史（추《チュ》사《サ》）の号で知られる19世紀前半の金石学者、実学者、書家、画家の、金正喜（김 정 희《キム・ジョン ヒ》 1786-1856）も、王風とは距離のある自身のその書風にも拘らず、王羲之や「蘭亭叙」について幾度となく言及している。『阮堂先生全集』、金正喜［김 정 희《キム・ジョン ヒ》］（1976: 40, 48, 51, 54, 61, 105, 129, 133, 362）参照。

49）プラトン（1967: 136）また Plato（1914; 1917; 1999: 564-567）。

50）オング（1991）もまた記憶と記録を対比させている。

51）Saussure（1916; 1972: 103）、ソシュール（1940; 1972: 101）で能記の線的性質、即ち、この線条性ということが強調されている。訳者・小林英夫は、線条性（linéarité）の術語そのものはソシュールは使っておらず、Bally に始まるとしている。p. 413 の訳注。確かに、Charles Bally（1932; 1965^4: 144, 149, 201）、シャルル・バイイ（1970: 154, 159, 219）に線条性の術語が見える。線条性については加藤重広（2006a）の〈複線条性〉の議論も参照のこと。線条性は「線状性」とも書く。なお、言語の存在様式をめぐるこの線条性と、Yuen Ren Chao（1968: 60-63）、ユアン・レン・チャオ（1980: 83-90）で述べられる直接構成成分（IC: Immediate Constituents）分析における「線状構造のあいまいさ」（linear ambiguity）などの、言語の表現様式にも係わっている線条性の議論と、混同してはならない。

52）また Roland Barthes（1986: 76）。

53）山崎正一校注（1972: 227）。

54）バーチ（1992）参照。また本間一夫（1980）と Royal National Institute of Blind People のサイト参照：http://www.rnib.org.uk/xpedio/groups/public/documents/publicwebsite/public_braille.hcsp#P25_3660

55）小森陽一（1988: 78-81）は宮沢賢治の詩を『春と修羅』から引きながら、次のように述べた。「書かれた言葉は、それが書きつけられる瞬間においては「わたくし」の意識の流れの中で、一瞬あらわれてはまた消えていく「明滅」する言葉たちであった。しかし、その時間的継起にしたがっていた「明滅」の連鎖が、文字化されたとき、そのテクストは、「みんなが同時に感ずるもの」として変換されていく。」

56）河野六郎（1977, 1980, 1994）参照。文字論という観点から〈話されたことば〉と〈書かれたことば〉の違いを鮮明に述べた論考である。同書は文字の本質を考えるにあたって、欠かすことができない。

57）表語文字の概念については、河野六郎（1977, 1994）、また亀井孝・河野六郎・千野栄一編著（1996: 1340-1348）参照。

58）形音義という概念装置は古くから用いられている。近代には既に広く用いられていた。1943 年の『玉編の研究』で知られる漢学者・岡井慎吾《おかいしんご》（1872-1945）には六合館刊『漢字の形音義』（1916）といった著作もある。また岡井慎吾（1933）も参照。

59）単音文字一般を広くアルファベットと称することもあるし、また単音文字のうち、母音字母の扱いの点から、アブジャド（abjad）（子音文字）、アブギダ（abugida）、アルファ

ベット（alphabet）に3分して考えることもある。古代フェニキア文字などが典型的なアブジャドで、母音を表す字母はなく、子音字母だけで表記される仕組みである。アラビア文字も概ね子音字母だけで表記されるアブジャド。インドやネパールなどで用いられる文字であるデーナヴァガリー（Devanagari）が、典型的なアブギダで、子音字母を表記すると、/a/ など特定の母音が随伴するものとして読まれる仕組みである。広義で称するアルファベットは、アラビア文字もデーナヴァガリーも含むが、こうした三分法におけるアルファベットは、ラテン文字やハングルのように子音字母と母音字母の双方を表記する原理の文字を指す。Daniels, Peter T.（1996: 4）参照。

60）『ロングマン英和辞典』（2007）電子版。ピアソン・エデュケーション。

61）小西友七《こにしともしち》・南出《みなみで》康世《こうせい》編（2007）、boyfriend の項。

62）小西友七・南出康世編（2007）、girlfriend の項。

63）河野六郎（1977, 1980: 122, 1994）。

64）〈誰が話しているか〉つまり〈誰のことばが実現しているか〉という、“turn-taking”論、また韓国語と日本語における実際の〈話されたことば〉の発話の重なりの構造については、金珍娥（2003, 2004ab, 2013）で対照言語学的な立場から具体的に描き出されている。対話の現場にあっては2人とも話しているのが default であるといった、〈話されたことば〉の対位法（counterpoint）的な構造については、野間秀樹（2007a: 32-38）を参照。

65）アナグラムは綴り字入れ替えなどと呼ばれる。詩句の中に他の語句がいわば埋め込まれている技法として de Saussure（ド・ソシュール 1857-1913）がアナグラムに多大の関心を抱いたことが知られている。ちなみに、丸山圭三郎編（1985: 51, 101, 272-273）はソシュールがこの研究に没頭した時期を「アナグラム研究時代」と呼んでいる。

66）見せ消ちの符号については小林芳規《こばやしよしのり》（1987）に詳しい。記号によるものと、文字によるものに分類し、論じている。「見せ消ち」の術語は古く鎌倉中期の古写本に「見せケチノ注也」とあるという。

67）Derrida（1967: 30-40, 62）、デリダ（1972; 1976: 46-61, 93, 訳註 295-296）、Derrida（1976: 18-26, 44）。

68）15世紀イタリアの説教師ベルナルディーノ・ダ・シエナ（1380-1444）の説教を速記で完璧に記録したという、ベネディット・ディ・マエストロ・バルトロメーオの「聞き書きの極限形態」をめぐる史実を手がかりに、中世ヨーロッパにおける〈話されたことば〉と〈書かれたことば〉のありようを「声と文字の弁証法」「俗語とラテン語の弁証法」などといった形で問う、大黒俊二《おおぐろしゅんじ》（2010）は、豊かな問いを誘発してくれ、本書の関心からは一読に値する。

69）日本語史研究で明らかにされているこうした諸事実また諸説については、亀井孝・大藤《おおとう》時彦《ときひこ》・山田俊男編（1963; 2007）、とりわけ第1-4巻、また佐藤喜代治《さとうきよじ》編（1977; 1983）の該当項目、五十音図との係わりからは上村幸雄《うえむらゆきお》（1989）、上代の文字言語については犬飼隆（2005）、書記史という観点から小松英雄（2006）、研究史的な観点から時枝誠記（1940）、山田孝雄（1943）、古田東朔《ふるたとうさく》・築島裕《つきしまひろし》（1972）、馬渕和夫・出雲朝子（2007）、入門的なものに沖森卓也（2010）などを参照。

70）相手に対する「あいづち発話が引き金となり、あいづち発話を発した話者、あるいは相手の発話を促す機能」を金珍娥（2004a: 20-23, 2013: 108）は〈turn 誘発機能〉（trigger function）と呼び、また、相手の発話を切断する働きを持った発話を〈turn 切断子〉（turn-delimiter）と名づけている。

71）ボーカロイドはヤマハが開発したテクノロジー。2004年にはPC用の製品が商品化され、

2007年には「初音ミク」の名で広く知られるところとなった。「ボーカロイド“初音ミク”の楽曲を収録したコンピレーションアルバム『EXIT TUNES PRESENTS Vocalogenesis feat. 初音ミク』(2010年5月19日発売)が発売1週目で2.3万枚を売り上げ、先週まで4週連続首位獲得中だった徳永英明『VOCALIST 4』(4月20日発売)を押さえ、5/31付アルバムランキングで首位を獲得した。」http://www.oricon.co.jp/news/rankmusic/76554/full/. ORICON STYLE、2012年9月29日閲覧。

72) プロソディについては第2章第4節(5)③を参照。

73) 「京都大と日立製作所の研究チームは24日、耐久性の高い石英ガラスにCD並みの密度でデータを記録できる技術を開発し発表した。3億年以上も記録が保持できるといい、歴史的価値が高い文化遺産の映像や公文書を長期間保存できる技術として期待される。」2012年9月26日。

http://www.asahi.com/science/update/0924/TKY201209240544.html

74) Next-Generation Digital Information Storage in DNA

George M. Church, Yuan Gao, and Sriram Kosuri. *Science*. 2012年9月28日。

http://www.sciencemag.org/content/337/6102/1628.abstract?sid=71fb25c0-1eb0-483a-ad1e-1d80ad5cd3fe

「米ハーバード大などの研究チームが、DNAに情報を書き込んで読み出すことに成功し、米科学誌サイエンスに発表した。」朝日新聞デジタル。2012年9月27日。

日立製作所と京都大学大学院工学研究科三浦清貴《みうらきよたか》研究室は石英ガラス内部にブルーレイディスク™並の記録密度となる100層のデジタルデータを記録、再生したと、2014年10月、発表している。

http://www.hitachi.co.jp/New/cnews/month/2014/10/1020a.html

「1グラムのDNAに10億TBのデータ保存:マイクロソフトが実験」*WIRED*. 2016年5月6日。

https://wired.jp/2016/05/06/microsoft-experiments-with-dna/

75) インターネットが新たな言語場のありかたをもたらし、言語表現そのものも作り替えてゆくという点については、例えば朝鮮語=韓国語を例にとった須賀井義教(2008)「インターネットからの接近」参照。

76) エティエンヌ・ド・ラ・ボエシ(2013)。

77) 2015年12月22日付けの韓国紙『朝鮮日報』は、1401年に刊行された仏典『楞嚴經』の、余白や校正紙に書き込まれた漢字交じり文の正音が発見され、それが『御牒』をさらに遡る、最古の手書きの正音だと報道している。今後の研究が待たれる。

78) 本書第5章第3節(7)と本書の註106参照。

79) 藤堂明保《とうどうあきやす》編(1978: 122)に、冊は「長短ふぞろいな竹札・木札をひもで横につないだ姿を描いた象形文字」とある。『説文解字』に淵源を辿れると思われる、こうした伝統的な説に対し、白川静《しらかわしずか》(1996: 361)は、「木をならべてうちこんだ柵(さく)の形」であるとし、『説文』に「符命(天命のしるし)なり。諸侯進んで王より受くるものなり。其の札、一長一短、中に二編有るの形に象(かたど)る」とするのは、「いわゆる編簡の形で、さきの冊と同じでない」と述べる。

80) 「批評的なメッセージ」をめぐって1999年に書かれた、東浩紀(2002: 21)の「流通する記号がもはや共通の(つまり社会的な)意味を剝奪され、消費者の感情移入により満たされるほかない空虚な容器、無意味な「情報」として漂う現象として現れている。メッセージの意味は現在では共有されない。その共有を支えるはずの意味づけの機能そのものが、

この社会では細分化され機能不全に陥っているからだ。」などの指摘も参照。

81）　なお、〈話されたことば〉の発話を “utterance” と呼び、〈書かれたことば〉の発話を “inscription” と呼ぶことがあるが、術語 “utterance” の伝統的な用法に照らしても、ちょっと紛らわしい。語源的には、小西友七・南出康世編（2007）は “utter” は古英語「外へ出す」が原義、ラテン語 “inscrip-” は「記す、刻む」と記述している。

82）　金珍娥《キム・ジナ》（2013; 112–120）参照。

83）　前述の、バフチン（1980: 188–189）および野間秀樹（2007a: 33–38）参照。また、野間秀樹（2008a: 343–345）における「複数の話し手と一つのテクスト」も参照。

84）　日本語の談話に現れる具体的な発話の様相、文の様相は、国立国語研究所（1960; 1964[3]、1963）など、早くから注目され、多くの研究の蓄積がある。メイナード（2005）、串田秀也《くしだしゅうや》・定延利之《さだのぶとしゆき》・伝康晴《でんやすはる》編（2005）などを参照。韓国語の談話研究は박용익《パク・ヨンイク》［朴容翊］（1998）、이원표《イ・ウォンピョ》（2001）などを参照。

85）　ある時は相手の発話に耳を傾け、ある時は相手の発話に自分の発話を重ねながら、複線的に進行する対話を、「順番」の名で強引に一本の線に還元してしまうような turn-taiking 論であっては、リアルな対話法的な構造を捉えきれない。〈複線的な構造を複線的に捉える〉こと、さらに進んで〈対位法的な動的構造として捉える〉ことが重要なのである。〈2人とも話している〉、即ち〈turn は重なり得る〉ということ、それが〈書かれたことば〉とは位相的に異なる〈話されたことば〉の本質的な存在様式である。金珍娥（2004b, 2013）が述べるように、“turn” という名称は、発話の内容的な側面に立ち入る以前の、発話の物理的な実現について呼ぶのがよい。発話の順番取りであるとか、話の内容的な主導権であるとか、談話の流れをどちらが主導権を取っているかとか、話の重なりのうち、どちらに談話上で重い位置づけを与えるかといった、発話の内容的な比重づけ――それはしばしば研究者の主観的な思い込みにも陥る――に係わることがらは、談話の物理的な実現の構造とは区別されねばならない。こうした区別を厳格にすることで、談話で重要な役割を果たす。例えば〈あいづち〉といったデバイスを、turn として明確に位置づけ、談話構成上の働きを照らすことが可能になる。金珍娥（2004b, 2013）参照。

86）　談話を分析のために文字化するにあたって、金珍娥（2004b, 2012a: 496–503, 2013: 66–82）は、談話の複線的な構造を生かす〈複線的文字化システム〉を提唱している。従来のシナリオ型の記載方式ではなく、マルチ・トラックで表記する方法である。

87）　韓国語では「文」“sentence” も「文」“sentence” の集まりである「文章」“text” も、しばしば区別せずに「문장《ムンジャン》」（文章）と呼ぶので、注意が必要である。これにつられて日本語で「文」と言うべきところを「文章」と言うと、誤解を招くので避けねばならない。周時経《チュ・シギョン》（1876–1914）の教えを受けた金枓奉（キム・ドゥボン, 1889–?）は、김두봉（1916: 153）で「文」を「월《ウォル》」と呼んでいる。同じく崔鉉培《チェ・ヒョンベ》（1894–1970）もまた최현배《チェ・ヒョンベ》（1929; 1937; 1955; 1961[3]）の中で「文」を「월《ウォル》」とする。なお、朴勝彬《パク・スンビン》（1935: 378）などをはじめ、解放直後までは “sentence” の意味で「문장《ムンジャン》」（文章）ではなく、「문《ムン》」文）という術語も多く用いられている。洪起文《ホン・ギムン》（1947: 376）は “sentence” を指す「文章」の「章」を略して「文《ムン》」とも言うとしている。

88）　例えば、Lewandowski（1985: 853–854）は、本文でも見た J. Ries（1931）を挙げ、140 もの文の定義を集めているとし、E. Seidel の “Geschichte und Kritik der wichtigsten Satzdefinitionen”『文の主要な定義の歴史と批判』という 1935 年の著作では 83 の定義を挙げているとしている。また高津春繁《こうづはるしげ》（1957; 1977[17]: 121）には「文の定義は古来幾多の人が苦心して行っているけれども、不幸にして未だ文の定義で満足なものはない。」の言

が見える。Jespersen（1924; 1968: 305–312）も参照。

89）　文語文法の書ではあるが、大槻文彦《おおつきふみひこ》（1897a: 251）は「言語ヲ書ニ筆シテ、其思想ノ完結シタルヲ、「文」又ハ、「文章」トイヒ、未ダ完結セザルヲ、「句」トイフ。」と述べ、「文」については〈書かれたことば〉のみを問題にしている。

90）　橋本進吉（1948: 2–5）では「言語は、一定の音声に一定の意義が結合したもの」であると述べ、「文の外形上の特徴」として「1. 文は音の連続である。2. 文の前後には必ず音の切れ目がある。3. 文の終には特殊の音調が加はる。」ことをあげ、「文は文法の取り扱ふ言語単位の最大きなもの」であるとする。そこでは基本的に〈話されたことば〉について述べている。

91）　渡辺実《わたなべみのる》（1971: 108）の「文とは要するに、陳述のための、陳述による、陳述の表現である。」という言は、日本語文法論における文と陳述をめぐる論争の一つの総括である。野間秀樹（2012a）の p. 35 脚注 48）、p.117 の脚注 168）も参照のこと。

92）　イントネーションとは、一般には文における音の高低（pitch）の流れを言う。文を上昇調で発音するとか、下降調で発音するなどと言われるのは、このイントネーションである。〈話されたことば〉における「行く？――行く！」“가? ――가!”、「本？――本。」“책? ――책.” などというやりとりは、イントネーションで意味が区別されているものである。これに対し、日本語東京方言における「はしが」（箸が：高低低）、「はしが」（橋が：低高低）、「はしが」（端が：低高高）のように、文ではなく、単語そのものの意味を区別する音の高低は、ピッチアクセント（pitch accent）ないしは高低アクセントといい、イントネーションとは区別する。第 1 章第 1 節⑻でも少し触れている。朝鮮語慶尚道方言における “말이”（馬が：高低）、“말이”（ことばが：低高）などもピッチアクセントである。中国語北京方言に見られる “mā”（母さん：第一声）、“má”（麻：第二声）、“mǎ”（馬：第三声）、“mà”（ののしる：第四声）のごとく、1 つの音節内の音の高低のパターンで単語の意味を区別するシステムは、普通、声調（tone）と言って、さらにこれも区別する。英語の “ím-port”（輸入：強弱）、“im-pórt”（輸入する：弱強）のように音節の強弱で単語の意味を区別するのは、強弱アクセント（stress accent）という。アクセントについては野間秀樹（2010: 148–161）も参照のこと。

93）　〈話されたことば〉の単位として「発話」を、〈書かれたことば〉の単位として「文」を、という区別をする論考もしばしばある。서울 대학교 국어 교육 연구소 편［ソウル大学校国語教育研究所編］（1999）などがこれで、そこでは「抽象的な統辞単位である文は完全な構造を前提にして成立する。主語と目的語、述語など、文の構成の必須成分が欠ければ、その言語形式は文を構成できないが、発話は文の構成を持てない単語や句の形式で用いられもし、単純に感嘆詞一つからなる発話も可能である。」（引用者訳）とする。ここでも「文」が〈主語－述語文〉をア・プリオリとする考え方や、「完全な構造」とする考え方が見える。こうした考え方は〈話されたことば〉と〈書かれたことば〉のいずれも〈発話〉として実践され、そのいずれからも抽象されうる単位として〈文〉を位置づけるという本書の考え方とは、本質的に異なるわけである。

94）　前掲の Карцевский《カルツェフスキー》（1925: 12–13）では、言語（язык）は、①単語、②文法、③イントネーションの三つから成るとする。こうした 3 つを並列させることの是非は別として、言語は語彙と文法から成るとする伝統的な文法が多い中で、特異である。

95）　言語教育にあっては、教材でも現場でも、音のレベルと文字表記のレベルはしばしば混同される。ハングルの場合は音素文字的な性格も有するがゆえに、この混同はより深刻である。この問題については野間秀樹（2009a: 26–34, 2014ab）、野間秀樹（2014b: 44–99）

を参照。

96）　いわゆる共通語で書かれた、〈書かれたことば〉である日本語の小説を目で読む際は、東京方言話者と京都方言話者はほぼ同じように〈読む〉ようにも思われるが、一度ことばに出して読み上げるなら、即ち、〈話されたことば〉として実現するなら、多く、そこにはそれぞれの方言のプロソデックな特徴が現れるであろう。

97）　宮地《みやじ》裕《ゆたか》（1976: 6-9）は、言語には「秒」や「メートル」といった測定の「単位」ではなく、まず物理学における「原子」のような「単位体」があるのだと述べている。「原子」といったアナロジーが可能かどうかは別にして、文法における〈単位〉unit とは、測定の基準としての単位 unit ではなく、まさに〈ひとまとまり〉unity としての単位体に他ならない。

98）〈turn 切断子〉の議論は金珍娥（2013: 115-120）参照。また野間秀樹（2012b: 209-211）参照。

99）　単語から韓国語の文を規定する例としては김두봉《キム・ドゥボン》［金枓奉］（1916: 153）の「様々な詞、即ち単語を集め、ある考えを表すものを、ことばの文という」などがある。

100）　文の基本的なスキーマを〈主語－述語文〉に求めることの問題については、野間秀樹（2008b: 373-379）および本書第 6 章第 1 節の「〈主語－述語文〉中心主義の桎梏」を参照されたい。単一要素からなる文についても文の定義は適合しなければならない点に関しては、マテジウス（1981: 91）が述べている。

101）〈文法の文規則論〉は枚挙にいとまがない。“the rules by which words change their forms and are combined into sentences, or the study or use of these rules”（単語がその形を変えたり、組み合わせられて文を作る際の諸規則、あるいはそうした諸規則の研究や用法）といった定義が代表的な英語辞書の 1 つ、*Longman Dictionary of Contemporary English* に見えることにも顕れているように、専門的な文法論を超え、一般に広く信じられている考え方であると言える。

https://www.ldoceonline.com/dictionary/grammar

102）　野間秀樹（2012b: 207）から文の定義について以下に再録しておく。北原保雄・鈴木丹《たん》士郎《じろう》・武田孝・増淵恒吉《ますぶちつねきち》・山口佳紀《よしのり》編（1981; 1985^3: 249-253）において仁田義雄《にったよしお》は「文は、文法記述としての資材性・対象性を有するとともに、それ自身最小の言語行動であることによって、運用性を有している。文は文法論と言語行動・言語運用論とのはざまに位置する存在である」という貴重な指摘を行っている。仁田義雄の指摘する「運用性」は発話と文を区別し、発話の方に預けることによって、文の抽象された性質を鮮明にすることができよう。なお、同稿で仁田義雄は「一応の文の定義」として「文とは、発話行為によって生成された発話の中において独立しうる単位体的存在である。したがって、最小の発話が文である。」とする。伝統的な文法論を踏まえた定義として、無理のない妥当な定義であると言える。文の定義に関する様々な議論の中では、バンベニスト（1983: 141）の「文は確かに、話に属している。まさしくこのことによって文を定義することができるのである。すなわち、文は、話（わ）の単位である、と。」といった主張は傾聴に値するが、これもまた発話のレベルに文を押し上げたものだと言えよう。ここでいう話（わ）とは仏語原文では “discours” を指す。共和国の文法書、김용구《キム・ヨング》（1989: 190）の「文とは、一つの結びのある、思想と感情を表すために、単語または単語の結合が文法規則に従って配列された、言語行為の基本単位を言う。」は、仁田義雄の言う、「資材性・対象性」と「運用性」の双方の問題に、ある程度目配りをしていると言える。「文法記述としての資材性・対象性」に純化した文の定義としては、허웅《ホ・ウン》［許雄］（1989; 19992: 57）の「文法研究の対象となる、

統語的構造（짜임새《チャイムセ》）のうちで最も大きなものが文（월《ウォル》）である」をあげることができよう。

103）旧ソ連の言語学から、発話と文の定義を見ておくのも参考になろう。代表的なロシア語学辞典の一つである Филин《フィーリン》 (ред.)（1979: 50, 228）では、発話を次のように定義している。「発話とは、所与の言語の法則に則って形作られる、（話されるヴァリアントもしくは書かれるヴァリアントの）ことば（речь《リェーチ》）の単位である。発話は単位でもあり得るし、対話や独話などといった、より大きなことばの単位の構成要素（состав《サスタフ》）ともなり得る。」ここで言う「ことば」（露 речь《リェーチ》）はフランス語のパロール parole にあたる。発話を個々の言語活動の単位と見ているわけである。〈話されたことば〉と〈書かれたことば〉の双方に発話の術語を用いていることにも注意したい。他方、文はどこまでも統辞論、つまり文法の単位として扱い、こう書いている。「文は、統辞論の基本的な範疇の一つであり、形態の組織、言語の意味と機能によって単語や単語結合と対比される。」以上は野間秀樹（20012b: 208）から。

104）韓国語の〈話されたことば〉のコーパスを構築する原理論、実践論の一つの到達点とも言うべき서상규《ソ・サンギュ》・구현정《ク・ヒョンジョン》［徐尚揆・具顯禎］공편（2002, 2005）は、こうした切片も丁寧に取り扱おうとしている。同書のうち、とりわけ 전영옥《チョン・ヨンオク》（2002: 94）における“끊어진《クノジン》 단어《タノ》”（切れた単語）や“준음성과《チュヌムソングァ》 기타《キタ》 소리들《ソリドゥル》”（準音声とその他の音）などの記述を参照。また 権在一《クォン・ジェイル》（2012）も参照。朝鮮語＝韓国語文法論にあって漢字語ではなく固有語の術語を用いようとする試みは、周時経《チュ・シギョン》（1876–1914）以来、綿々と続いているが、崔鉉培《チェ・ヒョンベ》の“월《ウォル》 조각《チョガク》”（文の部分）は文の成分を指す全く別の概念である。野間秀樹（2012b: 219）の脚注 41）を見られたい。金珍娥《キム・ジナ》（2010, 2013）では、「とか。」「かな。」「ね。」「に。」など、日本語の談話における助詞のみからなる発話も扱われている。以上は野間秀樹（2012b: 208）から再録。

105）共話と、単話構造、共話構造といった問題については、野間秀樹（2012b: 212–215）を見よ。discourse syntax については、金珍娥（2013: 190–202）を見よ。同書では日本語や韓国語の助詞が相手の発話を誘発し、文の成分を繋ぎながら統辞論的構造を造り上げる、実際の面白い例が観察されている。

106）ソシュール言語学では、「つねに個人的なものであり、個人はつねにそれの主である」ようなことばの遂行を〈パロール〉（仏 parole）と言い、同一社会に属する「一団の個人の脳のうちに、陰在的に存する文法体系」を〈ラング〉（仏 langue）と言って区別する。ラングは「共同社会の成員のあいだに取りかわされた一種の契約の力によってはじめて存在する」ような、「言語活動の社会的部分」であり、「言語能力の社会的所産」であり、「記号体系」である。パロールは個人的、副次的なのに対し、ラングは社会的、本質的なものであって、ラングこそが言語学の対象であるとした。ソシュール（1940; 1972: 25–27）参照。なお、フランス人文思想などでは、〈エクリチュール〉〈書かれたことば〉（仏 écriture）に対して、〈パロール〉を〈話されたことば〉の意で用いることも多い。「ラング：パロール」の関係で用いられているのか、「エクリチュール：パロール」の関係で用いられているのか、論考ごとに見極めが必要である。

107）〈話されたことば〉と〈書かれたことば〉をめぐるこうした一事をとっても、ソシュール言語学における〈書くこと〉や〈書かれたもの〉、即ち〈エクリチュール〉（仏 écriture）の位置づけの脆弱さは否めない。

108）発話と文との関係を説明するには、Ch. S. パース（Charles S. Peirce. 1839–1914）の〈トークン〉（token）と〈タイプ〉（type）との関係に照らすのも、ちょっと魅力的だと思

われるかもしれない。野間秀樹（2012a: 32–33）の議論を引いておく。言ってみれば、「食べる？」という抽象された〈文〉がタイプであり、〈話されたことば〉や〈書かれたことば〉に実現される、数多の「食べる？」という発話がトークンではないか？　しかし、こうした考えでも、個々の言語場にトークンとして出現する、それぞれの発話が異なることの説明はできても、〈話されたことば〉に現れるトークン群と〈書かれたことば〉に現れるトークン群との、謂わば〈位相的（topological）な違い〉を論理的に克服しているとは言い難い。〈話されたことば〉に現れるトークン T1 とトークン T2 との違いが説明できたからと言って、〈話されたことば〉に現れるトークン Ts と〈書かれたことば〉に現れるトークン Tw との違いは、説明できたわけではないからである。〈発話：文〉の関係を〈トークン：タイプ〉の関係と見るのにも、やはり無理がある。言語におけるトークンとタイプについての議論としては、言語哲学における飯田隆（2002: 11–39）の議論が参考になる。パースについてはパース（1986）、トークンとタイプについては Pierce（1958: 380–432）も参照。Chomsky（1957: 94–98）、チョムスキー（1963; 1966[4]: 79–82）にもトークンとタイプの概念を利用した議論がある。

109）〈談話分析〉は〈談話研究〉（discourse study）とも呼ばれる分野と、ほぼ重なっている。〈談話分析〉“discourse analysis” の術語は Zellig S. Harris（1909–1992）が米国言語学会の紀要 *Language* 誌に 1952 年に発表した論文や、Harris（1951: vii, 9ff）などから知られるようになった。Wunderlich（1976）、Coulthard（1977; 1985[2]）とその日本語訳、クールタード（1999）、メイナード、K・泉子《せんこ》（2005）、などを参照。日本語の談話分析も国立国語研究所編（1987）などを始め、活発である。朝鮮語＝韓国語の談話研究については、박 용《パク・ヨン》익《イク》［朴容翊］（1998）、이 원 표《イ・ウォンピョ》（2001）、任 栄 哲《イム・ヨンチョル》（2012）、金珍娥（2012a, 2013）参照。言語哲学のグライス（1998）も参照されたい。

110）〈テクスト言語学〉については、ヴァインリヒ（1982, 2003）、ボウグランド＆ドンスラー（1984）、アダムツィク（2005）、고영근《コ・ヨングン》［高永根］（1983）を参照。時制をテクスト論の立場から論じたヴァインリヒ（1982: 3–4）では、一文が文法の最大単位とするという考えを批判し、高らかにこう述べている。「言語学者は音素から出発して文より大きい単位を構成することもできるし、逆にテクストから下って文の単位を越えて分割を進め、文より小さな単位を得ることもできる。だからひたすら文にのみ留まる理由はどこにもないのだ。」（傍点原著）「以下の研究では、文の境界に特別考慮を払うことはしない。文ではなく、『テクスト』をもとにして問題を立てるべきである。それに適用される方法はテクスト言語学 Textlinguistik とみなしてよい。」同書で議論される時制の様相の記述は、〈書かれたことば〉に現れる、一文を超えた文法の記述の一つのありかたを示す、記念碑的な仕事であった。なお、ヴァインリヒ（1982: 6）で「口頭伝達」と「書かれたもの」を「テクスト」と括って扱っているのを見てもわかるように、同書でも〈話されたことば〉の実現体である談話と、〈書かれたことば〉の実現体であるテクストとは、本質的には区別されていない。

111）“pragmatics” は、1937 年に登場した術語。日本語では「実用論」や「運用論」の訳語も現れたが、現在は概ね「語用論」に定まっている。韓国語では「어용론《オヨンノン》」（語用論）もあるが、「화용론《ファヨンノン》」（話用論）も広く用いられている。語用論の定義も様々である。トマス（1998: 4, 25）では「語用論の定義」としては 1980 年代初頭に「言語使用の中での意味」や「文脈の中での意味」といった捉え方が最も多く用いられていたのに対し、「相互交渉（interaction）における意味」とする方向を提起している。メイ（1996: 51–65）でも語用論の定義に関して様々な角度から論じている。語用論についてはまた、リーチ（1986,

1987)、柴谷方良《しばたにまさよし》（1989）、小泉保《こいずみたもつ》（1990）、今井邦彦《いまいくにひこ》（2001）、井出祥子《いでさちこ》（2006）などを参照。

112）〈文から言語外現実に出ようとする〉と書いたのは、語用論で言われる「文」とは、概ね予め定まった意味を有する対象として考えられている傾向が強いからである。「今何時だと思っているんだ？」という「疑問文」が、「叱責」の意味を表す、といった具合に。あるいは「言内の意味」、「文字通りの意味」があり、「言外の意味」があると言った具合に。

113）日本語訳はいずれも野矢茂樹《のやしげき》訳になるウィトゲンシュタイン（2003）による。

114）ちなみに、ミルトン『失楽園』の英語題名は *Paradise Lost*（1667）、渡辺淳一の小説の Julie Carpenter 訳になる英語翻訳書題名は *A Lost Paradise*（2000, Kodansha International）となっている。

115）W. V. Quine（1960; 2013: 179）、W・V・O・クワイン（1984: 327-336）では、「Necessarily 9>4〔必然的に、9>4 である〕」という形で議論されている。仏語訳 Quine（1977; 2010: 275）も参照。なお言語に関するクワインの思想については、丹治信春《たんじのぶはる》（1997; 2009）が全体的な見取り図を与えてくれる。

116）金珍娥《キム・ジナ》（2013: 117-120）は、「文」と「発話単位」を「〈発話された結果〉として区切られる」「静的単位」、また「ターン」は「〈発話の遂行の過程〉で捉えうる」「発話行為の動的単位」として位置づけている。「発話」は「一つ、もしくは一つ以上の発話単位の集合」としている。〈話されたことば〉を〈書かれたことば〉と区別して考察する視点からの、言語学における最も妥当な位置づけの一つである。本書第 5 章第 2 節(1)の論議を参照されたい。

117）三上章《みかみあきら》（1960）参照。浅利誠《あさりまこと》（2008: 292）は、三上章の「ピリオド越え」について、題述の呼応、機能としての「係り結び」への着目など、面白い議論をしている。本書第 8 章第 3 節も参照。

118）名格については、文法家によって、「はだかの格」「絶対格」「不定格」「語幹格」など、様々な名称が用いられている。

119）泉井久之助《いずいひさのすけ》（1967: 10, 12）は「人間言語の特徴は、語と文との二元の上に立つ内的な体系であり、綜合であり、作用であるということができる。」とし、「語と文の関係については」、「語に対して文のプリマートを認めようとする態度がある。綜合的な見方、全体論的な見方ともいうことができるであろう。」として「セイスやカッシーラー、メイエやドラクルワ、イェスペルセンやイョルゲン・イョルゲンセンのような言語学者ないしは心理学者、哲学者」をこうした綜合的な見方、全体論的な見方に立つとしている。反対に「文に対する語のプリマートを認めようとする考え」、即ち「文は要するに、語の集積であるとする見方」には、「ディオニューシオス以来のギリシャ・ローマの文法家」を挙げている。「文をはなれて完全な語はなく、語をはなれて完全な文はない。言語は同時に双方である。」と、伝統的な言語学の中では柔軟な思考を放つ同書にあっても、単語が基本的な小さい単位であり、文が基本的な大きい単位とされているのであって、文は超えない。実は文という単位ではまだ、「綜合的」でもなければ、「全体論的」でもないのである。

　単語と文の相克といった課題は、遥かに遡って、古典インドの哲学にも現れる。「はじまりももたず、終わりももたない［永遠なものである］ブラフマンは、コトバそれ自体であり、不滅の字音（アクシヤラ）である。」という一文から始まる、5 世紀グプタ朝古代インドの文法学、バルトリハリ（1998ab）は、恐ろしく魅力的な書物である。原題は「文と単語についての書」の意とされている。「文こそが単一不可分の意味の全体であり」「文

の内部においてこそ語は意味をもつ」とし、言語の基本的な単位を「文」に置き、「単語」とする論者を論駁する。「文の意味は関係であって、それのどこにも本質は存在していない。」(p. 134)、「〔単語の意味〕よりすぐれたもの、それが文の意味である。」「およそ単語と呼ばれるもののどこにも、そのかたちに関して何一つ確定したものはない。諸単語のかたち、それにまた意味は、ほかならぬ文の意味（ヴァーキヤ・アルタ）だけから生じてくる。」「単語とそれが表示する意味とは、〔文の〕意味に基づいて決定される。文の意味の決定は単語に基づいてある。文は単語の集合体から生じてくる。単語は字音の集合体から生じてくる。」等々。赤松明彦《あかまつあきひこ》訳注（1998: 78）。同書には興味深い多くの思考が隠されている。しかしそこでも、〈文を超えた単位〉についての明示的な議論は現れない。

120） 例えば、発話行為論の重要な著作であるヴァンダーヴェーケン（1997: 1）はこう述べている。「G. Frege が指摘した通り、語ではなく文が言語の第一義的な意味単位（primary units of meaning）である。語の意味は単にそれが現れる文の意味に貢献するものでしかない。従って、語ではなく文が言語の使用の文脈において発話行為（speech act）を遂行するための最小の統語装置（syntactic devices）である。」統語論（統辞論）が最大、一文の範囲を超えない対象のみを司るものであるとすると、「最小の統語装置」であるというのはトートロジーであるが、重要なのはここでも文が絶対的な単位とされている点である。ちなみに同書 p. 234 にある「言語のあらゆる有意味な使用は、発語内行為を遂行しようとする試みにあり、その発語内行為は首尾よく行われるか、失敗するかのどちらかである。」といった排他的な二者択一は、ことばが行われるリアリティから遠く離れた図式に過ぎない。なお、同書は監訳者の詳細なグロッサリー形式の注があり、発話行為論を知るに有益である。

121） 参考までに、サールとデリダの論争はすれ違いのごとく言われることがあるが、デリダ（2002）所収「署名 出来事 コンテクスト」のデリダは、サールの硬直した実直さとは裏腹に、圧倒的である。論争を扱った書に、Raoul Moati（2014）がある。

122） 「主体」と「主語」の区別については、例えば임홍빈《イム・ホンビン》［任洪彬］（1980）などが早くから指摘しており、「話し手」「一人称」「主題」「主格」などについても野間秀樹（1988: 67, 1990a: 57）、노마 히데키［野間秀樹］（2002: 22-23, 37-38）など朝鮮言語学や、角田太作（1991: 165-224）など類型論でも論じられていたが、学界の共通理解であったとは、到底言えない。酒井直樹《さかいなおき》（2002: 19）はさらに「主観」まで含めて、この問題に分け入っている。

123） 前掲、酒井直樹（2002: 19）の指摘も見よ。

124） Frege（1967, 1997）、フレーゲ（1986: 24, 1988: 49, 1999: 87）。ドイツ語による初出は 1892 年である。ここでの批判は別にしても、意味の問題を考えるにあたって、同稿は欠かせない。「宵の明星」と「明けの明星」の「意味」(Bedeutung) は同一であるが、それらの表現の「意義」(Sinn) は同一ではないとした、有名な議論を含む。フレーゲは「意味」という術語を「その記号によって表示されたもの」について用いるのである。さらに記号の「意味」や「意義」と、記号に結合する「表象」(Vorstellung) も区別している。また、文の意味はその「真理値」であるとした。副文（Nebensatz)、即ちドイツ語における従属節の類についての議論は言語学的にとても興味深いものである。

125） 平叙文と疑問文の位置づけは、第 7 章第 8 節(6)で述べる、言語外現実と言語内のシステム、そして言語的対象世界の相関の中で見るべき多層的な構造を有する問題で、本書で詳述する紙幅はないが、疑問文を平叙文と同じ平面で変形させて事足れりとするのも、言語学、言語哲学を貫く、あまりにプリミティブな仕儀である。否定文についても同様に身構

えねばならない。

126) デイビドソンを扱った森本浩一《もりもとこういち》（2004: 14-25）による解説は、フレーゲの考え方を、解り易く論じている。

127) 同稿は対格目的語についての論考である。「…を」に相当する〈-를《ルル》／-을《ウル》〉を従える動詞が、朝鮮語の他動詞である。参考までに主語が現れる 1534 例の内訳を見ると、「本を」という対象語＝目的語に対して、「ユミが本を読んでいる」のような主語前置型は 1482 例、96.6%、「本をユミが読んでいる」という主語後置型が 52 例、3.4%であった。また主語の助詞を見ると、「…は」にあたる「-는《ヌン》／-은《ウン》」が 1002 例、65.6%、「…が」にあたる「-가《カ》／-이《イ》」が 527 例、34.4%となっている。主語が活動体＝生物主語となっている文は 1445 例、94.2%、不活動体＝無生物主語が 89 例、5.8%であった。詳細は野間秀樹（1993）、노마 히데키［野間秀樹］（1993）参照。

128) 日本語や朝鮮語の文を既存の文法論とは違って、〈述語文〉と〈非述語文〉というカテゴリーに分類することについては、노마 히데키［野間秀樹］（2002: 22-24）、野間秀樹（2012b: 221-232）参照。朝鮮語の文の構造については、野間秀樹（1997）とその展開である노마 히데키［野間秀樹］（2002: 13-68）、野間秀樹（2012bc）を参照。

129) 「東京方言話者」「ソウル方言話者」のごとく、〈地域方言〉（dialects）を限定することは、〈話されたことば〉の研究では不可欠の前提である。この点では、言語研究においても「日本語母語話者」とか「朝鮮語母語話者」のような大雑把な括りが一般的であった。さらに地域方言も性別や年齢など、話し手の属性によっても大きな違いが生じ得る。社会的な条件によって異なって実現する言語は、〈社会方言〉（social dialects; sociolects）と呼ぶ。20 世紀後半のソウル方言などは、音論だけ見ても、10 個ほどを数えた単母音さえ、今は事実上 7 個となるなど、僅か数十年で激変している。日本語でも朝鮮語＝韓国語でも方言研究が日々進められている。とりわけ日本語の方言研究の成果は語彙のみならず文法にも及ぶなど、膨大である。

130) 朝鮮語＝韓国語については、노마 히데키［野間秀樹］（2002: 22-23）を参照。こうした「省略」幻想の弊害は、例えば文法における能動文と受動文の扱いなどにも現れる。受動文が能動文から作られる、つまり受動文には常に対応する能動文があるはずだという考えなども、省略幻想の産物である。動作主が現れていない受動文を見て、動作主が「省略」されているなどと考えようとする分析にしばしば出会うが、そもそも動作主が現れていない受動文には動作主を明示しないという積極的な働きがあるのであって、そこにわざわざ無理に動作主などを言語化する必要などない。何を他動詞と見るかといった問題にも同様のことが言える。「밥 먹어.」（ごはん食べなさい。）は「밥을 먹어.」（ごはんを食べなさい。）の「을」（を）が「省略」されたものではない。野間秀樹（2007f: 500-502）参照。

131) 金珍娥《キム・ジ・ナ》（2013: 168）参照。朝鮮語＝韓国語にも日本語とよく似た助詞類が存在する。同調査では、助詞だけで文をなす例は、韓国語には現れていない。この点から言うと、日本語の助詞の方が韓国語の助詞より独立性が強いと言えそうである。つまり語尾的な性質より単語的な性質が、日本語の方が相対的に強いのだと思われる。

132) *Do Androids Dream of Electric Sheep?* の浅倉久志の手になる日本語訳（1977: 9）では「1992 年 1 月 3 日」とあるが、英語原著の新しい電子書籍 Kindle 版、Dick, Philip K.（1968; 2008 Ebook）では "January 3, 2021" と改稿されている。映画化などもあり、これも言語外の時間が言語的対象世界の日付を追い越してしまったことを慮っての、出版資本よる改稿であろう。ここでの議論のちょっとした傍証の 1 つである。

133) 가다《カダ》 ka-ta（行く）、하다《ハダ》 ha-ta（する）のような形を「不定形」や「アオリスト」とは呼

んでも、「不定過去」とし難いのは、シンポジウムのタイトルなど「석학《ソッカク》 언어를《オノルル》 말하다《マラダ》」seokhak eoneo-leul malha-ta（碩学、言語を語る）のように、過去でないことがらにも用いられることによる。

134)　英訳に Heidegger（1971; 1982: 139–156)、仏訳に Heidegger（1976: 203–221）がある。引いた 1 節はそれぞれ、Where word breaks off no thing may be./ Aucune chose ne soit, là où le mot faillit.

135)　第 2 章第 3 節(1)で言及したアメリカ構造言語学のサピアは Sapir（1921; 1970: 32–34）において、アメリカ先住民の Nootka 語の例を挙げて、一つの動詞に様々な接辞がついた形が、英語で言えば "I have been accustomed to eat twenty round objects [e.g., apples] while engaged in [doing so and so]" といった、文とほとんど同じ機能を持つことを述べている。こうした言語では単語よりは形態素がしばしば名づけにおいて重要な役割を果たす。また、日本語の学校文法で言う、「食べさせられた」の「され」「られ」「た」など「助動詞」は、英語の can や will のような一定の自立性を持った単語としての「助動詞」と同列に扱うことはできず、助動詞と呼べるようなものではない。単語ではなく、これらもまた形態素のレベルの、活用する接尾辞である。野間秀樹（2012a: 68–78）参照。

136)　また Lewandowski（1985: 121–122, 1071）参照. マルティについては, Rollinger Robin, "Anton Marty", *The Stanford Encyclopedia of Philosophy* (Spring 2014 Edition), Edward N. Zalta (ed.), http://plato.stanford.edu/archives/spr2014/entries/marty/ を参照。

137)　鈴木《すずき》朖《あきら》（1979: 17)。

138)　鈴木朖（1979: 3–4)。ここのみ読み仮名を補った。

139)　鈴木朖『言語四種論』の「体ノ詞」は概ね今日で言う名詞、「形状ノ詞」は用言のうち終止形がイ段で終わるもの、つまり形容詞、「作用ノ詞」は用言のうち終止形がウ段で終わるもの、即ち動詞、「テニヲハ」は間投詞＝感動詞、副詞、助詞、助動詞、活用語尾などを指す。「テニヲハ」に「ア丶」「アハレ」「アナ」「ヤ」など間投詞を入れているのは、面白い。やはり「詞」と「辞」を言う橋本進吉（1959: 60–61）は、「語は詞と辞とにわかれる。詞は単独で文節を構成し得べきもの、辞は常に詞に伴つて文節を構成するものである」とする。助詞、助動詞は「辞」である。時枝《ときえだ》誠記《もとき》（1941; 1979: 229–）にあっては「詞と辞」の区別を「単語の語形、意義、職能、独立非独立等」に求めるのではなく、「言語過程観」に立って、その「過程的形式の中」の違いに求めるとする。「概念過程を含む形式」は「概念語」であり「詞」、「概念過程を含まない形式」は「辞」と呼ぶ。「否定」「うち消し」「推量」「推しはかる」といった単語は「概念過程を経て表現されたもの」であって「詞」であるが、「ず」「じ」「む」は「直接的表現であって、観念内容をさし表したものではない」「観念語」であり、「客体界に対する主観的なものを表現する」「辞」なのだと説明している。「助詞助動詞感動詞の如き」が「辞」である。橋本文法、時枝文法に先立つ山田文法においては山田《やまだ》孝雄《よしお》（1936; 1951[5]: 76–96）が詳しく扱っている。「一定の明かなる具象的観念を有し、その語一個にて場合によりて一の思想をあらはし得るもの」を「観念語」、「然らざるもの」を「関係語」とする。「関係語」は「この一語にて一の思想をあらはすことの絶対的に不可能なるものはかの弖爾乎波の類にして専ら観念語を助けてそれらにつきての関係を示すものなり」とする。山田孝雄の「観念語」と「関係語」もまた、言語における名づけの働きの違いを反映している。

140)　C・ランスロー＆ A・アルノー（1972: 1982[3]: 161–162)。原題、"Grammaire générale et raisonnée contenant les fondemens de l'art de parler, expliqués d'une manière claire et naturelle"「明晰にして自然なる仕方で説く、話す技法の基礎を収む、一般・理性文法」

にも顕れているように、単なる規範的な仏文法ではなく、「理性」によって支えられた「一般文法」論を志向している。

141) ダニエル・L・エヴェレット（2012: 11, 14, 187-201）、Daniel L. Everett（2009）。

142) ダニエル・L・エヴェレット（2012: 196）、Daniel L. Everett（2009: 138）。

143) 「対象的世界の実践的産出」（独 das praktische Erzeugen einer gegenständlichen Welt）の術語自体は、カール・マルクス（1963: 96-118, 1964: 84-106）、Karl Marx（1982: 363-375）、Karl Marx（1988: 69-84, 1996: 106-123）から取り入れている。ただしそこで語られているのは、労働と疎外についてであって、言語についてではない。「言語的対象世界の実践的産出」は換骨奪胎である。

144) 文を発話たらしめる〈モダリティ〉や〈陳述性〉論の概略と、日本語、朝鮮語＝韓国語におけるモダリティのありようの簡潔な全体像は、野間秀樹（2012a: 35-39）、노마 히데키［野間秀樹］（2002: 18-20）を見よ。朝鮮語学を中心としたモダリティ、ムード論の概略は須賀井義教《すがいよしのり》（2012）を、〈対事態モダリティ〉と〈対聞き手モダリティ〉、つまり〈対受話者モダリティ〉の二層の平面を切り分けた、朝鮮語学におけるモダリティ論、ムード論の実践的な研究の例として野間秀樹（1988, 1990a）、노마 히데키［野間秀樹］（2002: 111-189）を参照。また一般に言語表現には、〈発話者が受話者をいかに遇するか〉が必然的に示される。この言語的な現れを〈待遇表現〉（대우표현《テウピョヨン》）と呼ぶ。待遇表現もモダリティに係わるもので、およそあらゆる自然言語にプロソディや語彙や文法など、方法こそ異なれ、観察し得るものである。日本語や朝鮮語＝韓国語においてはこうした待遇表現が、〈待遇法〉（대우법《テウポプ》）や〈敬語法〉（경어법《キョンオポプ》）という文法範疇として特化し、用言の形造りのパラダイムを造り上げている。「する／します」などの〈非丁寧／丁寧〉の体系が〈待遇法〉、「する／なさる」などの〈非尊敬／尊敬〉の体系が〈尊敬法〉＝〈敬語法〉である。この点、英独仏露中…といった諸言語とは決定的に異なっていて、面白い。日本語や朝鮮語の待遇表現と待遇法の原理論については、野間秀樹（2012d）「待遇表現と待遇法を考えるために」を参照されたい。朝鮮語の待遇表現は日本語以上に豊かで、面白い。

145) 日本語では、格助詞「に」と自立語である動詞「あり」が結合し、断定の助動詞「なり」が成立したと言われる。この例では語彙的な要素である「あり」が文法的な要素の一部と転化したことになる。このように語彙的なものが、その語彙的な意味は薄れ、文法的な働きを担うようになる現象が、多くの言語に見られる。Christian Lehmann（1995）やホッパー＆トラウゴット（2003）はこうした現象を〈文法化〉（grammaticalization）という概念で整理した。後者は文法化を「語彙項目（lexical items）が歴史と共により文法的になる過程」であるとする（p. 2）。鄭在永［정 재영《チョン・ジェヨン》］（1996）や고영진《コ・ヨンジン》（1997）などをはじめ、朝鮮語における文法化についての議論も盛んである。語彙的なものと文法的なものを区別することから出発することによって、文法化に現れる中間的な過程も観察することができる。逆に、〈語彙化〉（lexicalization）や〈脱文法化〉〈文法-破壊作用〉（仏 dégrammaticalisation）という現象もある。Charles Bally（1932; 19654: 148）、バイイ（1970: 158-159）、Paul J. Hopper & Elizabeth Closs Traugott（2003）、ホッパー＆トラウゴット（2003: 63-64）参照。なお、コセリウ（2014: 236）に見える「あらゆる言語形式は文法の観点から見るときは「文法的」である」とする、「文法化」の術語の曖昧さについての指摘も面白い。

146) 野間秀樹（2007c: 225-227）、音声学の稿より「現代ソウル方言の母音組織の変容——失われる母音たち」および「8 母音体系から 7 母音体系へ」参照。

147) 露語では、コピュラだけでなく、存在を表す動詞の方も、いろいろ面白い。「神は在る」

は “Бог есть.”（Bog est'.）あるいは “Есть бог.”（Est' Bog.）。“Алешка, есть бог? —— Есть бог.”（Aleshka, est' bog? — Est' bog.）「アリョーシャ，神は在《い》るのか？——神は在《あ》られます．」（ドストエフスキー『カラマーゾフの兄弟』「コニャックを飲みながら」）。ところが、過去形となると、この不変化の動詞есть《イェースチ》（est'）（ある。いる。…である）を変化させることはできないので、現在変化形のない動詞быть《ブィーチ》（byt'）（いた。あった。…であった）の、過去形был, была, было（byl, byla, bylo）を用いて，“Бог был.”（Bog byl.）などとする。“Правда, было тогда и много чудес.”（Pravda, bylo togda i mnogo chudes.）「確かに，あのころは多くの奇跡も在った．」（ドストエフスキー『カラマーゾフの兄弟』「大審問官」）。起源的にはесть（est'）はбыть（byt'）に遡るとされるが、今日の辞書では互いにしばしば別の動詞として扱われている。同じ印欧語でもスラブ語でさえ、基本的な動詞のありようが英独仏語とこうも違う。

148） 英訳にRoman Jakobson（1990: 332-385）がある。ヴィノークル（1996: 7）でも「いわゆる造格述語の発達」や「現在形における連辞の欠如」が他の印欧語と異なるスラブ語の特徴の一つに挙げられている。

149） どの言語についても概ね狭い部屋で閉じ籠もる傾向にある文法論を、より自由に解き放つためには、こうした着想を端から拒否しない方が、よい。例えばW. V. Quine（1960; 2013: 87-91）、W・V・O・クワイン（1984: 150-159）の「述定」（predication）をめぐる議論を見よ。この親しむべき哲学者。“Mama is a woman” “Mama is big” “Mama is singing” の各例はいずれも述定という点で差はない、述部（predicative position）を埋める要素として、実名詞（a substantive）、形容詞、動詞がある、動詞は “is” “is an” といった補助装置（auxiliary apparatus）なしに述定に加わる点で、述定にとって基本的形式であるとすら言えるかもしれない、とする議論など、甚だ反文法論的ではあるが、面白い。繋辞 “is” や “is an” は一般名辞を動詞の形に変えて、述定的位置に立てるようにするための接頭辞と説明してもいる。

150） しばしば見かけるように、日本語の「だ」「である」や、朝鮮語の措定辞 -이다《イダ》 -ita を「繋辞」とするのには、無理がある。日本語や朝鮮語では、「AはBだ」のみならず、「AB」の2項が揃っていない、「Bだ。」「Bである。」という形がいくらでも可能だからである。これらはそれがそれであることをトートロジカルにidentifyする形式である。野間秀樹（2014b: 182-192）参照。もちろんこれは「Aは」という項が「省略」されているわけではない。初めから必要がない故に、言語化されなかったものである。本書第6章第3節参照。

151） 存在を表す日本語動詞については、「ある（あり）」「いる（ゐる）」「おる（をり）」を中心に、存在表現の意味、用法、機能の歴史的展開を扱った金水 敏《きんすいさとし》（2006）が、日本語研究の一つの大きな到達点だと言える。

152） マルティン・ハイデッガー（1994: 129）、Martin Heidegger（1983: 81）。

153） なお、ことはもちろんハイデガーのドイツ語だけに留まるものではなく、あらゆる言語について問題となり得る。廣松 渉《ひろまつわたる》（1979: 3-42）で行われる「日常的言語意識におけるモノとコトの即自的な使い分け」についての日本語についての議論など、その一例である。

154） 宮﨑裕助《みやざきゆうすけ》訳では、仏語répétitionは「反復」、itérationは「反覆」と訳し分けられている。またitérabilitéは「反覆可能性」としたとある。デリダ（2002: v, 56）。英訳Derrida（1988: 7）と独訳Derrida（2001: 24）ではこの「反復可能」はrepeatableとwiederholbar、「反覆可能」はiterableとiterierbar、「反覆可能性」はiterabilityとIterabilitätである。ちなみに引用部分最後の一文の英訳Derrida（1991: 90）はこうある。“A writing that was not

structurally legible — iterable — beyond the death of the addressee would not be writing."

155) Jacques Derrida（1977, 1988, 2001）も参照。

156) デリダ（2002: 28-29）。

157) Bedeutung と Sinn については、フレーゲ（1986）参照。原著は 1892 年。第 6 章第 1 節(6)の註 124 でも触れた。また論理学では dennotation を外延、connotation を内包と訳している。言語学や記号学で言う dennotation と connotation は、それぞれ明示、共示と訳すことが多い。記号学的な dennotation（仏：デノタシオン）と connotation（仏：コノタシオン）については、ロラン・バルト（Roland Barthes, 1915-1980）による『記号学の原理』（1964）での議論が出発点となっている。『モードの体系』も参照。

158) そして、同じ話し手が話すというときでさえ、実は「ことばにならない」ことさえ起こり得る。「この思いがことばにならない」、「うまく言えないんだけど」などというのは、話し手の〈思い〉といったものが話し手自身の〈ことば〉とかけ離れることがあり得ることを示唆する、言語的な顕れである。もちろん、そうした〈思い〉という概念がここでいう言語的な〈意味〉という概念と同じであるという保証は全くない。また〈言い間違い〉といった問題も重要である。言い間違いの問題は単に〈思い〉が誤って異なった形のことばで実現したというばかりでなく、〈意味〉といった問題を考えるには、重層的な問題を含んでいる。言語学的には、言われたことがことばの意味だと考えればよいのであるが、どこまでも、その談話やテクストの中において実現する意味が問題となる。〈言い間違い〉が〈言い間違い〉であると、話し手と聞き手の双方が認識できるような場合もあれば、そうでない場合もある。より根源的に問いを立てれば、そもそも「あらゆる発話は本質的に〈言い間違い〉なのではないか」といった問いさえ、一度は考えるに値するであろう。

159) こうした意味で野《の》家《え》啓一《けいいち》（1993: 112）の次のようなことばは、私たちを勇気づけてくれる——「われわれの言語使用は、本質的に自我の自己完結性を打破する契機を孕んでいると言える。」

160) 野間秀樹（2007a: 1-50）「試論：ことばを学ぶことの根拠はどこに在るのか」はこうした主題についての試みである。また、言語が学び＝教えるものであるということ、私たちが他者のことばを学ぶということをめぐって、いくつもの言語が行き交っていた帝政ロシア領ポーランドにおける、1887 年、ラザロ・ルドヴィコ・ザメンホフ（Lazaro Ludoviko Zamenhof、1859-1917）による人工言語エスペラント（esperanto）の創出と、今日に至る、数多の人々の族際的、国際的なその実践からは、言語存在論的な視座からも極めて貴い、豊かな経験を共にすることができる。ごく僅かなエスペラントの母語話者の存在もあるが、基本的にあらゆる人々にとってエスペラントは非母語であり、エスペラントの実践それ自体が、常に目に見える形での、文字通り、学び＝教えるという言語の実践でもある。人の創った言語が世界に生まれ、人々がそれを共にし、言語が育ちゆくとき、そこに何が起こり得るのか？　学ぶべきことに満ちている。ウルリッヒ・リンス（1975）、田中克彦（2007）。また一般財団法人日本エスペラント協会 http://www.jei.or.jp/gaiyou/、Universala Esperanto-Asocio（世界エスペラント協会）https://uea.org/ 参照。

参考文献

姜信沆（1990）“增補改訂版 國語學史”，서울：普成文化社
姜信沆（2003）“수정 증보 훈민정음연구”，서울：성균관대학교 출판부
姜信沆 譯註（1974）“訓民正音”，서울：新丘文化社
高永根（1983）“國語文法의 硏究”，서울：塔出版社
高永根（1989）“國語形態論硏究”，서울：서울大學校出版部
고영근［高永根］（1995）“단어・문장・텍스트”，서울：한국문화사
고영근［高永根］・남기심［南基心］엮음（1983）“국어의 통사・의미론”，서울：탑출판사
高永根·成光秀·沈在箕·洪宗善 編（1992）“國語學硏究百年史 I-III”，서울：一潮閣
高永根・李賢熙校註（1986）“周時經，國語文法”，서울：塔出版社
고영진［高永珍］（1997）“한국어의 문법화 과정：풀이씨의 경우”，서울：태학사
과학，백과사전출판사（1979）“조선문화어문법”，평양：과학，백과사전출판사
과학원 언어 문학 연구소 언어학 연구실（1960）“조선어 문법 1 형태론”，평양：과학원 출판사．번인 출판 東京：학우서방
과학원 언어 문학 연구소 언어학 연구실（1963）“조선어 문법 2 문장론”，평양：과학원 출판사．번인 출판 東京：학우서방
권재일［權在一］（1994）“한국어 문법의 연구”，서울：서광학술자료사
권재일［權在一］（1998）“한국어 문법사”，서울：박이정출판사
김두봉［金枓奉］（1916; 1983影印）“조선말본”，京城：新文館，（歷代韓國文法大系 第1部第8冊，서울：塔出版社 1983影印）
金斗鍾（1981）“韓國古印刷技術史”，서울：探究堂
金敏洙（1977; 1986）“周時經 硏究（增補版）”，서울：塔出版社
金敏洙（1981）“國語意味論”，서울：一潮閣
김민수［金敏洙］엮음（1993）“현대의 국어 연구사”，서울：서광학술자료사
金尙憶 註解（1975）“龍飛御天歌”，서울：乙酉文化社
김석득［金錫得］（1983）“우리말 연구사”，서울：정음문화사
김성도（2013）‘문자의 시원과 본질에 대한 몇 가지 인식론적 성찰’，인문학연구원 HK문자연구사업단（2013）所収
김영정（1997）“언어・논리・존재――언어철학・논리철학 입문”，서울：철학과현실사
金允經（1938; 1985）“朝鮮文字及語學史”，（1985『한결 金允經全集1 朝鮮文字及語學史』，서울：延世大學校 出版部）
金正喜（1976）“秋史集”，崔完秀 譯，서울：玄岩社
김주원［金周源］（2005）‘훈민정음해례본의 뒷면 글 내용과 그에 관련된 몇 가지 문제’，“國語學”，45집，서울：국어학회
김주원［金周源］（2013）“훈민정음：사진과 기록으로 읽는 한글의 역사”，서울：민음사
김주원［金周源］외（2008）“사라져가는 알타이언어를 찾아서”，파주：태학사
김진아［金珍娥］（2018 forthcoming）“담화론과 문법론”，서울：역락
김진우［金鎭宇］（2008）“언어와 사고”，서울：한국문화사
남기심［南基心］（1996）“국어 문법의 탐구 1-3”，서울：태학사
남기심［南基心］・고영근［高永根］（1985; 1993）“표준국어문법론 개정판”，서울：塔出版社
南豊鉉（1981）“借字表記法硏究”，서울：檀大出版部
南豊鉉（2000）“吏讀硏究”，서울：태학사

노마 히데키 [野間秀樹] (2002) "한국어 어휘와 문법의 상관구조", 서울 : 태학사
노마 히데키 [野間秀樹] (2006) '단어가 문장이 될 때 : 언어장 이론――형태론에서 통사론으로, 그리고 초형태통사론으로――' "*Whither Morphology in the New Millennium?* 21 세기 형태론 어디로 가는가" Ko, Young-Kun, et al. (eds.) Seoul: Pagijong Press
노마 히데키 [野間秀樹] (2008) '언어를 배우는 〈근거〉는 어디에 있는가 ――한국어 교육의 시점', "한글 : 한글 학회 창립 100 돌 기념호", 서울 : 한글 학회
노마 히데키 [野間秀樹] (2011) "한글의 탄생―― 〈문자〉라는 기적", 김진아・김기연・박수진 옮김. 파주 : 돌베개
노마 히데키 [野間秀樹] (2015a) '인문언어학을 위하여――언어존재론이 묻는, 살아가기 위한 언어', "연세대학교 문과대학 창립 100 주년 기념 국제학술대회 발표자료집", 서울 : 연세대학교 문과대학
노마 히데키 [野間秀樹] (2015b) '훈민정음 = 한글의 탄생을 언어의 원리론에서 보다' "세계한글작가대회 발표자료집", 서울 : 국제펜클럽 한국본부
노마 히데키 [野間秀樹] (2016a) '언어를 살아가기 위하여――언어존재론이 묻는, 〈쓴다는 것〉', "제 2 회 세계한글작가대회 발표자료집", 서울 : 국제펜클럽 한국본부
노마 히데키 [野間秀樹] (2016b) '언어존재론이 언어를 보다――언어학과 지(知)의 언어', "제 3 회 경북대학교 국어국문학과 BK21 플러스 사업단 국제학술대회 : 언어생활과 문화", 대구 : 경북대학교 국어국문학과 BK21 플러스 〈영남지역 문화어문학 연구인력 양성 사업단〉
노마 히데키 [野間秀樹] (2017) '한글의 탄생과 불교사상의 언어――언어존재론적인 시좌(視座)에서', "불교와 한글, 한국어", 서상규 편저, 서울 : 한국문화사
노마 히데키 [野間秀樹] (2018) '〈쓰여진 언어의 영광〉 ――언어의 원리론에서 한글의 탄생을 비추다', "소리×글자 : 한글디자인", 서울 : 국립한글박물관
노마 히데키 [野間秀樹] 엮음 (2014) "한국의 지(知)를 읽다", 김경원 옮김, 서울 : 위즈덤하우스
루트비히, 오토 [Otto Ludwig] (2013) "쓰기의 역사", 이기숙 옮김, 서울 : 연세대학교 대학출판문화원
리근영 (1985) "조선어리론문법 (형태론)", 평양 : 과학, 백과사전출판사
마루야마 게이자부로 [丸山圭三郎] (2002) "존재와 언어", 고동호 역, 서울 : 민음사
박기완 [朴基完] (1983) "에스페란토로 옮긴 훈민정음 Esperantigita Hun Min Ĝong Um", 서울 : 한글 학회
朴炳千 (1983) "한글궁체연구", 서울 : 一志社
朴炳千 (1985) "書法論研究", 一志社
朴勝彬 (1935) "朝鮮語學", 京城 : 朝鮮語學研究會
비트겐슈타인, L (1985) "論理哲學論考", 朴煐植・崔世晩 역, 서울 : 정음사
비트겐슈타인, 루트비히 (1994) "논리철학논고 / 철학탐구 / 반철학적 단장", 김양순 옮김, 서울 : 동서문화사
비트겐슈타인, 루트비히 (2006) "논리 - 철학 논고 : 비트겐슈타인 선집 1", 이영철 옮김, 서울 : 책세상
서상규 [徐尚揆]・구현정 [具顯禎] 공편 (2002) "한국어 구어 연구 (1)", 서울 : 한국문화사
서상규 [徐尚揆]・구현정 [具顯禎] 공편 (2005) "한국어 구어 연구 (2)", 서울 : 한국문화사
서울 대학교 국어 교육 연구소 편 (2003) "고등 학교 교과서 문법", 서울 : 두산
서울大學校 大學院 國語研究會 (1990) "國語研究 어디까지 왔나 : 主題別 國語學 研究史", 서울 : 東亞出版社
서정수 [徐正洙] (1996) "국어문법 수정증보판", 서울 : 한양대학교출판원
송기중 [宋基中]・이현희 [李賢熙]・정재영 [鄭在永]・장윤희 [張允熙]・한재영 [韓在永]・황문환 [黃文煥] (2003) "한국의 문자와 문자 연구", 서울 : 집문당
송철의 [宋喆儀] (2006) "한국어 형태음운론적 연구", 서울 : 태학사
安秉禧 (2007) "訓民正音研究", 서울 : 서울대학교 출판부
兪昌均 (1982) "訓民正音", 서울 : 螢雪出版社
이강서 (2013) '플라톤의 문자관', 인문학연구원 HK 문자연구사업단 (2013) 所収
李基文 (1961; 1972) "國語史概說 (改訂版)", 서울 : 太學社

李基文（1998）“新訂版 國語史概說”，서울：太學社
李箱（1978）“李箱詩全作集”，文学思想資料研究室編，李御寧校註，서울：甲寅出版社
李丞宰（1992）“高麗時代의 吏讀”，서울：太學社
이익섭［李翊燮］（1986; 2003）“국어학개설”，서울：학연사
이현희［李賢熙］（2003）‘訓民正音 研究史’，송기중 외（2003）所収
인문학연구원 HK 문자연구사업단（2013）“문자개념 다시보기”，서울：연세대학교 대학출판문화원
임홍빈［任洪彬］（1980）‘|-겠-| 과 대상성’，“한글”170，서울：태학사
임홍빈［任洪彬］（1998）“국어 문법의 심층 1-3”，서울：태학사
鄭在永（1996）“依存名詞 ‘ᄃ’ 의 文法化”，서울：太學社
鄭在永（1997）‘借字表記 연구의 흐름과 방향’，“새국어생활”7-4，서울：국립국어연구원
鄭在永（2003）‘口訣 研究史’，宋基中 외 編（2003）所収
정재영［鄭在永］（2006）‘韓國의 口訣’，“口訣研究”，제 18 집，口訣學會編，파주：太學社
촘스키，노암（1975）“生成文法論”，李承煥・任永宰 譯，서울：汎韓書籍
최윤갑・리세룡 편저（1984）“조선어학사전”，연길：연변인민출판사
최현배［崔鉉培］（1937; 1971[4]）“우리말본”，서울：정음문화사
Coseriu, Eugenio（1997）“서양 언어철학사 개관——古代부터 現代까지——”，愼翼晟 역，서울：한국문화사
하이데거，마르틴（1992）“존재와 시간”，전양범 옮김，서울：동서문화사
한국철학회 편（2002）“현대철학과 언어”，서울：철학과현실사
한석환（2005）“존재와 언어：아리스토텔레스이 존재론”，서울：도서출판 길
허웅［許雄］（1982）“용비어천가”，서울：螢雪出版社
허웅［許雄］（1989; 1999[2]）“20 세기 우리말의 통어론”，서울：샘문화사
허웅［許雄］（1995）“20 세기 우리말의 형태론”，서울：샘문화사
허주잉（2013）“한자문화학”，김은희 옮김，서울：연세대학교 대학출판문화원
洪起文（1947）“朝鮮文法研究”，서울：서울신문社，（歷代韓國文法大系 第 1 部第 15 冊，서울：塔出版社 1986 影印）
藤本幸夫（1993）‘韓國의 訓讀에 대하여’，서울大學校 大學院 國語研究會編（1993）所収

アーペル，K. O. 他（1980）『言語と認識』，H. シュタルケ編，飛田就一・井上義彦・針生清人・木戸正幸訳，京都：法律文化社
アイゼンステイン，エリザベス（1987）『印刷革命』，別宮貞徳監訳，小川昭子・家本清美・松岡直子・岩倉桂子・国松幸子共訳，東京：みすず書房
秋富克哉・安部浩・古荘真敬・森一郎編（2014）『ハイデガー読本』，東京：法政大学出版局
浅田彰（1983）『構造と力——記号論を超えて』，東京：勁草書房
浅野裕一（2003）『古代中国の言語哲学』，東京：岩波書店
浅利誠（2008）『日本語と日本思想——本居宣長・西田幾多郎・三上章・柄谷行人』，東京：藤原書店
アジェージュ，クロード（1990）『言語構造と普遍性』，東郷雄二・春木仁孝・藤村逸子訳，東京：白水社
東浩紀（1998）『存在論的，郵便的 ジャック・デリダについて』，東京：新潮社
東浩紀（2002）『郵便的不安たち #』，東京：朝日新聞社
麻生建（1989）『ドイツ言語哲学の諸相』，東京：東京大学出版会
アダムツィク，キルステン（2005）『テクスト言語学序説』，川島淳夫訳，東京：同学社
荒このみ・谷川道子編著（2000）『境界の「言語」』，東京：新曜社
アリストテレス（1959,1961）『形而上学 上下』，出隆訳，東京：岩波書店
アリストテレス（1987）『アリストテレス全集 1 カテゴリー論 命題論』，山本光男編，山本光雄・井上忠・加藤信朗訳，東京：岩波書店
アリストテレス（2013）『アリストテレス全集 1 カテゴリー論 命題論』，内山勝利・神崎繁・中畑正

志編，中畑正志・早瀬篤・近藤智彦・高橋英海訳，東京：岩波書店
アンダーソン，ベネディクト（2007）『定本 想像の共同体――ナショナリズムの起源と流行』，白石隆・白石さや訳，東京：書籍工房早山
安藤貞雄（2005）『現代英文法講義』，東京：開拓社
李翊燮・李相億・蔡琬（2004）『韓国語概説』，前田真彦訳，梅田博之監修，東京：大修館書店
飯田隆（1987, 1989, 1995, 2002）『言語哲学大全 I - IV』，東京：勁草書房
飯田隆編（2007）『哲学の歴史 第 11 巻 論理・数学・言語』，東京：中央公論新社
（イェルムスレウ）［Louis Hjelmslev］（1958）『一般文法の原理』，小林英夫訳，東京：三省堂
イェルムスレウ，ルイス（1959, 1998）『世界言語学名著選集 第 6 巻 言語理論序説』，林栄一訳述，東京：ゆまに書房（研究社出版 1959 の復刻）
イエルムスレウ，L.（1968）『言語学入門』，下宮忠雄・家村睦夫訳，東京：紀伊國屋書店
庵功雄（2001）『新しい日本語学入門 ことばのしくみを考える』，東京：スリーエーネットワーク
池上嘉彦（1975; 1983[4]）『意味論』，東京：大修館書店
泉井久之助（1967）『言語の構造』，東京：紀伊國屋書店
市河三喜・高津春繁主幹（1952, 1955）『世界言語概説 上下』，東京：研究社出版
井筒俊彦（1991a）『意識と本質――精神的東洋を求めて』，東京：岩波書店
井筒俊彦（1991b; 2005）『イスラーム思想史』，東京：中央公論新社
井筒俊彦（2001; 2006）『意識の形而上学――『大乗起信論』の哲学』，東京：中央公論新社
井筒俊彦（2009）『読むと書く――井筒俊彦エッセイ集』，若松英輔編，東京：慶應義塾大学出版会
糸井通浩・半沢幹一編（2009）『日本語表現学を学ぶ人のために』，京都：世界思想社
犬飼隆（2005）『上代文字言語の研究［増補版］』，東京：笠間書院
井上和子（1976）『変形文法と日本語 上・下』，東京：大修館書店
井上和子・原田かづ子・阿部泰明（1999）『生成言語学入門』，東京：大修館書店
今井邦彦（2001）『語用論への招待』，東京：大修館書店
今福龍太（2009）『身体としての書物』，東京：東京外国語大学出版会
任栄哲（2012）「社会言語学からの接近」，野間秀樹編著（2012）所収
イ・ヨンスク（1996）『国語という思想――近代日本の言語意識』，東京：岩波書店
イリイチ，イヴァン（1995）『テクストのぶどう畑で』，岡部佳世訳，東京：法政大学出版局
イリイチ，イバン（1991）『生きる思想――反＝教育／技術／生命』，桜井直文監訳，東京：藤原書店
イリイチ，I.・B. サンダース（1991; 2008）『ABC――民衆の知性のアルファベット化』，丸山真人訳，東京：岩波書店
岩倉具忠訳註（1984）『ダンテ 俗語詩論』，東京：東海大学出版会
ヴァインリヒ，ハラルト（1982）『時制論』，脇坂豊・大瀧敏夫・竹島俊之・原野昇共訳，東京：紀伊國屋書店
ヴァインリヒ，ハラルト（2003）『テクストからみたドイツ語文法』，脇坂豊編，植木迪子他訳，東京：三修社
ヴァンダーヴェーケン，ダニエル（1997）『意味と発話行為』久保進監訳，西山文夫・渡辺扶美枝・渡辺良彦訳，東京：ひつじ書房
ヴィゴツキー（1962）『思考と言語』，柴田義松訳，東京：明治図書出版
ヴィゴツキー（2001）『思考と言語 新訳版』，柴田義松訳，東京：新読書社
ウィトゲンシュタイン（1975a）『ウィトゲンシュタイン全集 1 論理哲学論考』，山本信・大森荘蔵編，奥雅博訳，東京：大修館書店
ウィトゲンシュタイン（1975b）『ウィトゲンシュタイン全集 4 哲学的文法――1』，山本信・大森荘蔵編，坂井秀寿訳，東京：大修館書店
ウィトゲンシュタイン（1976a）『ウィトゲンシュタイン全集 4 哲学的文法――2』，山本信・大森荘蔵編，坂井秀寿訳，東京：大修館書店
ウィトゲンシュタイン（1976b）『ウィトゲンシュタイン全集 8 哲学探究』，山本信・大森荘蔵編，藤

本隆志訳，東京：大修館書店
ウィトゲンシュタイン（1978）『ウィトゲンシュタイン全集2 哲学的考察』，山本信・大森荘蔵編，奥雅博訳，東京：大修館書店
ウィトゲンシュタイン，ルートヴィヒ（2001a）『『論考』『青色本』読解』，黒崎宏訳・解説，東京：産業図書
ウィトゲンシュタイン，ルートヴィヒ（2001b）『論理哲学論』，山元一郎訳，東京：中央公論新社
ウィトゲンシュタイン，L.（2003）『論理哲学論考』，野矢茂樹訳，東京：岩波書店
ウィトゲンシュタイン，ルートウィヒ（2005）『論理哲学論考』，中平浩司訳，東京：筑摩書房
ウィトゲンシュタイン，ルートウィヒ（2010a）『青色本』，大森荘蔵訳，東京：筑摩書房
ヴィトゲンシュタイン，ルートヴィヒ（2010b）『『論理哲学論考』対訳・注解書』，木村洋平訳・注解，東京：社会評論社
ヴィトゲンシュタイン，L.（1968）『論理哲学論考』，藤本隆志・坂井秀寿訳，東京：法政大学出版局
ヴィトゲンシュタイン（2014）『論理哲学論考』，丘沢静也訳，東京：光文社
ヴィノークル（1996）『ロシア語の歴史』，石田修一訳編，東京：吾妻書房
ウェイリー，リンゼイ J.（2006）『言語類型論入門——言語の普遍性と多様性』，大堀壽夫・古賀裕章・山泉実訳，東京：岩波書店
上村幸雄（1989）「五十音図の音声学」，『講座日本語と日本語教育 第2巻 日本語の音声・音韻（上）』，杉藤美代子編，東京：明治書院
ウォーフ，B. L.（1993）『言語・思考・現実』，池上嘉彦訳，東京：講談社
ウスティノフ，ミカエル（2008）『翻訳 その歴史・理論・展望』，服部雄一郎訳，東京：白水社
牛島徳次・香坂順一・藤堂明保編（1967; 1981[5]）『中国文化叢書1 言語』，東京：大修館書店
宇波彰（1972）『言語論の思想と展開』，東京：三一書房
梅田規子（2011）『ことば，この不思議なもの——知と情のバランスを保つには』，東京：冨山房インターナショナル
梅田博之（1989）「朝鮮語」，『言語学大辞典 第2巻 世界言語編（中）』，東京：三省堂
ウルマン，S.（1964）『意味論』，山口秀夫訳，東京：紀伊國屋書店
ウルマン，S.（1969）『言語と意味』，池上嘉彦訳，東京：大修館書店
エヴェレット，ダニエル・L.（2012）『ピダハン——「言語本能」を超える文化と世界観』，東京：みすず書房
エーコ，ウンベルト（1996）『記号論と言語哲学』，谷口勇訳，東京：国文社
エレゴール，A. 他（1987）『言語の思想圏』，東京：平凡社
オースティン，J. L.（1978）『言語と行為』，坂本百大訳，東京：大修館書店
大黒俊二（2010）『声と文字 ヨーロッパの中世6』，東京：岩波書店
大澤真幸（1995）『電子メディア論』，東京：新曜社
大槻文彦（1897a）『廣日本文典』，東京：私家版
大槻文彦（1897b）『廣日本文典別記』，東京：私家版
大野晋・柴田武編（1976）『岩波講座 日本語6 文法Ⅰ』，東京：岩波書店
大森荘蔵（1998）『大森荘蔵著作集 第3巻 言語・知覚・世界』，東京：岩波書店
大森荘蔵（2015）『思考と論理』，東京：筑摩書房
大森荘蔵他編（1985a）『新・岩波講座 哲学2 経験 言語 認識』，東京：岩波書店
大森荘蔵他編（1985b）『新・岩波講座 哲学3 記号 論理 メタファー』，東京：岩波書店
大森荘蔵他編（1985c）『新・岩波講座 哲学4 世界と意味』，東京：岩波書店
岡本裕一朗（2015）『フランス現代思想史』，東京：中央公論新社
岡井慎吾（1916）『漢字の形音義』，東京：六合館
岡井慎吾（1933）『國語科學講座8 文字學』，東京：明治書院
岡智之（2013）『場所の言語学』，東京：ひつじ書房
沖森卓也（2010）『はじめて読む日本語の歴史』，東京：ベレ出版

奥田靖雄（1985）『ことばの研究・序説』，東京：むぎ書房
奥津敬一郎（1974）『生成日本文法論』，東京：大修館書店
奥津敬一郎（1976）「生成文法と国語学」，大野晋・柴田武編（1976）所収
オグデン＆C.・I.リチャーズ（1967; 2001）『意味の意味』，石橋幸太郎訳，東京：新泉社
小倉進平（1929）『郷歌及び吏讀の研究』，京城帝国大学法文学部紀要 第一，京城：京城帝国大学（1974影印，ソウル亜細亜文化社）
小倉進平著，河野六郎増訂補注（1964）『増訂補注朝鮮語学史』，東京：刀江書院
尾上圭介編（2004）『朝倉日本語講座6 文法Ⅱ』，北原保雄監修，東京：朝倉書店
オング，W.-J.（1991）『声の文化と文字の文化』，桜井直文・林正寛・糟谷啓介訳，東京：藤原書店
カーター，T. F.，L. C.グドリッチ改訂（1977）『中国の印刷術 1, 2』，藪内清・石橋正子訳注，東京：平凡社
ガーフィンケル，ハロルド他（1987）『エスノメソドロジー：社会学的思考の解体』，山田富秋・好井裕明・山崎敬一編訳，東京：せりか書房
ガーベレンツ，ゲオルク・フォン・デァ（2009）『言語学』，川島淳夫訳，東京：同学社
柿木伸之（2014）『ベンヤミンの言語哲学——翻訳としての言語，想起からの歴史』，東京：平凡社
影山太郎（1999）『形態と意味』，東京：ひつじ書房
加藤周一・丸山真男校注（1991）『翻訳の思想 日本近代思想体系15』，東京：岩波書店
風間喜代三（1978）『言語学の誕生——比較言語学小史』，東京：岩波書店
カッシーラー，エルンスト（1957）『国家——その神話』，河原宏・淺沼和典・秋元律郎共訳，東京：理想社
カッシーラー，E.（1972）『象徴形式の哲学・第1巻 言語』，生松敬三・坂口フミ・塚本明子訳，東京：竹内書店
カッシーラー，E.（1989）『シンボル形式の哲学［1］』，生松敬三・木田元訳，東京：岩波書店
カッシーラー，E.（1997）『人間——シンボルを操るもの』，宮城音弥訳，東京：岩波書店
カッシーラー，エルンスト（1999）『シンボル・技術・言語』，篠木芳夫・高野敏行訳，東京：法政大学出版局
カッツ，J. J.（1971）『言語と哲学』，西山佑司訳，沢田允茂監修，東京：大修館書店
加藤重広（2006a）「線条性の再検討」，峰岸真琴編（2006）所収
加藤重広（2006b）「語用論の／という問題」，峰岸真琴編（2006）所収
加藤茂（2003）『記号と意味』，東京：勁草書房
金森修（2000）『サイエンス・ウォーズ』，東京：東京大学出版会
金子亨（2009）「「内的言語形式」論」，『千葉大学人文社会科学研究科研究プロジェクト報告書』，千葉：千葉大学
亀井孝（1971）『亀井孝論文集——日本語学のために』，東京：吉川弘文館
亀井孝・大藤時彦・山田俊男編（1963; 2007）『日本語の歴史 1-7』，東京：平凡社
亀井孝・河野六郎・千野栄一編著（1988-1996）『言語学大辞典 第1巻—第6巻』，東京：三省堂
柄谷行人（1986, 2001）『探求Ⅰ』，東京：講談社
柄谷行人（1994; 2004）『探求Ⅱ』，東京：講談社
柄谷行人（2004）『定本 柄谷行人集 第3巻 トランスクリティーク——カントとマルクス』，東京：岩波書店
柄谷行人（2007）『日本精神分析』，東京：講談社
ガリペリン，L. R.（1978）『詩的言語学入門——言葉の意味と情報性』，磯谷孝訳，東京：研究社出版
カルナップ（1977; 2003）『カルナップ哲学論集』，内井惣七・内田種臣・竹尾治一郎・永井成男訳，東京：紀伊國屋書店
カルナップ，ルドルフ（2007）『論理的構文論：哲学する方法』，吉田兼二訳，京都：晃洋書房
カワード，R.・J.エリス（1983）『記号論と主体の思想』，磯谷孝訳，東京：誠信書房
河上誓作編著（1996）『認知言語学の基礎』，東京：研究社出版

川本茂雄・國廣哲彌・林大編（1979）『日本の言語学 第5巻 意味・語彙』，東京：大修館書店
姜信沆（1993）『ハングルの成立と歴史』，日本語版協力 梅田博之，東京：大修館書店
カント（1961, 1962ab）『純粋理性批判 上中下』，篠田英雄訳，東京：岩波書店
カント（2001）『カント全集4 純粋理性批判 上』，有福孝岳訳，東京：岩波書店
カント（2003）『カント全集5 純粋理性批判 中』，有福孝岳訳，東京：岩波書店
カント，イマヌエル（2005abc）『純粋理性批判 上中下』，原佑訳，東京：平凡社
カント，イマヌエル（2011）『純粋理性批判 6』，中山元訳，東京：光文社
カント，イマヌエル（2012）『純粋理性批判』，熊野純彦訳，東京：作品社
カント，イマヌエル（2014）『純粋理性批判 上下』，石川文康訳，東京：筑摩書房
岸俊男編（1988）『日本の古代第14巻 ことばと文字』，東京：中央公論社
北原保雄（1976）「文の構造」，大野晋・柴田武編（1976）所収
北原保雄編（1989）『講座日本語と日本語教育4 日本語の文法・文体（上）』，東京：明治書院
北原保雄・鈴木丹士郎・武田孝・増淵恒吉・山口佳紀編（1981; 1985[3]）『日本文法事典』，東京：有精堂出版
金恩愛（2003）「日本語の名詞志向構造（nominal-oriented structure）と韓国語の動詞志向構造（verbal-oriented structure）」，『朝鮮学報』第188輯，天理：朝鮮学会
金珍娥（2003）「“turn-taking システム”から“turn-exchanging システム”へ――韓国語と日本語における談話構造――初対面二者間の会話を中心に」『朝鮮学報』第187輯，天理：朝鮮学会
金珍娥（2004a）「韓国語と日本語の turn の展開から見たあいづち発話」『朝鮮学報』第191輯，天理：朝鮮学会
金珍娥（2004b）「韓国語と日本語の文，発話単位，turn――談話分析のための文字化システムによせて」『朝鮮語研究 2』，東京：くろしお出版
金珍娥（2010）「〈非述語文〉の現れ方と discourse syntax――日本語と韓国語の談話から」，『朝鮮学報』，第217輯，天理：朝鮮学会
金珍娥（2012a）「談話論からの接近」，野間秀樹編著（2012）所収
金珍娥（2012b）「間投詞の出現様相と機能――日本語と韓国語の談話を中心に」，野間秀樹編著（2012）所収
金珍娥（2013）『談話論と文法論――日本語と韓国語を照らす』，東京：くろしお出版
金珍娥（2018）「韓国語における引用表現の体系を照らす――韓国語教育のために」，野間秀樹編著（2018）所収
金周源（2018）「絶滅危機に瀕するアルタイ言語の記録」，髙木丈也訳，野間秀樹編著（2018）所収
金鍾徳（2007）「韓国語韻律論」，野間秀樹編著（2007）所収
金水敏（2002）「日本語の構文論」飛田良文・佐藤武義編（2002）所収
金水敏（2006）『日本語存在表現の歴史』，東京：ひつじ書房
金水敏・今仁生美（2000）『現代言語学入門4 意味と文脈』，東京：岩波書店
金文京（2010）『漢文と東アジア』，東京：岩波書店
ギロー，ピエール（1958）『意味論』，佐藤信夫訳，東京：白水社
ギロー，ピエール（1972）『記号学』，佐藤信夫訳，東京：白水社
クーン，トーマス（1971）『科学革命の構造』，中山茂訳，東京：みすず書房
クールタード，マルコム（1999）『談話分析を学ぶ人のために』，吉村昭市，貫井孝典，鎌田修訳，京都：世界思想社
串田秀也・定延利之・伝康晴編（2005）『活動としての文と発話』，東京：ひつじ書房
工藤真由美（1995）『アスペクト・テンス体系とテクスト――現代日本語の時間の表現』，東京 ひつじ書房
工藤真由美（2002）「日本語の文の成分」，飛田良文・佐藤武義編（2002）所収
國廣哲彌（1982）『意味論の方法』，東京：大修館書店
國廣哲彌編（1981）『日英語比較講座 第3巻 意味と語彙』，東京：大修館書店

久野暲（1973）『日本文法研究』，東京：大修館書店
熊野純彦（2006a）『西洋哲学史——古代から中世へ』，東京：岩波書店
熊野純彦（2006b）『西洋哲学史——近代から現代へ』，東京：岩波書店
クラーク，ティモシー（2006）『マルティン・ハイデガー』，高田珠樹訳，東京：青土社
グライス，ポール（1998）『論理と会話』，清塚邦彦訳，東京：勁草書房
クリステヴァ，ジュリア（1983）『ことば，この未知なるもの——記号論への招待』，谷口勇・枝川昌雄訳，東京：国文社
クリステヴァ，ジュリア（1985）『テクストとしての小説』，谷口勇訳，東京：国文社
クリステヴァ，ジュリア（1991）『詩的言語の革命』，原田邦夫訳，東京：勁草書房
クリステヴァ，ジュリア（1999）『ポリローグ』，赤羽研三他訳，東京：白水社
クリステヴァ，ジュリア編著（1987）『記号の横断』，中沢新一・松枝到・高島淳・鎌田繁・鈴木創士訳，東京：せりか書房
クリプキ，A. ソール（1985）『名指しと必然性——様相の形而上学と心身問題』，八木沢敬・野家啓一訳，東京：産業図書
黒田成幸（2005）『日本語からみた生成文法』，東京：岩波書店
黒田亘編（1978）『世界の思想家 23 ウィトゲンシュタイン』，東京：平凡社
黒田亘編（2000）『ウィトゲンシュタインセレクション』，東京：平凡社
クワイン，W. V. O.（1984）『ことばと対象』，大出晁・宮館恵訳，東京：勁草書房
桑野隆（1979）『ソ連言語理論小史』，東京：三一書房
桑野隆訳（1975）『レーニンの言語』，東京：三一書房
桑野隆・大石雅彦編（1988）『ロシア・アヴァンギャルド 6 フォルマリズム——詩的言語論』，東京：国書刊行会
桑野隆他（1993）『岩波講座 現代思想 4 言語論的転回』，東京：岩波書店
郡司隆男（1987）『自然言語の文法理論』，東京：産業図書
郡司隆男（2002）『単語と文の構造〈現代言語学入門 3〉』，東京：岩波書店
計量国語学会編（2009）『計量国語学事典』，東京：東京：朝倉書店
ゲルヴェン，マイケル（2000）『ハイデッガー『存在と時間』註解』，長谷川西涯訳，東京：筑摩書房
現代思想編集部編（2000）『ろう文化』，東京：青土社
小泉保（1990）『言外の言語学——日本語語用論』，東京：三省堂
高津春繁（1950; 1992）『比較言語学入門』，東京：岩波書店（1950 年『比較言語学』を改題）
高津春繁（1957; 1977[17)]）『言語学概論』，東京：有精堂出版
河野六郎（1955; 1981）「朝鮮語」『世界言語概説 下巻』，市河三喜・服部四郎編，東京：研究社
河野六郎（1977）「文字の本質」『岩波講座 日本語 8 文字』，東京：岩波書店，河野六郎（1980）および河野六郎（1994）に所収
河野六郎（1979a, 1979b，1980）『河野六郎著作集 1, 2, 3 巻』，東京：平凡社
河野六郎（1994）『文字論』，東京：三省堂
河野六郎・千野栄一・西田龍雄編著（2001）『言語学大辞典 別巻 世界文字辞典』，東京：三省堂
河野六郎・西田龍雄（1995）『文字贔屓——文字のエッセンスをめぐる 3 つの対談』，東京：三省堂
国立国語研究所（1960; 1964[3)]）『話しことばの文型（1）——対話資料による研究』，東京：秀英出版
国立国語研究所（1963）『話しことばの文型（2）——独話資料による研究』，東京：秀英出版
輿水優（1985）『中国語の語法の話——中国語文法概論』，東京：光生館
コセリウ，エウジェニオ（1979）『一般言語学入門』，下宮忠雄訳，東京：三修社
コセリウ，E.（2014）『言語変化という問題——共時態，通時態，歴史』，田中克彦訳，東京：岩波書店
児玉徳美（2002）『意味論の対象と方法』，東京：くろしお出版
小西友七・南出康世編（2007）『ジーニアス英和辞典 第 4 版 机上版』，東京：大修館書店
小林英夫編訳（2000）『20 世紀言語学論集』，東京：みすず書房

小林芳規（1987）「見せ消ち符号について——訓点資料を主として」，『訓点語と訓点資料』，第 77 号，京都：訓点語学会
小林龍生（2011）『ユニコード戦記』，東京：東京電機大学出版局
小松英雄（2006）『日本書記史原論 補訂版』，東京：笠間書院
小森陽一（1988）『構造としての語り』，東京：新曜社
子安宣邦（2003）『漢字論』，東京：岩波書店
近藤達夫編（1990）『講座 日本語と日本語教育 12 言語学要説（下）』，東京：明治書院
近藤安月子（2008）『日本語学入門』，東京：研究社
サール，ジョン・R.（1985）「発話行為とは何か」伊藤邦武・宗像恵訳，竹市明弘編訳（1985）所収
サール，ジョン・R.（2006）『表現と意味——言語行為論研究』，山田友幸監訳，東京：誠信書房
サイード，エドワード・W.（1995）『世界・テキスト・批評家』，山形和美訳，東京：法政大学出版局
齋藤晃編（2009）『テクストと人文学——知の土台を解剖する』，京都：人文書院
齋藤希史（2007）『漢文脈と日本近代——もう一つのことばの世界』，東京：日本放送出版協会
酒井直樹（1993）「翻訳の問題」，『批評空間』，No. 11，東京：福武書店
酒井直樹（1996）『死産される日本語・日本人：「日本」の歴史——地政的配置』，東京：岩波書店
酒井直樹（2002）『過去の声 —— 一八世紀日本の言説における言語の地位』，東京：以文社
酒井直樹・西谷修（2004）『増補「世界史」の解体——翻訳・主体・歴史』，東京：以文社
阪倉篤義（1974）『改稿 日本文法の話』，東京：教育出版
坂本百大編（1986）『現代哲学基本論文集Ⅰ』，土屋俊他訳，東京：勁草書房
坂本百大編（1987）『現代哲学基本論文集Ⅱ』，神野慧一郎他訳，東京：勁草書房
相良守峯（1965）『ドイツ語学概論』，東京：博友社
佐久間鼎（1941; 1995）『日本語の特質』，東京：育英書院；くろしお出版（1995 復刊）
佐久間鼎（1946）『ゲシタルト心理学』，東京：弘文堂
佐久間鼎（1952; 1967^{5}）『現代日本語法の研究』，東京：恒星社厚生閣
佐久間鼎（1959）『日本語の言語理論』，東京：恒星社厚生閣
佐久間まゆみ（2002）「接続詞・指示詞と文連鎖」，『複文と談話』，野田尚史・益岡隆志・佐久間まゆみ・田窪行則共著，東京：岩波書店
佐々木敦（2009）『ニッポンの思想』，東京：講談社
佐々木健一編，M. ブラック，・J. R. サール，他著（1986）『創造のレトリック』，佐々木健一他訳，東京：勁草書房
佐藤喜代治編（1977; 1983）『国語学研究事典』，東京：明治書院
佐藤通次（1961）『独和言林』，東京：白水社
真田信治・庄司博史編（2005）『事典 日本の多言語社会』東京：岩波書店
真田信治，ダニエル・ロング編（1997）『社会言語学図集 Japanese Sociolinguistics Illustrated』，東京：秋山書店
サピア，エドワード（1998）『言語』，安藤貞雄訳，東京：岩波書店
サピーア，エドワード（1957）『言語——ことばの研究』，泉井久之助訳，東京：紀伊國屋書店
三省堂編修所（1948; 1950^{2}）『中等文法 口語』，佐伯梅友編，東京：三省堂出版
柴田省三（1975）『英語学大系 7 語彙論』，東京：大修館書店
柴田武編（1980）『講座言語 第 1 巻 言語の構造』，東京：大修館書店
柴谷方良（1989）「日本の語用論」，北原保雄編（1989）所収
柴谷方良・影山太郎・田守育啓（1981）『言語の構造——理論と分析——音声・音韻篇』，東京：くろしお出版
清水徹（2001）『書物について』，東京：岩波書店
シャトレ，フランソワ編（1975）『シャトレ哲学史Ⅷ 二十世紀の哲学』，中村雄二郎監訳，中村雄二郎・坂部恵・村上陽一郎・足立和浩・市川浩訳，東京：白水社

シャフ，アダム（1969）『意味論序説』，平林康之訳，東京：合同出版
シャルチエ，ロジェ（1992）『書物から読書へ』，水林章他訳，東京：みすず書房
シャルチエ，ロジェ（1996）『書物の秩序』，長谷川輝夫訳，東京：筑摩書房
シャルティエ，ロジェ＆グリエルモ・カヴァッツロ編（2000）『読むことの歴史――ヨーロッパ読書史』，田村毅他訳，東京：大修館書店
ジュネット，ジェラール（1991）『フィギュールⅠ』，花輪光監訳，東京：書肆風の薔薇
荀子（1961, 1962）『荀子』，金谷治訳注，東京：岩波書店
庄司博史編（2015）『世界の文字事典』，東京：丸善出版
白川静（1996）『字通』，東京：平凡社
ジルソン，エチエンヌ（1974）『言語学と哲学――言語の哲学定項についての試論』，河野六郎訳，東京：岩波書店
スヴェンブロ，ジェスペル（2000）「アルカイック期と古典期のギリシャ――黙読の発明」，片山英男訳，ロジェ・シャルティエ＆グリエルモ・カヴァッロ編（2000）所収
須賀井義教（2012）「モダリティとムードをめぐって」，野間秀樹編著（2012）所収
菅野盾樹（2007）『レトリック論を学ぶ人のために』，京都：世界思想社
杉本つとむ・岩淵匡編著（1990）『日本語学辞典』，東京：桜楓社
杉山康彦（1976）『ことばの藝術』，東京：大修館書店
鈴木朖（1979）『言語四種論 雅語音聲考 希雅』，小島俊夫・坪井美樹解説，影印版，東京：勉誠社
鈴木重幸（1972）『日本語文法・形態論』，東京：むぎ書房
スターリン（1953）『弁証法的唯物論と史的唯物論 他二編』，石堂清倫訳，東京：国民文庫社
スターリン（1954）『スターリン戦後著作集』，スターリン全集刊行会訳，東京：大月書店
ステーテン，ヘンリー（1977）『ウィトゲンシュタインとデリダ』，高橋哲哉訳，東京：産業図書
砂川有里子（2005）『文法と談話の接点――日本語の談話における主題展開機能の研究』，東京：くろしお出版
スミルノフ＝ソコリスキイ，ニコライ（1994）『書物の話』，源貴志訳，東京：図書出版社
ソーカル，アラン＆ジャン・ブリクモン（2012）『知の欺瞞――ポストモダン思想における科学の濫用』，田崎晴明・大野克嗣・堀茂樹訳，東京：岩波書店
徐尚揆（2018）「宗教言語の言語情報的考察――コーパス言語学からの接近」，植松恵訳，野間秀樹編著（2018）所収
ソシュール，フェルヂナン・ド（1940）『言語学原論』小林英夫訳，東京：岩波書店．ソシュール（1928）岡書院の改訳新版
ソシュール，フェルディナン・ド（1940; 1972）『一般言語学講義』小林英夫訳，東京：岩波書店．ソシュール（1940）の改版
ソシュール，フェルディナン・ド（2003）『フェルディナン・ド・ソシュール 一般言語学第三回講義 エミール・コンスタンタンによる講義記録』，相原奈津江・秋津伶訳，京都：エディット・パルク
ソシュール，フェルディナン・ド（2007）『ソシュール一般言語学――コンスタンタンのノート』，影浦峡・田中久美子訳，東京：東京大学出版会
大東文化大学書道文化センター編（1975）『書道の古典』，東京：二玄社
互盛央（2009）『フェルディナン・ド・ソシュール――「言語学」の孤独，「一般言語学」の夢』，東京：作品社
互盛央（2010）『エスの系譜――沈黙の西洋思想史』，東京：講談社
互盛央（2014）『言語起源論の系譜』，東京：講談社
高田明典（2011）『現代思想のコミュニケーション的転回』，東京：筑摩書房
高橋太郎・金子尚一・金田章宏・齋美智子・鈴木泰・須田淳一・松本泰丈他（2005）『日本語の文法』，東京：ひつじ書房
高橋哲哉（2003）『デリダ――脱構築』，東京：講談社

竹市明弘編（1984, 2000）『哲学の変貌 ガーダマー，アーベルほか』，東京：岩波書店
竹市明弘編訳（1985）『分析哲学の根本問題』，京都：晃洋書房
竹内整一（2012）『やまと言葉で哲学する——「おのずから」と「みずから」のあわいで』，東京：春秋社
竹田青嗣（2001）『言語的思考へ 脱構築と現象学』，東京：径書房
立川健二・山田広昭（1990）『現代言語論』，東京：新曜社
田中克彦（1981）『ことばと国家』，東京：岩波書店
田中克彦（2000）『「スターリン言語学」精読』，東京：岩波書店
田中克彦（2007）『エスペラント——異端の言語』，東京：岩波書店
田中克彦（2009）『ことばとは何か——言語学という冒険』，東京：講談社
玉村文郎編（1992）『日本語学を学ぶ人のために』，京都：世界思想社
玉村文郎編（1998）『新しい日本語研究を学ぶ人のために』，京都：世界思想社
千野栄一（2002）『言語学フォーエヴァー』，東京：大修館書店
ダメット，マイケル（1998）『分析哲学の起源——言語への転回』，野本和幸他訳，東京：勁草書房
ダメット，マイケル（2010）『思想と実在』，金子洋之訳，東京：春秋社
タリス，レイモンド（1990）『アンチ・ソシュール——ポスト・ソシュール派文学理論批判』，村山淳彦訳，東京：未来社
丹治信春（1997; 2009）『クワイン——ホーリズムの哲学』，東京：平凡社
チェイフ，W. L.（1974）『意味と言語構造』，青木晴夫訳，東京：大修館書店
チポラ，カルロ・M.（1983）『読み書きの社会史——文盲から文明へ』，佐田玄治訳，東京：御茶の水書房
チャオ，ユアン・レン（1980）『言語学入門』，橋本萬太郎訳，東京：岩波書店
チャン・デュク・タオ（1979）『言語と意識の起源』，花崎皋平訳，東京：岩波書店
中国語学研究会編（1969; 1979[5]）『中国語学新辞典』，東京：光生館
趙義成（2008）「『訓民正音』からの接近」野間秀樹編著（2008）所収
趙義成訳注（2010）『訓民正音』，東京：平凡社
チョムスキー，ノーム（1963; 1966[4]）『文法の構造』，勇康雄訳，東京：研究社出版
チョムスキー，ノーム（1970）『文法理論の諸相』，安井稔訳，東京：研究社
チョムスキー，ノーアム（1976）『言語と精神』，川本茂雄訳，東京：河出書房新社
チョムスキー，ノーム（2004）『言語と認知——心的実在としての言語』，加藤泰彦・加藤ナツ子訳，東京：秀英書房
チョムスキー（2014）『統辞構造論 付『言語理論の論理構造』序論』，福井直樹・辻子美保子訳，東京：岩波書店
チョムスキー，ノーム・黒田成幸（1999）『言語と思考』，大石正幸訳，東京：松柏社
鄭在永・安大鉉（2018）「漢文読法と口訣」，金正彬訳，野間秀樹編著（2018）所収
辻星児（1997）『朝鮮語史における『捷解新語』』岡山：岡山大学文学部
辻野裕紀（2016）「言語教育に伏流する原理論的問題——功利性を超えて」，『言語文化論究』37，福岡：九州大学大学院言語文化研究院
辻幸夫編（2003）『認知言語学への招待』，東京：大修館書店
土屋俊（2008）『土屋俊 言語・哲学コレクション 1 真の包括的な言語の科学』，東京：くろしお出版
土屋俊（2009）『土屋俊 言語・哲学コレクション 4 なぜ言語があるのか』，東京：くろしお出版
角田太作（1991）『世界の言語と日本語』，東京：くろしお出版
ディ ピエトロ（1974）『言語の対照研究』，小池生夫訳．東京：大修館書店
デイヴィドソン，D.（1991）『真理と解釈』，野本和幸・植木哲也・金子洋之・高橋要訳，東京：勁草書房
デイヴィドソン，ドナルド（2007）『主観的，間主観的，客観的』，清塚邦彦・柏端達也・篠原成彦訳，東京：春秋社

デイヴィドソン，ドナルド（2010）『真理・言語・歴史』，柏端達也・立花幸司・荒磯敏文・尾形まり花・成瀬尚志訳，東京：春秋社
ディック，フィリップ・K.（1977）『アンドロイドは電気羊の夢を見るか？』，浅倉久志訳，東京：早川書房
デュフレンヌ，ミケル（1968）『言語と哲学』，長谷川宏訳，東京：せりか書房
デュフレンヌ，ミケル（1983）『人間の復権を求めて』，山縣熙訳，東京：法政大学出版局
デュフレンヌ，ミケル（1995）『眼と耳：見えるものと聞こえるものの現象学』，棧優訳，東京：みすず書房
デュボア，J. 他（1980）『ラルース言語学用語辞典』，伊藤晃他編訳，東京：大修館書店
寺村秀夫（1982）『日本語のシンタクスと意味 I』，東京：くろしお出版
デリダ，ジャック（1970）『声と現象』，高橋允昭訳，東京：理想社
デリダ，ジャック（1972）『根源の彼方に——グラマトロジーについて（上）（下）』，足立和浩訳，東京：現代思潮社
デリダ，ジャック（1977）『エクリチュールと差異（上）』，若桑毅・野村英夫・阪上脩・川久保輝興訳，東京：法政大学出版局
デリダ，ジャック（1983）『エクリチュールと差異（下）』，梶谷温子・野村英夫・三好郁朗・若桑毅・阪上脩訳，東京：法政大学出版局
デリダ，ジャック（1989）『他者の言語——デリダの日本講演』，高橋允昭編訳，東京：法政大学出版局
デリダ，ジャック（2001）『たった一つの，私のものではない言葉——他者の単一言語使用』，守中高明訳，東京：岩波書店
デリダ，ジャック（2002）『有限責任会社』，高橋哲哉・増田一夫・宮崎裕助訳，東京：法政大学出版局
デリダ，ジャック（2013a）『散種』，藤本一勇・立花史・郷原佳以訳，東京：法政大学出版局
デリダ，ジャック（2013b）『エクリチュールと差異〈新訳〉』，合田正人・谷口博史訳，東京：法政大学出版局
東京国立博物館他編（2013）『特別展「書聖 王羲之」』，東京：東京国立博物館
藤堂明保編（1978）『学研漢和大字典』，東京：学習研究社
藤堂明保・相原茂（1985）『新訂 中国語概論』，東京：大修館書店
ドゥルーズ，ジル（1975）「構造主義はなぜそう呼ばれるのか」，中村雄二郎訳，フランソワ・シャトレ編（1975）所収
時枝誠記（1940）『國語學史』，東京：岩波書店
時枝誠記（1941; 1979）『国語学原論』，東京：岩波書店
時枝誠記（1950; 1978）『日本文法 口語篇』，東京：岩波書店
時枝誠記（1954; 1985）『日本文法 文語篇』，東京：岩波書店
時枝誠記（1956）『現代の国語学』，東京：有精堂出版
トドロフ，ツヴェタン（1987）『象徴の理論』，東京：法政大学出版局
ドブレ，レジス（1999）『メディオロジー宣言』，西垣通監修，嶋崎正樹訳，東京：NTT 出版
トマス，ジェニー（1998）『語用論入門——話し手と聞き手の相互交渉が生み出す意味』，浅羽亮一監訳，田中典子・津留崎毅・鶴田庸子・成瀬真理訳，東京：研究社出版
冨田恭彦（2007）『アメリカ言語哲学入門』，東京：筑摩書房
トラバント，ユルゲン（2001）『フンボルトの言語思想』，村井則夫訳，東京：平凡社
トルベツコイ（1980）『音韻論の原理』，長嶋善郎訳，東京：岩波書店
永井均（1995）『ヴィトゲンシュタイン入門』，東京：筑摩書房
永野賢（1967）『学校文法概説』，東京：朝倉書店
中村春作・市來津由彦・田尻祐一郎・前田勉（2008）『「訓読」論——東アジア漢文世界と日本語』，東京：勉誠出版

中村春作・市來津由彦・田尻祐一郎・前田勉（2010）『続「訓読」論——東アジア漢文世界の形成』，東京：勉誠出版
中村完（1995）『論文選集 訓民正音の世界』，仙台：創栄出版
西田龍雄（2002）『アジア古代文字の解読』，東京：中央公論新社
西田龍雄編（1981）『講座言語5 世界の文字』，東京：大修館書店
西田龍雄編（1986）『言語学を学ぶ人のために』，京都：世界思想社
西谷修（2002）『不死のワンダーランド』，東京：青土社
西成彦（2014）『バイリンガルな夢と憂鬱』，東京：人文書院
仁田義雄（2001）「命題の意味的類型についての覚え書」，『日本語文法』，第1巻第1号，日本語文法学会編，東京：くろしお出版
仁田義雄（2002）「日本語の文法カテゴリー」，飛田良文・佐藤武義編（2002）所収
仁田義雄・村木新次郎・柴谷方良・矢澤真人（2000）『文の骨格〈日本語の文法1〉』，東京：岩波書店
日本語記述文法研究会編（2003）『現代日本語文法4 第8部 モダリティ』，東京：くろしお出版
日本語記述文法研究会編（2008）『現代日本語文法6 第11部 複文』，東京：くろしお出版
日本語教育学会編（1982, 1987）『日本語教育辞典』，東京：大修館書店
野家啓一（1985）「言語と実践」，大森荘蔵他編（1985a）所収
野家啓一（1993）『言語行為の現象学』，東京：勁草書房
野家啓一（2005）『物語の哲学』，東京：岩波書店
野家啓一（2013）『科学の解釈学』，東京：講談社
野家啓一（2015）『科学哲学への招待』，東京：講談社
野田尚史（1996）『「は」と「が」』，東京：くろしお出版
野田尚史編（2005）『コミュニケーションのための日本語教育文法』，東京：くろしお出版
野田尚史・益岡隆志・佐久間まゆみ・田窪行則（2000）『複文と談話〈日本語の文法4〉』，東京：岩波書店
野中郁次郎・紺野登（2003）『知識創造の方法論』，東京：東洋経済新報社
野間秀樹（1988）「〈하겠다〉の研究——現代朝鮮語の用言のmood形式をめぐって」，『朝鮮学報』，第129輯，天理：朝鮮学会
野間秀樹（1990a）「〈할것이다〉の研究——再び現代朝鮮語の用言のmood形式をめぐって」，『朝鮮学報』，第134輯，天理：朝鮮学会
野間秀樹（1990b）「朝鮮語の名詞分類——語彙論・文法論のために」，『朝鮮学報』，第135輯，天理：朝鮮学会
野間秀樹（1993）「現代朝鮮語の対格と動詞の統辞論」，『言語研究Ⅲ』，東京：東京外国語大学語学研究所
野間秀樹（1997）「朝鮮語の文の構造について」，『日本語と外国語の対照研究 Ⅳ 日本語と朝鮮語（下巻）』，国立国語研究所著，東京：くろしお出版
野間秀樹（2001）「オノマトペと音象徴」，『月刊言語』，第30巻第9号，8月号，東京：大修館書店
野間秀樹（2005）「韓国と日本の韓国語研究——現代韓国語の文法研究を中心に」，『日本語学』，第24巻第8号，7月号，通巻第295号，東京：明治書院
野間秀樹（2006）「現代朝鮮語の丁寧化のマーカー“-yo/-iyo”について」，『朝鮮学報』第199・200輯合併号，天理：朝鮮学会
野間秀樹（2007a）「試論：ことばを学ぶことの根拠はどこに在るのか」，野間秀樹編著（2007）所収
野間秀樹（2007b）「音声学からの接近」，野間秀樹編著（2007）所収
野間秀樹（2007c）「音韻論からの接近」，野間秀樹編著（2007）所収
野間秀樹（2007d）「形態音韻論からの接近」，野間秀樹編著（2007）所収
野間秀樹（2007e）「動詞をめぐって」，野間秀樹編著（2007）所収
野間秀樹（2007f）「文法ミニ辞典」，『絶妙のハングル』，東京：日本放送出版協会

野間秀樹（2008a）「言語存在論試考序説Ⅰ——言語はいかに在るか」，野間秀樹編著（2008）所収
野間秀樹（2008b）「言語存在論試考序説Ⅱ——言語を考えるために」，野間秀樹編著（2008）所収
野間秀樹（2008c）「韓国語学のための文献解題——現代韓国語を見据える」，野間秀樹編著（2008）所収
野間秀樹（2008d）「音と意味の間に」，『國文學』，10月号，東京：學燈社
野間秀樹（2008e）「朝鮮語の教科書が目指すもの」，『外国語教育研究』，第11号，東京：外国語教育学会
野間秀樹（2009a）「ハングル——正音エクリチュール革命」，『國文學』，2009年2月号，東京：學燈社
野間秀樹（2009b）「現代朝鮮語研究の新たなる視座：〈言語はいかに在るか〉という問いから——言語研究と言語教育のために」，『朝鮮学報』，第212輯，天理：朝鮮学会
野間秀樹（2009c）「引用論小考」，『朝鮮半島のことばと社会』，油谷幸利先生還暦記念論文集刊行委員会編，東京：明石書店
野間秀樹（2010）『ハングルの誕生——音《おん》から文字を創る』，東京：平凡社
野間秀樹（2012a）「文法の基礎概念」，野間秀樹編著（2012）所収
野間秀樹（2012b）「文をめぐって」，野間秀樹編著（2012）所収
野間秀樹（2012c）「文の階層構造」，野間秀樹編著（2012）所収
野間秀樹（2012d）「待遇表現と待遇法を考えるために」，野間秀樹編著（2012）所収
野間秀樹（2012e）「表現様相論からの接近」，野間秀樹編著（2012）所収
野間秀樹（2014a）『日本語とハングル』，東京：文藝春秋
野間秀樹（2014b）『韓国語をいかに学ぶか——日本語話者のために』，東京：平凡社
野間秀樹（2014c）「知とハングルへの序章」，野間秀樹編（2014）所収
野間秀樹（2014d）「対照言語学的視座と言語教育——今日の日韓対照言語学と日本における韓国語教育から」，『日本语言文化研究 第三辑』，李东哲・安勇花主编，延边：延边大学出版社
野間秀樹（2018a）「〈対照する〉ということ——言語学の思考原理としての〈対照〉という方法」，野間秀樹編著（2018）所収
野間秀樹（2018b）「ハングルという文字体系を見る——言語と文字の原理論から」，野間秀樹編著（2018）所収
野間秀樹（2018c）「知のかたち，知の革命としてのハングル」，『対照言語学研究』，第26号，東京：海山文化研究所
野間秀樹（2018d）「言語の対照研究，その原理論へ向けて——言語存在論を問う」，『社会言語科学』，21巻1号，東京：社会言語科学会
野間秀樹編（2014）『韓国・朝鮮の知を読む』，東京：クオン
野間秀樹編著（2007）『韓国語教育論講座 第1巻』，東京：くろしお出版
野間秀樹編著（2008）『韓国語教育論講座 第4巻』，東京：くろしお出版
野間秀樹編著（2012）『韓国語教育論講座 第2巻』，東京：くろしお出版
野間秀樹編著（2018）『韓国語教育論講座 第3巻』，東京：くろしお出版
野間秀樹・金珍娥（2012）『韓国語学習講座 凜 RIN 1 入門』，東京：大修館書店
野間秀樹・金珍娥・高槿旭（2018）『はばたけ！韓国語2 初中級編』，東京：朝日出版社
野本和幸（1986）『フレーゲの言語哲学』，東京：勁草書房
野本和幸（1988）『現代の論理的意味論』，東京：岩波書店
野本和幸（1997）『意味と世界——言語哲学論考』，東京：法政大学出版局
野本和幸・山田友幸編（2002）『言語哲学を学ぶ人のために』，京都：世界思想社
野矢茂樹（2005）『他者の声 実在の声』，東京：産業図書
野矢茂樹（2006）『ウィトゲンシュタイン『論理哲学論考』を読む』，東京：筑摩書房
野矢茂樹（2011）『語りえぬものを語る』，東京：講談社
パース，C. S.（1986）『パース著作集2 記号学』，東京：勁草書房

バーク，ピーター（2009）『近世ヨーロッパの言語と社会——印刷の発明からフランス革命まで』，原聖訳，東京：岩波書店
バーチ，ビバリー（1992）『ブライユ』，東京：偕成社
バートン，ジョン・ヒル（1993）『書物の狩人』，村上清訳，東京：図書出版社
ハーバマス，ユルゲン（1985）『コミュニケイション的行為の理論［上］』，河上倫逸・M. フーブリヒト・平井俊彦訳，東京：未来社
ハーバマス，ユルゲン（1986）『コミュニケイション的行為の理論［中］』，岩倉正博・藤澤賢一郎・徳永恂・平野嘉彦・山口節郎訳，東京：未来社
ハーバマス，ユルゲン（1987）『コミュニケイション的行為の理論［下］』，丸山高司・丸山徳次・厚東洋輔・森田数実・馬場孚瑳江訳，東京：未来社
ハーバマス，ユルゲン（1990a）『近代の哲学的ディスクルス』，三島憲一・轡田収・木前利秋・大貫敦子訳，東京：岩波書店
ハーバマス，ユルゲン（1990b）『意識論から言語論へ』，森元孝・干川剛史訳，東京：マルジュ社
バイイ，シャルル（1970）『一般言語学とフランス言語学』，小林英夫訳，東京：岩波書店
ハイデガー（1960, 1961, 1963）『存在と時間（上）（中）（下）』，桑木務訳，東京：岩波書店
ハイデガー（1980）『ハイデガー』，原佑編，東京：中央公論社
ハイデガー（2013abcd）『存在と時間（一）（二）（三）（四）』，熊野純彦訳，東京：岩波書店
ハイデガー，マルティン（2010）『現象学の根本問題』，木田元監訳・解説，平田裕之・迫田健一訳，東京：作品社
ハイデッガー，マルティン（1994a）『形而上学入門』，東京：平凡社
ハイデッガー，マルティン（1994bc）『存在と時間 上下』，細谷貞雄訳，東京：筑摩書房
ハイデッガー（1996）『言葉への途上 ハイデッガー全集 第 12 巻』，亀山健吉，ヘルムート・グロス訳，東京：創文社
ハイデッガー（1997）『有と時 ハイデッガー全集 第 2 巻』，辻村公一訳，東京：創文社
ハイデッガー（2000）『形而上学入門 ハイデッガー全集 第 40 巻』，岩田靖夫，ハルトムート・ブッナー訳，東京：創文社
ハインテル，E. 他（1979）『言語哲学の根本問題』，磯江影孜他訳，京都：晃洋書房
芳賀綏（1954; 1978）「“陳述” とは何もの？」，『國語國文』，第 23 巻 4 号，京都：京都大学国文学会，服部四郎・大野晋・阪倉篤義・松村明編所収
芳賀綏（1982）『新訂 日本文法教室』，東京：教育出版
橋爪大三郎（2009）『はじめての言語ゲーム』，東京：講談社
橋本進吉（1935; 1938[5]）『新文典別記上級用』，東京：冨山房
橋本進吉（1946）『國語學概論』，東京：岩波書店
橋本進吉（1948）『國文法研究』，東京：岩波書店
橋本進吉（1959）『國文法體系論』，東京：岩波書店
橋本萬太郎（1981）『現代博言学』，東京：大修館書店
橋元良明（1997）『コミュニケーション学への招待』，東京：大修館書店
ハッキング，I.（1989）『言語はなぜ哲学の問題になるのか』，伊藤邦武訳，東京：勁草書房
服部宇之吉校訂（1913）『漢文大系 荀子集解』，東京：冨山房
服部四郎（1968; 1979）「意味」『岩波講座哲学 11 言語』東京：岩波書店，川本茂雄他編（1979）所収
服部四郎・大野晋・阪倉篤義・松村明編（1978）『日本の言語学 第 3 巻 文法 I』，東京：大修館書店
バディル，セミル（2007）『イェルムスレウ——ソシュールの最大の後継者』，町田健訳，東京：大修館書店
バフチン，ミハイル（1980）『ミハイル・バフチン著作集 4 言語と文化の記号論』，北岡誠司訳，東京：新時代社
バフチン，ミハイル（2002）『バフチン言語論入門』，桑野隆・小林潔編訳，東京：せりか書房

浜之上幸（1994）「物語のテクストにおけるテンス・アスペクト・否定」,『朝鮮学報』第150輯，天理：朝鮮学会
林巨樹・池上秋彦・安藤千鶴子編（2004）『日本語文法がわかる事典』，東京：東京堂出版
原宏之（2007）『言語態分析：コミュニケーション的思考の転換』，東京：慶應義塾大学出版会
ハリス，ロイ＆タルボット・J・テイラー（1997）『言語論のランドマーク――ソクラテスからソシュールまで』，斎藤伸治・滝沢直宏訳，東京：大修館書店
バルト，ロラン（1971）『零度のエクリチュール』，渡辺淳・沢村昂一共訳，東京：みすず書房
バルト，ロラン（1979）『物語の構造分析』，花輪光訳，東京：みすず書房
バルト，ロラン（1987）『言語のざわめき』，花輪光訳，東京：みすず書房
バルト，ロラン（1999）『エクリチュールの零度』，森本和夫・林好雄訳注，東京：筑摩書房
バルトリハリ（1998a）『古典インドの言語哲学1 ブラフマンとことば』，赤松明彦訳注，東京：平凡社
バルトリハリ（1998b）『古典インドの言語哲学2 文について』，赤松明彦訳注，東京：平凡社
バンベニスト，エミール（1983）『一般言語学の諸問題』河村正夫他・岸本通夫・木下光一他訳，東京：みすず書房
飛田良文（2002）「日本語文法とは何か」，飛田良文・佐藤武義編（2002）所収
飛田良文・佐藤武義編（2002）『現代日本語講座 第5巻 文法』，東京：明治書院
ビム，アンソニー（2010）『翻訳理論の探求』，武田珂代子訳，東京：みすず書房
ビューラー，K.（1983）『言語理論（上）』，脇坂豊・植木迪子・植田康成・大浜るい子訳，東京：クロノス
ビューラー，K.（1985）『言語理論（下）』，脇坂豊・植木迪子・植田康成・大浜るい子・杉谷眞佐子訳，東京：クロノス
廣松渉（1979）『もの・こと・ことば』，東京：勁草書房
フィルモア，C. J.（1975）『格文法の原理』，田中春美・船城道雄訳，東京：三省堂
フーコー，ミシェル（1990）『作者とは何か ミシェル・フーコー文学論集1』，清水徹・豊崎光一訳，東京：哲学書房
フーコー，ミシェル（2006）『フーコー・コレクション3 言説・表象』，小林康夫，石田英敬，松浦寿輝編，東京：筑摩書房
フェーブル，リュシアン・アンリ＝ジャン・マルタン（1985）『書物の出現 上下』，東京：筑摩書房
フォックス，アンソニー（1993）『ドイツ語の構造 現代ドイツ語へのアクセス』，福本義憲訳，東京：三省堂
深谷昌弘・田中茂徳（1996）『コトバの〈意味づけ論〉』，東京：紀伊國屋書店
福永光司（1971）『中国文明選 第14巻 芸術論集』，東京：朝日新聞社
福本喜之助，寺川央編訳（1975）『現代ドイツ意味理論の源流』，東京：大修館書店
藤井専英（1966, 1969）『新釈漢文大系 5. 6. 荀子』，東京：明治書院
藤本幸夫（1988）「古代朝鮮の言語と文字文化」，岸俊男編（1988）所収
藤本幸夫（2014）「朝鮮の出版文化」野間秀樹編（2014）所収
藤本幸夫編（2014）『日韓漢文訓読研究』，東京：勉誠出版
フック，シドニー編（1974）『言語と思想』，三宅鴻・大江三郎・池上嘉彦訳，東京：研究社出版
フッサール，エドムント（1976; 2003; 2014）『幾何学の起源』，ジャック・デリダ序説，田島節夫・矢島忠夫・鈴木修一訳，東京：青土社
フッセル（1939）『純粋現象学及現象学的哲学考案（上）（下）』，池上鎌三訳，東京：岩波書店
プラトン（1967）『パイドロス』，藤沢令夫訳，東京：岩波書店
プラトン（1974a）「パイドロス」，藤沢令夫訳，『プラトン全集5』，田中美知太郎・藤沢令夫編，東京：岩波書店
プラトン（1974b）「クラテュロス」，水地宗明訳，『プラトン全集2』，田中美知太郎・藤沢令夫編，東京：岩波書店

ブルームフィールド，L.（1962; 1982）『言語』，三宅鴻・日野資純訳，東京：大修館書店
古田東朔・築島裕（1972）『国語学史』，東京：東京大学出版会
古谷稔解説（1993）『日本名筆選 1 高野切第一種 伝紀貫之筆』，東京：二玄社
フレーゲ，ゴットロープ（1986）「意義と意味について」，土屋俊訳，フレーゲ他（1986）所収
フレーゲ，G.（1988）『フレーゲ哲学論集』，藤村龍雄訳，東京：岩波書店
フレーゲ，G.（1999）『フレーゲ著作集 4 哲学論集』，黒田亘・野本和幸編，東京：勁草書房
フレーゲ，G. 他（1986）『現代哲学基本論文集 I』，坂本百大編，土屋俊他訳，東京：勁草書房
フンボルト，ヴィルヘルム・V.（1948; 1998）『言語と人間』，岡田隆平訳，東京：ゆまに書房（東京：創元社 1948 を再版）
フンボルト，ヴィルヘルム・フォン（1984）『言語と精神——カヴィ語研究序説』，亀山健吉訳，東京：法政大学出版局
ヘーゲル，G. W. F.（1997ab）『精神現象学 上下』，樫山欽四郎訳，東京：平凡社
ベーコン（1979）「学問の発達」，『ベーコン』，福原麟太郎編，東京：中央公論社
ペータース，ブノワ（2014）『デリダ伝』，原宏之・大森晋輔訳，東京：白水社
裴宗鎬（2007）『朝鮮儒学史』，川原秀城監訳，川原秀城・安太玉他訳，東京：知泉書館
ベンヤミン，ヴァルター（1995）『ベンヤミン・コレクション 1 近代の意味』，浅井健二郎編訳，久保哲司訳，東京：筑摩書房
ベンヤミン，ヴァルター（1996）『ベンヤミン・コレクション 2 エッセイの思想』，浅井健二郎編訳，三宅晶子・久保哲司・内村博信・西村龍一訳，東京：筑摩書房
ベンヤミン，ヴァルター（2010）『ベンヤミン・コレクション 5 思考のスペクトル』，浅井健二郎編訳，土合文夫・久保哲司・岡本和子訳，東京：筑摩書房
ベンヤミン，ヴァルター（2011）『ベンヤミン・アンソロジー』，山口裕之編訳，東京：河出書房新社
ボウグランド，R. de & W. U. ドレスラー（1984）『テクスト言語学入門』，池上嘉彦他訳，東京：紀伊国屋書店
ボエシ，エティエンヌ・ド・ラ・（2013）『自発的隷従論』，西谷修監修，山上浩嗣訳，東京：筑摩書房
ホッパー，P. J. & E. C. トラウゴット（2003）『文法化』，日野資成訳，福岡：九州大学出版会
ポラニー，マイケル（1985）『個人的知識——脱批判哲学をめざして』，長尾史郎訳，東京：ハーベスト社
ポラニー，マイケル（1986）『創造的想像力』慶伊富長編訳，東京：ハーベスト社
ボルツ，ノルベルト（1999）『グーテンベルク銀河系の終焉』，識名章喜・足立典子訳，東京：法政大学出版局
ホロドービッチ，A・A（2009）「朝鮮語文法概要」，菅野裕臣訳，『韓国語学年報』，神田外語大学韓国語学会編，第 5 号，千葉：神田外語大学韓国語学会
本間一夫（1980）『指と耳で読む——日本点字図書館と私』，東京：岩波書店
前島儀一郎（1952; 1958[4]）『独英比較文法』，東京：大学書林
前田英樹編・訳・著（2010）『沈黙するソシュール』，東京：講談社
マクリーニー，イアン・F. & ライザ・ウルヴァートン（2010）『知はいかにして「再発明」されたか——アレクサンドリア図書館からインターネットまで』，冨永星訳，東京：日経 BP 社
マクルーハン，M.（1986）『グーテンベルクの銀河系——活字人間の形成』，森常治訳，東京：みすず書房
益岡隆志（1991）『モダリティの文法』，東京：くろしお出版
町田和彦編（2011）『世界の文字を楽しむ小事典』，東京：大修館書店
松阪陽一編（2013）『現代哲学への招待 Anthology 言語哲学重要論文集』，G. フレーゲ他著，野本和幸他訳，東京：春秋社
松下大三郎（1930）『改撰標準日本文法』，東京：中文館書店
マテジウス，ヴィレーム（1981）『機能言語学〈一般言語学に基づく現代英語の機能的分析〉』，ヨゼ

フ・ヴァヘク編，飯島周訳，東京：桐原書店
マノヴィッチ，レフ（2013）『ニューメディアの言語――デジタル時代のアート，デザイン，映画』，堀潤之訳，東京：みすず書房
馬淵和夫・出雲朝子（2007）『国語学史――日本人の言語研究の歴史』，東京：笠間書院
マリー，アレックス（2014）『ジョルジョ・アガンベン』，高桑和巳訳，東京：青土社
マルクス，カール（1963）『経済学・哲学手稿』，藤野渉訳，東京：大月書店
マルクス（1964）『経済学・哲学草稿』，城塚登・田中吉六訳，東京：岩波書店
マルクス（2010）『経済学・哲学草稿』，長谷川宏訳，東京：光文社
マルクス・エンゲルス（1956; 1978）『ドイツ・イデオロギー』，古在由重訳，東京：岩波書店
マルクス，K.・F. エンゲルス（1966）『新版 ドイツ・イデオロギー』，花崎皋平訳，東京：合同出版
マルクス・エンゲルス（2002）『新編輯版 ドイツ・イデオロギー』，廣松渉編訳，東京：岩波書店
マルティネ，アンドレ（1972）『一般言語学要理』，三宅徳嘉訳，東京：岩波書店
マルティネ，アンドレ（1975）『言語機能論』，田中春美・倉又浩一訳，東京：みすず書房
マルティネ，アンドレ（1977; 2003）『共時言語学《新装復刊》』，渡瀬嘉朗訳，東京：白水社
丸山圭三郎編，富盛伸夫・前田英樹・丸山圭三郎他著（1985）『ソシュール小事典』，東京：大修館書店
マングェル，アルベルト（1999; 2013）『読書の歴史――あるいは読者の歴史』，原田範行訳，東京：柏書房
マンディ，ジェレミー（2010）『翻訳学入門』，鳥飼玖美子監訳，東京：みすず書房
ミード，G. H.（1995）『デューイ＝ミード著作集 6 精神・自我・社会』，河村望訳，東京：人間の科学社
三浦つとむ（1967a）『認識と言語の理論Ⅰ』，東京：勁草書房
三浦つとむ（1967b）『認識と言語の理論Ⅱ』，東京：勁草書房
三浦つとむ（1972）『認識と言語の理論Ⅲ』，東京：勁草書房
三浦つとむ（1975）『日本語の文法』，東京：勁草書房
三尾砂（2003）『三尾砂著作集Ⅰ』，東京：ひつじ書房
三上章（1960）『象は鼻が長い』，東京：くろしお出版
三上章（1960–1972）『三上章著作集』，東京：くろしお出版
水谷静夫編（1983）『朝倉日本語新講座 3 文法と意味Ⅰ』，東京：朝倉書店
水谷静夫編（1985）『朝倉日本語新講座 4 文法と意味Ⅱ』，東京：朝倉書店
水谷信子（1983）「あいづちと応答」『話しことばの表現 講座日本語の表現 3』，水谷修編，東京：筑摩書房
水谷信子（1988）「あいづち論」『日本語学』vol. 7, no. 12，東京：明治書院
三ツ木道夫（2008）『思想としての翻訳』，東京：白水社
南不二男（1974; 1982[5]）『現代日本語の構造』，東京：大修館書店
南不二男（1993）『現代日本語文法の輪郭』，東京：大修館書店
峰岸真琴編（2006）『言語基礎論の構築に向けて』，東京：東京外国語大学アジア・アフリカ言語文化研究所
宮岡伯人（2002）『語とは何か エスキモー語から日本語をみる』，東京：三省堂
宮岡伯人編（1996; 2001）『言語人類学を学ぶ人のために』，京都：世界思想社
宮坂和男（2006）『哲学と言語――フッサール現象学と現代の言語哲学』，京都：ナカニシヤ出版
宮崎市定（1987）『科挙史』，東京：平凡社
宮下眞二（1980）『英語はどう研究されてきたか』，東京：季節社
宮島達夫・野村雅昭・江川清・中野洋・真田信治・佐竹秀雄編，林大監修（1982）『図説日本語』，東京：角川書店
宮地裕（1976）「日本語の文法単位体」，大野晋・柴田武編（1976）所収
宮地裕編（1989）『講座日本語と日本語教育 1 日本語学要説』，東京：明治書院

宮田和保（2003）『意識と言語』，東京：桜井書店
ムーナン，G.（1975）『意味論とは何か』，福井芳男・伊藤晃・丸山圭三郎訳，東京：大修館書店
ムカジョフスキー，ヤン（1975）『チェコ構造美学論集 美的機能の芸術社会学』，平井正・千野栄一訳，東京：せりか書房
村上三寿（2010）「文を部分にわけることの意味」『国文学 解釈と鑑賞』，至文堂編，東京：ぎょうせい
メイ，ヤコブ・L.（1996）『ことばは世界とどうかかわるか——語用論入門』，東京：ひつじ書房
メイエ，アントワヌ（1977）『史的言語学における比較の方法』，泉井久之助訳，東京：みすず書房
メイナード，泉子・K（2005）『談話表現ハンドブック』，東京：くろしお出版
メルロ＝ポンティ，M.（1967, 1974）『知覚の現象学 1, 2』，1= 竹内芳郎・小木貞孝訳，2= 竹内芳郎・木田元・宮本忠雄訳，東京：みすず書房
メルロ＝ポンティ，M.（1993）『意識と言語の獲得』，木田元，鯨岡峻訳，東京：みすず書房
森岡健二（1994）『日本文法体系論』，東京：明治書院
森田伸子（2005）『文字の経験——読むことと書くことの思想史』，東京：勁草書房
森田伸子編著（2013）『言語と教育をめぐる思想史』，東京：勁草書房
森本浩一（2004）『デイビドソン：「言語」なんて存在するのだろうか』，東京：日本放送出版協会
森山卓郎・仁田義雄・工藤浩（2000）『モダリティ〈日本語の文法 3〉』，東京：岩波書店
文部省（1947）『中等文法 口語』，東京：中等学校教科書
文部省（1948）『中等文法 文語』，東京：中等学校教科書
ヤーコブソン，ローマン（1973）『一般言語学』川本茂雄他訳，東京：みすず書房
ヤーコブソン，ローマン，モーリス・ハレ（1973）『音韻論と音声学』，村崎恭子訳，ヤーコブソン（1973）所収
ヤコブソン，R（1984）『言語とメタ言語』，池上嘉彦・山中桂一訳，東京：勁草書房
ヤーコブソン（1986）「一般格理論への貢献」，米重文樹訳，『ヤーコブソン選集 1』，服部四郎編，東京：大修館書店
安井稔・中右実・西山佑司・中村捷・山梨正明（1983）『英語学大系 5 意味論』，東京：大修館書店
柳父章・永野的・長沼美香子編（2010）『日本の翻訳論 アンソロジーと解題』，東京：法政大学出版局
山口巌（1995）『類型学序説——ロシア・ソヴエト言語研究の貢献』，京都：京都大学学術出版会
山口巌（1999）『パロールの復権：ロシア・フォルマリズムからプラーグ学派へ』，東京：ゆまに書房
山口堯二（2005）『日本語学入門——しくみと成り立ち』，京都：昭和堂
山口佳紀編（1989）『講座日本語と日本語教育 5 日本語の文法・文体（下）』，東京：明治書院
山崎正一校注（1972）『正法眼蔵随聞記』，懐弉編，東京：講談社
山田孝雄（1908）『日本文法論』，東京：東京寶文館
山田孝雄（1922; 1924^{3}）『日本文法講義』，東京：東京寶文館
山田孝雄（1936; 1951^{5}）『日本文法學概論』，東京：寶文館
山田孝雄（1943）『國語學史』，東京：寶文館
山梨正明（1995）『認知文法論』，東京：ひつじ書房
山梨正明（2009）『認知構文論——文法のゲシュタルト性』，東京：大修館書店
山本真弓編著，臼井裕之・木村護郎クリストフ（2004）『言語的近代を超えて——〈多言語状況〉を生きるために』，東京：明石書店
斧谷彌守一（2001）『言葉の二十世紀』，東京：筑摩書房
ヨーアンセン，エーリ・フィッシャ（1978）『音韻論総覧』林栄一訳，東京：大修館書店
ライオンズ，J.（1973; 1986^{5}）『理論言語学』國廣哲彌訳，東京：大修館書店
ライカン，W. G.（2005）『言語哲学 入門から中級まで』，荒磯敏文・川口由起子・鈴木生郎・峯島宏次訳，東京：勁草書房
ライプニッツ（1980）「対話——事物とことばとの結合」，『スピノザ ライプニッツ』，下村寅太郎編，

東京：中央公論社
ラカプラ，ドミニク（1993）『思想史再考――テクスト，コンテクスト，言語』，山本和平・内田正子・金井嘉彦訳，東京：平凡社
ラディフォギッド，ピーター（1999）『音声学概説』竹林滋・牧野武彦共訳，東京：大修館書店
ラネカー，ロナルド・W.（2011）『認知文法論序説』，山梨正明監訳，碓井智子他訳，東京：研究社
ランスロー，C. & A. アルノー（1972; 1982[3]）『ポール・ロワイヤル文法』，ポール・リーチ編，南舘英孝訳，東京：大修館書店
リーチ，ジェフリー（1977）『現代意味論』，安藤貞雄監訳，澤田治美，田中実，樋口昌幸訳，東京：研究社出版
リーチ，N. ジェフリー（1986）『意味論と語用論の現在』，内田種臣，木下裕昭訳，東京：理想社
リーチ，N. ジェフリー（1987）『語用論』，池上嘉彦，河上誓作訳，東京：紀伊國屋書店
李基文［Lee Ki-Moon］（1975）『韓国語の歴史』村山七郎監修，藤本幸夫訳，東京：大修館書店
リオタール，ジャン＝フランソワ（1989）『文の抗争』，陸井四郎・小野康男・外山和子・森田亜紀訳，東京：法政大学出版局
リクール，ポール（1984）『生きた隠喩』，久米博訳，東京：岩波書店
リンス，ウルリッヒ（1975）『危険な言語――迫害のなかのエスペラント』，栗栖継訳，東京：岩波書店
ルーシー，ライオネル（2005）『記号学を超えて――テクスト，文化，テクノロジー』，船倉正憲訳，東京：法政大学出版局
ルセルクル，ジャン＝ジャック（2008）『言葉の暴力――「よけいなもの」の言語学』，岸正樹訳，東京：法政大学出版局
ルリヤ，A. R.（2010）『偉大な記憶力の物語――ある記憶術者の精神生活』，天野清訳，東京：岩波書店
レーニン（1956）『哲学ノート』，松村一人訳，東京：岩波書店
レーマン，Winfred P.（1967）『歴史言語学序説』，松浪有訳，東京：研究社出版
レカナティ，フランソワ（2006）『ことばの意味とは何か――字義主義からコンテクスト主義へ』，今井邦彦訳，東京：新曜社
レッシグ，ローレンス（2007）『CODE VERSION 2.0』，山形浩生訳，東京：翔泳社
ロイル，ニコラス（2006）『ジャック・デリダ』，田崎英明訳，東京：青土社
ローティ，リチャード（1993）『哲学と自然の鏡』，野家啓一監訳，東京：産業図書
ローティ，R.（1999）『連帯と自由の哲学』，冨田恭彦訳，東京：岩波書店
ロック，ジョン（1940ab）『人間悟性論 上下』，加藤卯一郎訳，東京：岩波書店
ロック（1980; 1987）「人間知性論」，『ロック ヒューム』，大槻春彦編，東京：中央公論社
ロドリゲス（1993a）『日本語小文典（上）』，池上岑夫訳，東京：岩波書店
ロドリゲス（1993b）『日本語小文典（下）』，池上岑夫訳，東京：岩波書店
ロドリゲス，ジョアン（1993c）『日本小文典』，日埜博司編訳，東京：新人物往来社
ロビンソン・アンドルー（2006）『文字の起源と歴史――ヒエログリフ，アルファベット，漢字』，片山陽子訳，大阪：創元社
鷲尾龍一（2008）「ソシュールにおける絶対的多様性の概念――サピアとの比較を視野に」，『日本エドワード・サピア協会 研究年報』，第 22 号，東京：日本エドワード・サピア協会
渡辺実（1971）『国語構文論』，東京：塙書房
渡辺実（1974）『国語文法論』，東京：笠間書院

北京大学东语系朝鲜语专业・延边大学朝语系朝鲜语专业 会编（1976）『朝鲜语实用语法』，北京：商务印书馆
宣德五・金祥元・赵习 编著（1985）『朝鲜语简志』，北京：民族出版社

Aristotle (1938; 1983) *Aristotle: Categories. On Interpretation. Prior Analytics*, translated by Harold P. Cooke, Hugh Tredennick, Cambridge, Massachusetts: Harvard University Press

Aristotle (1963; 2002) *Aristotle: Categories and De Interpretatione*, translated with notes by J. L. Ackrill, Oxford: Clarendon Press

Aristotle (1971; 1993) *Aristotle: Metaphysics. Books Γ, Δ, and E*, translated with notes by Christopher Kirwan, Oxford: Clarendon Press

Arlinghaus, Franz-Josef, Marcus Osterman, Oliver Plessow, & Gudrun Tscherpel (eds.) (2006) *Transforming the Medieval World: Uses of Pragmatic Literacy in the Middle Ages*. Utrecht Studies In Medieval Literacy, Turnhout, Belgium: Brepols

Austin, J. L. (1962; 1975[2]) *How to Do Things with Words*, 2nd ed. J. O. Urmson & Marina Sbisà (eds.), Cambridge, Massachusetts: Harvard University Press

Austin, Peter K. & Julia Sallabank (2011) *Cambridge Handbook of Endangered Languages*, Cambridge University Press

Baker, Mona (ed.) (1998) *Routledge Encyclopedia of Translation Studies*, London, New York: Routledge

Bally, Charles (1932; 1965[4]) *Linguistique générale et linguistique française*, Berne: Francke

Barthes, Roland (1986) *The Rustle of Language*, translated by Richard Howard, Oxford: Basil Blackwell

Beaugrande, Robert-Alain de & Wolfgang Ulrich Dressler (1981) *Introduction to Text Linguistics*, Essex: Longman

Benveniste, Émile (1966) *Problèmes de linguistique générale I*, Paris: Gallimard

Benveniste, Émile (1971) *Problems in General Linguistics*, translated by Mary Elizabeth Meek. Coral Gables, Florida: University of Miami Press

Benveniste, Émile (1974) *Problèmes de linguistique générale II*, Paris: Gallimard

Bloomfield, Leonard (1933; 1984) *Language*, Chicago & London: The University of Chicago Press. (1933) Holt, Rinehart and Winston, Inc.

Black, Max (ed.) (1964) *Philosophy in America*, London: George Allen & Unwin

Bondarko, Alexander V. (1991) *Functional Grammar: A Field Approach*, translated by I. S. Chulaki, Amsterdam & Philadelphia: John Benjamins

Cavallo, Guglielmo et Roger Chartier (eds.) (1995; 2001) *Histoire de la lecture dans le monde occidental*, Paris: Éditions du Seuil

Chao, Yuen Ren (1968) *Language and Symbolic Systems*. Cambridge: Cambridge University Press

Châtelet, François (dir.) (2000) *Histoire de la philosophie: idées, doctrines. Le XXe siècle*, Paris: Hachette

Chomsky, Noam (1957; 1976) *Syntactic Structures*, The Hague, Paris: Mouton

Chomsky, Noam (1965; 1969) *Aspects of the Theory of Syntax*, Cambridge, Massachusetts: The MIT Press

Clark, Timothy (2002; 2011) *Martin Heidegger*, London & New York: Routledge

Coseriu, Eugenio (1997) *Die Geschichte der Sprachphilosophie von der Antike bis zur Gegenwart: eine Übersicht*, Tübingen: Gunter Narr

Coulmas, Florian (1989) *The Writing Systems of the World*, Oxford: Basil Blackwell

Coulmas, Florian (2003) *Writing Systems: An Introduction to their Linguistic Analysis*, Cambridge: Cambridge University Press

Coulthard, Malcolm (1977; 1985[2]) *An Introduction to Discourse Analysis, New Edition*, London: Longman

Coward, Rosalind & John Ellis (1977) *Language and Materialism: Developments in Semiology and the Theory of the Subject*, London, Boston: Routledge and Paul

Daniels, Peter T., William Bright (eds.) (1996) *The World's Writing Systems*, New York, Oxford: Oxford University Press
DeFrancis John (1989) *Visible Speech: The Diverse Oneness of Writing Systems*, Honolulu: University of Hawai'i Press
Deleuze, Gilles (2000) A quoi reconnait-on le structuralisme?, en: Châtelet, François (dir.) (2000)
Derrida, Jacques (1967) *De la grammatologie*, Paris: Les Éditions de Minuit
Derrida, Jacques (1971) Sèmiologie et grammatologie, in: Kristeva, et al. (eds.) (1971)
Derrida, Jacques (1976) *Of Grammatology*, translated by Gayatri Chakravorty Spivak, Baltimore: Johns Hopkins University Press
Derrida, Jacques (1977) *Limited Inc.*, Baltimore: Johns Hopkins University Press
Derrida, Jacques (1983) *Grammatologie*, übersetzt von Hans-Jörg Rheinberge und Hanns Zischler, Frankfurt am Main: Suhrkamp
Derrida, Jacques (1988) *Limited Inc.*, Evanston, Illinois: Northwestern University Press
Derrida, Jacques (1991) *A Derrida Reader*, Peggy Kamuf (ed.), New York: Columbia University Press
Derrida, Jacques (2001) *Limited Inc.*, Peter Engelmann (Hrsg.), Wien: Passagen Verlag
Di Pietro, R. J. (1971) *Language Structures in Contrast*, Rowley, Massachusetts: Newbury House
Dick, Philip K. (1968; 2008 Ebook) *Do Androids Dream of Electric Sheep?*, New York: Ballantine Books
Dufrenne, Mikel (1963) *Language & Philosophy*, translated by Henry B. Veatch with a foreword by Paul Henle, Bloomington: Indiana University Press
Dummett, Michael (1993; 2014) *Origins of Analytical Philosophy*, London; New York: Bloomsbury Academic
Everett, Daniel L. (2009) *Don't Sleep, There are Snakes: Life and Language in the Amazonian Jungle*, New York: Vintage, Random House
Everett, Daniel L. (2012) *Language: The Cultural Tool*, New York: Vintage, Random House
Fischer, C., S. Kishitani, B. Lewin (Hrsg.) (1974) *Japanische Sprachwissenschaft*, Tokyo: Sansyusya Verlag
Fodor, Jerry A. (1975) *The Language of Thought*, Cambridge, Massachusetts: Harvard University Press
Frege, Gottlob (1967) *Kleine Schriften*, Ignacio Angelelli (Hrsg.), Hildesheim: Georg Olms Verlag
Frege, Gottlob (1997) *The Frege Reader*, Michael Beaney (ed.), Oxford; Cambridge, Massachusetts: Blackwell
Garfinkel, Harold (1967; 1984) *Studies in Ethnomethodology*, Cambridge, UK: Polity Press
Gelb, I. J. (1963) *A Study of Writing*, Chicago: University of Chicago Press
Grayson, J. H. (1994) Korean, *The Encyclopedia of Language and Linguistics*, Volume 4, R. E. Asher (ed.), Oxford, New York, Seoul, Tokyo: Pergamon Press
Harris, Roy (2002) *Rethinking Writing*, London: Continuum
Harris, Zellig (1951) *Structural Liguistics*, Chicago: Phoenix Books
Heidegger, Martin (1957a; 2006) *Der Satz vom Grund*. Stuttgart: Klett-Cotta
Heidegger, Martin (1957b; 2006) (1996) *The Principle of Reason*. translated by Reginald Lilly, Bloomington: Indiana University Press
Heidegger, Martin (1959) *Unterwegs zur Sprache*. Gesamtausgabe. Bd. 12. Frankfurt am Main: V. Klostermann
Heidegger, Martin (1962) *Being and Time*. translated by John Macquarrie & Edward Robinson, New York: HarperCollins
Heidegger, Martin (1971; 1982) *On the Way to Language*. translated by Peter D. Heartz. New York:

HarperCollins
Heidegger, Martin (1976) *Acheminement vers la parole*, traduit par Jean Beaufret, W. Brokmeier et F. Fédier, Paris: Gallimard
Heidegger, Martin (1977) *Sein und Zeit*. Gesamtausgabe. Bd. 2. Frankfurt am Main: V. Klostermann
Heidegger, Martin (1980) *Introduction à la métaphysique*, traduit par Gilbert Kahn, Paris: Gallimard
Heidegger, Martin (1983) *Einführung in die Metaphysik*. Gesamtausgabe. Bd. 40. Frankfurt am Main: V. Klostermann
Heidegger, Martin (1986) *Être et temps*, traduit par François Vezin, Paris: Gallimard
Heidegger, Martin (1997) *Der Satz vom Grund*. Gesamtausgabe. Bd. 10. Frankfurt am Main: V. Klostermann
Heidegger, Martin (2006) *Sein und Zeit*, Tübingen: Max Niemeyer Verlag
Heine, Bernd, Ulrike Claudi, and Friederike Hünnemeyer (1991) *Grammaticalization: A Conceptual Framework*, Chicago: University of Chicago Press
Hopper, Paul J. & Elizabeth Closs Traugott (2003) *Grammaticalization*, Cambridge: Cambridge University Press
Humboldt, Wilhelm von (1988a) *Wilhelm von Humboldt's gesammelte Werke*, Band 7, Berlin: W. de Gruyter
Humboldt, Wilhelm von (1988b) *On Language: The Diversity of Human Language-structure and its Influence on the Mental Development of Mankind*, translated by Peter Heath, with an Introduction by Hans Aarsleff, Cambridge, New York: Cambridge University Press
Illich, Ivan & Barry Sanders (1988) *ABC: The Alphabetization of the Popular Mind*, San Francisco: North Point Press
Izutsu, Toshihiko (translated and annotated) (2001) *Lao-tzŭ: The Way and Its Virture*, Tokyo: Keio Univerisity Press
Jacob L. Mey (1996) *Pragmatics: An Introduction*, Malden, Massachusetts: Blackwell
Jakobson, Roman (1990) *On Language*, Linda R. Waugh & Monique Monville-Burston (eds.), Cambridge, Massachusetts: Harvard University Press
Jespersen, Otto (1924; 1968) *The Philosophy of Grammar*, London: George Allen & Uniwin Ltd
Jespersen, Otto (1961) *A Modern English Grammar on Historical Principles, Part II Syntax (First Volume)*, London: George Allen & Uniwin Ltd
Kant, Immanuel (1781; 1787; 1998) *Kritik der reinen Vernunft*, Mit einer Bibliographie von Heiner Klemme, Hamburg: Felix Meiner Verlag
Karatani, Kojin (2005) *Transcritique: On Kant and Marx*, translated by Sabu Kohso, Cambridge, Massachusetts; London: The MIT Press
Kim-Renaud, Young-Key (ed.) (1997) *The Korean Alphabet: Its History and Structure*, Honolulu: University of Hawai'i Press
Kripke, Saul A. (1972) *Naming and Necessity*, Cambridge, Massachusetts: Harvard University Press
Kristeva, Julia (1981) *Le langage, cet inconnu: Une initiation à la linguistique*, Paris: Éditions du Seuil
Kristeva, Julia, Josette Rey-Debove, Donna Jean Umiker (eds.) (1971) *Essays in Semiotics/ Essais de sèmiotique*, The Hague; Paris: Mouton
Lee, Hansol H. B. (1989) *Korean Grammar*, Oxford: Oxford University
Lehmann, Christian (1995) *Thoughts on Grammaticalization*, München: Lincom Europa
Lewandowski, Theodor (1985) *Linguistisches Wörterbuch*, Heidelberg, Wiesbaden: Quelle & Meyer
Lyons, John (1968) *An Introduction to Theoretical Linguistics*, London: Cambridge University Press
Martin, Samuel E. (1975) *A Reference Grammar of Japanese*, New Haven and London: Yale University Press

Martin, Samuel E. (1992) *A Reference Grammar of Korean*, Tokyo: Charles E. Tuttle
Marty, Anton (1908; 2015) *Untersuchungen zur Grundlegung der allgemeinen Grammatik und Sprachphilosophie*. Erster Band. Halle a. S.: Max Niemeyer
Marx, Karl (1964) *Economic and Philosophic Manuscripts of 1844*, edited, with an Introduction by Dirk J. Struik, translated by Martin Milligan, New York: International Publishers
Marx, Karl (1982) Karl Marx, Werke, Artikel, Entwürfe, März 1843 bis August 1844, Text, *Kar Marx, Friedrich Engels Gesamtausgabe (MEGA); 1. Abt., Bd. 2,* Berlin: Dietz Verlag
Marx, Karl (1988) *Economic and Philosophic Manuscripts of 1844*, translated by Martin Milligan, New York: Prometheus Book
Marx, Karl (1996) *Manuscrits de 1844*, Traduction inédite de Jacques-Pierre Gougeon, Introduction de Jean Salem, Paris: Flammarion
McLuhan, Marshall (1962, 1966, 2011) *The Gutenberg Galaxy: The Making of Gypographic Man*, Toronto: University of Toronto Press
Merleau-Ponty, Maurice (1964) La conscience et l'acquisition du langage, Merleau-Ponty à la Sorbonne, *Bulletin de psychologie*, 236 XVIII 3-6 novembre, 1964, Paris: Groupe d'Études de Psychologie
Merleau-Ponty, Maurice (1973) *Consciousness and the Acquisition of language*. translated by Hugh J. Silverman, Evanston: Northwestern University Press
Moati, Raoul (2014) *Derrida/ Searle: Deconstruction and Ordinary Language*, New York: Columbia University Press
Moseley, Christopher (ed.) (2010) *Atlas of the World's Languages in Danger*, 3rd edition, Paris: UNESCO Publishing
Nida, Eugene A. (1946; 1949^2) *Morphology: The Descriptive Analysis of Words*, Ann Arbor: The University of Michigan Press
Noma, Hideki (2005a) When Words Form Sentences; Linguistic Field Theory: From Morphology through Morpho-Syntax to Supra-Morpho-Syntax. *Corpus-Based Approaches to Sentence Structures*. Usage-Based Linguistic Informatics 2. Takagaki, et al. (eds.), Amsterdam & Philadelphia: John Benjamins
Noma, Hideki (2005b) Korean, *Encyclopedia of Linguistics, Volume 1*, (ed.) Philipp Strazny, New York: Fitzroy Dearborn; Routledge
Ong, Walter J. (1982; 2002; 2012) *Orality and Literacy: The Technologizing of the Word*, 30th Anniversary Edition, with additional chapters by John Hartley, London & New York: Routledge
Pierce, Charles S. (1958) *Charles S. Pierce: Selected Writings*, Philip P. Wiener (ed.), New York: Dover Publications
Plato (1914; 1917; 1999) *Euthyphro; Apology; Crito; Phaedo; Phaedrus*, with an English translation by Harold North Fowler, Cambridge, Massachusetts: Harvard University Press
Plato (1929; 1939) *Cratylus; Parmenides; Greater Hippias; Lesser Hippias*, with an English translation by H. N. Fowler, Cambridge, Massachusetts: Harvard University Press
Pocock, J. G. A. (1960; 1989) *Politics, Language, and Time: Essays on Political Thought and History*, Chicago and London: The University of Chicago Press
Polanyi, Michael (1958; 1962) *Personal Knowledge: Towards a Post-Critical Philosophy*, Chicago: The Universiy of Chicago Press
Polanyi, Michael (1966; 2009) *The Tacit Dimension. With a New Foreword by Amartya Sen*, Chicago and London: The Universiy of Chicago Press
Polanyi, Michael (1969) *Knowing and Being*, Marjorie Grene (ed.), Chicago: The Universiy of Chicago Press
Quine, Willard Van Orman (1960; 2013) *Word and Object*, Massachusetts: MIT Press

Quine, Willard Van Orman (1977) *Le mot et la chose*, traduit par Joseph Dopp et Paul Gochet, Paris: Flammarion
Richards, Jack., John Platt, Heidi Weber (1985) *Longman Dictionary of Applied Linguistics*. Essex: Longman
Ries, John (1931) *Was ist ein Satz?——Beiträge zur Grundlegung der Syntax. Heft III*, Prag: Taussig & Taussig
Rogers, Henry (2005) *Writing Systems: A Linguistic Approach*, Oxford: Blackwell Publishing
Rorty, Richard (ed.) (1967; 1992) *The Linguistic Turn: Recent Essays in Philosophical Method*, Chicago, Illinois: University of Chicago Press
Sacks, Harvey, Emanuel A. Schegloff, Gail Jefferson (1974) A Simplest Systematics for the Organization of Turn-taking for Conversation, *Language*, vol. 50, no. 4, Baltimore, Maryland: Linguistic Society of America
Said, Edward W. (1983) *The World, the Text, the Critic*, Cambridge, Massachusetts: Harvard University Press
Sampson, Geoffrey (1985) *Writing Systems: A Linguistic Introduction*, Stanford: Stanford University Press
Sapir, Edward (1921; 1970) *Language: An Introduction to the Study of Speech*, London: Granada
Saussure, Ferdinand de (1916; 1972) *Cours de linguistique générale*, Paris: Payot
Saussure, Ferdinand de (1931; 1967^2; 2001^3) *Grundfragen der allgemeinen Sprachwissenschaft*, 3. Auflage, übersetzt von Herman Lommel, Berlin: Walter de Gruyter
Saussure, Ferdinand de (1959: 1966) *Course in General Linguistics*, translated by Wade Baskin, New York: McGraw-Hill
Searle, John (1964) What is a Speech Act?, in: Max Black (ed.) (1964)
Searle, John R. (1969) *Speech Acts: An Essay in the Philosophy of Language*, London; New York: Cambridge University Press
Searle, John R. (1979; 1985) *Expression and Meaning: Studies in the Theory of Speech Acts*, Cambridge, Eng.; New York: Cambridge University Press
Searle, John R. (1982) *Ausdruck und Bedeutung: Untersuchungen zur Sprechakttheorie*, übersetzt von Andreas Kommerling, Frankfurt am Main: Suhrkamp
Searle, John R. (1983) *Sprechakte: Ein sprachphilosophischer Essay*, übersetzt von R. und R. Wiggershaus, Frankfurt am Main: Suhrkamp
Shaff, Adam (1973) *Language and Cognition*, introduction by Noam Chomsky, Edited by Robert S. Cohen,; Based on a translation by Olgierd Wojtasiewicz, New York: McGraw-Hill
Shibatani, Masayoshi (1990) *The Languages of Japan*, Cambridge; New York: Cambridge University Press
Sohn, Ho-min (1994) *Korean*, London & New York: Routledge
Sokal, Alan D. and Jean Bricmont (1998) *Fashionable Nonsense: Postmodern Intellectuals' Abuse of Science*. New York: Picador USA
Stock, Brian (1983) *The Implications of Literacy: Written Language and Models of Interpretation in the Eleventh and Twelfth Centuries*, Princeton, N. J.: Princeton University Press
Svenbro, Jesper (1995; 2001) La Grèce archaïque et classique: L'invention de la lecture silencieuse, en Cavallo, Guglielmo et Roger Chartier (eds.) (1995; 2001)
Sweet, Henry (1900) *The Practical Study of Languages: A Guide for Teachers and Learners: With Tables and Illustrative Quotations*, New York: Henry Holt and Company
Trubetzkoy, Nikolaus S. (1939; 1958^2; 1989^7) *Grundzüge der Phonologie*, Prague (1st ed.), Göttingen: Vandenhoeck & Ruprecht (2nd ed.)
Trubetzkoy, N. S. (1971) *Principles of Phonology*, translated by Christiane A. M. Baltaxe, Berkeley

& Los Angeles: University of California Press
Tsujimura, Natsuko (ed.) (1999; 2002) *The Handbook of Japanese Linguistics*, MA: Blackwell Publishing
Vachek, Josef (1973) *Written Language: General Problems and Problems of English*, The Hague & Paris: Mouton
Vachek, Josef (1989) *Written Language Revisited*, Philip A. Luelsdorff (ed.), Amsterdam & Philadelphia: John Benjamins
van Dijk & A. Teun (1977) *Text and Context. Explorations in the Semantics and Pragmatics of Discourse*, London: Longman
Wales, Katie (1989; 1990) *A Dictionary of Stylistics*, London, New York: Longman
Wittgenstein, Ludwig (1922; 1981) *Tractatus-Logico-Philosophicus*, translated from the German by C. K. Ogden, with an Introduction by Bertrand Russell, London: Routledge & Kegan Paul
Wittgenstein, Ludwig (1953; 2001) *Philosophische Untersuchungen/ Philosophical Investigations*, translated by G. E. M. Anscombe, Oxford: Basil Blackwell
Wittgenstein, Ludwig (1958; 1965) *The Blue and Brown Books: Preliminary Studies for the Philosophical Investigations*, Oxford: Basil Blackwell, New York: Harper Perennial
Wittgenstein, Ludwig (1964; 1984; 2012) *Philosophische Bemerkungen: Werkausgabe Band 2*, Frankfurt am Main: Suhrkamp
Wittgenstein, Ludwig (2001) *Tractatus-logico-philosophicus*, traduit par Gilles-Gaston Granger, Paris: Gallimard
Wunderlich, Dieter (1976) *Studien zur Sprechakttheorie*, Frankfurt: Suhrkamp
Академия наук СССР (1954) *Грамматика русского языка, Том II, Синтаксис*, Москва: Издатель ство академия наук СССР
Академия наук СССР, Иститут русского языка (1980) *Русского Грамматика, Том II, Синтаксис*, Москва: Издательство наука
Блинов, А. В., И. И. Богатырева, В. П. Мурат, Г. И. Рапова (сост.) (2000) *Введение в языковедение: Хрестоматия*. Москва: Аспект Пресс
Виноградов, А. А. (1950; 1975) О категории модальности и модальных словах в русском языке, *Избранные труды исследования по русской грамматике*, Москва: Издательство наука
Дзидзигури, Ш. В. (1968) *Грузинский язык: краткий обзор*, Тбилиси: Издательство Тбилисского Университета
Карцевский, Сергей И. (1925) *Русский язык: Грамматика*, Прага: Издательство Пламя
Климов, Г. А. (1965) *Кавказские языки*, Москва: Издательство «Наука»
Марузо, Ж. (1960) *Словарь лингвистических терминов*, (перевод) И. Д. Андреева, Москва: Издательство иностранной литературы
Назарян, А. Г. (1989) *Французско-русский учебный словарь: Лингвистической терминологии*, Москва: «Высшая школа»
Филин, Ф. (ред.) (1979) *Русский язык——энциклопедия*, Москва: Издательство «Советская энциклопедия»
Холодович, А. А. (1954) *Очерк грамматики корейского языка*, Москва: Издательство литературы на иностранных языках
Ярцева, В. Н. (ред.) (1990) *Лингвистический энциклопедический словарь*, Москва: «Советская энциклопедия»